# Sauromatisches und sarmatisches Fundgut nordöstlich und östlich des Kaspischen Meeres

## Eine Bestandsaufnahme bisheriger Forschungen unter besonderer Berücksichtigung der Waffengräber

Rebecca Wegener

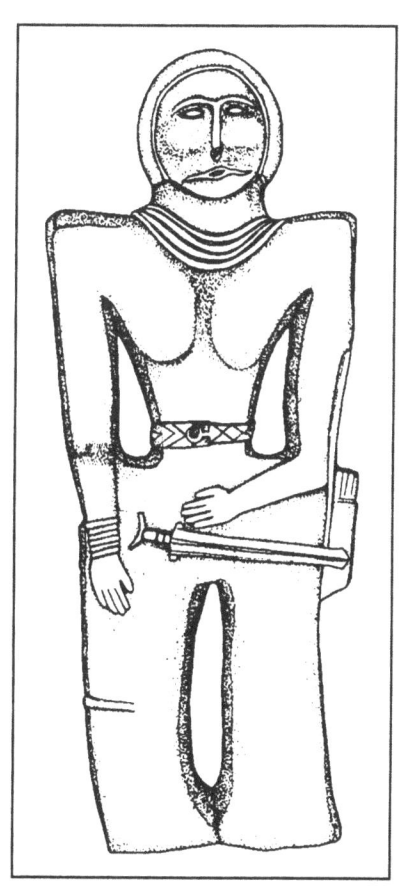

BAR International Series 2072
2010

Published in 2016 by
BAR Publishing, Oxford

BAR International Series 2072

*Sauromatisches und sarmatisches Fundgut nordöstlich und östlich des Kaspischen Meeres*

ISBN 978 1 4073 0633 9

BAR Publishing is the trading name of British Archaeological Reports (Oxford) Ltd.
British Archaeological Reports was first incorporated in 1974 to publish the BAR
Series, International and British. In 1992 Hadrian Books Ltd became part of the BAR
group. This volume was originally published by Archaeopress in conjunction with
British Archaeological Reports (Oxford) Ltd / Hadrian Books Ltd, the Series principal
publisher, in 2010. This present volume is published by BAR Publishing, 2016.

Printed in England

PUBLISHING

BAR titles are available from:

BAR Publishing
122 Banbury Rd, Oxford, OX2 7BP, UK
EMAIL   info@barpublishing.com
PHONE  +44 (0)1865 310431
FAX    +44 (0)1865 316916
www.barpublishing.com

# INHALTSVERZEICHNIS

Vorwort    1

Einleitung    3

Das Arbeitsgebiet    5
   Allgemeine Charakterisierung des Arbeitsgebietes    5
   Bemerkungen zur Klimageschichte des Arbeitsgebietes    8

Forschungsgeschichte    11
   Allgemeine Forschungsgeschichte    11
   Forschungsgeschichte des Arbeitsgebietes    14

Die sauromatische und die sarmatische Kultur    17
   Die sauromatische Kultur    17
   Die frühsarmatische Kultur    25
   Die mittelsarmatische Kultur    34
   Die spätsarmatische Kultur    39
   Zum absolutchronologischen Ansatz der sauromatischen und sarmatischen Kultur    47

Bemerkungen zu nomadischen Gruppen der frühen Eisenzeit in Mittelasien    51
   Zentralkazachstan    52
   Aralseegebiet    54

Sauromatisches und sarmatisches Fundgut nordöstlich und östlich des Kaspischen Meeres    59
   Grabbefunde    59
      Bestattungssitten    59
         Grabbau    59
         Totenritual    61
      Inventar    62
         Waffen    62
            Schwert und Dolch    62
            Pfeil und Bogen    64
            Sonstige    65
         Pferdegeschirr und Pferdeschmuck    65
         Geräte    65
         Gefäße    66
            Keramik    67
            Metall, Holz und Stein    67
         „Kultische" Gerätschaften    68
         Toilettegegenstände    69
         Schmuck- und Trachtbestandteile    70
         Nahrungsbeigaben    72
   „Heiligtümer"    72
   Anthropomorphe Stelen    73
   Sonstiges    74
   Sarmaten in Mittelasien ?    74

Zusammenfassung                                                                                      77

Summary                                                                                               79

Резюме                                                                                                83

Abkürzungsverzeichnis                                                                                 87
   Zeitschriften                                                                       87
   Katalog                                                                             88

Literaturverzeichnis                                                                                  89

# KATALOG

Einleitung zum Katalog                                                                               105

Chronologische Übersicht zu Grabbau und Totenritual                                                  107

Chronologische Übersicht zum Inventar der Gräber                                                     113

Katalog: Alphabetisches Verzeichnis der Fundorte                                                     121
   Kat.-Nr. 1   Agalyk-Saj (Uzbekistan), Kurgan-Nekropole              121
   Kat.-Nr. 2   Ajuk (Kazachstan), Heiligtum Typ „Bajte"               123
   Kat.-Nr. 3   Akdžartepe (Uzbekistan), Kurgan-Nekropole               123
   Kat.-Nr. 4   Ak-Šukur (Kazachstan), Heiligtum Typ „Bajte"            124
   Kat.-Nr. 5   Ak-Ujuk (Kazachstan), Heiligtum Typ „Bajte"             124
   Kat.-Nr. 6   Bajte I (Kazachstan), Heiligtum Typ „Bajte"             124
   Kat.-Nr. 7   Bajte III (Kazachstan), Heiligtum Typ „Bajte"           125
   Kat.-Nr. 8   Besogiz (Kazachstan), Heiligtum Typ „Bajte"             125
   Kat.-Nr. 9   Chanaly (Turkmenistan), Kurgan-Nekropole                125
   Kat.-Nr. 10  Chas-Kjariz (Turkmenistan), Kurgan-Nekropole                126
   Kat.-Nr. 11  Četvërtyj Raz'ezd (Kazachstan), Heiligtum Typ „Bajte"        127
   Kat.-Nr. 12  Četvërtyj Raz'ezd 1 (Kazachstan), Stele                      127
   Kat.-Nr. 13  Četvërtyj Raz'ezd 2 (Kazachstan), Stelen                     127
   Kat.-Nr. 14  Čyryšly (auch Čaryšly, Turkmenistan), Kurgan-Nekropole       127
   Kat.-Nr. 15  Děvkesken 3 (Uzbekistan), Kurgan-Nekropole                   128
   Kat.-Nr. 16  Děvkesken 4 (Uzbekistan), Kurgan-Nekropole                   128
   Kat.-Nr. 17  Dordul' (Turkmenistan), Kurgan-Nekropole                     134
   Kat.-Nr. 18  Dykyltas (Kazachstan), Heiligtum Typ „Dykyltas"              134
   Kat.-Nr. 19  Džanak II (Turkmenistan), Befund 1                           135
   Kat.-Nr. 20  Džidelibulak 1 (Uzbekistan), Kurgan-Nekropole                135
   Kat.-Nr. 21  Ešky (Kazachstan), Stele                                     136
   Kat.-Nr. 22  Fundplatz Km. 309 (Kazachstan), Heiligtum Typ „Bajte"        137
   Kat.-Nr. 23  Gek-Dag II (Turkmenistan), Befund 2                          137
   Kat.-Nr. 24  Karamunke (Kazachstan), Heiligtum Typ „Bajte"                138
   Kat.-Nr. 25  Karaoba 2 (Kazachstan), Heiligtum Typ „Bajte"                138

Kat.-Nr. 26   Karasakbas (Kazachstan), Kurgan-Nekropole                                         138

Kat.-Nr. 27   Kaskažol (Uzbekistan), Kurgan-Nekropole                                           138

Kat.-Nr. 28   Koktepe (Uzbekistan), Bestattung in Siedlung                                      140

Kat.-Nr. 29   Konaj (auch Kunajoba, Kazachstan), Heiligtum Typ „Bajte"                          142

Kat.-Nr. 30   Kondybaj (Kazachstan), Stele                                                     142

Kat.-Nr. 31   Kosuak (Kazachstan), Heiligtum Typ „Bajte"                                        142

Kat.-Nr. 32   Kos-Uik (Kazachstan), Heiligtum Typ „Bajte"                                       143

Kat.-Nr. 33   Kujumazar (Uzbekistan), Kurgan-Nekropole                                          143

Kat.-Nr. 34   Kulkuduk (Uzbekistan), Kurgan-Nekropole                                           143

Kat.-Nr. 35   Kyzyl uik (Kazachstan), Heiligtum Typ „Bajte"                                     146

Kat.-Nr. 36   Langari Chodžiën (Tadžikistan), Kurgan-Nekropole                                  146

Kat.-Nr. 37   Ljavandak (Uzbekistan)                                                           147

Kat.-Nr. 38   Munke-Uik (Kazachstan), Heiligtum Typ „Bajte"                                     149

Kat.-Nr. 39   Orlat (Uzbekistan), Kurgan-Nekropole                                             149

Kat.-Nr. 40   Sarykamyš (Kazachstan), Kurgan-Nekropole                                          149

Kat.-Nr. 41   Sed'moj Raz'ezd (Kazachstan), Heiligtum Typ „Bajte"                               150

Kat.-Nr. 42   Ševčenko (auch Aktau, Kazachstan), Kurgan-Nekropole                               150

Kat.-Nr. 43   Teren (Kazachstan), Heiligtum Typ „Bajte"                                         150

Kat.-Nr. 44   Tilla-Tepe (Afghanistan), Tempelanlage mit Bestattungen                           151

Kat.-Nr. 45   Tumek-Kičidžik (Turkmenistan), Kurgan-Nekropole                                   154

Kat.-Nr. 46   Tuz-gyr (Uzbekistan), Kurgan-Nekropole                                            155

Kat.-Nr. 47   Uik (Kazachstan), Heiligtum Typ „Bajte"                                           155

Kat.-Nr. 48   Žaman-Togaj (Kazachstan), Kurgan-Nekropole                                        155

Kat.-Nr. 49   Žyngyldy (Kazachstan), Heiligtum Typ „Bajte"                                      156

Kat.-Nr. 50   Unbekannt (Ustjurt-Plateau, Kazachstan), Stele                                    156

# Tafeln und Karten

# VORWORT

Die vorliegende Studie ist die leicht überarbeitete Fassung meiner Magisterarbeit, die im Juli 2003 am Institut für Orientalische Archäologie und Kunst des früheren Fachbereichs Kunst-, Orient- und Altertumswissenschaften der Martin-Luther-Universität Halle/Wittenberg eingereicht wurde.

Für die Drucklegung wurde versucht, die wichtigsten seit Mitte 2003 neu erschienenen bzw. neu angeschafften Veröffentlichungen zu berücksichtigen und einzuarbeiten, ein Anspruch auf Vollständigkeit kann jedoch nicht erhoben werden.

Betreuer und Gutachter der Magisterarbeit waren Prof. Dr. Markus Mode und Prof. Dr. Felix Blocher, beide Seminar für Orientalische Archäologie und Kunst, denen für die Anregung und Ermutigung zur Beschäftigung mit diesem Thema sowie der Betreuung dieser Studie mein aufrichtiger Dank gilt. Gleichermaßen möchte mich bei Herrn Prof. Dr. W. Orthmann bedanken, von dem ich während meines Studiums viel lernen durfte.

Außerdem sei dem damaligen Präsidenten des Deutschen Archäologischen Institutes, Prof. Dr. Dr. h.c. mult. Hermann Parzinger, stellvertretend für alle Mitarbeiterinnen und Mitarbeiter der Eurasien-Abteilung des DAI in Berlin für die Möglichkeit der Nutzung der Bibliothek sowie für interessante Hinweise und Unterstützung in Rat und Tat gedankt.

Das Layout hat Daniela Frehse erarbeitet. Pavel Leus, Berlin, übersetzte das russische Resumee, Marion und Robin Page die englische Zusammenfassung. Allen dafür vielen Dank!

Ein herzliches Dankeschön geht außerdem an meine Familie für ihr Verständnis und die weitreichende Unterstützung während meines Studiums sowie im Besonderen auch an Heiner Schwarzberg für viele Diskussionen, Anregungen und aufmunternde Worte.

Die Transliteration aus dem Russischen erfolgte nach DIN 1460. Mittelasiatische Eigennamen türkischen Ursprungs wurden nach den russischen Publikationen transliteriert, jedoch finden sich feste geographische Eigennamen in der in Deutschland üblichen Umschrift[1].

---

[1]  D. h. Wolga statt Volga usw.

Das Ziel dieser Arbeit ist eine erste Bestandsaufnahme sauromatischen und sarmatischen Fundgutes im Arbeitsgebiet[2] anhand publizierter Ausgrabungsergebnisse sowie die Darstellung des aktuellen Forschungsstandes, um so eine Grundlage für weitere Studien in diesem Bereich zu schaffen.

Den Kern der Untersuchung bildet dabei die Sammlung und Auswertung des in verschiedensten regionalen und überregionalen Fachzeitschriften und Tagungsbänden abgebildeten und erwähnten Materials. Dazu konnte nicht auf zusammenfassende Vorarbeiten zurückgegriffen werden. Die weitestgehend russischsprachige Literatur wurde hauptsächlich in der Universitäts- und Landesbibliothek Halle, der Bibliothek der Eurasien-Abteilung des Deutschen Archäologischen Instituts Berlin, sowie der Staatsbibliothek zu Berlin erschlossen.

Die Zusammenstellung des Kataloges gestaltete sich keineswegs einfach. Dies resultierte einerseits aus der in Deutschland mangelnden Verfügbarkeit in Mittelasien erschienener Spezialliteratur, andererseits durch einen Teil der Publikationen selbst, da wichtige Grabungsergebnisse oft nur summarisch und ohne Abbildungen zusammengefaßt wurden. Eine Auswertung und kritische Überprüfung der publizierten oder zitierten Resultate (z. T. mehrjähriger Kampagnen) konnte so nicht immer gewährleistet werden. Insbesondere fehlen daneben in den kurzen Grabungsberichten oft auch Aussagen zur kulturellen Einbindung der Fundstücke, weshalb solche Publikationen zumeist für den Katalog nicht berücksichtigt werden konnten[3]. Um den Rahmen der Arbeit nicht zu sprengen konnten außerdem die großen sakischen Nekropolen im Gebiet um den Aralsee, die von der sog. „Chorezmischen Expedition" ergraben wurden[4], trotz des recht guten Publikationsstandes nicht im einzelnen auf sauromatische und sarmatische Bestandteile in den Grabinventaren untersucht werden. Einige dieser Funde werden jedoch beispielhaft im Text berücksichtigt. Daneben sind viele

Ausgrabungen und Surveytätigkeiten bis heute unveröffentlicht, so daß der hier vorgelegte Katalog von Fundstücken aus sauromatischem und sarmatischem Zusammenhang nur den momentan *publizierten* Forschungsstand und keinesfalls eine genaue Verbreitung der entsprechenden Funde wiedergeben kann. Aus diesem Grunde wurde auch auf eine statistische Auswertung des Kataloges verzichtet.

Einleitend wird das für diese Arbeit relevante Arbeitsgebiet näher beschrieben, wobei auch kurz auf einige Fragen zur Klimageschichte des Raumes, besonders in ur- und frühgeschichtlicher Zeit, eingegangen werden soll.

Weiterhin wird ein kurzer Überblick über die bisherige Forschungstätigkeit zu sauromatischen und sarmatischen Fragestellungen allgemein sowie speziell zu derartigen Ansätzen im Arbeitsgebiet gegeben.

Schließlich soll auf spezielle Problemstellungen bezüglich der Herausbildung und kulturellen Entwicklung im sarmatischen Kerngebiet eingegangen werden. Daneben werden Charakteristika des materiellen Fundgutes in den einzelnen Stufen der sarmatischen Kultur, besonders in ihrem östlichen Verbreitungsgebiet, kurz vorgestellt. Hier schließt sich ein Überblick über die absolute Chronologie und die damit verbundene aktuelle Diskussion an.

Zudem wird auf nomadische Kulturen der frühen Eisenzeit im Bearbeitungsgebiet, ihre Besonderheiten und ihre materielle Kultur eingegangen.

Auf ein spezielles Kapitel zu den überlieferten schriftlichen Quellen muß an dieser Stelle verzichtet werden, da eine moderne Gesamtbetrachtung auf diesem Gebiet – insbesondere in Bezug auf die chinesischen Überlieferungen – bislang aussteht und den Rahmen dieser Studie bei weitem überschreiten würde. Kurze Verweise hierzu finden sich jedoch im Text.

Im Anschluß wird der Frage nach dem Vorkommen und der Bedeutung sauromatischen und sarmatischen Fundgutes in Mittelasien (auch in seiner Abgrenzung zu den genannten früheisenzeitlichen Nomaden) nachgegangen. Hierbei sollen unter Berücksichtigung der vorliegenden Zusammenstellung die Bedeutung dieser Funde und die damit möglichen kulturhistorischen Aussagen thematisiert werden. Daneben werden Fragen nach kultischen und religiösen Vorstellungen sowie solche nach eventuellen Interaktionen in verschiedenen Bereichen diskutiert.

[2]  Vgl. hierzu das entsprechende Kap. zum Arbeitsgebiet.
[3]  Beispielsweise Jagodin/Jusupov 1978; Kožomberdiev 1974; Maksimova et al. 1968.
[4]  So die großen Nekropolen von Ujgarak und Tagisken, vgl. die Monographien von Itina 1979; Itina/Jablonskij 1997; Jablonskij 1996; Jablonskij 1999; Višnevskaja 1973. Zusätzlich wurden die Ergebnisse auch zusammenfassend in mehreren Artikeln vorgelegt.

Im Folgenden soll das für diese Arbeit relevante Gebiet eingegrenzt und näher charakterisiert werden.

Anschließend folgen einige kurze Bemerkungen zu seiner Klimageschichte, insbesondere in ur- und frühgeschichtlicher Zeit.

## Allgemeine Charakterisierung des Arbeitsgebietes

Geopolitisch umfaßt das Bearbeitungsgebiet heute vor allem die Staaten Kazachstan, Uzbekistan, Turkmenistan owie in kleinerem Umfang auch Afghanistan, Tadžikistan und Kirgistan.

Für die Aufnahme von sauromatischen und sarmatischen Funden und Befunden wurde das Gebiet auf die Steppenzone dieser Länder beschränkt, so daß das Arbeitsgebiet im Süden bis an den Kopet Dag und die iranische Grenze sowie die Gebirgszüge des Hinduku\u0161 und im Osten bis zu den Bergzügen von Tien \u0160an und Pamir reicht. Die westliche Begrenzung bildet das Kaspische Meer. Lediglich im Norden ist die Abgrenzung recht schwierig; sie wird durch die nordkaspische Tiefebene sowie die Turgajsenke markiert.

Eine Ausnahme bildet das Fergana-Tal: Dieses sehr fruchtbare Gebiet, das bereits früh intensiv besiedelt war, wurde aus forschungsgeschichtlichen Erwägungen in dieser Untersuchung weitestgehend ausgeklammert. Lediglich die südliche Gebirgsrandzone wird durch einen Fundort repräsentiert[5]. Die Ausklammerung liegt darin begründet, daß sich im Fergana-Tal die Forschungen für unseren Zeitraum besonders durch B. A. Litvinskij in den letzten Jahren auf sakische Denkmäler konzentrierten[6].

Eine genaue Auswertung und Untersuchung der von ihm vorgelegten Ergebnisse auf sauromatisches und sarmatisches Fundgut hätte den Rahmen dieser Arbeit gesprengt und muß somit weiteren Studien vorbehalten bleiben.

Der Fokus dieser Arbeit liegt also auf dem Gebiet um den Aralsee, bis vor kurzem der viertgrößte See der Welt. Mit dem Baumwollanbau, einem der wichtigsten lokalen Wirtschaftszweige, und der damit nötigen Bewässerung wurde jedoch das Wasser seiner beiden Zuflüsse, des Amu-darja und des Syr-darja, seit den 1960er Jahren abgeleitet. Die Folge davon war und ist eine dramatische Versalzung und Verlandung (*vgl. Abb. 1*), die schließlich sogar zu einer Zweiteilung der Wasserfläche führte: Heutzutage befindet

sich im Norden der kleine und im Süden der große Aralsee; seine Gesamtfläche hat sich halbiert, das Wasservolumen beträgt sogar nur noch ein Viertel des ursprünglichen. Städte, die vor 1960 am Ufer gegründet wurden, liegen heute im Landesinneren.

Hinzu kommen klimatische Veränderungen sowie Umweltschäden durch die Versalzung und die Verwehung giftiger Sedimente des ehemaligen Seebodens. Insgesamt handelt es sich um eine immense Umweltkatastrophe. Die weitere Desertifikation wird sich wohl auch durch die jüngsten Bemühungen nicht einfach stoppen lassen[7].

Für die vorliegende Untersuchung erwies sich das Territorium zwischen dem Aralsee und dem Kaspischen Meer als besonders wichtig. Diese Gegend wird durch mehrere steinige Plateaus dominiert; die größten sind das Ustjurt- und das Mangy\u0161lak-Plateau sowie die zugehörige Halbinsel gleichen Namens. Daneben gibt es einige weitere kleinere Hochflächen, die teilweise bis an das Ufer des Kaspischen Meeres reichen[8]. Lediglich im nördlichen Teil des Ustjurt-Plateaus befindet sich ein tieferliegender Uferstreifen, das Nordkaspische Tiefland[9]. Daneben liegt im Bereich südlich des Ustjurt- und des Mangy\u0161lak-Plateaus, nahe am Kaspischen Meer, eine Senke, der sog. Kara-Bogaz-Gol. Dieser ist heutzutage durch Seespiegelschwankungen fast trocken gefallen, früher bestand jedoch eine Verbindung zum Kaspischen Meer, die das Gebiet mit Wasser füllte.

Im Grenzgebiet zwischen Turkmenistan und Uzbekistan, nördlich der Wüste Karakum, befinden sich der Sarykamy\u0161-See sowie einige weitere kleinere Wasserflächen[10], die heute jedoch ebenfalls fast trocken liegen. Es handelt sich hierbei um Depressionen, die ihr Wasser durch den alten Lauf des Amu-darja nach Westen erhielten. Dieses alte Flußbett, das sog. Uzboj-Gebiet, ist heute größtenteils versandet[11] und führt nur noch teilweise Wasser. Es beginnt südlich des Sarykamy\u0161-Sees und führt durch den sog. Balchan-Korridor zum Kaspischen Meer,

---

5    Ausnahme ist das Gräberfeld von Langari Chodžiën, das territorial noch zum Leninabad obl. gehört und unmittelbar am Eingang zum Fergana-Tal liegt.

6    Litvinskij 1982, S. 46 mit weiterer Literatur; vgl. auch Litvinskij 1986.

7    Artikel „Aralsee" des Microsoft Encarta Weltatlas, Ausgabe 2000.

8    Ol`chovskij 2001, S. 143.

9    Ol`chovskij/Galkin 1990, S. 196.

10   Létolle 2000, S. 212.

11   Jablonskij 1990, S. 288.

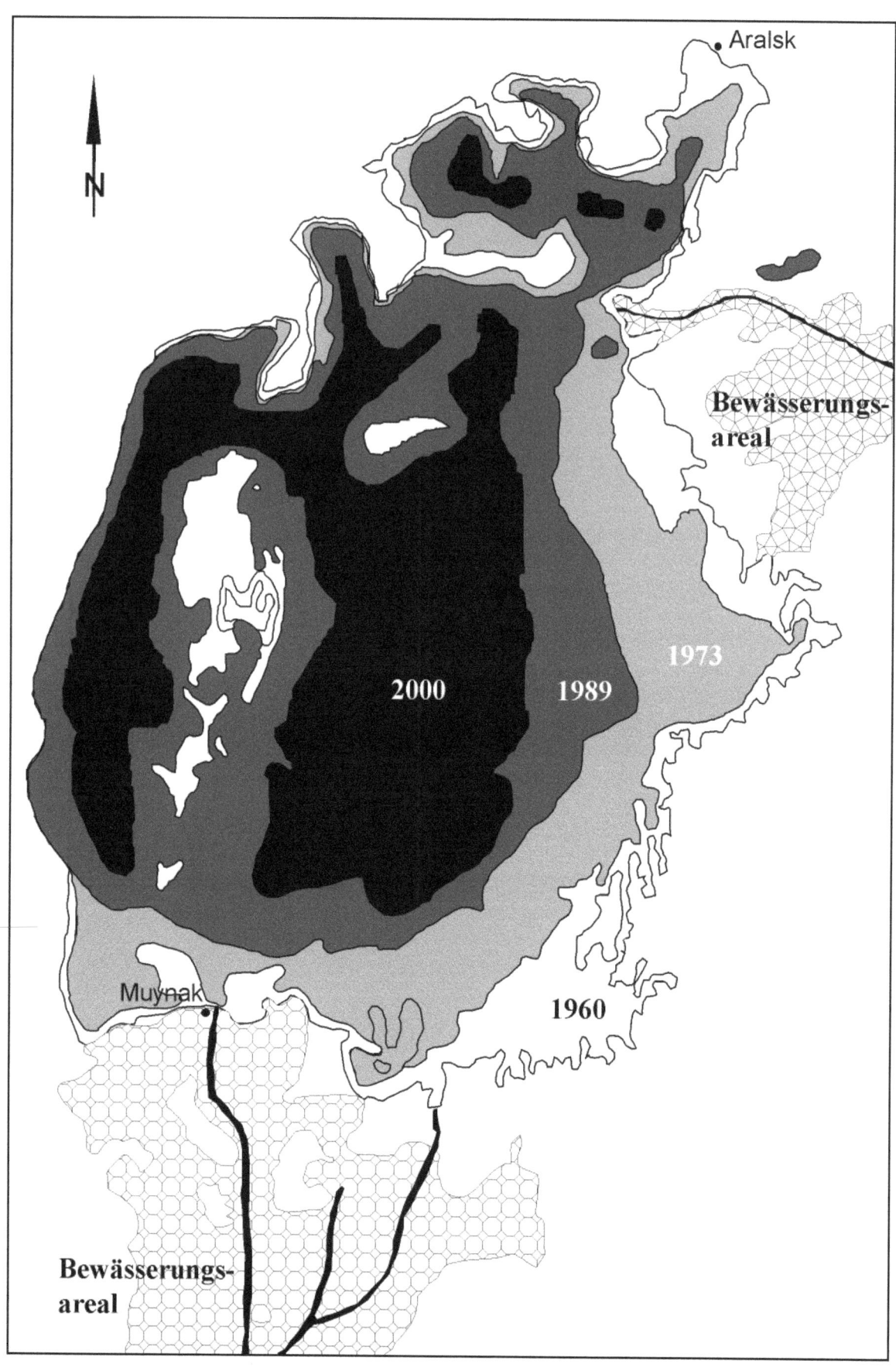

**Abb. 1. Küstenlinie des Aralsees seit den 1960er Jahren**
(nach http://www.hlmd.de/wueste-wueste/aktuelles.html, Stand 02.06.2003).

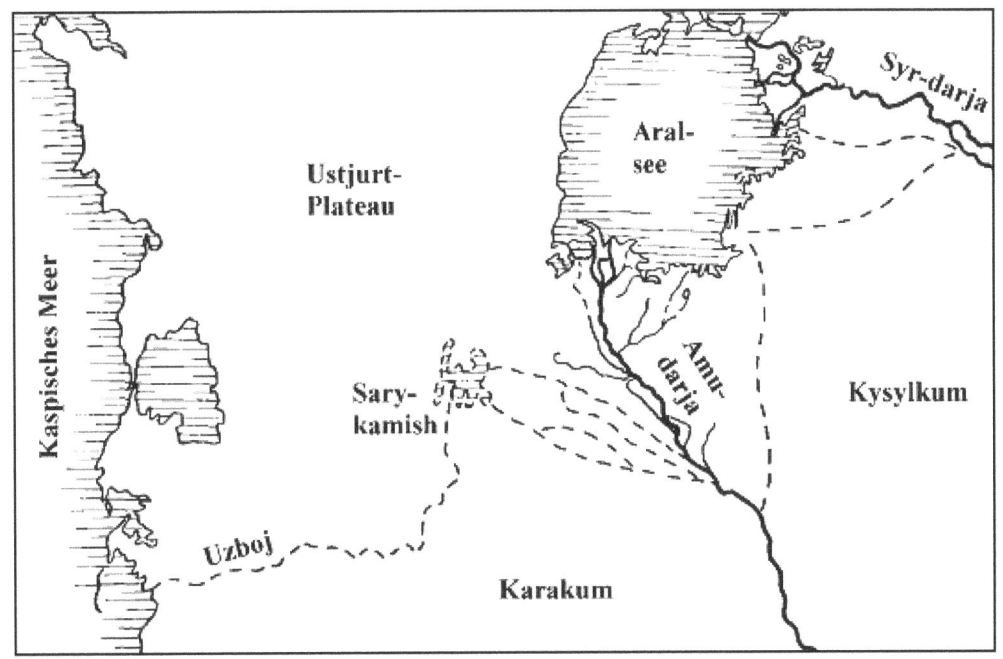

**Abb. 2. Übersichtskarte des Aralsee-Gebietes**
(nach Jablonskij 1990, Abb. 1).

wohin sich der Strom früher zeitweise südlich des Kara-Bogas-Gol entwässerte[12]. Das alte Flußbett ist ca. 550 km lang, das Flußtal ist ca. 2 bis 3 km breit und maximal 40 m tief. Der Uzboj mit seinen Terrassen ist heute noch gut erhalten und nur wenig erodiert oder versandet und bildet eine natürliche Grenze zwischen zwei geologisch verschiedenen Gebieten: der sog. Trans-Uzboj-Region und der Wüste Karakum[13] (*vgl. Abb. 2*).

Die Plateaus zwischen Kaspischem Meer und Aralsee sind durch einen trockenen Flußlauf getrennt und bilden den westlichen Teil des Hochlandes von Turan. Sie werden durch drei große Strukturen gegliedert, die sich in ostwestlicher Richtung erstrecken. Es handelt sich dabei ganz im Norden um die Nord-Ustjurt-Depression, in der Mitte um die Höhenzone der zentralen Mangyšlak-Ustjurt-Zone und ganz im Süden um das Tiefland der Südmangyšlak-Ustjurt Zone[14]. Charakteristisch sind kleine Salzseen sowie größere und kleinere Senken und Abhänge, die die Fortbewegung in diesem Gebiet stark erschweren[15]. Das Ustjurt-Plateau selbst ist eine trockene Hochfläche mit steil abfallenden Rändern, die nur an einigen Stellen überwunden werden können[16]. Lediglich im Norden senkt es sich sanfter zur Nordkaspischen Tiefebene ab. Wasser findet sich hier nur in sehr tiefen Wasserlöchern.

Das Klima ist extrem; im Sommer können Temperaturen bis +47° C im Schatten erreicht werden, während in den Wintermonaten das Thermometer bis auf -35° C abfallen kann. Hinzu kommt ständiger starker Wind[17].

Südlich der beschriebenen Plateaus befindet sich die Wüste Karakum[18] mit einer Ausdehnung von 350.000 km², die im Süden bis zum Kaspischen Meer und an den Kopet Dag sowie im Osten bis an den Amu-darja reicht. Sie nimmt einen Großteil der Fläche Turkmenistans ein und besteht meist aus sandigen Bergrücken. Ihre südlichen und südöstlichen Ausläufer werden heute durch den Karakum-Kanal bewässert, so daß hier etwas Landwirtschaft und Schafzucht betrieben werden kann.

Die älteste Quelle zum Kaspischen Meer (hier als Hyrkanisches Meer bezeichnet) und den angrenzenden Gebieten stammt aus der Beschreibung der damals bekannten Welt des Hekataios von Milet (ca. 560 - 485 v. Chr.). Herodot ging in seiner Schilderung auch auf die Gebiete östlich des Kaspischen Meeres ein, die er als „*unabsehbare Ebene*" bezeichnete, die von den Massageten bewohnt sei. Daneben gab er auch die dort befindlichen persischen Satrapien, allerdings in etwas eigener Zusammenfassung, wieder. Die griechischen Vorstellungen zur Geographie des östlichen Umlandes des Kaspischen Meeres blieben unscharf; auch der Feldzug Alexanders des Großen konnte nicht alle Fragen (beispielsweise ob das Kaspische mit dem Schwarzen Meer verbunden sei) klären[19].

[12]  Hierzu auch Kap. zur Klimageschichte des Arbeitsgebietes.
[13]  Babaev 1994, S. 10.
[14]  Internet Geology Newsletter 115, Sept. 17, 2001, J. Clarke (http://www.geocities.com/internetgeology/L115a.html, Stand: 29.03.2009).
[15]  Babaev 1994, S. 9f.
[16]  Ol'chovskij 2000, S. 33.
[17]  Ol'chovskij 1997a, S. 68.
[18]  Nach dem türkischen Begriff für „schwarzer Sand".
[19]  Bartol'd 1910, S. 3ff.

Beschreibungen, die den Aralsee meinen könnten, treten z. B. bei Strabo (ca. 63 v. Chr. - 25 n. Chr.) auf, der außerdem darauf hinwies, daß östlich des Kaspischen Meeres das Nomadenvolk der Daer lebte[20]. Die römischen Quellen gründen sich zumeist auf die griechischen Vorläufer, wenngleich in den ersten Jahrhunderten n. Chr. im Hinblick auf Handelsrouten weitere Kenntnisse gesammelt wurden. Eine Beschreibung, die sich sicher auf den Aralsee und seine Umgebung bezieht, stammt von Ammianus Marcellinus aus dem späten 4. Jh. n. Chr. Sie ist allerdings nur lückenhaft und unsicher überliefert[21].

Aufgrund der peripheren Lage zu den Zentren der griechisch-römischen Welt sind frühe Berichte zu den nomadischen Bevölkerungen Mittelasiens nicht allzu häufig und die Autoren beschreiben die Gegend und ihre Bewohner nie aus eigener Anschauung, sondern nur anhand der Berichte Anderer oder vom Hörensagen. Die Schilderungen sind somit immer ungenau und genaue geographische Angaben aus antikem Kontext liegen nicht vor.

Das Gebiet südlich und östlich des Aralsees wird durch die beiden großen Flußläufe von Amu-darja und Syr-darja geprägt.

Der Amu-darja, den antiken Autoren als Oxus bekannt, entspringt auf den westlichen Pamir-Hochebenen unter dem Namen Pjandš. Erst nach der Vereinigung mit dem Fluß Vachš erhält er seinen Namen und fließt von dort

ca. 2.540 km in nördlicher Richtung in den Aralsee[22]. Er bildet streckenweise die Grenze zwischen den Staaten Uzbekistan, Turkmenistan und Afghanistan. Wie bereits oben erwähnt, sinkt der Wasserspiegel des Flusses durch die notwendige Bewässerung von Baumwollfeldern ständig. Hinzu kommt ein gewaltiger Wasserverlust durch den Karakum-Kanal, einen der längsten Kanäle der Welt, dessen Wasser ebenfalls zu Bewässerungszwecken verwendet wird.

Der Syr-darja fließt hauptsächlich durch Kazachstan, daneben aber auch durch Tadžikistan. Er ist in antiken Quellen unter dem Namen Jaxartes überliefert und entsteht durch den Zusammenfluß von Naryn und Qoradaryo im Fergana-Tal. Seine Länge bis zum Aralsee beträgt ca. 2.212 km. Auch hier wurde in den letzten Jahren übermäßig viel Wasser für Bewässerungszwecke entnommen.

Zwischen den beiden großen Flußläufen befindet sich die Wüste Kyzylkum[23] mit einer Fläche von 300.000 km². Es handelt sich dabei um eine Sandwüste, die Teile von Uzbekistan und Kazachstan bedeckt. Trotz der spärlichen Vegetation ist hier die Haltung von Schafen, Kamelen und Pferden möglich.

Auf beiden Seiten des Syr-darja liegt die sog. Hungersteppe, eine ca. 10.000 km² große unwirtliche Ebene ohne natürliche Wasservorkommen, die sich bis weit in die Steppen Kazachstans hinein erstreckt.

---

[20]  Bartol'd 1910, S. 3ff.
[21]  Bartol'd 1910, S. 12.

[22]  Zum früheren Verlauf s. auch Kap. zur Klimageschichte des Arbeitsgebietes.
[23]  Nach dem türkischen Begriff für „roter Sand".

## Bemerkungen zur Klimageschichte des Arbeitsgebietes

Nachfolgend soll auf einige Veränderungen im Klima im weitesten Sinne eingegangen werden. Hierbei liegt ein besonderer Schwerpunkt auf der Frage nach dem alten Lauf des Amu-darja zum Sarykamyš und dem des Uzboj zum Kaspischen Meer – heute ein weitgehend unwirtliches Wüstengebiet[24]. In Zeiten, in denen hier ausreichend Wasser floß, war die Gegend jedoch nutzbar und besiedelt. Für siedlungsgeschichtliche Erwägungen spielen außerdem Wasserspiegelschwankungen des Aralsees[25] und Veränderungen des östlichen Randes des Ustjurt-Plateaus durch Erosion eine Rolle[26].

Auf frühe Klimaentwicklungen, wie beispielsweise das Eozän, während dem ein Großteil der heutigen Wüste Karakum mit Wasser bedeckt war[27], sowie auf Vergleiche

der Fauna verschiedener Fundorte[28] (besonders im frühen Mittelalter) kann hier jedoch nicht näher eingegangen werden[29].

Mit der Problematik und der Frage nach dem Verlauf des Amu-darja beschäftigten sich schon früh zahlreiche Forscher. Als Basis dienten Reiseberichte und Beschreibungen verschiedener Historiker und Geographen, beginnend mit Hekataios v. Milet, die das Gebiet um den Aralsee bzw. zwischen dem Aralsee und dem Kaspischen Meer beschrieben. Eine gute Zusammenstellung und Erörterung der bekannten Quellen zu diesem Thema bis zum 17. Jh. sowie der damals aktuellen Forschungsdiskussion wurde bereits Anfang des 20. Jhs. von V. V. Bartol'd vorgelegt[30].

Heute wird davon ausgegangen, daß sich der Lauf des Amu-darja durch die Jahrhunderte mehrfach änderte und

---

[24]  Babaev 1994, S. 6.
[25]  Hierzu Brentjes 1993/1994, S. 82, Boroffka 2003, S. 24ff. sowie Boroffka et al. 2003a.
[26]  Hierzu Gubin 1986.
[27]  Atamuradov 1994, S. 49.

[28]  Vgl. beispielsweise Batyrov/Batirov 1986.
[29]  Hierzu ausführlich Atamuradov 1994.
[30]  Bartol'd 1910; vgl. aber auch Létolle 2000, S. 196ff.

der Strom in der Zeit vom Tertiär bis zum Quartär und dann bis ins 16. Jh. gelegentlich nach Westen in das Sarykamyš-Becken und von dort über den Uzboj in das Kaspische Meer floß[31] (vgl. Abb. 2). Insbesondere in der Zeitspanne zwischen 1221 und dem späten 16. Jh. scheint der Amu-darja nicht in den Aralsee sondern über den Uzboj geflossen zu sein[32]. Hierbei muß jedoch angemerkt werden, daß dieser These auch in der jüngeren Vergangenheit widersprochen wurde und sie zu den „zählebigen Wissenschaftslegenden"[33] gestellt wurde. Neuerdings jedoch findet sie wieder verstärkt Befürworter und kann durch Sedimentproben[34] sowie die quellenkritische Interpretation historischer Berichte[35] untermauert werden. In diesem Zusammenhang sind auch starke Schwankungen im Wasservolumen des Sarykamyš zu sehen[36]. Mögliche Begründungen für die Änderung des Flußlaufes liegen in seismischen Aktivitäten des geographischen Raumes[37] sowie in menschlichen Einflüssen[38]. Insgesamt ist die Problematik jedoch noch nicht endgültig geklärt[39].

Insbesondere durch das interdisziplinäre „CLIMAN"-Projekt des GeoForschungsZentrums Potsdam konnten in jüngerer Zeit neue Erkenntnisse zu Klimaänderungen und Wasserspiegelschwankungen am Aralsee gewonnen werden[40]. So ließen sich u.a. aufgrund der Surveytätigkeiten Hinweise darauf erschließen, dass der Wasserstand des Aralsee im 15./16. Jh. durch menschlichen Einfluß zumindest in Teilgebieten noch deutlich niedriger als heute war[41].

Durch die Jahrtausende wechselten sich aride und humide Phasen in diesem Gebiet ab, was natürlich Folgen für die Besiedlung der Gegend hatte[42]. Eine Zeit mit Klimaoptimum und damit verbundene Wasserführung im Uzboj ist für das 7. - 5. Jt. v. Chr. anzunehmen und wird durch Funde der Muschel *Cardium edule* aus dem Kaspischen Meer bis zum Aralsee belegt[43]. An der Wende vom 3. zum 2. Jt. v. Chr. machten sich jedoch auch hier die Auswirkungen einer großen Trockenphase bemerkbar[44]. Nach den Forschungen N. A. Chotinskijs lassen sich in Kazachstan drei Übergangsphasen zum Subboreal feststellen: eine frühe, kalte und trockene Phase von ca. 3357 - 2600 v. Chr., eine mittlere, warme und feuchte Phase zwischen ca. 2600 und 1440 v. Chr. und eine späte, kalte Phase von ca. 1440 - 660 v. Chr.[45] Auch heute noch lassen sich kleinere Wechsel zwischen verschiedenen Phasen (warm und trocken/kalt und feucht/kalt und trocken/warm und feucht) dokumentieren, so beispielsweise recht genau für das letzte Jahrhundert in verschiedenen Gebieten in Turkmenistan[46].

War der Uzboj Anfang des 1. Jts. v. Chr. noch wasserführend und bildete damit die Grundlage für Viehzucht in diesem Raum[47], führten unter anderem die frühen Bewässerungsanlagen im Gebiet von Chorezm schließlich zum zeitweisen Trockenfallen des Flußbettes[48]. Möglicherweise sind die häufigen Wechsel in der Höhe des Spiegels des Aralsees[49] auch in Zusammenhang mit der Wasserführung des Uzboj zu sehen. Hinzu kam um 350 v. Chr. eine ausgeprägt kühle Periode, die allgemein zu einer zusätzlichen Austrocknung der Steppengebiete führte[50].

Insgesamt ist also für die sauromatische und sarmatische Zeit von einem vorwiegend trockenen Milieu und somit nicht allzu günstigen Siedlungsbedingungen im Gebiet zwischen Aralsee und Kaspischem Meer auszugehen, wenngleich der Uzboj in der frühen Eisenzeit Wasser geführt haben soll[51].

---

[31]  So beispielsweise während des Neolithikums und der frühen Eisenzeit – Jablonskij 1990, S. 288.
[32]  Boroffka et al. 2003a, S. 64.
[33]  Brentjes 1993/1994, S. 79.
[34]  Beispielsweise Atamuradov 1994, S. 62; Létolle 2000, S. 195.
[35]  Boroffka 2003, S. 26.
[36]  Létolle 2000, S. 202.
[37]  Létolle 2000, S. 205.
[38]  Boroffka et al. 2003a, S. 64.
[39]  Zusammenfassend aus naturwissenschaftlicher Sicht s. Boomer et al. 2000 mit weiterführender Literatur.
[40]  Boroffka 2003, S. 22.
[41]  Boroffka et al. 2003a, S. 62.
[42]  Létolle 2000, S. 215.

[43]  Brentjes 1993/1994, S. 82.
[44]  Hiebert/Šišlina 2000, S. 25.
[45]  Zitiert nach Rosen et al. 2000, S. 613 – bei den Daten handelt es sich um kalibrierte Angaben.
[46]  Orlovskij 1994, S. 46ff.
[47]  Jablonskij 1990, S. 288f.
[48]  Létolle 2000, S. 215.
[49]  Brentjes 1993/1994, S. 82.
[50]  Brentjes 1988, S. 99.
[51]  Ol'chovskij 1997a, S. 68; Ol'chovskij 2000, S. 38, Endnote 1.

Nachfolgend soll auf die Geschichte der Erforschung der sauromatischen und sarmatischen Kultur in ihrem Kerngebiet eingegangen werden. An dieser Stelle kann leider nur ein kurzer Überblick mit den wichtigsten Publikationen gegeben werden, da die vorhandene Literatur zu einzelnen Aspekten und Problemkreisen[52] überaus umfangreich ist und ein Gesamtüberblick über die Forschung seit dem 18. Jh. den Rahmen der vorliegenden Arbeit sprengen würde. Daneben liegt der Schwerpunkt dieser Zusammenstellung – dem Ziel der Studie entsprechend – im östlichen Bereich des sauromatisch-sarmatischen Verbreitungsgebietes, so daß Arbeiten zum nordpontischen Raum weniger Berücksichtigung finden können.

Anschließend wird die Forschungsgeschichte im Arbeitsgebiet näher beleuchtet. Auch hier ist eine vollständige Übersicht über die archäologischen Arbeiten in Mittelasien nur begrenzt möglich, weshalb das Hauptaugenmerk auf der Erforschung der Denkmäler der früheisenzeitlichen Nomadenkulturen liegen wird[53]. Klare Aussagen werden dadurch erschwert, daß lange Zeit nicht von einer „Ostexpansion" der Sarmaten ausgegangen wurde und deren Hinterlassenschaften nicht entsprechend interpretiert wurden.

---

[52]  Vgl. z. B. Čežina 1988 zur Tierstilproblematik, Gorbunova 1998 zur Frage der Herkunft der sarmatischen Spiegeltypen, Mordvinceva 2001 zu Phaleren, Simonenko 2001 zu Bewaffnung und Kriegswesen im nordpontischen Raum oder Smirnov 1973 zu Räucher- und Toilettegefäßen. Die Liste mit Arbeiten zu speziellen Fragestellungen ließe sich beliebig fortführen. In den jeweiligen Arbeiten finden sich auch kurze Zusammenstellungen zum Forschungsstand, bezogen auf das entsprechende Spezialthema.

[53]  So können beispielsweise die vielen verschiedenen Siedlungsgrabungen sowie Forschungen zu Linguistik, Numismatik etc. an dieser Stelle nicht berücksichtigt werden – vgl. zur Problematik des Forschungsstandes außerdem Jettmar 1983, S. 208ff.

## Allgemeine Forschungsgeschichte

Die systematische Erforschung der sauromatischen und sarmatischen Kultur begann bereits im 19. Jh., als die historischen Quellen[54] das Interesse der Forschung zu wecken begannen und erste Versuche unternommen wurden, die Hinterlassenschaften der bei den antiken Autoren genannten Nomadenstämme zu lokalisieren.

Archäologische Ausgrabungen von Kurganen, die der sauromatischen und sarmatischen Kultur zugeschrieben wurden, erfolgten dann verstärkt ab dem Ende des 19. Jh. im Gebiet der unteren Wolga, am Don sowie in den Steppengebieten des Südural (besonders um Saratov und Orenburg), weiterhin vor allem aber auch im nordpontischen Bereich. Diese frühen Ausgrabungen erfolgten meist im Auftrag von regionalen „Archiv-Komissionen" und wurden beispielsweise durch P. G. Ignat'ev ab den 1860er Jahren, durch F. D. Nefedov 1884 - 1888, N. S. Nazarov 1890, A. A. Spicyn 1895 und 1896, V. A. Gorodcov 1901 und 1903 – um nur einige zu nennen – durchgeführt[55].

Besonderes Interesse galt daneben der Erforschung der indoeuropäischen und indoiranischen Sprachen und ihrer Verbreitung. Auch in diesem Zusammenhang erfolgten frühe Untersuchungen zum sauromatisch-sarmatischen Kulturkreis[56].

Eine erste Zusammenstellung des Forschungsstandes zur skythischen und sarmatischen Kultur legte aber erst M. I. Rostovcev in mehreren Arbeiten ab 1918 vor[57], in denen er die bis dahin bekannten Materialien zusammenstellte, zwei Gruppen herausarbeitete und diese datierte. Daneben setzte er sie mit der historischen Überlieferung sowie den Denkmälern des nordpontischen und sibirischen Raumes in Verbindung. Weiterhin beschäftigten sich bereits diese Arbeiten mit der Frage nach der Abfolge und der Verbindung der sauromatischen und der sarmatischen Kultur, wobei Rostovcev jedoch nicht von einer genetischen Abfolge beider, sondern von einer Einwanderung der Sarmaten aus dem Osten und der damit verbundenen Überlagerung der ansässigen Sauromaten ausging. In diesem Zusammenhang wies er auch auf die „iranische Herkunft" der sarmatischen Stämme hin[58].

In den 1920er Jahren erfolgten weitere umfangreiche Ausgrabungen, hauptsächlich durch P. S. Rykov, P. D. Rau, B. N. Grakov und I. V. Sinicyn für verschiedene Museen und andere Institutionen[59]. Durch das starke Anwachsen des bekannten Materials bis zum Ende der 1920er Jahre wurden weitere zusammenfassende Arbeiten sowie eine verläßliche chronologische Basis nötig.

---

[54]  Zu den historischen Quellen allgemein zu Sauromaten und Sarmaten vgl. überblicksweise Moškova 1989 und Moškova 1995.

[55]  Moškova 1989a, S. 158; Smirnov 1964, S. 7ff.

[56]  Moškova 1989a, S. 158.

[57]  Rostovcev 1918; Rostovcev 1918a; Rostovcev 1922.

[58]  Moškova 1995a, S. 91; Moškova 2000, S. 102.

[59]  Smirnov 1964, S. 11ff.

So gliederte Grakov das Material des Wolga- und Süduralgebietes in mehreren Studien in zwei chronologische Gruppen, von denen die erste den Zeitraum vom 6. bis zu ersten Hälfte des 4. Jhs. v. Chr und die zweite die Zeit zwischen dem späten 4. und dem 2. Jh. v. Chr. umfaßte. Seine ältere Stufe mit Denkmälern vom sog. „Blumenfeld-Typ"[60] schrieb er dabei aber den Skythen und nicht den Sauromaten zu[61]. Die Sarmaten selbst seien, so Grakov, in diesem Gebiet nicht vor dem 4. Jh. v. Chr. faßbar.

Ungefähr zur selben Zeit legte Rau die Ergebnisse seiner eigenen Ausgrabungen an der unteren Wolga in mehreren Studien vor[62]. Dabei trennte er zwar die Denkmäler des unteren Wolgagebietes von denen der Süduralgruppe ab, wies aber auf die chronologische und kulturelle Zusammengehörigkeit beider hin. Für das Gebiet um den Unterlauf der Wolga stellte er nach und nach drei chronologische Stufen innerhalb einer sarmatischen Kultur vom 3. Jh. v. Chr. bis zum 4. Jh. n. Chr. zusammen[63]. Hinzu kam eine frühe Gruppe von Denkmälern, die dem Zeitraum vom Ende des 7. bis zum 4. Jh. v. Chr. angehören sollten und den sauromatischen Stämmen Herodots zugeschrieben wurden[64].

Eine erste Zusammenstellung verschiedener Formen von Schwertern und Akinakes der Skythen und Sarmaten erfolgte 1928 durch W. Ginters in seiner Berliner Dissertation[65].

In den 1930er und 1940er Jahren traten neben der Chronologie und kulturellen Entwicklung der Sarmaten vor allem auch Fragestellungen zum Verhältnis der Sarmaten zu den Sauromaten und den Skythen und damit verbundener Wanderungsbewegungen in den Vordergrund. Hinzu kamen weitere Forschungen der Linguistik (mit der Frage nach der Sprache der Stämme) und der Anthropologie (Charakteristika verschiedener Schädeltypen). Ausgrabungen, die sauromatisches oder sarmatisches Fundgut erbrachten, fanden nicht mehr nur in den bekannten Gebieten statt, sondern wurden unter anderem auch in Westkazachstan und im Nordkaukasus durchgeführt, so daß die Materialbasis stetig anwuchs[66].

Zu dieser Zeit war es wieder Grakov[67], der die These vertrat, die Sarmaten seien aus den Sauromaten hervorgegangen. Außerdem erarbeitete er auf Grundlage der Forschungen Raus eine richtungsweisende chronologische Gliederung in vier Stufen und benannte die einzelnen Perioden wie folgt:

**Sauromatische oder Blumenfeld-Kultur**
(6. - 4. Jh. v. Chr.)

**Sauro-sarmatische oder Prochorovka-Kultur**
(4. - 2. Jh. v. Chr.)

**Sarmatische oder Suslovo-Kultur**
(spätes 2. Jh. v. Chr. - 2. Jh. n. Chr.)

**Alanische oder Šipovka-Kultur**
(2. - 4. Jh. n. Chr.)

Die Zusammenfassung der einzelnen Stufen zur sarmatischen Kultur sollte die kulturelle Verbindung während der Entwicklung verdeutlichen.

Die chronologische Gliederung Grakovs hatte für lange Jahre Bestand, wenngleich einzelne Stufen umbenannt wurden bzw. sich einzelne Kulturbegriffe nicht halten konnten. So wurde die zweite Stufe in frühsarmatische oder Prochorovka-Kultur, die dritte Stufe in mittelsarmatische Kultur und die vierte in spätsarmatische Kultur umbenannt, während sich Begriffe wie alanische oder Šipovka-Kultur nicht durchsetzten.

Die zeitliche Anbindung der Stufen der einzelnen Forscher ergab sich dabei aus dem Vergleich von gut datierten Importen aus dem nordpontischen bzw. achämenidischen Raum, die aus den Inventaren der Gräber stammten[68].

In den folgenden Jahren beschäftigte sich vor allem K. V. Sal'nikov mit Fragen zur Ethnogenese der sauromatischen Kultur. Daneben wurden die Thesen von Rostovcev zur iranischen Sprachzugehörigkeit und Ostwanderung der Sarmaten durch S. P. Tolstov, der dies durch seine Arbeiten in Chorezm unterstützt sah, wieder aufgegriffen und weiterentwickelt[69]. Die Grabungstätigkeiten verschiedener Expeditionen wurden fortgeführt und forciert, besonders durch notwendige Rettungsmaßnahmen aufgrund der Anlage von Staubecken im Wolgagebiet[70], so daß das bekannte Material in verschiedenen Gebieten des gesamten eurasischen Steppengürtels schnell anwuchs und sich die Trennung in regionale Gruppen stärker abzeichnete.

Vor allem K. F. Smirnov wies in umfangreichen Arbeiten[71] auf die Unterschiede in diesen Regionen hin. Besonders seine Studie zur sauromatischen Kultur aus dem Jahre 1964[72], in der er zwei regionale Gruppen abtrennte (Samara-Ural- und Wolga-Don-Gruppe) und ihre Ursprünge in den bronzezeitlichen lokalen Kulturen von Andronovo- und Balkengrabkultur suchte, daneben aber auch auf Entwicklung und Chronologie einging sowie Fragen zu ökonomischen Verhältnissen, der sozialen

---

[60] Benannt nach Kurgan A 12 von Blumenfeld, der im Jahr 1925 von Grakov ausgegraben wurde.
[61] Zitiert nach Moškova 1995a, S. 91f.
[62] Rau 1927; Rau 1927a; Rau 1928; Rau 1929.
[63] Zitiert nach Smirnov 1964, S. 13.
[64] Zitiert nach Moškova 1995a, S. 92; Moškova 2000, S. 102.
[65] Ginters 1928.
[66] Moškova 1989a, S. 159; Smirnov 1964, S. 14f.
[67] Grakov 1947.

[68] Moškova 1989a, S. 160.
[69] Zitiert nach Smirnov 1964, S. 18f.
[70] Jettmar 1980, S. 54.
[71] Beispielsweise Smirnov 1961.
[72] Smirnov 1964.

Ordnung, zu Kult und Religion diskutierte, wird auch heute noch viel beachtet.

Mitte der 1960er Jahre erschienen in der Reihe *Archeologija SSSR* zwei Bände mit Typentafeln und einer überblicksartigen Darstellung zur sauromatischen und frühsarmatischen Kultur[73].

Besonders Fragen zur frühsarmatischen Periode und ihrer Verbindungen zur bzw. ihre Herausbildung aus der sauromatischen Kultur fanden in den folgenden Jahren Beachtung. Bald bildeten sich zwei Arbeitshypothesen heraus: die erste geht davon aus, daß sich die frühsarmatische Kultur in den Steppen des Süduralgebietes unter Einfluß der Kulturen der Waldsteppe (Gorochovo- und Itkul'-Kultur) und den Kulturen Zentralkazachstans herausgebildet, sich dann in die Wolga-Don-Gebiete ausgebreitet und dabei die dort ansässigen Sauromaten absorbiert habe. Die zweite These, die besonders durch V. P. Šilov vertreten wurde, sieht eine Trennung zwischen der frühsarmatischen Kultur des Wolgagebietes und der Prochorovka-Kultur des Süduralgebietes vor, wobei sich beide gleichzeitig und unabhängig voneinander formiert haben sollen. Neuere Forschungen scheinen diese Hypothese jedoch nicht zu stützen[74].

Hinzu kamen weitere Versuche, verschiedene Gruppen mit den bei Herodot und anderen antiken Autoren genannten Stämmen zu verbinden[75], obwohl diese bei den griechischen Autoren meist zusammenfassend als „Skythen" bezeichnet werden. Zumeist geben die antiken Quellen daneben über die Westwanderung der Stämme und damit verbundener Ereignisse in unmittelbarer Nähe zu den griechischen Kolonien Auskunft[76], ein weitreichendes Problemfeld, das hier nicht weiter thematisiert werden kann.

1970 erschienen zusammenfassende Darstellungen von T. Sulimirski[77] und J. Harmatta[78] in englischer Sprache, die damit die Diskussion zu den früheisenzeitlichen eurasischen Nomaden und Problematiken in ihrer Erforschung einem breiteren Fachpublikum zugänglich machten.

Weiterführende zusammenfassende Arbeiten und damit verbundene feinchronologische Ansätze entstanden im Laufe der Zeit durch M. G. Moškova[79] vor allem zur frühsarmatischen, durch Šilov zur mittelsarmatischen und durch A. S. Skripkin[80] zur spätsarmatischen Kultur, wobei die mittelsarmatische Stufe immer etwas vernachlässigt wurde[81]. Ein Hauptaugenmerk lag auf den beiden frühen

Stufen sowie auf der Westbewegung bis zum Dnepr und auf die Krim.

In den 1980er Jahren wurden neben Fragen zur Chronologie und Herausbildung der frühsarmatischen Kultur vor allem solche zur Expansion der Sarmaten in den nordpontischen Bereich und ihrem Verhältnis zu den dort ansässigen Skythen diskutiert. So beschäftigte sich beispielsweise M. A. Očir-Gorjaeva 1988 in ihrer Dissertation mit dem Verhältnis der sauromatischen Gruppen an der unteren Wolga und im Süduralgebiet auf Grundlage einer vergleichenden Analyse von Bestattungssitte und Grabinventar, die zu dem Ergebnis führte, daß es sich in den beiden Gebieten um zwei verschiedene kulturelle Erscheinungen handele[82]. Überhaupt wurden Versuche unternommen, regionale Gruppen innerhalb der Kulturstufen zu unterscheiden, was besonders durch die weite Verbreitung des Fundmaterials notwendig wurde. Daneben widmete man sich weiterhin dem Versuch, die archäologischen Daten mit den historischen Überlieferungen zu korrelieren und bei den antiken Autoren genannte Namen mit archäologischen Gruppen zu identifizieren.

Zusammenfassend erschien 1989 der Band „*Stepi evropejskoj časti SSSR v skifo-sarmatskoe vremja*" in der Publikationsreihe *Archeologija SSSR* mit mehreren Artikeln zu den einzelnen sarmatischen Kulturstufen sowie einem Überblick zur historischen Überlieferung und Forschungsgeschichte[83]. Die Entwicklungen während dieser Periode in den weiter östlich liegenden und in den mittelasiatischen Gebieten wurden 1992 durch mehrere Artikel im Band „*Stepnaja polosa Aziatskoj časti SSSR v skifo-sarmatskoe vremja*" derselben Reihe thematisiert[84].

Anfang der 1990er Jahre erfolgte die Einrichtung eines „runden Tisches" der Zeitschrift *Vestnik drevnej istorii* zu Fragen der politischen Geschichte und zu Neuentdeckungen sarmatischer Komplexe im nordpontischen Gebiet[85]. Daneben erfolgten Arbeiten, insbesondere durch Skripkin, zum asiatischen Teil des sarmatischen Verbreitungsgebietes[86] sowie weitere zu forschungsgeschichtlichen Problematiken[87]. Gleichzeitig versuchte ein italienisch-russisches Gemeinschaftsprojekt unter dem Titel „*Burials of the Early Nomads of Eurasia: Computer Investigation of the Archaeological Sources*" die sauromatischen und sarmatischen Funde der letzten 30 Jahre statistisch auszuwerten, um auf diese Weise Aussagen zur ethnokulturellen Interpretation bzw. der sozialen Ordnung der Gesellschaft treffen zu können. Die

[73]   Smirnov/Petrenko 1963; Moškova 1963.
[74]   Moškova 1989a, S. 161; Moškova 1995a, S. 93.
[75]   Moškova 1989a, S. 161 – vgl. auch Häusler 1983, S. 161 mit weiterführenden Referenzen.
[76]   Hierzu ausführlich Genito 1988, S. 88ff.
[77]   Sulimirski 1970.
[78]   Harmatta 1970.
[79]   Moškova 1963; Moškova 1974.
[80]   Skripkin 1984.
[81]   Moškova 2000, S. 103.

[82]   Očir-Gorjaeva 1988, zitiert nach Moškova 1995a, S. 95 und Moškova 2000, S. 103.
[83]   Meljukova 1989.
[84]   Moškova 1992.
[85]   Zusammenfassend Trejster 1997.
[86]   Skripkin 1982; Skripkin 1990.
[87]   Z. B. Jacenko 1994.

Ergebnisse wurden bereits teilweise in englischer und russischer Sprache vorgelegt[88].

Aktuell wurden Zweifel an der bis dahin gültigen Ansicht zur Lokalisierung der Sauromaten geäußert. Die Diskussion zu diesem Thema ist noch nicht endgültig abgeschlossen[89].

Eine zusammenfassende Darstellung der Erkenntnisse zu den früheisenzeitlichen Nomaden in der eurasischen Steppe in englischer Sprache erschien 1995[90] mit dem Ziel, die Forschungen einem breiteren (nicht russischsprachigen) Publikum zugänglich zu machen[91]. In diesem Zusammenhang sind auch umfangreiche aktuelle Arbeiten von I. Lebedynsky zu nennen, in denen der Autor

in französischer Sprache Übersichten zu den verschiedenen Nomadenvölkern und -gruppen, darunter auch den Sarmaten, bietet[92].

Nach der Verschiebung der Chronologie der skythischen Denkmäler des nordpontischen Gebietes wird neuerdings auch der chronologische Rahmen der einzelnen Stufen der sarmatischen kulturellen Entwicklung wieder diskutiert, da beide Kulturen eng miteinander verknüpft sind[93].

Insgesamt läßt sich feststellen, daß wichtige Fragen u. a. nach der Herkunft, Herausbildung, Datierung und Verbreitung von Sauromaten und Sarmaten auch nach über einem Jahrhundert Forschung nicht endgültig geklärt sind. Die Diskussionen zu verschiedenen Themenkomplexen halten somit unvermindert an.

---

[88] Genito/Moškova 1995; Moškova 1994; Moškova 1997.
[89] Železčikov 1995, S. 38.
[90] Davis-Kimball et al. 1995.
[91] Zur mit diesem Werk verbundenen Problematik vgl. die Rezension von Ivančik 1998.

[92] Z. B. Kuznecov/Lebedynsky 1997; Lebedynsky 2002; Lebedynsky 2003.
[93] Vgl. Klepikov/Skripkin 2002; Marčenko et al. 2004; Skripkin et al. 2002.

## Forschungsgeschichte des Arbeitsgebietes

In Mittelasien setzte die Erforschung der archäologischen Denkmäler ebenfalls bereits im 19. Jh. ein, wobei das Hauptaugenmerk auf den historischen Epochen lag[94]. So begannen beispielsweise die Ausgrabungen in Afrasiab, dem alten Samarkand, bereits ab 1875 durch N. J. Veselovskij, V. V. Bartol'd und V. L. Vjatkin. Erwähnt seien aber auch die Tätigkeiten der amerikanischen Expedition unter Leitung von R. Pumpelly in Anau und Merv sowie die deutschen Expeditionen nach Ost-Turkestan, die von A. Grünwedel und A. von Le Coq geleitet wurden. Daneben erfolgten natürlich viele weitere Arbeiten durch verschiedene Archäologen, Reisende und Einzelpersonen[95].

Eine umfassende systematische Ausgrabungstätigkeit und der Versuch, die kulturelle Abfolge der Denkmäler und Funde zu ordnen, erfolgte aber erst nach der Oktoberrevolution durch große Expeditionen, mit denen die Namen von S. P. Tolstov, M. M. D'jakonov, A. N. Bernštam verbunden sind. Ihre Arbeiten wurden später, beispielsweise durch B. A. Litvinskij, I. M. D'jakonov, E. V. Zejmal, G. A. Pugačenko, M. E. Masson und V. M. Masson, fortgeführt[96].

Nach dem 2. Weltkrieg erfolgte die interdisziplinäre Erforschung großer zusammenhängender Gebiete durch sog. „Komplex-Expeditionen", daneben wurden aber auch in mehreren Teilrepubliken nationale Akademien

der Wissenschaften gegründet, die die Erforschung der mittelasiatischen Altertümer zusätzlich vorantrieben[97]. Die Ergebnisse wurden anfangs zuerst meist als Zusammenstellungen zur nationalen Geschichte der verschiedenen mittelasiatischen Republiken auf Russisch veröffentlicht. Im Jahr 1970 erschien eine Zusammenfassung dieser Arbeiten in englischer Sprache[98]. Die umfangreiche Ausgrabungs- und Publikationstätigkeit verschiedener internationaler Expeditionen und Forscher hält bis heute an. Für den hier zu behandelnden Zeitraum ist die Erforschung sakischer und anderer nomadischer Hinterlassenschaften von großer Bedeutung. Die Grundlage der Untersuchung ersterer bilden die Arbeiten von M. V. Voevodski, M. P. Grjaznov und A. N. Bernštam[99].

Für unser Arbeitsgebiet sind in diesem Zusammenhang hauptsächlich die Ausgrabungen der sog. „Chorezm-Expedition" ab 1937 im Gebiet um den Aralsee, auf dem Ustjurt-Plateau, am Uzboj, der Kyzylkum, aber auch in weiter östlich anschließenden Gebieten unter Leitung von Tolstov u. a. zu erwähnen[100]. Die Mitglieder der Expedition untersuchten mehrere Gräberfelder und Stationen/Siedlungen unterschiedlicher Datierung. In

---

[94] Ausführlich zur Geschichte und historischen Quellenlage im Fergana-Becken Litvinskij 1976 sowie zu der verschiedener Sakenstämme Mandel'štam/Gorbunova 1992; P'jankov 1994.
[95] Litvinskij 1982, S. 28.
[96] Litvinskij 1982, S. 28.

[97] Zu den verschiedenen Institutionen und gemeinschaftlichen Expeditionen der einzelnen Länder s. die Zusammenstellung bei Litvinskij 1982, S. 30f.
[98] Frumkin 1970.
[99] Litvinskij 1982, S. 42.
[100] Vgl. Tolstov 1961; Tolstov 1961a; Tolstov 1963; Grabungen in einzelnen Gebieten s. u.; einen guten Überblick über die Forschungsgeschichte in den verschiedenen Regionen bietet außerdem Gorbunova 1992, S. 34f.

der Publikationsreihe der Expedition wurden bedeutende Ergebnisse, z. B. zu den besonders wichtigen sakischen Funden (vor allem durch M. A. Itina, L. T. Jablonskij und O. A. Višnevskaja) umfassend publiziert[101]. Nach dem Tode Tolstovs wurden die Arbeiten durch seine Mitarbeiter B. I. Vajnberg und L. M. Levina fortgeführt[102]. Daneben sind hier die aktuellen Survey Ergebnisse des CLIMAN-Projektes zu nennen, die insbesondere für die bislang recht unerforschte nördiche Uferzone des Aralsees eine kontinuierliche Besiedlung nachweisen konnte[103].

In den letzten Jahren erfolgten zusätzlich umfassende Forschungen durch Litvinskij zu den Saken im Fergana- und Pamir-Gebiet[104].

Weitere wichtige Ergebnisse zu den nomadischen Kulturen lieferten ab Mitte der 1960er Jahre die Ausgrabungen von Kurganen durch O. V. Obel'čenko in Sogdien. Er trennte die Befunde in zwei chronologische Gruppen: eine ältere aus der Zeit vom 2. Jh. v. Chr. bis zum 1. Jh. n. Chr. und eine jüngere des 2. bis 4. Jhs. n. Chr. und wies auf starke Analogien in den Gräberfeldern bei Grabbau, Totenritual und Inventar zu den Sarmaten der Ural- und Wolgasteppen hin[105]. Seine Ergebnisse und davon abgeleiteten Erkenntnisse zur politischen Geschichte – besonders in Hinblick auf einen oder mehrere sarmatische Vorstöße in den zentralen mittelasiatischen Raum – blieben jedoch nicht unumstritten. Eine kurze Zusammenfassung und Diskussion der Ergebnisse Obel'čenkos legte 1994 Ju. A. Zadneprovskij vor[106]. Mit der Problematik dieser Forschungen, besonders im Hinblick auf die Datierung und kulturelle Zuweisung, beschäftigte sich außerdem H. Parzinger kürzlich in einem Überblick über die Vor- und Frühgeschichte Sogdiens[107].

In Zusammenhang mit den sogdischen Ausgrabungen lassen sich die Forschungen A. M. Mandel'štams anschließen, der das Material seiner Grabungen in Nordbaktrien jedoch als Hinterlassenschaften der Nomaden deutete, die an der Bildung des Kušanreiches und dem Untergang des gräko-baktrischen Reiches beteiligt waren[108], und sie entweder in die Zeit vom Ende des 2. Jh. v. Chr. bis zum 1. Jh. n. Chr. oder zwischen das 2. und 3. Jh. n. Chr. datierte. Allerdings wies z. B. K. Jettmar darauf hin, daß man hier auf eine *„Nomadenkultur sarmatoider*

*Prägung"* [109] treffe bzw. wurde die Zuweisung zu nomadischen Stämmen und die Datierung von Litvinskij und A. V. Sedov bezweifelt[110].

Die Ausgrabungen V. A. Sarianidis Ende der 1970er Jahre im afghanischen Tilla-Tepe erbrachten weitere starke Analogien zu sarmatischen Funden des nordpontischen Gebietes und regten damit weiter die Diskussion um Herkunft und Identität der nomadischen Funde sowie Überlegungen zur politischen Geschichte des Raumes an[111].

Im Arbeitsgebiet waren weiterhin die Ausgrabungen A. A. Maruščenkos in Turkmenien[112], die Ch. Ju. Jusupovs am Uzboj[113] und die V. N. Jagodins auf dem Ustjurt-Plateau[114] besonders wichtig, da sich hier unter anderem ebenfalls sarmatische Analogien nachweisen ließen.

Das Gebiet zwischen dem Kaspischen Meer und dem Aralsee, also besonders das Ustjurt- und das Mangyšlak-Plateau, wurde anfangs kaum erforscht[115]. Dies änderte sich erst mit dem Jahr 1946, als die Chorezmische Archäologisch-Ethnographische Expedition der Akademie der Wissenschaften der UdSSR damit begann, verschiedene Denkmäler – vor allem des frühen Mittelalters – auszugraben. Ab 1960 nahm dann die Südost-Ustjurt-Expedition der Karakalpakischen Filiale der Akademie der Wissenschaften Uzbekistans hier ebenfalls die Arbeit auf. In den 1980er Jahren erfolgten Arbeiten durch die Wolga-Ural-Expedition der Akademie der Wissenschaften der UdSSR unter Leitung L. L. Galkins, gefolgt von denen der Ustjurt-Expedition der Russischen Akademie der Wissenschaften ab 1988 und der Westkazachischen Expedition der Russischen Akademie der Wissenschaften unter Leitung von Z. S. Samašev ab 1991. Besonders die Ausgrabungen der sog. „Heiligtümer" von Bajte unter der Leitung von V. S. Ol'chovskij erregten internationales Aufsehen[116]. Damit stehen der wissenschaftlichen archäologischen Bearbeitung dieses Raumes heute einige Fundkomplexe verschiedenster Datierungen zur Verfügung und es bleibt zu hoffen, daß die Ausgrabungstätigkeiten fortgeführt und in adäquater Weise publiziert werden.

Daneben ergeben sich neuerdings mit dem absolutchronologischen Ansatz einzelner Komplexe Schwierigkeiten, da sich hier neuere Chronologievorstellungen und aktuelle [14]C-Datierungen (ebenfalls beginnend mit der Bronzezeit) auswirken[117].

---

[101] Beispielsweise Itina 1979; Itina/Jablonskij 1997; Jablonskij 1996; Jablonskij 1998; Jablonskij 1999; Višnevskaja 1973.

[102] Gorbunova 1992, S. 34.

[103] Boroffka et al. 2003a, S. 1f. und 58 auch mit weiterführender Literatur.

[104] Litvinskij 1982, S. 46 mit weiterer Literatur; Litvinskij 1986.

[105] Beispielsweise Obel'čenko 1967; Obel'čenko 1972; Obel'čenko 1978; Obel'čenko 1981 – s. auch Gorbunova 1992, S. 34.

[106] Zadneprovskij 1994.

[107] Parzinger 2003, S. 279.

[108] Beispielsweise Mandel'štam 1975; s. auch Gorbunova 1992, S. 34.

[109] Jettmar 1983, S. 217.

[110] Vgl. Gorbunova 1992, S. 34.

[111] Beispielsweise Sarianidi 1985; Sarianidi 1989 – die Literatur zu diesem Themenkomplex ist überaus umfangreich!

[112] Maruščenko 1959.

[113] Z. B. Jusupov 1975; Jusupov 1978; Jusupov 1981.

[114] Z. B. Jagodin 1978; Jagodin 1988; Jagodin 1999.

[115] Vgl. die Archäologische Karte Kazachstans von 1960 – zitiert nach Genito et al. 2000.

[116] z. B. Genito et al. 2000, S. 7f.

[117] Beispielsweise Parzinger 2003 zu Sogdien.

Um die sauromatischen und sarmatischen Hinterlassen-schaften im Bearbeitungsgebiet besser charakterisie-ren zu können, soll im folgenden Kapitel kurz auf den derzeitigen Stand der Forschung zu den Sauromaten und Sarmaten in ihrem Kerngebiet eingegangen wer-den. Es wird ein Überblick über die charakteristische materielle Kultur der einzelnen Phasen, über ihre

Entwicklung und Ausbreitung sowie über weitere Besonderheiten gegeben. Der Schwerpunkt liegt auch hier auf den östlichen Gebieten und somit besonders in den bei-den frühen Entwicklungsstufen. Die Entwicklung im nord-kaukasischen Bereich kann hier dagegen nicht thematisiert werden.

## Die sauromatische Kultur

Wie bereits erwähnt, ist die Frage nach dem Beginn[118] und der Herkunft der sauromatischen und sarmatischen Kultur bis heute eines der zentralen Themen der Forschung.

Den Griechen galten die Sauromaten als östliche Nachbarn der Skythen, die aus einer Verbindung sky-thischer Männer mit Amazonen entstanden seien und somit verwandtschaftliche Beziehungen aufwiesen. Die besondere Stellung der Frauen dieser Stämme wurden da-bei von mehreren antiken Autoren (erste Erwähnung der Sauromaten bei Herodot, ca. 490 bis 425 - 420 v. Chr., und Pseudo-Hippocrates[119]) geschildert. In späteren Quellen ab dem 4. Jh. v. Chr. wird der Begriff „Sarmaten" zu-erst synonym mit dem der „Sauromaten" genutzt, bis er schließlich dominiert[120]. Daneben wurden von den antiken Autoren mehrere Stammesverbände namentlich erwähnt. Unter den östlichen Stammesverbänden sind dabei für das Arbeitsgebiet die Massageten und Daer von besonderer Bedeutung[121].

Schon früh wurde auf Unterschiede in den beiden zen-tralen Gebieten, der Wolga-Don- und der Süduralgegend, innerhalb der sauromatischen Kultur hingewiesen (*vgl. auch Abb. 3*). Als Gründe hierfür werden meist Entwicklungen angeführt, die in der Spätbronzezeit, be-sonders an der Wende vom 2. zum 1. Jt. v. Chr. aufgrund eines Klimawechsels zu einer Änderung der Lebens- und Wirtschaftsweise (sedentär mit Agrarwirtschaft und no-madisch mit Viehzucht) führten. Weiter kam es zu einer verstärkten Nutzung und Züchtung von Pferden und damit zu einer Erhöhung der Mobilität[122].

Bereits K. F. Smirnov stellte bei seiner Analyse der damals bekannten sauromatischen Befunde die These auf, daß sich die unterschiedliche regionale Entwicklung durch eine Herausbildung der Sauromaten auf zwei unter-schiedlichen bronzezeitlichen Substraten erklären las-se: einerseits der Balkengrab-Kultur im Gebiet um die Wolga und andererseits der Andronovo-Kultur der Süduralsteppen[123].

Diese Entwicklung wurde in die Zeit um die Wende vom 7. zum 6. Jh. v. Chr. datiert[124]. Heute wird jedoch mit einer Übergangsphase im 9. - 8. Jh. v. Chr. gerechnet[125]. Dabei fehlen bislang jedoch eindeutige Funde der Übergangszeit von der Spätbronze- zur frühen Eisenzeit im Südural-gebiet, so daß die Frage nach der dortigen Entwicklung und Herausbildung der sauromatischen Kultur bislang nicht befriedigend geklärt werden konnte[126]. Dies führte zur Annahme von Wanderungsbewegungen im Zuge der jahreszeitlichen Weidewechsel, die auch die Ähnlichkei-ten des Materials zu den Skythen einerseits und den Saken andererseits erklären sollten[127]. Hierbei muß außerdem auf eine chronologische Besonderheit hingewiesen wer-den: Die Funde des Süduralgebietes datieren zumeist ins 6. und 5. Jh. v. Chr. während die des Wolga-Don-Raumes in die Zeit des 6. - 4. Jh. v. Chr. gesetzt werden[128]. Eine mögliche Erklärung ist, daß es zu einer „Wanderung" der Sauromaten aus den Süduralsteppen nach Westen kam, die zu einer Überlagerung und Vermischung mit der Wolga-Don-Bevölkerung führte.

Insgesamt zeigen sich trotz der unterschiedlichen Einflüsse und Substrate, die auf beide Gruppen wirkten, hier wie dort viele Gemeinsamkeiten in der materiellen Kultur und im Totenritual:

[118]  Vgl. auch Kap. zur absoluten Chronologie der sauromatischen und sarmatischen Kultur.
[119]  Genito 1988, S. 88, Fußnote 7.
[120]  Moškova 1995, S. 85ff.
[121]  Diese werden sakischen Verbänden zugeschrieben – vgl. zur späteren antiken Überlieferung zu den Saken die Zusammenfassung bei Jablonskij 1995, S. 194ff. S. hierzu auch die Vergleichstabelle zur materiellen Kultur der verschiedenen Völkerschaften nach histo-rischen Quellen bei Litvinskij/P'jankov 1966, S. 48ff.
[122]  Dvorničenko 1995, S. 101.

[123]  Smirnov 1964.
[124]  Dvorničenko/Korenjako 1989, S. 148.
[125]  Železčikov 1995, S. 38.
[126]  Dvorničenko 1995, S. 102.
[127]  Schiltz 1994, S. 310; vgl. auch David 1985, S. 209ff.
[128]  Železčikov 1995, S. 45.

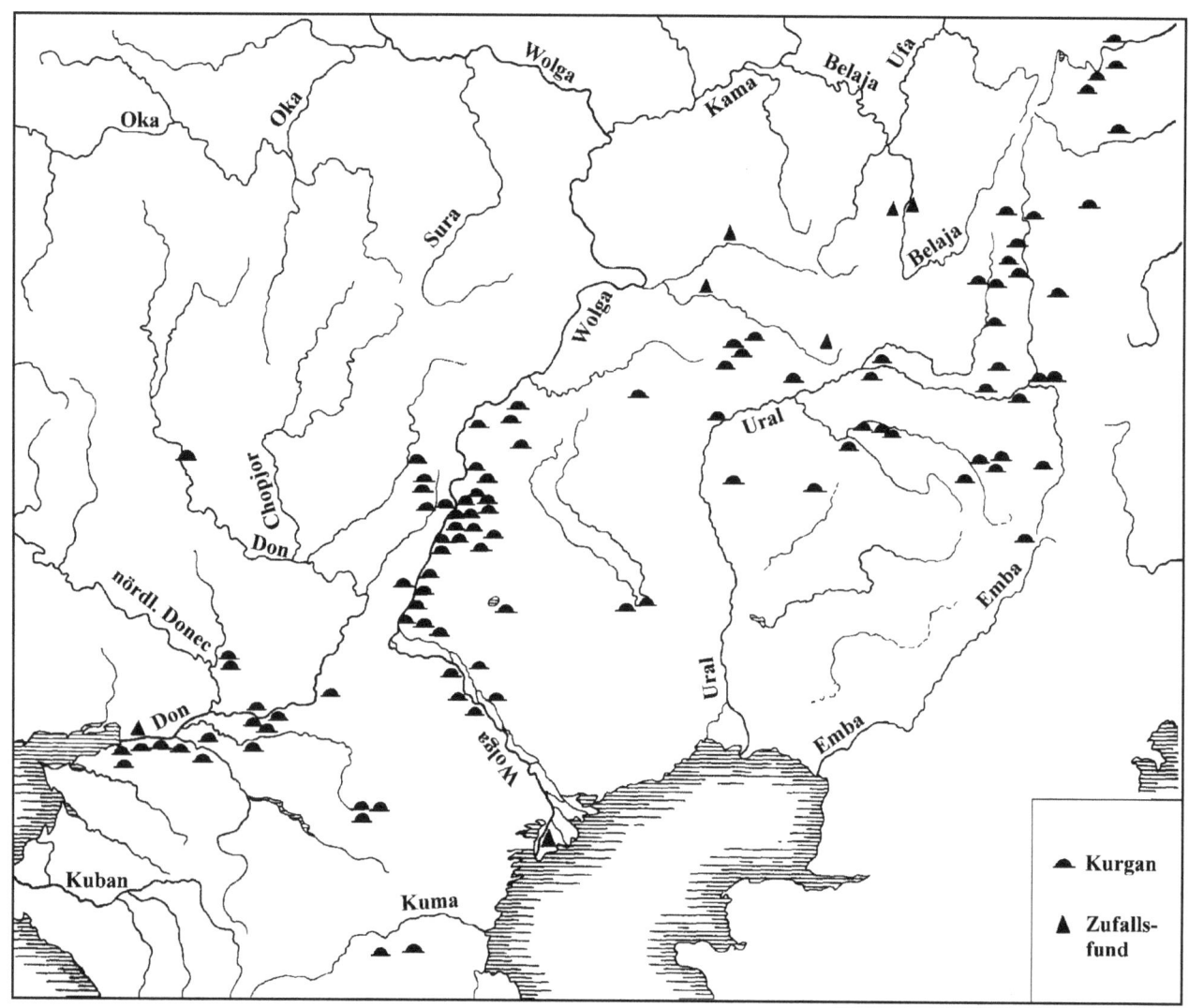

**Abb. 3. Verbreitung der Denkmäler der sauromatischen Kultur**
(nach Smirnov 1989, Karte 12).

In beiden Regionen wurden die Toten in rechteckigen, selten in runden Grabgruben unter Kurganen mit Aufschüttung in Stein-Erde-Konstruktion als Haupt- oder Nebenbestattung meist einzeln beigesetzt (*vgl. auch Abb. 4*). Teilweise finden sich Holzeinbauten an den Seiten der Grabgruben, hinter denen weitere Bestattungen erfolgten. Im Süduralgebiet treten gelegentlich Gräber mit Nischen oder Katakomben sowie vereinzelte Kollektivgräber mit zwei bis 10 Bestattungen auf.

Die Toten lagen meist in ausgestreckter Rückenlage mit dem Kopf im Westen oder Osten, im Süduralgebiet läßt sich jedoch schon im 6. - 5. Jh. v. Chr. die gelegentliche Südorientierung der Bestatteten feststellen (*vgl. auch Abb. 4*)[129].

Zumeist lassen sich Holzabdeckungen der Grabgruben nachweisen, in einigen Fällen, besonders im Süduralgebiet, scheinen komplexere Grabkonstruktionen angelegt worden

zu sein. Dies könnte mit einer Verbindung zum Totenritual der Saken zusammenhängen[130].

Insgesamt scheint es, daß Stein als Baumaterial Holz vorgezogen wurde. Die Entscheidung war jedoch wohl zumeist auch von der Verfügbarkeit der Baustoffe abhängig. Bei guten Erhaltungsbedingungen zeigte sich, daß die Toten auf Matten lagen. Organische Reste wiesen zusätzlich auf eine Bedeckung hin[131].

Besonders in den Steppen des Samara-Ural-Gebietes gibt es Hinweise auf Feuernutzung im Bestattungsritual. Hierzu zählen verbrannte Strukturen, Holzkohle- und Aschespuren. Daneben wurden die Toten gelegentlich mit Ocker, Asche oder Holzkohle bestreut. Selten finden sich regelrechte Brandgräber[132].

[130] Itina 1992, S. 54.
[131] Vgl. zu Totenritual und Grabbau auch die Zusammenstellung bei Dvorničenko 1995a, Abb. 1 - 4 sowie bei Smirnov/Petrenko 1963, Abb. 1 - 5.
[132] Dvorničenko 1995a, S. 105; Häusler 1983, S. 162ff.; Smirnov 1964, S. 75ff.

[129] Dvorničenko 1995a, S. 105; Smirnov 1989, S. 165.

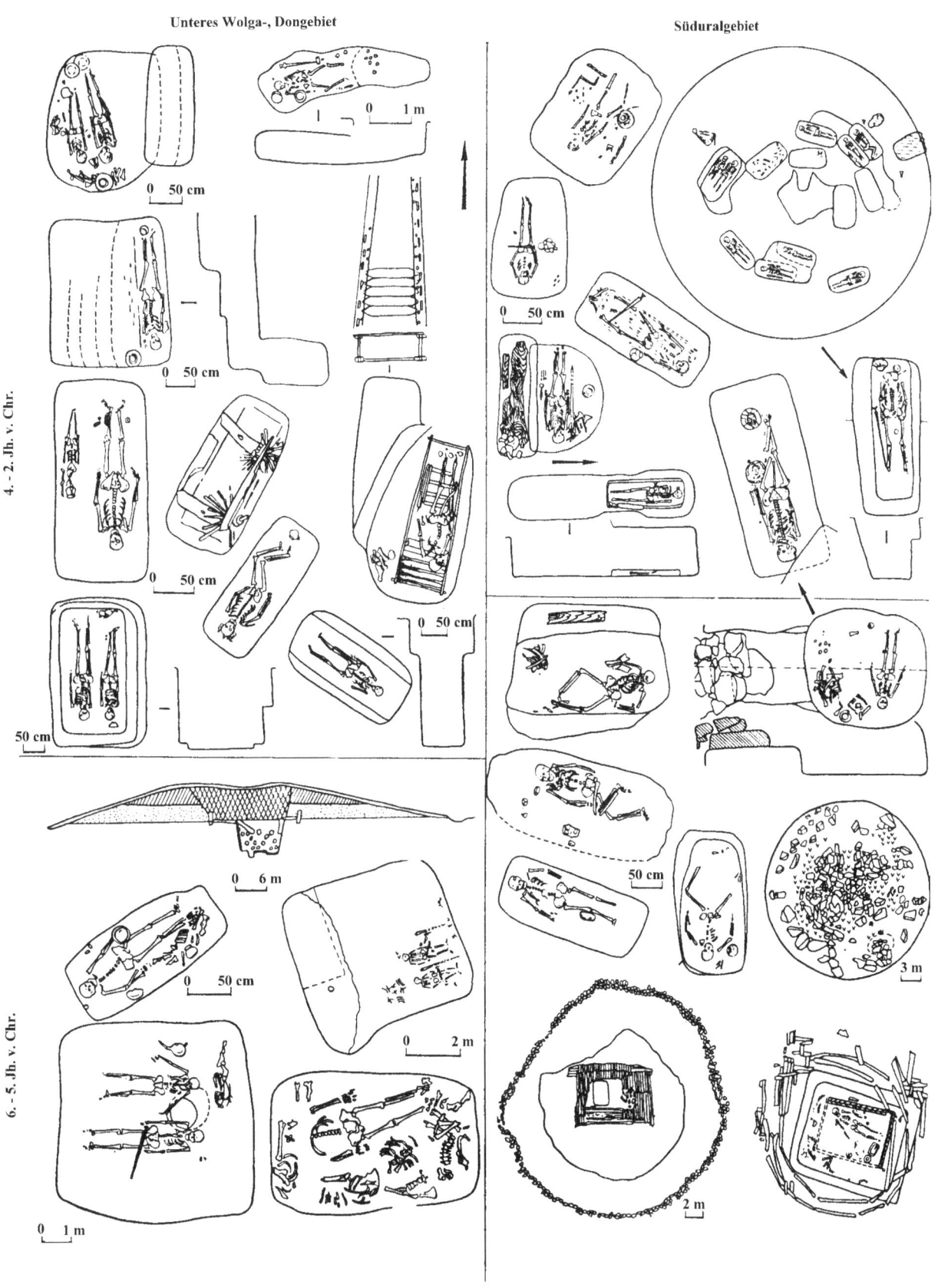

Unteres Wolga-, Dongebiet

Süduralgebiet

4. – 2. Jh. v. Chr.

6. – 5. Jh. v. Chr.

**Abb. 4. Grabsitten der sauromatischen und frühsarmatischen Kultur**
(nach Meljukova 1989, Taf. 63).

19

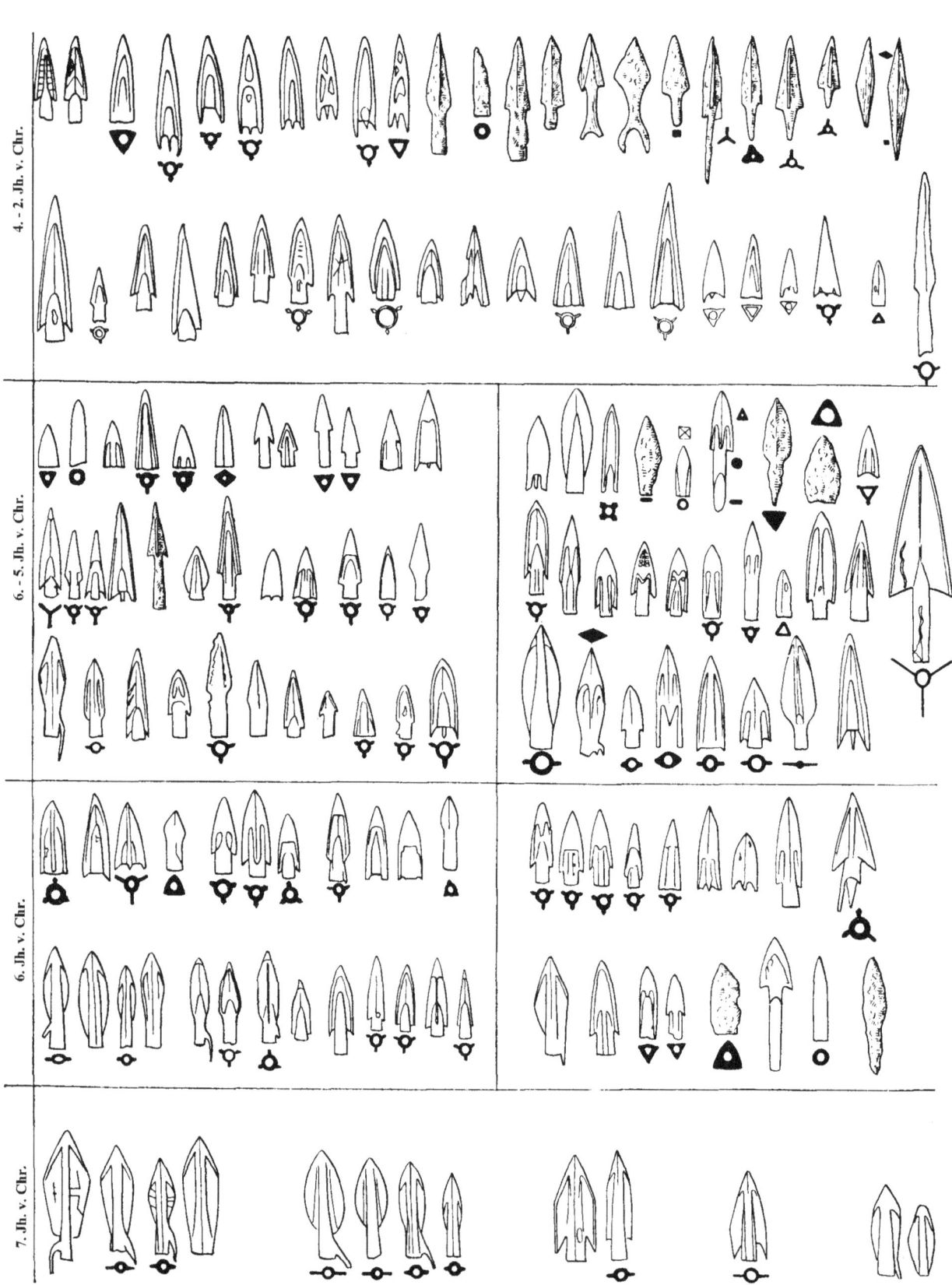

**Abb. 5. Pfeilspitzen der sauromatischen und frühsarmatischen Kultur**
(nach Meljukova 1989, Taf. 64).

In den Nekropolen zeigt sich eine soziale Differenzierung. Neben großen Gräberfeldern liegen einzelne besonders große und reich ausgestattete Kurgane etwas abseits. Hinzu kommen spezielle, als „Krieger"-, „Amazonen"- und „Priesterinnengräber" bezeichnete Befunde, die sich anhand ihres Inventars unterscheiden lassen sollen[133].

Im Inventar der Gräber finden sich vermehrt Angriffswaffen. Hierzu zählen Pfeile, Schwerter und gelegentlich auch Speere und Äxte[134].

Im 7. - 6. Jh. v. Chr. treten vor allem zweiflüglige Pfeilspitzen[135] auf, wenngleich sich auch dreikantige und dreiflüglige „eurasische" Bronzeexemplare finden lassen. Ab dem 6. Jh. v. Chr. bilden sich dann die typisch sauromatischen Pfeilspitzen heraus. Östliche Formen (dreiflüglige und dreikantige Stielpfeilspitzen) hingegen treten nicht vor dem 5. Jh. v. Chr. auf (vgl. auch Abb. 5). In diesem Zusammenhang sind auch eiserne und bronzene Köcherhaken (vgl. auch Abb. 6)[136] zu nennen, die gelegentlich mit Tierstilmotiven verziert sein können[137].

Die Schwert- und Dolchformen (vgl. auch Abb. 6)[138] unterscheiden sich kaum von solchen aus skythischem Kontext. Die Länge liegt meist zwischen 25 und 125 cm, die Griffknäufe sind stangen- oder antennenförmig, gelegentlich treten auch solche in Form von Vogelkrallen auf. Die Parierstangen sind herz-, knospen- oder schmetterlingsförmig. Schwerter treten auch ohne Griffknauf auf, teilweise sind die Flächen des Griffes durchbrochen gearbeitet oder mit Tierstilmotiven verziert, die in ihrer Art nach Sibirien weisen[139].

Daneben kommen selten Speerspitzen oder Äxte[140] vor. Letztere haben zumeist eine schmale Klinge und einen hammerförmigen Knauf und verweisen auf Funde, die typisch für die Kama-Gegend und Sibirien sind (vgl. auch Abb. 6)[141].

Im 5. - 4. Jh. v. Chr. tauchen in den Gräbern auch Reste von importierten Bronzehelmen[142], Schuppen- und Plattenpanzern auf[143] (vgl. auch Abb. 6).

Eine wichtige Gruppe von Funden sind Eberhauer (vgl. auch Abb. 7; 10)[144], die zumeist in Zusammenhang mit Köcher, Schwert und Pferdeschmuck gefunden werden. In den meisten Fällen weisen die Hauer aufwendige stabplastische Verzierungen im Tierstil auf. Sie werden im allgemeinen als Amulette angesprochen[145].

Zum Pferdeschmuck und -zaum[146] gehören Psalien, Trensen, Riemenverteiler etc. Trensen und Psalien sind meist aus Eisen, wenngleich auch bronzene Stücke gefunden wurden. Die Trensen enden zumeist in großen Ringen, während die Psalien zwei bis drei Löcher aufweisen (vgl. auch Abb. 7). Sehr selten treten Phaleren auf[147].

Die meisten Geräte, die in sauromatischen Gräbern gefunden werden, sind Messer und Wetzsteine (vgl. auch Abb. 8)[148]. Die Messer mit geradem Rücken haben gelegentlich Griffe aus Knochen, die Wetzsteine sind in der Regel aus weichem Stein und zigarrenförmig mit rundem oder ovalem Querschnitt. Hinzu kommen tönerne Spinnwirtel, Bronze- und Eisennadeln, Ahlen und Feuersteine sowie flache oder konische runde Scheiben aus Stein oder Keramik. Sehr selten treten Pinzetten auf[149].

Eine Tradition, die ihre Wurzeln in der Bronzezeit hat, ist die Beigabe von gegossenen Bronzekesseln oder solchen aus zusammengenieteten Bronzestreifen mit hohlen Füßen, die sich als charakteristisch für die sauromatischen Gräber erwiesen (vgl. auch Abb. 8). Die Kessel fanden offensichtlich sowohl im täglichen Gebrauch als auch für kultische Zwecke Verwendung[150].

Weitverbreitet waren außerdem Holzgefäße, teilweise mit aufgesetzten Metallblechen, sowie Knochen- oder Horngeschirr. Teilweise finden sich auch auf diesen Objekten Tierstilverzierungen. Solche Gegenstände werden dann meist in den Bereich der kultischen Nutzung gestellt[151]. Legt man jedoch eine nomadische Lebensweise zugrunde, liegen die Vorteile dieser Materialien gegenüber der leicht zerbrechlichen Keramik auf der Hand.

Zu den häufigsten Funden gehören trotzdem keramische Gefäße[152]. Es handelt sich dabei meist um handgemachte, einfache ei-, kugel- oder topfförmige Gefäße sowie Krüge mit röhrenförmigen Tüllen aus grob gemagertem Ton. Manche ähneln solchen aus skythischem Zusammenhang, während andere Verzierungsmuster (im Wolgagebiet

---

[133] Dvorničenko 1995a, S. 106; Häusler 1983, S. 164ff.; Smirnov 1989, S. 169. Zur Rolle der Frau bei den früheisenzeitlichen Nomaden vgl. außerdem Davis-Kimball 1997; Davis-Kimball 1997/1998; Davis-Kimball 1998, Davis-Kimball 2001 sowie ihre Online-Publikation „Statuses of Sauromatioan and Sarmatian Women" (http://www.csen.org/WomenWarriors/Statuses_Women_Warriors.html, Stand 31.03.2009).

[134] Hierzu vor allem Smirnov 1961.

[135] Zusammenstellung von Pfeilspitzen bei Dvorničenko 1995a, Abb. 6; Smirnov 1961, Abb. 11 - 40 sowie Tabellen 1 - 5.

[136] Zusammenstellung bei Smirnov/Petrenko 1963, Abb. 15.

[137] Dvorničenko 1995a, S. 106, 108; Smirnov 1989, S. 165.

[138] Zusammenstellung bei Dvorničenko 1995a, Abb. 7; Smirnov 1961, Abb. 1 - 7 sowie bei Smirnov/Petrenko 1963, Abb. 13.

[139] Dvorničenko 1995a, S. 106; Smirnov 1961, S. 30; Smirnov 1989, S. 165.

[140] Zusammenstellung bei Dvorničenko 1995a, Abb. 8 und 9; Smirnov/Petrenko 1963, Abb. 14.

[141] Dvorničenko 1995a, S. 106.

[142] Zusammenstellung bei Smirnov/Petrenko 1963, Abb. 14.

[143] Dvorničenko 1995a, S. 106.

[144] Zusammenstellung bei Dvorničenko 1995a, Abb. 11; Smirnov 1961, Abb. 8; 52; 53 sowie bei Smirnov/Petrenko 1963, Abb. 22.

[145] Dvorničenko 1995a, S. 108.

[146] Zusammenstellung bei Dvorničenko 1995a, Abb. 12 und 13; Smirnov 1961, Abb. 43 - 51 sowie bei Smirnov/Petrenko 1963, Abb. 16.

[147] Dvorničenko 1995a, S. 108.

[148] Zusammenstellung bei Dvorničenko 1995a, Abb. 14 und 15 sowie bei Smirnov/Petrenko 1963, Abb. 18 und 19.

[149] Dvorničenko 1995a, S. 108; Smirnov 1989, S. 167.

[150] Dvorničenko 1995a, S. 108; Smirnov 1989, S. 167; Zusammenstellung bei Dvorničenko 1995a, Abb. 16.

[151] Dvorničenko 1995a, S. 109.

[152] Zusammenstellung bei Dvorničenko 1995a, Abb. 18 - 20 sowie bei Smirnov/Petrenko 1963, Abb. 5 - 10.

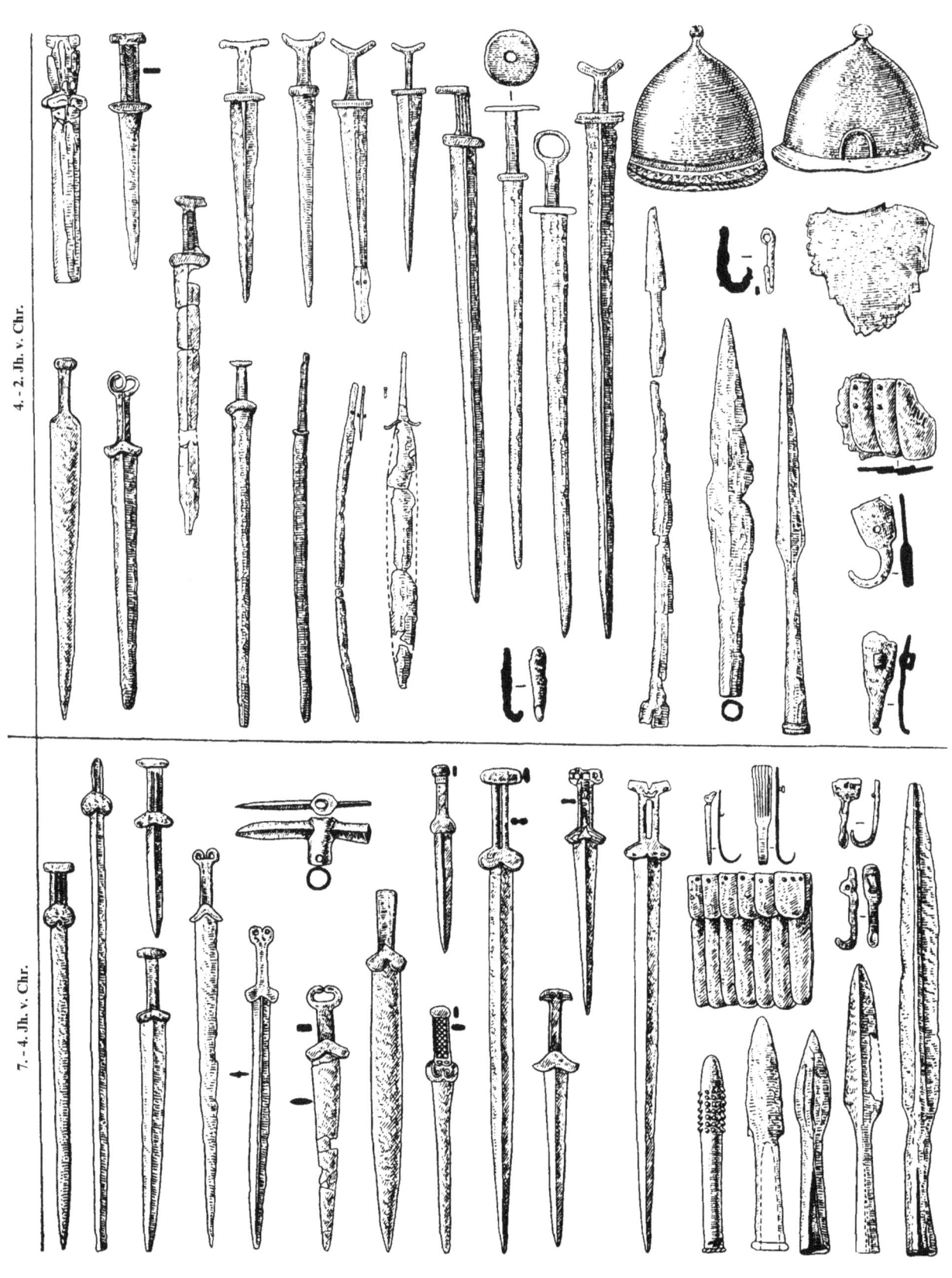

**Abb. 6. Waffen der sauromatischen und frühsarmatischen Kultur**
(nach Meljukova 1989, Taf. 65).

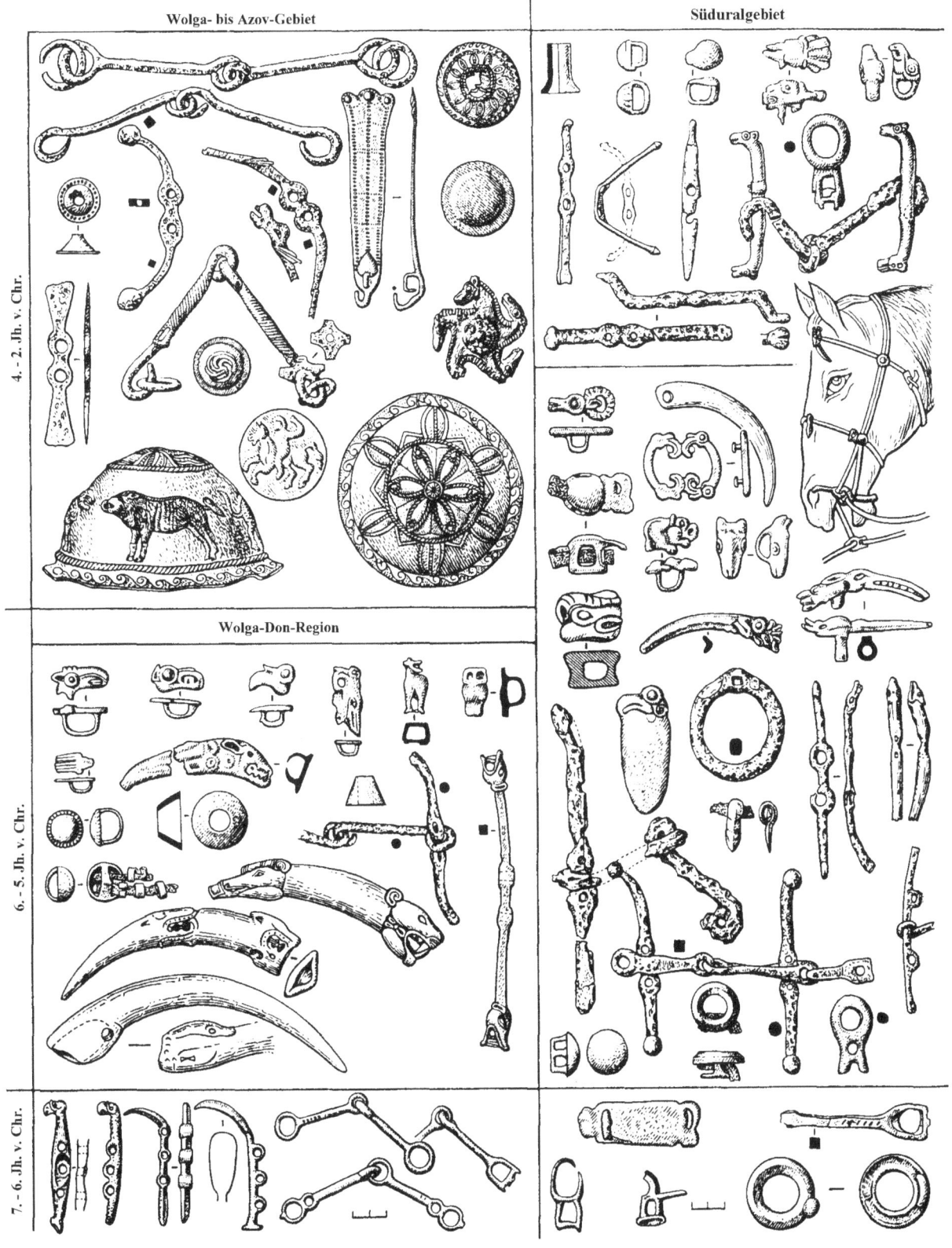

**Abb. 7. Pferdeschmuck und Zaumzeug der sauromatischen und frühsarmatischen Kultur**
(nach Meljukova 1989, Taf. 67).

23

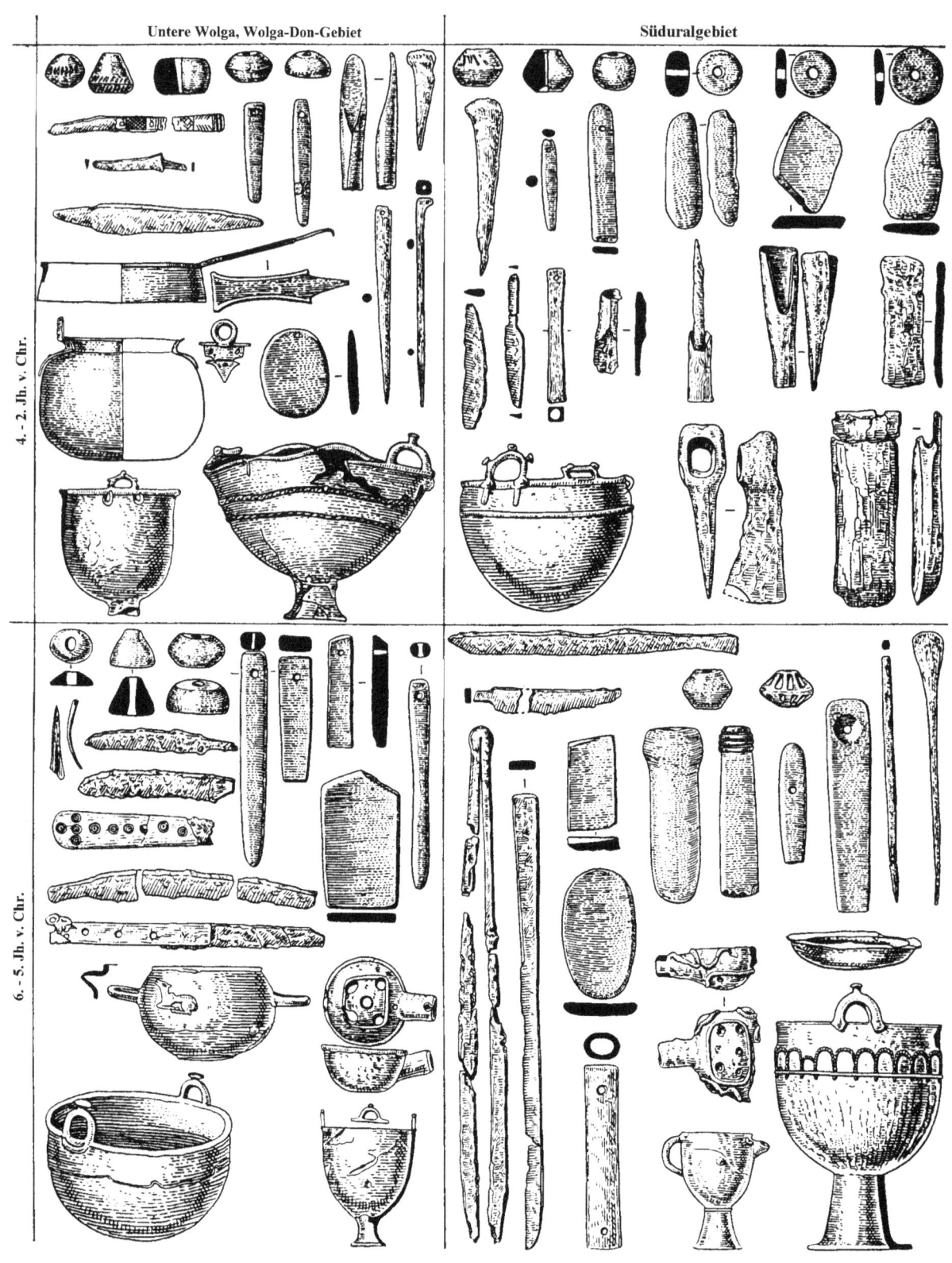

**Abb. 8.** Geräte und Metallgefäße der sauromatischen und frühsarmatischen Kultur
(nach Meljukova 1989, Taf. 68).

besonders Dellen und Punkte der Balkengrabkultur) aus der Bronzezeit weiterführen. Hinzu kommen im Wolga-Don-Gebiet evtl. importierte Gefäße mit Slip und anderer Ornamentierung, die vorskythische Keramiktraditionen fortführen. Beginnend mit dem späten 6. Jh. v. Chr. treten in den Südural-Steppen reich verzierte, rundbodige Gefäße auf, die später zur typischen Form der folgenden frühsarmatischen Kultur werden *(vgl. auch Abb. 9)*[153].

Besonders in Frauengräbern finden sich Knochen- oder Hornlöffel[154] *(vgl. auch Abb. 10; 11)*. Sie werden meist in Zusammenhang mit einer „Priesterfunktion" der Verstorbenen gesehen und als Gegenstände zum kultisch-rituellen Gebrauch interpretiert[155]. Die Handhaben der Löffel sind häufig im Tierstil dekoriert[156].

In den gleichen Zusammenhang gehören auch kleine tragbare Steinaltärchen *(vgl. auch Abb. 10; 11)*[157], die besonders in Frauengräbern der Samara-Ural-Gegend auftreten, wenngleich sie auch im Gebiet an der unteren Wolga selten gefunden werden. Die Form der Altärchen ist unterschiedlich. Sie weisen meist zwischen zwei und vier Füßchen auf und sind häufig verziert. Aufgrund von Ruß- und Feuerspuren sowie von Resten verbrannten Fetts und roten Farbspuren wird eine Nutzung in Zusammenhang mit einem Feuerkult angenommen[158].

Daneben treten in den Gräbern häufig Spiegel auf *(vgl. auch Abb. 11)*[159]. Sie haben meist eine große runde Spiegelfläche, die flach sein kann oder einen profilierten Rand aufweist. Die Handhaben befinden sich entweder als runder Knauf auf der Rückseite der Spiegelfläche oder sie sind lang und flach und seitlich ange-

bracht[160]. A. M. Chazanov unterschied zehn verschiedene Typen von sauromatischen und sarmatischen Spiegeln[161]. Zur Herkunft der Spiegel nicht nur in sauromatischer Zeit und ihrer Beziehung zu Funden besonders aus Mittelasien besteht eine rege Diskussion[162].

An Schmuck- und Trachtbestandteilen treten Armreifen, Ringe, Schläfenanhänger, Haarnadeln, Ohrringe und Halsreifen auf[163]. Hinzu kommen Plättchen, die auf die Kleidung aufgenäht wurden sowie Gürtelschließen. An Materialien fand Gold, Bronze, Eisen, Knochen, Horn und Stein Verwendung. Trotz der zumeist einfachen Formen gibt es auch besonders aufwendige Stücke *(vgl. auch Abb. 12)*[164].

Seit dem 6. Jh. v. Chr. finden sich im sauromatischen Gebiet Gegenstände, die in einer speziellen Variante des skytho-sibirischen Tierstils verziert sind *(vgl. auch Abb. 10)*[165]. Die Hauptmotive der Verzierung sind Wolf und Bär, daneben treten aber auch weitere Tierfiguren und Fabelwesen (Greif) auf[166]. Regelrechte Tierkampfszenen wurden in diesem Kulturkreis nur selten dargestellt; die meisten Motive finden sich stabplastisch auf Knochen- und Hornobjekten (Eberhauer). Der Tierstil des Süduralgebietes ist dabei variantenreicher und zeigt deutliche Beziehungen zum sako-massagetischen und sibirischen Tierstil, während sich die Variante im Wolga-Don-Gebiet eher nach Westen am skythischen Bereich orientiert[167]. Die Darstellungen sind für gewöhnlich eher statisch und eine besondere Betonung liegt auf den weit aufgerissenen Mäulern mit ihren spitzen Zähnen[168].

---

153 Dvorničenko 1995a, S. 110f.; Smirnov 1989, S. 167.
154 Zusammenstellung bei Dvorničenko 1995a, Abb. 21.
155 Smirnov 1964, S. 160f.
156 Dvorničenko 1995a, S. 111; Smirnov 1989, S. 167.
157 Zusammenstellung bei Dvorničenko 1995a, Abb. 24 und 25 sowie bei Smirnov/Petrenko 1963, Abb. 30.
158 Dvorničenko 1995a, S. 112ff.; Smirnov 1989, S. 168.
159 Zusammenstellung bei Dvorničenko 1995a, Abb. 22 und 23 sowie bei Smirnov/Petrenko 1963, Abb. 28 und 29.

160 Dvorničenko 1995a, S. 111f.; Smirnov 1989, S. 167.
161 Häusler 1983, S. 174ff.
162 Beispielsweise Gorbunova 1998; Gorbunova 2001.
163 Zusammenstellung bei Smirnov/Petrenko 1963, Abb. 25 und 26.
164 Dvorničenko 1995a, S. 112; Smirnov 1989, S. 167f.; vgl. auch Zusammenstellung bei Dvorničenko 1995a, Abb. 26 - 31.
165 Zur Entwicklung des sauromatisch-sarmatischen Tierstils auch die kurze Übersicht von Smirnov 1976.
166 Dvorničenko 1995a, S. 114f.
167 Smirnov 1976, S. 74ff.; Smirnov 1989 S. 168.
168 Schiltz 1994, S. 311.

## Die frühsarmatische Kultur

In der Zeit zwischen dem späten 5. und frühen 4. Jh. v. Chr. bildete sich in den Steppen des Südural-Gebietes die frühsarmatische oder Prochorovka-Kultur heraus. Sie entstand auf Basis der lokalen sauromatischen Kultur, verbunden mit Einflüssen bzw. Einwanderungen von Bevölkerungsteilen aus den Waldsteppenregionen des Transural, aus Nordwest-Kazachstan und wahrscheinlich auch der Gegend um den Aralsee[169].

169 Zu diesem Thema ausführlich Moškova 1974, S. 10ff.

Diese Entwicklung verlief langsam und ungleichmäßig und manifestiert sich vor allem in der Zusammensetzung der Inventare der Gräber sowie in einigen Neuerungen in Grabbau und Totenritual. Dazu zählen vor allem die Anlage von Nischen- und Katakombengräbern, teils mit Dromos, sowie die Südorientierung der Bestatteten. Im Inventar finden sich nun meist Fleischbeigaben in Form von Schulterknochen mit anhängendem Vorderlauf von Schaf/Ziege. Hinzu kommen neue Formen von Schwertern,

Untere Wolga, Wolga-Don-Gebiet

Süduralgebiet

Ende 6. – 4. Jh. v. Chr.

Ende 7. – 6. Jh. v. Chr.

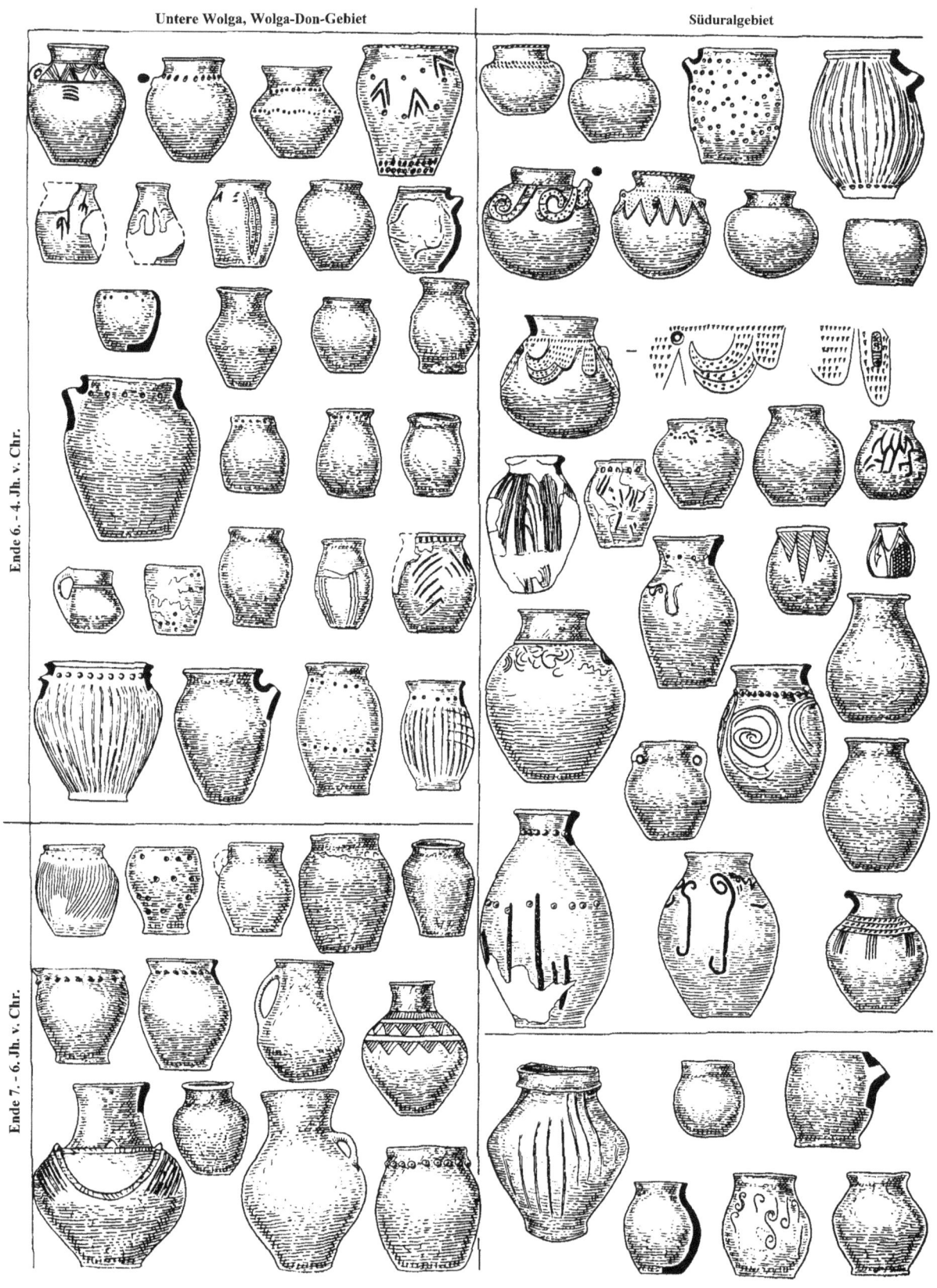

**Abb. 9. Keramik der sauromatischen Kultur**
(nach Meljukova 1989, Taf. 70).

26

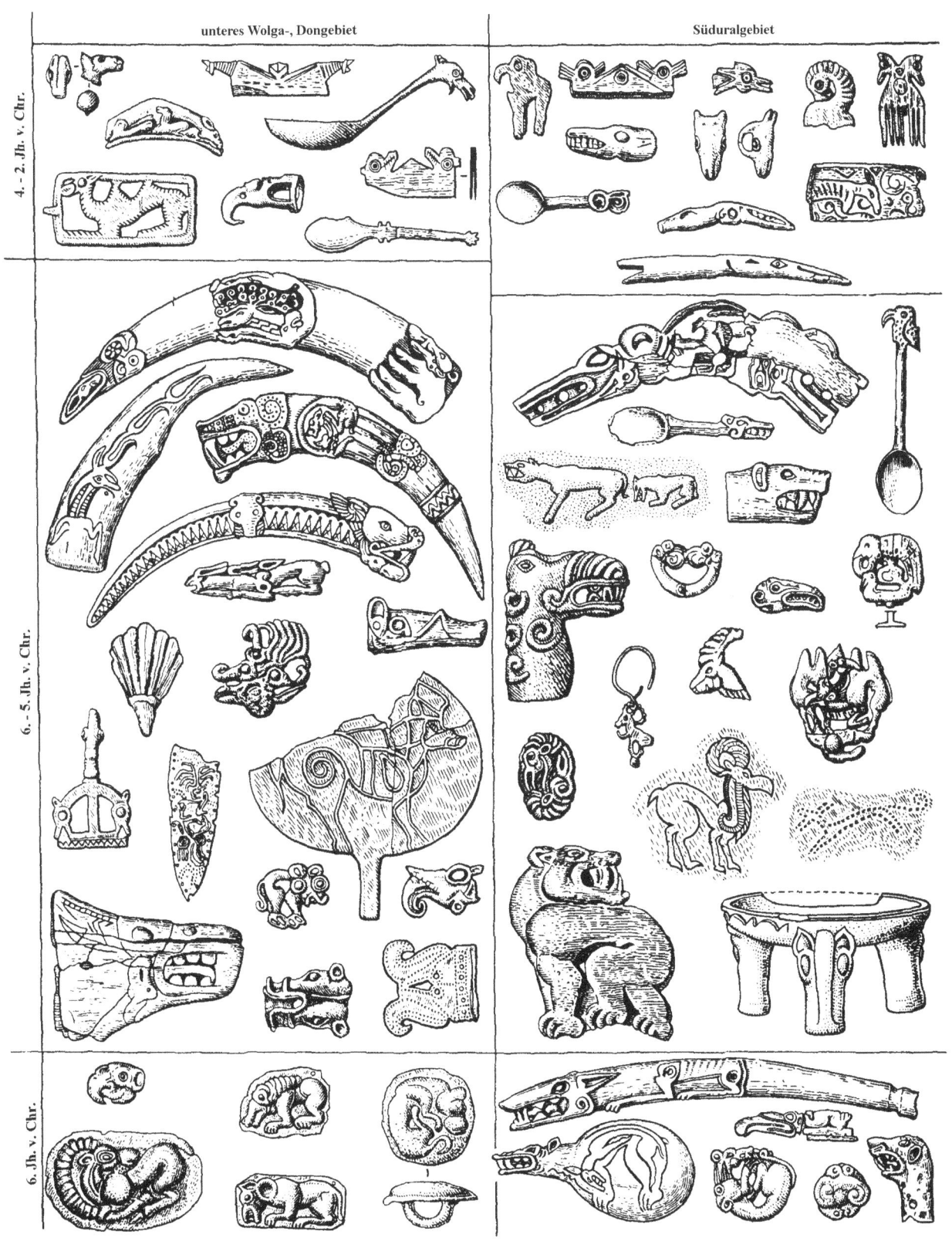

**Abb. 10. Tierstil und „Kultgeräte" der sauromatischen und frühsarmatischen Kultur**
(nach Meljukova 1989, Taf. 66).

27

**Abb. 11. „Kultgeräte" und Toilettegegenstände der sauromatischen und frühsarmatischen Kultur**
(nach Meljukova 1989, Taf. 69).

28

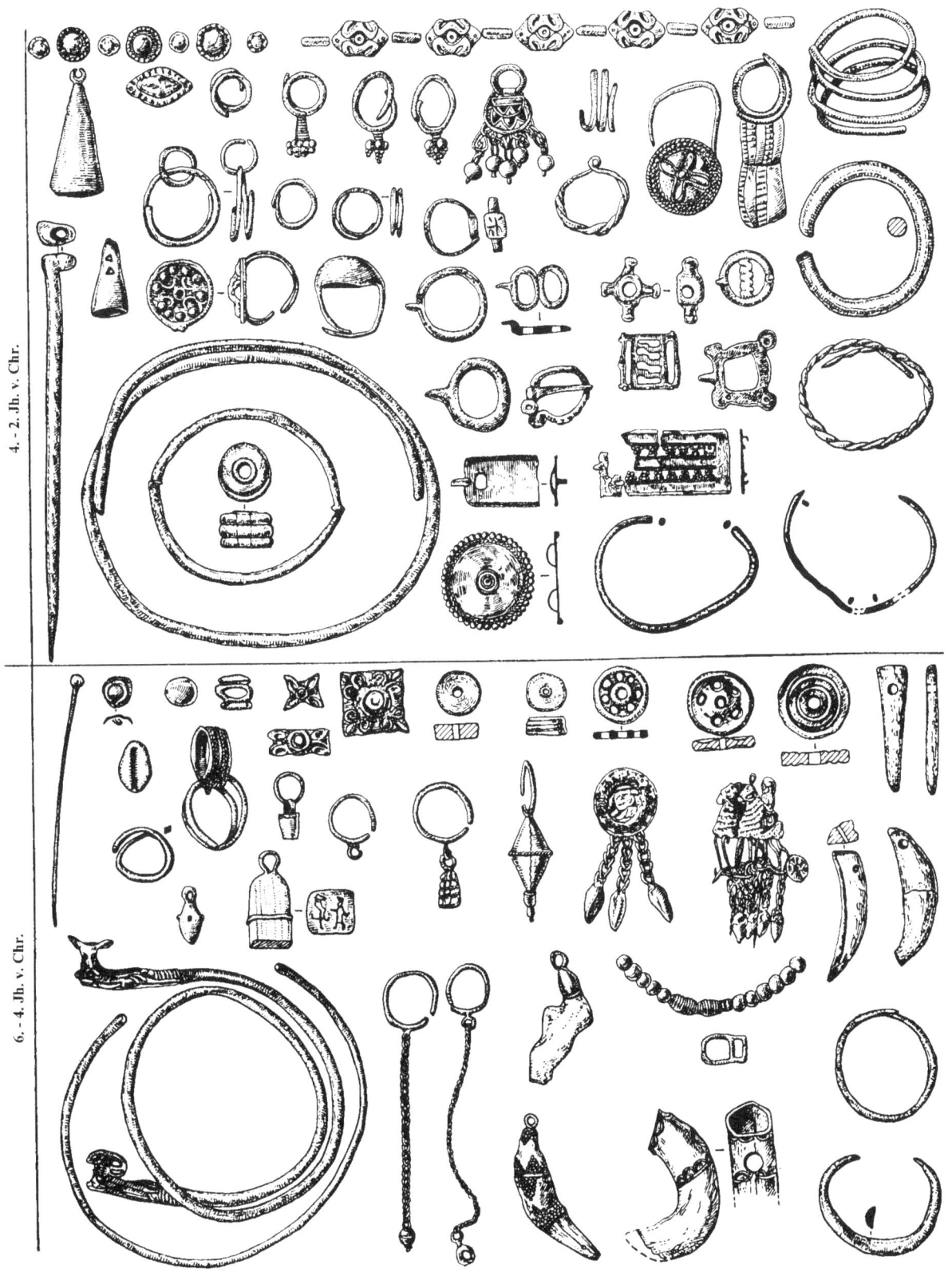

4. - 2. Jh. v. Chr.

6. - 4. Jh. v. Chr.

**Abb. 12. Schmuck der sauromatischen und frühsarmatischen Kultur**
(nach Meljukova 1989, Taf. 71).

Spiegeln etc. sowie neue Verzierungen. Auch in der Keramik lassen sich Entwicklungen feststellen: technisch gesehen ist der Ton jetzt aufwendiger gemagert; formal herrschen rundbodige Gefäße vor und dekorativ gesehen zeigt sich jetzt reichere Ornamentik[170].

Eine Intensivierung der Viehzucht und ein damit verbundenes Bevölkerungswachstum führte im 4. Jh. v. Chr. wohl zu einer Migration einzelner sarmatischer Gruppen nach Westen in den Raum um die untere Wolga, wo sie auf dort ansässige Gruppen mit stark sauromatischen Zügen trafen (Westorientierung von Bestatteten, flachbodige Gefäße, Schwerter und Dolche mit skythischen und kaukasischen Bezügen)[171]. Eine Zeitlang scheinen beide Gruppen nebeneinander existiert zu haben, bevor sie sich assimilierten. Bis zum 2. Jh. v. Chr. kam es schließlich zu weiteren massiven Westbewegungen bis zum unteren Don und ins Kuban-Gebiet. Gleichzeitig scheint ein Teil der Bevölkerung der Süduralsteppen aber auch nach Südosten bis zum Zeravšan gewandert zu sein, so daß das ursprüngliche Siedlungsgebiet schließlich nur noch dünn besiedelt war[172] (*vgl. Abb. 13*).

Durch die Migration der Gruppen gingen einzelne typisch „süduralische" Charakteristika verloren, so daß sich die frühsarmatische Kultur des 3. - 2. Jh. v. Chr. an der unteren Wolga stark von der des Uralgebietes unterscheidet[173]. Gleiches gilt für die Denkmäler am unteren Don und im Kuban-Gebiet, die ins späte 3. - 2. Jh. v. Chr. datieren: wir haben es hier also mit drei verschiedenen Gruppen zu tun. Die Unterschiede und Gemeinsamkeiten ergeben sich dabei durch verschiedene Einflüsse und eigenständige Traditionen, verbunden mit verschiedenen ökonomischen Faktoren sowie politischen und geographischen Gegebenheiten.

Trotzdem erscheint die frühsarmatische Kultur im Vergleich zur sauromatischen einheitlicher und stabiler, und es läßt sich eine größere Standardisierung in der Beigabensitte feststellen, wenngleich die Vielfalt im Grabbau erhalten blieb[174].

Die kleineren Grabhügel in Stein-Erde-Konstruktion sind zumeist in Gruppen um ein bis zwei größere Tumuli angeordnet oder liegen in Reihen auf Flußterrassen[175].

Besonders im Südural-Gebiet handelt es sich meist um Einzelbestattungen in neu angelegten Kurganen, es gibt aber auch Nachbestattungen in alten Tumuli, die dann entsprechend erhöht wurden. Ansonsten lassen sich zwei Bestattungsarten feststellen: entweder sind bis zu drei Gräber in einem Kurgan unregelmäßig eingebracht oder es finden sich drei bis zehn, manchmal auch zwischen zehn

und 20 Gräber ringförmig um eine Hauptbestattung angeordnet[176].

Die Bestatteten liegen in viereckigen Grabgruben mittlerer Größe, die sich meist zentral und ausnahmslos unter den Kurganen befinden. Im Süduralgebiet finden sich in erster Linie große quadratische Gruben mit komplexen Holzeinbauten: ein „Erbe" der sauromatischen Zeit. Daneben lassen sich hier im 5. Jh. v. Chr. Nischen- und Katakombengräber feststellen, erstere werden im 4. - 2. Jh. v. Chr. die typische Grabform und kommen dann im gesamten sarmatischen Verbreitungsgebiet vor. Daneben treten im Südural außerdem in der Zeit von der 2. Hälfte des 5. Jh. v. Chr. bis ins 4. Jh. v. Chr. gelegentlich rechteckige Grabgruben mit Dromos auf. Diese lassen sich etwas später, während des 4. Jh. v. Chr., auch im Wolga-Don-Gebiet nachweisen. Hierbei handelt es sich wohl um „Familiengräber", in denen bis zu acht Skelette gefunden wurden. Besonders im 4. - 3. Jh. v. Chr. lassen sich unterschiedliche Steineinbauten beobachten. Hierzu zählen Plattformen, Steinkreise und Steinpanzer (*vgl. auch Abb. 4*)[177].

Die Gräber waren meist mit flachen Abdeckungen aus Holz versehen. Die Innenseiten der Grabgruben können ebenfalls Holzeinbauten aufweisen, manchmal sind die Wände auch mit Rinde, Schilf oder Rohr verkleidet. Auch die Böden waren mit Brettern oder Rinde abgedeckt. Die Öffnungen zu den Katakomben oder Nischen wurden durch Bretter, Pfosten oder Matten, gelegentlich (je nach Verfügbarkeit) auch durch Steine verschlossen[178].

Zumeist handelt es sich um Einzelbestattungen, es treten jedoch auch Kollektivgräber (meist mit Dromos) mit drei bis acht Bestattungen auf. Die Skelette liegen meist ausgestreckt auf dem Rücken mit dem Kopf im Süden. Die oberen Extremitäten sind entlang des Körpers ausgestreckt, wobei sich ein oder beide Handgelenke auf oder unter dem Becken befinden. Die Füße können überkreuzt sein, was in manchen Fällen auf eine Fesselung schließen läßt. Seltene Abweichungen finden sich zumeist in den Kurganen, in denen Gräber konzentrisch um eine Hauptbestattung angelegt wurden. Hier liegen die Toten auf dem Bauch oder auf der Seite bzw. sind sie nach Osten oder Westen orientiert. Im Bereich der unteren Wolga und am unteren Don treten sehr selten auch Nordorientierungen auf (*vgl. auch Abb. 4*)[179]. Eine typisch sarmatische Besonderheit sind Gräber mit Bestattungen, die diagonal in einer großen quadratischen Grabkammer liegen[180]. Sie treten selten vor allem im östlichen Verbreitungsgebiet seit dem 5. Jh. v. Chr. auf[181].

---

[170] Barbarunova 1995, S. 121; Smirnov 1989, S. 169f.
[171] Smirnov 1989, S. 170.
[172] Barbarunova 1995, S. 121f.
[173] Zur Entwicklung und zu Unterschieden vgl. auch Zusammenstellung bei Moškova 1974, Abb. 1 und 2.
[174] Barbarunova 1995, S. 122; Smirnov 1989, S. 171.
[175] Barbarunova 1995, S. 122f.; Smirnov 1989, S. 172.

[176] Barbarunova 1995, S. 122; Smirnov 1989, S. 171.
[177] Barbarunova 1995, S. 122f.; Smirnov 1989, S. 171f.
[178] Barbarunova 1995, S. 123; Smirnov 1989, S. 171f.
[179] Barbarunova 1995, S. 123; Smirnov 1989, S. 171.
[180] Balabanova 2002 untersuchte diese Gräber teilweise anthropologisch/kraniologisch.
[181] Smirnov 1989, S. 172.

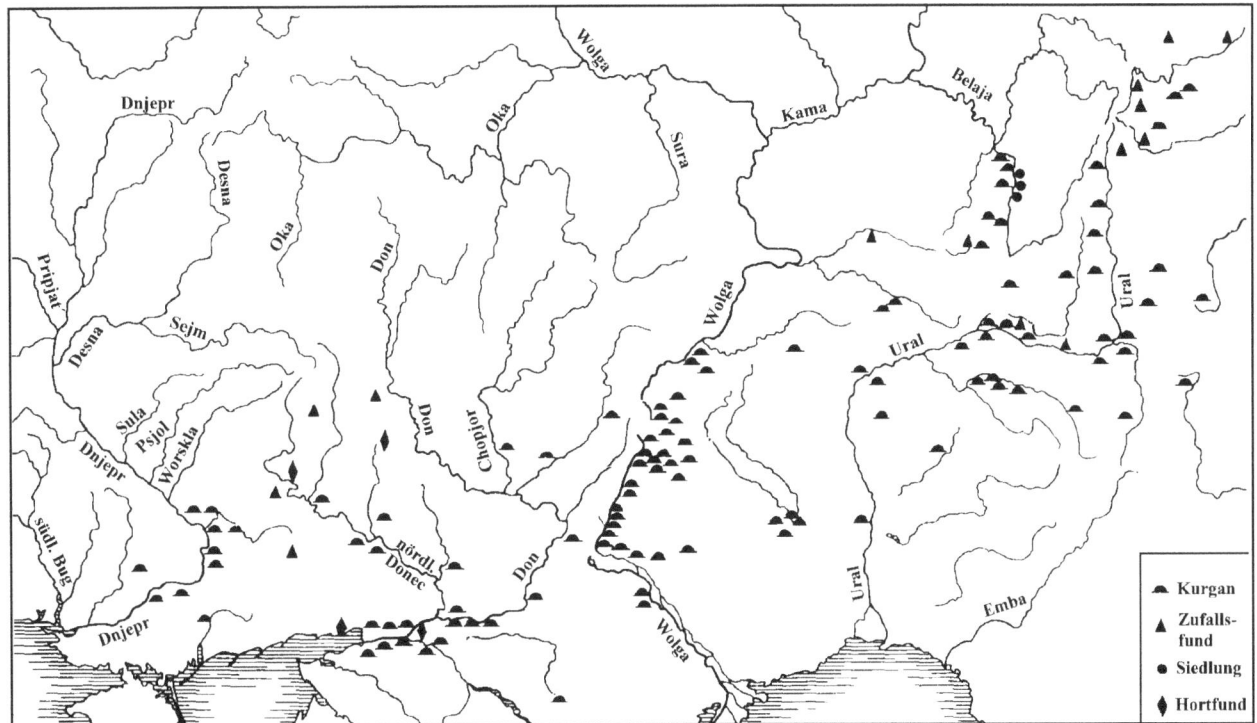

**Abb. 13. Verbreitung der Denkmäler der frühsarmatischen Kultur**
(nach Smirnov 1989, Karte 13).

Die Toten lagen meist auf Matten und waren oft mit solchen bedeckt. In reichen Gräbern können diese auch mit Perlen oder verzierten Metallplättchen bestickt gewesen sein. Gelegentlich befanden sich die Toten auch auf Bahren oder auf Wagen, bei denen zuvor die Räder entfernt worden waren. Diese fanden sich dann neben der Bestattung bzw. auf der Abdeckung des Grabes. Weiterhin finden sich Baum- oder gezimmerte Särge[182].

Besonders im Südural lassen sich Reste von kultischem (?) Feuer nachweisen. Es handelt sich dabei um Spuren von verkohltem Holz, Asche und Holzkohle, die sich an den Grabrändern, auf dem Boden und auf den Skeletten befinden. Hinzu kommen Reste von gelbem Ocker und Kreide, die sich über dem Toten und seiner Lagerstätte befanden. In diesem Zusammenhang sind Grabbeigaben von Kreide-, Kalk- sowie gelben und roten Ockerstücken, Muscheln und Kieselsteinen zu sehen. Daneben finden sich, manchmal in ein Gefäß gelegt, hammerförmige „Donnerkeile" sowie in manchen Frauen- und Kindergräbern stilisierte zoomorphe oder anthropomorphe Figurinen aus Kreide, Gips oder Kalkstein[183].

Auch andere kultische Traditionen der Sauromaten lassen sich feststellen. So trifft man gelegentlich in Frauengräbern des 4. Jh. v. Chr. im Südural auf kleine

tragbare Steinaltärchen (*vgl. auch Abb. 10; 11*) in runder oder ovaler Tellerform mit Reliefverzierung am Rand, die jedoch im gesamten sarmatischen Verbreitungsgebiet im 3. - 2. Jh. v. Chr. durch Räuchergefäße aus Stein oder Ton ersetzt wurden. Letztere finden sich selten auch in Männergräbern. Die Sitte, Frauen Waffen ins Grab zu legen, wird ebenfalls rudimentär fortgeführt[184].

In der Beigabensitte lassen sich einige Veränderungen feststellen:

In den meisten Gräbern finden sich jetzt, wie bereits oben erwähnt, Schafknochen. Es handelt sich meist um ein Schulterblatt mit Vorderlauf, und es können bis zu vier derartige Stücke in einem Grab liegen. Hinzu treten ein bis drei Gefäße mit Nahrung, die sich meist am Kopf oder an den Beinen des Verstorbenen befinden[185].

Männergräber enthalten normalerweise Waffen. Dies sind zumeist ein Köcher mit Pfeilen und ein Schwert oder Dolch. Im Gebiet zwischen Wolga und Don und am Don selbst kommen Speer- oder Lanzenspitzen hinzu. In besonders reichen Gräbern finden sich komplette Waffensets aus Langschwert, Dolch, Köcher mit Pfeilen, Speer, Helm und Panzer/Rüstung[186].

Mit dem 4. Jh. v. Chr. treten in den Gräbern der Südural-Steppe übergangsweise Schwerter[187] mit bogenförmiger

---

[182]  Barbarunova 1995, S. 123f.; Smirnov 1989, S. 172; vgl. ausführlich zum Totenritual auch Moškova 1963, S. 19ff. und Taf. 1 - 4.

[183]  Smirnov 1989, S. 172, 174; Barbarunova 1995, S. 124, beschreibt Figurinen aus Kreide oder *Alabaster*, möglicherweise ist dies jedoch ein Übertragungsfehler aus dem Russischen.

[184]  Barbarunova 1995, S. 124; Smirnov 1989, S. 174.

[185]  Barbarunova 1995, S. 124.

[186]  Barbarunova 1995, S. 124; Smirnov 1989, S. 172f.

[187]  Zusammenstellung bei Moškova 1963, Taf. 18 und 19 sowie bei Moškova 1974, Abb. 5.

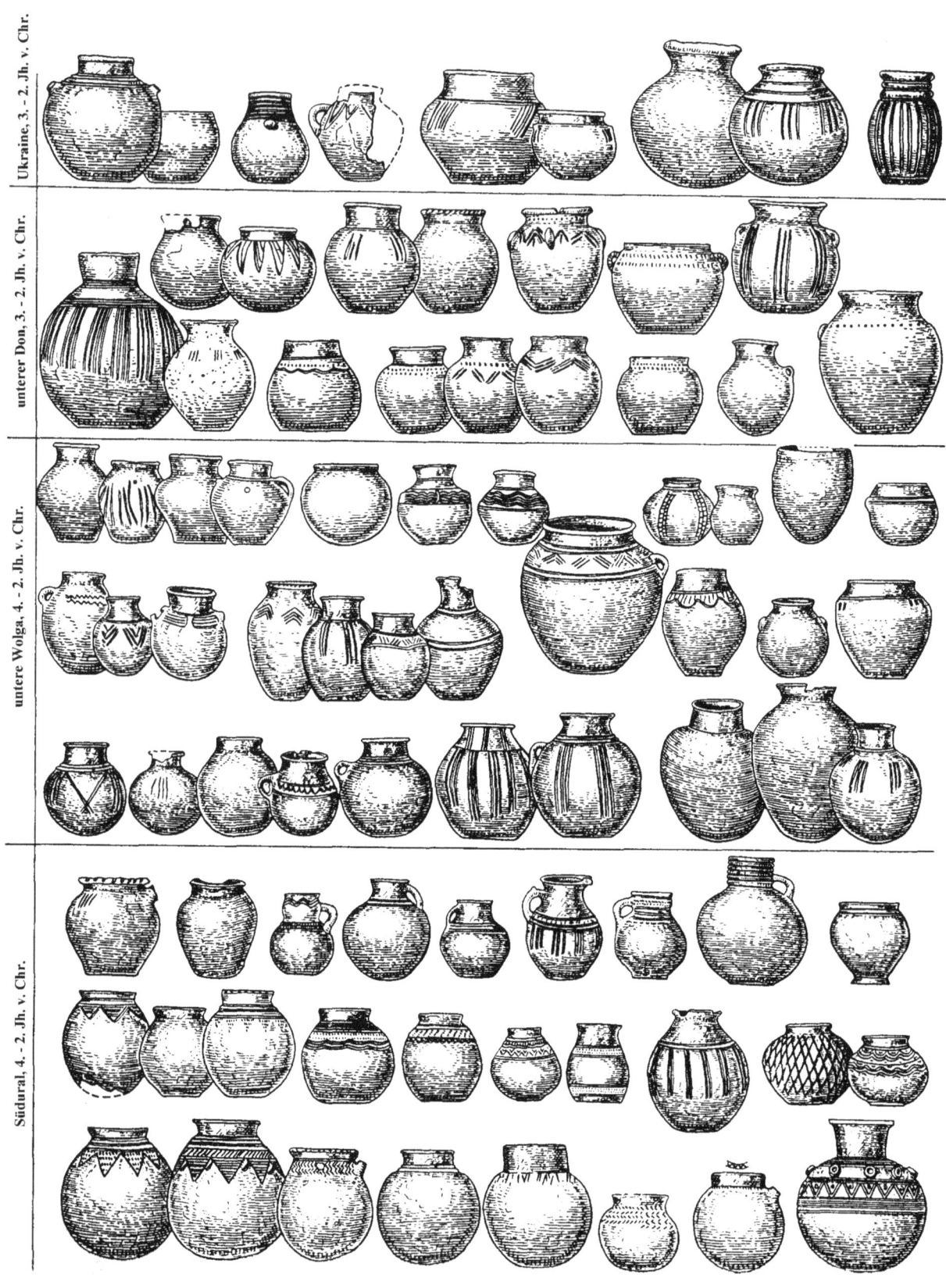

**Abb. 14. Keramik der frühsarmatischen Kultur**
(nach Meljukova 1989, Taf. 72).

32

oder stumpfwinkliger Parierstange und geradem stangenförmigem oder leicht gebogenem Knauf auf. Das klassische frühsarmatische Schwert weist jedoch eine stangenförmige Parierstange und einen halbmondförmigen Knauf auf, wenngleich seltener auch Schwerter mit geradem Knauf oder Schwerter und Dolche mit stangenförmigem Knauf und fehlender Parierstange vorkommen. Letztere werden dabei auch als sindo-mäotischer Typ bezeichnet. Kurzschwerter messen 40 - 55 cm, während Langschwerter bis 130 cm Länge erreichen können (*vgl. auch Abb. 6*)[188].

Im 4. - 3. Jh. v. Chr. treten vor allem noch dreiflüglige Bronzepfeilspitzen mit Hohlschäftung auf, während sich im 3. - 2. Jh. v. Chr. vermehrt auch dreiflüglige eiserne Stielpfeilspitzen feststellen lassen, die dann im 2. Jh. v. Chr. für das Gebiet um Wolga und unteren Don typisch werden[189]. Die hölzernen Pfeilschäfte wurden häufig karmesinrot eingefärbt. Zur Befestigung des Köchers am Gürtel dienten spezielle Köcherhaken[190] aus Bronze oder Eisen (*vgl. auch Abb. 5; 6*)[191].

In den Gräbern des 4. - 3. Jh. v. Chr. finden sich außerdem Teile des Pferdezaums und -schmucks (*vgl. auch Abb. 7*)[192]. Hierzu zählen Bronzetrensen und gerade oder S-förmige Psalien mit doppelter Durchlochung aus Eisen oder Knochen; letztere sind nur für das 4. Jh. v. Chr. charakteristisch. In diesem Zusammenhang gehören außerdem Riemenverteiler und Schnallen aus Bronze sowie Anhänger. Im Laufe der Entwicklung finden sich in durchschnittlichen Gräbern nur noch Trensenstangen, während in reichen Gräbern auch aufwendig verzierte Phaleren auftreten[193].

Sowohl in Männer- als auch in Frauengräbern finden sich Geräte (*vgl. auch Abb. 8*). In ersteren sind dies vor allem Messer[194] mit geradem Rücken und Holz- oder Knochengriff sowie Wetzsteine und seltener auch Eisenäxte und Steinbeile. In Frauengräbern treten Messer, tönerne Spinnwirtel, Ahlen und Nadeln aus Stein, Knochen, Bronze oder Eisen auf[195].

Vor allem Frauengräber enthalten Schmuck- und Trachtbestandteile (*vgl. auch Abb. 12*)[196]. Hierzu zählen große Mengen an Perlen in verschiedenen Formen (als Halsschmuck oder zum Aufnähen auf die Kleidung),

Schläfen-, Ohr- und Fingerringe. Seltener treten auch Arm- und Halsreifen aus Gold, Silber und Bronze, manchmal mit Silber- oder Goldfolie belegt, auf. Hinzu kommen Bronze-, Silber- und Goldanhänger sowie Amulette aus Koralle oder Muschel. In Männer- wie Frauengräbern finden sich dagegen goldene und silberne Aufnähplättchen für die Kleidung sowie Gürtelschließen und -plättchen aus Bronze, Eisen oder Knochen, teils in aufwendiger durchbrochener Arbeit. Gelegentlich treten in Frauengräbern auch Ringe von Panzern auf[197].

Zu den sog. Toilettegegenständen aus Frauengräbern zählen Spiegel, zumeist mit flacher, runder Scheibe und verdicktem Rand sowie flachem seitlichem Griff, der teilweise auch aus Holz oder Knochen gearbeitet sein kann. Die Größe der Spiegel verringert sich beginnend mit der frühsarmatischen Zeit, daneben sind sie nun meist (absichtlich) zerschlagen ins Grab gelangt[198]. In denselben Zusammenhang gehören außerdem kleine Löffel, verzierte Knochenkämme, Muscheln mit Rötelresten und kleine Gefäße (*vgl. auch Abb. 11*)[199].

Zu den gebräuchlichsten Grabbeigaben zählen Bronzekessel (*vgl. auch Abb. 8*), die den bei den Skythen gebräuchlichen Typen ähneln, und handgemachte sowie scheibengedrehte Keramik (*vgl. auch Abb. 14*)[200]. Letztere wurde dabei aus der Kuban-Region und dem Gebiet am unteren Don importiert. Weniger häufig finden sich Importe von Feinkeramik, die aus dem Nordkaukasus und aus den Siedlungen am Kimmerischen Bosporus stammen. Wenige Stücke kommen ursprünglich aus Mittelasien. Die handgemachte Keramik führt sauromatische Traditionen fort, wenngleich sich starke Einflüsse aus den Waldsteppen des Transural bemerkbar machen. Dies gilt vor allem für das 4. Jh. v. Chr. und das Gebiet um die untere Wolga. Die Keramik des Uralgebiets ist rundbodig und reich ornamentiert[201]. H. P. Kruglova unternahm kürzlich den Versuch, die frühsarmatische Keramik mit Hilfe mathematisch-statistischer Methoden zu klassifizieren und sie typologisch zu erfassen[202].

Während der frühsarmatischen Phase wurde die Tierstilverzierung seltener, wenngleich sich immer noch Stücke finden lassen, die mit schematischen zoomorphen Motiven dekoriert sind (*vgl. auch Abb. 10*)[203].

[188] Barbarunova 1995, S. 124f.; Moškova 1963, S. 33ff.; Smirnov 1989, S. 172f.

[189] Zusammenstellung der Typen bei Moškova 1963, Taf. 14 - 17.

[190] Zusammenstellung bei Moškova 1963, Taf. 20.

[191] Barbarunova 1995; Moškova 1963, S. 30ff. und S. 125f.; Smirnov 1989, S. 173.

[192] Zusammenstellung bei Moškova 1963, Taf. 21.

[193] Barbarunova 1995, S. 126; Smirnov 1989, S. 173.

[194] Zusammenstellung bei Moškova 1963, Taf. 22.

[195] Barbarunova 1995, S. 126f.; Smirnov 1989, S. 173; vgl. auch Zusammenstellung bei Barbarunova 1995, Abb. 24 sowie bei Moškova 1963, Taf. 23 und 24.

[196] Zusammenstellung bei Barbarunova 1995, Abb. 26 sowie bei Moškova 1963, Taf. 24; 25; 29 - 32.

[197] Barbarunova 1995, S. 127; Häusler 1983, S. 162ff.; Smirnov 1989, S. 173f.

[198] Häusler 1983, S. 175 und 178f.

[199] Barbarunova 1995, S. 127f. und Abb. 27; Moškova 1963, S. 41ff. und Taf. 26 - 28; Smirnov 1989, S. 174; wenngleich zumindest für die Löffel und die Rötelreste eine kultische Bedeutung nicht ausgeschlossen werden kann.

[200] Ausführlich Moškova 1963, S. 24ff. und die Zusammenstellung bei Barbarunova 1995, Abb. 31 und 32; Moškova 1963, Taf. 5 - 13 und Moškova 1974, Abb. 4.

[201] Barbarunova 1995, S. 128ff.; Smirnov 1989, S. 173f.

[202] Kruglova 1999.

[203] Barbarunova 1995, S. 131; Smirnov 1989, S. 174.

# Die mittelsarmatische Kultur

Funde der mittelsarmatischen Kultur sind sehr weit verbreitet und finden sich in den Steppengebieten zwischen der Donau und dem Südural-Gebiet. Die Herausbildung der mittelsarmatischen Phase erfolgte auf Grundlage der nomadischen Kultur des Wolga-Don-Gebietes und erlangte ihre endgültige Form erst gegen Ende des 1. Jhs. v. Chr., so daß in der Zeitspanne zwischen dem späten 2. und dem späten 1. Jh. v. Chr. mit einer Übergangsphase zu rechnen ist.

Wahrscheinlich aufgrund klimatischer Veränderungen verschlechterten sich die Lebensbedingungen im Süduralgebiet und es kam zu einem Rückgang der Bevölkerung. Gleichzeitig erfolgte eine West- und Südexpansion der Sarmaten in den nordpontischen Bereich, wo sie auf die antiken Siedlungen trafen. Einerseits führte die ständige Bedrohung der Städte zu Spannungen, andererseits kam es zu regen Handelsbeziehungen. Insgesamt blühte die mittelsarmatische Kultur jedoch in allen Bereichen auf[204].

Obwohl das gesamte Verbreitungsgebiet von eng verwandten Stämmen besiedelt war, ist die mittelsarmatische Kultur nicht uniform. Besonders im nordpontischen Bereich wurden bereits ansässige skythische Gruppen assimiliert und auch die Nähe zu den seßhaften Nachbarn im Norden und Süden blieb nicht ohne Auswirkungen. So lassen sich auch in dieser Stufe regionale Gruppen unterscheiden, wie beispielsweise die Südural-, die Transwolga-, die Wolga-Don- und die nordpontische Gruppe (*vgl. Abb. 15*). Unterschiede finden sich beispielsweise im Totenritual, aber auch in der lokalen, handgemachten Keramik. Gerade letztere zeigt jedoch auch eine stark einheitliche Komponente[205].

Im Totenritual wird ab der Zeitenwende im gesamten Verbreitungsgebiet die Einzelbestattung unter einem Kurgan zur dominanten Grabform, wenngleich auch weiterhin gelegentlich Doppel- oder Kollektivbestattungen (meist handelt es sich dabei um die Skelette einer Frau mit Kindern oder bei Doppelbestattungen um Mann und Frau) auftreten. Im Gebiet östlich des Don finden sich mittelsarmatische Kurgane meist in Nekropolen, die seit dem 6. Jh. v. Chr. belegt sind und in denen sich auch einzelne bronzezeitliche Grabhügel befinden. Erst ab dem 1. Jh. v. Chr. kann von eigentlichen mittelsarmatischen Gräberfeldern gesprochen werden. Im Totenritual werden Traditionen aus der Prochorovka-Kultur fortgeführt, wenngleich sie seltener werden. Hierzu zählen beispielsweise die Südorientierung der Toten und die Beigabe von

einem Schulterblatt mit anhängendem Vorderlauf von Schaf/Ziege[206].

Die meist langrechteckigen Grabgruben unter Kurganen mit reiner Erdaufschüttung haben mittlere oder große Ausmaße (8 - 20 m Durchmesser und 0,2 - über 3 m Höhe) und weisen bis zum 1. Jh. n. Chr. häufig Nischen auf. Auch Holzeinbauten und -decken finden sich wie in der vorangegangenen Periode unter den Hügeln. Katakombengräber hingegen kommen kaum noch vor, dagegen finden sich immer häufiger große quadratische oder rechteckige Grabgruben in denen die Bestattung diagonal erfolgte. Am rechten Ufer des Dnepr finden sich vereinzelt ab dem 1. Jh. n. Chr. auch einfache Flachgräber. Insgesamt zeigen sich Unterschiede in der Verteilung verschiedener Grabformen innerhalb der Nekropolen in den unterschiedlichen regionalen Gruppen (*vgl. auch Abb. 16*). Selten treten Totenbahren oder Särge auf; auch Spuren kultischer Feuernutzung lassen sich in den reichen Gräbern nur noch gelegentlich nachweisen.

Die Bestattung erfolgte zumeist in ausgestreckter Rückenlage mit dem Kopf im Süden, selten auch im Westen oder Osten, wobei die oberen Extremitäten entlang des Körpers ausgestreckt waren. Die Hände können dabei selten im Bereich der Beckenknochen liegen. Sehr selten erfolgte eine ausgestreckte Lage auf der Seite und noch seltener finden sich seitliche Hockerbestattungen. Im nordpontischen Bereich kommen einige Nordorientierungen vor (*vgl. auch Abb. 16*). Der Grabboden und die Bestatteten wurden gerne mit Kalk/Kreide bestreut[207].

Die Zusammensetzung der Grabbeigaben bleibt grundsätzlich gleich. Hauptsächlich finden sich im Inventar Waffen, Pferdezaumzeug und -schmuck, Geräte, Keramik, Metallgefäße, Schmuck und Trachtbestandteile sowie Nahrungsmittel (Schaf/Ziege, im Transural aber auch Pferd und Rind). Eine bestimmte Lage einzelner Inventarteile im Grab läßt sich dabei nicht feststellen, wenngleich Gefäße meist im Kopf- oder Fußbereich oder gesammelt in den Grabecken angetroffen werden und Waffen rechts oder links des Körpers liegen. Spiegel hingegen befinden sich häufig im oberen Bereich des Körpers[208].

In Kindergräbern finden sich zumeist keramische Gefäße und Perlen, seltener aber auch Geräte oder Toilettegegenstände. In Männergräbern gehören regelhaft Waffen zum Inventar, hinzu können Teile der Pferdeausstattung, Gerätschaften, Keramik und in Einzelfällen auch Perlen, Amulette und Spiegel kommen. In Frauengräbern finden sich Schmuck- und Tracht-

---

[204] Moškova 1989b, S. 177; Moškova 1995b, S. 137.
[205] Moškova 1989b, S. 177; Moškova 1995b, S. 137f.

[206] Moškova 1989b, S. 177, 179; Moškova 1995b, S. 138.
[207] Moškova 1989b, S. 178f.; Moškova 1995b, S. 138f. sowie Zusammenstellung Abb. 1 und 2.
[208] Moškova 1989b, S. 178ff.; Moškova 1995b, S. 139.

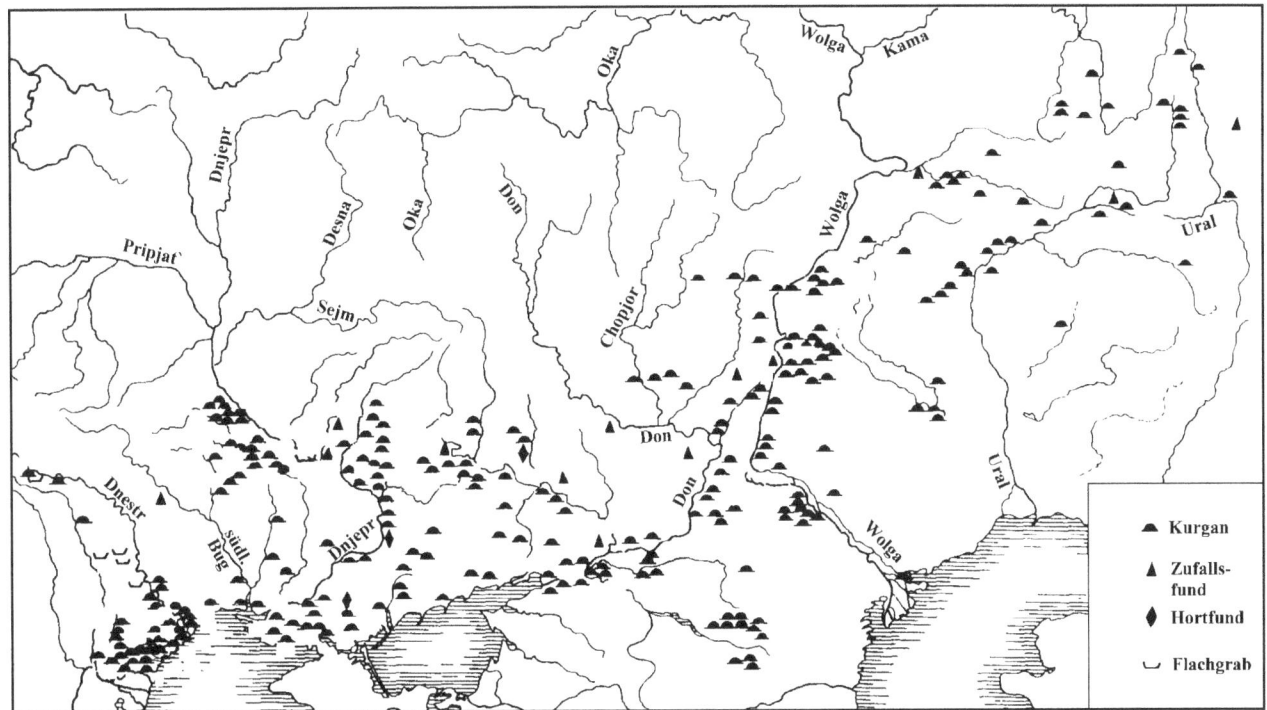

**Abb. 15. Verbreitung der Denkmäler der mittel- und spätsarmatischen Kultur**
(nach Moškova 1989b, Karte 14).

bestandteile sowie Toilette- und kultische Gegenstände, hinzu kommen fast immer keramische Gefäße. Natürlich gibt es auch Ausnahmen: so finden sich beispielsweise äußerst selten auch in Männergräbern Räuchergefäße[209].

Zu den mittelsarmatischen Waffen zählen Kurzschwerter mit einer Länge von 50 bis 60 cm. Dolche weisen meist eine gerade Parierstange und einen Ringknauf auf, wenngleich gelegentlich auch ältere Formen mit sichelförmigem Knauf auftreten. Im letzten Jh. v. Chr. finden sich außerdem Langschwerter mit Ringknauf und einer Länge von 1 m und mehr (*vgl. auch Abb. 17*)[210]. Insgesamt zeigt sich in dieser Zeit eine zunehmende Uniformierung der Bewaffnung[211].

Bei den Pfeilspitzen[212] (*vgl. auch Abb. 17*) treten zumeist vergleichsweise kleine Typen aus Eisen mit Stiel auf, wenngleich sich auch größere feststellen lassen. Letztere deuten an, daß der kurze Bogen nach und nach durch einen größeren mit einer Länge zwischen 1,2 und 1,6 m ersetzt wurde. Die Bögen waren in der Mitte und an den Enden oft mit Knochenplatten verstärkt[213].

Sehr selten finden sich Speerspitzen und Helme (*vgl. auch Abb. 17*) in den Gräbern, wenn auch die historische Überlieferung auf eine weite Verbreitung derartiger Objekte schließen läßt. In diesem Mangel in den Grabinventaren scheint sich eine kulturelle Tradition und Grabsitte widerzuspiegeln[214].

Ebenfalls selten treten Pferdeschmuck und Zaumzeugbestandteile auf (*vgl. auch Abb. 17*). In der Regel wird diese Fundgruppe durch eiserne Trensen mit ringförmigen Enden oder Psalien aus Eisen oder seltener Bronze repräsentiert. In reichen Kriegergräbern finden sich manchmal zusätzlich Phaleren[215].

Die umfangreichste Gruppe des Grabinventars ist die Keramik[216] (*vgl. auch Abb. 18; 19*). Hier treten handgemachte und scheibengedrehte Gefäße auf, wobei es sich bei letzteren wohl um Importstücke handelt. Dadurch lassen sich besonders gut Handelsbeziehungen und Kontakte der einzelnen mittelsarmatischen Gruppen zu anderen Kulturkreisen nachweisen. Die handgemachte, lokal produzierte Keramik hingegen weist einerseits verbindende und andererseits spezielle gruppenspezifische Charakteristika und Stile auf. Die Gefäße sind insgesamt, im Gegensatz zur vorangegangenen Epoche, meist flachbodig und topfförmig, wenngleich auch Krüge und Schüsseln auftreten können. Nur im Süduralgebiet bleibt das birnenförmige Gefäß mit Rundboden charakteristisch[217].

---

[209] Moškova 1989b, S. 180 – wobei sich hier die Frage stellt, ob das Geschlecht der Skelette anthropologisch bestimmt wurde!

[210] Moškova 1989b, S. 183f.; Moškova 1995b, S. 139f. und Zusammenstellung Abb. 3.

[211] Jettmar 1980, S. 55.

[212] Zusammenstellung bei Moškova 1995b, Abb. 4.

[213] Moškova 1989b, S. 184f.; Moškova 1995b, S. 140.

[214] Moškova 1989b, S. 185f.; Moškova 1995b, S. 140ff. sowie Abb. 5 und 6.

[215] Moškova 1989b, S. 186; Moškova 1995b, S. 142 sowie Abb. 7.

[216] Vgl. auch Zusammenstellung bei Moškova 1995b, Abb. 8 - 11.

[217] Moškova 1989b, S. 180ff.; Moškova 1995b, S. 142f.

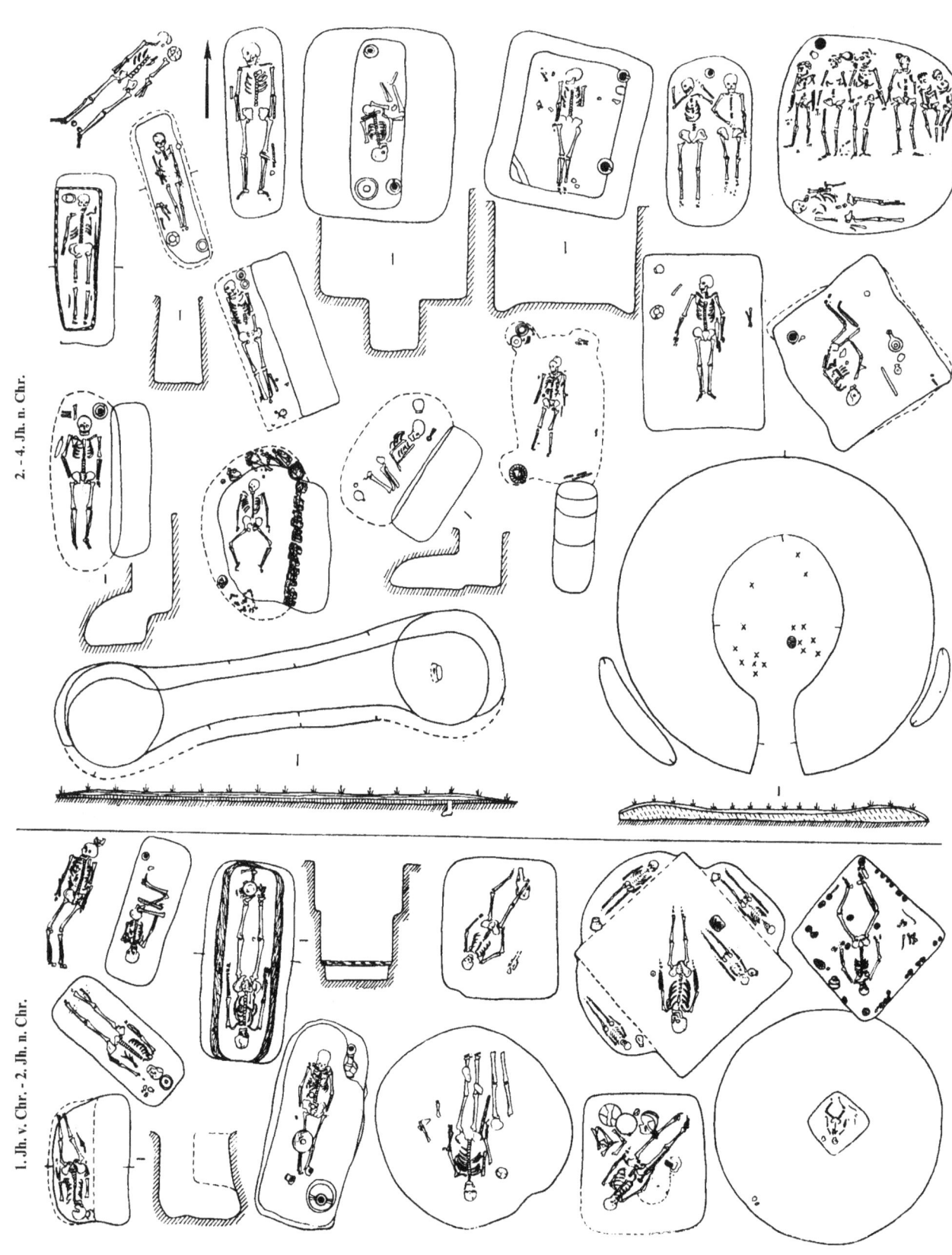

**Abb. 16. Grabsitten der mittel- und spätsarmatischen Kultur**
(nach Meljukova 1989, Taf. 73).

36

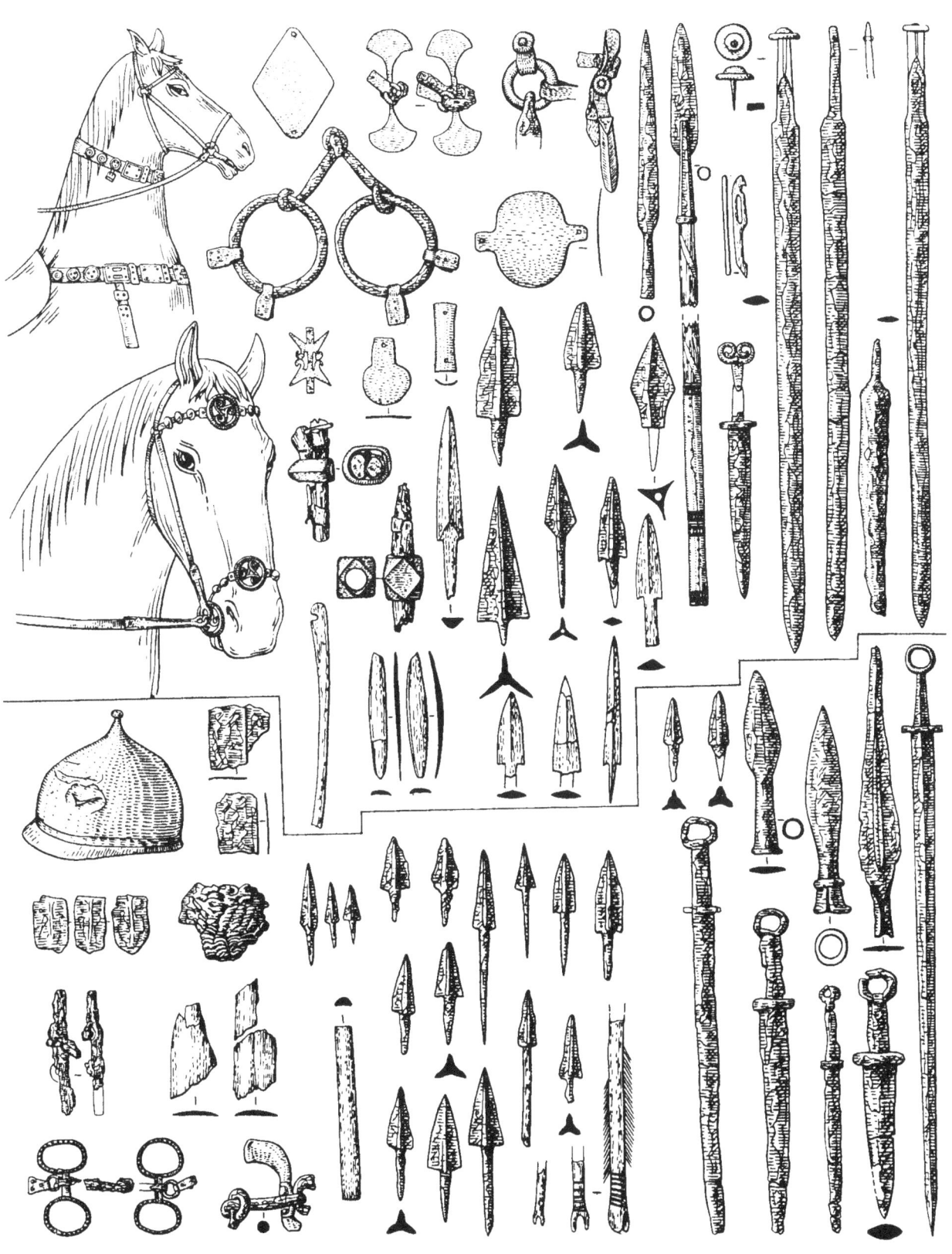

**Abb. 17. Waffen sowie Pferdeschmuck und -zaumzeug der mittel- und spätsarmatischen Kultur** (nach Meljukova 1989, Taf. 81).

Untere Wolga, Wolga-Don-Gebiet          Süduralgebiet

**Abb. 18. Handgemachte Keramik der mittelsarmatischen Kultur**
(nach Meljukova 1989, Taf. 74).

Zusätzlich finden sich auch hier teilweise aufwendig verzierte Bronzekessel unterschiedlicher Größe (*vgl. auch Abb. 20*). Daneben treten importierte Metallgefäße wie Tassen und Schüsseln, Kellen und Siebe etc. aus Bronze oder Silber auf, die aus Italien, Kleinasien, dem Donaugebiet usw. stammen[218].

Zu den mittelsarmatischen Geräten (*vgl. auch Abb. 20*) zählen Eisenmesser, Ahlen, Knochenbohrer, Schleifsteine und Spinnwirtel. Selten treten auch Steinbeile auf. Lediglich im Don-Gebiet finden sich ausnahmsweise landwirtschaftliche Geräte wie Spitzhacken, Sensenblätter und Hacken[219].

Zu den Toilettegegenständen[220] zählen Bronzespiegel, Knochenlöffel und kleine Gefäße aus Metall, Stein oder Glas (*vgl. auch Abb. 21*).

Unter den Tracht- und Schmuckbestandteilen der Inventare finden sich gelegentlich vor der Zeitenwende auch Gürtelschließen mit unbeweglichen Dornen, die später durch andere Formen mit ausgeprägten Dornen ersetzt

werden. Ab dem 2. Jh. n. Chr. finden sich erste Bronze- und Eisenfibeln. Hinzu kommen Hals- und Armreifen, Ohrringe, Anhänger sowie Plättchen und Perlen, teils aus ägyptischer Fayence, Glas und Stein als Kleiderbesatz (*vgl. auch Abb. 22*)[221].

Keramische Räuchergefäße, Bronzeglöckchen und Steingefäße werden als kultische Gerätschaften interpretiert. In diesem Zusammenhang gehören auch Kohlepfannen aus Glaspaste[222] für kleine keramische Gefäße, die in der mittelsarmatischen Zeit erstmals auftreten (*vgl. auch Abb. 21*)[223].

Tierstilverzierungen kommen gegen Ende der mittelsarmatischen Periode als Ornamente auf Schmuckstücken, auf Teilen der Schutzwaffen sowie dem Pferdeschmuck vor. Es handelt sich um polychrom (meist aus Türkis und Karneol) gestaltete stilisierte Tierfiguren, die Analogien bis nach Afghanistan (Tilla Tepe, *Kat.-Nr. 44*) finden[224].

---

[218] Moškova 1989b, S. 182f.; Moškova 1995b, S. 143 sowie Abb. 12 und 13.
[219] Moškova 1995b, S. 143f. sowie Abb. 14 - 16.
[220] Vgl. auch Moškova 1995b, Abb. 17.

[221] Moškova 1989b, S. 187ff.; Moškova 1995b, S. 145 sowie Abb. 18 - 22.
[222] Wenngleich das Material etwas ungeeignet anmutet...
[223] Moškova 1989b, S. 190f.; Moškova 1995b, S. 145ff. sowie Abb. 17 und 23.
[224] Jettmar 1980, S. 59; Moškova 1995b, S. 147.

## Die spätsarmatische Kultur

Bei der spätsarmatischen Kulturstufe handelt es sich um die Endphase der eigenständigen sarmatischen Nomadenstämme. Der Übergang von der mittel- zur spätsarmatischen Kultur war ein langwieriger und äußerst komplexer Vorgang, in dem auch technische Innovationen und kulturelle Fremdeinflüsse eine Rolle spielten.

Nachdem sich die sarmatischen Stämme im Gebiet zwischen der Donau und dem Südural festgesetzt hatten, zeigt sich im archäologischen Material der Gräber sowie in sprachlichen Besonderheiten, daß seit der Mitte des 1. Jh. n. Chr. weitere Wellen iranischsprachiger Nomadenstämme das Nordschwarzmeergebiet erreichten. Diese Einwanderungen hielten bis in das 2. Jh. n. Chr. an und führten zu einer Vermischung der Gruppen, so daß die spätsarmatische Kultur erst um die Mitte des 2. Jh. n. Chr. im Wolga-Don-Gebiet und am unteren Don ihre typische Form erlangte. Verschiedene Bearbeiter versuchten schon früh, hier die in den schriftlichen Quellen genannten Alanen zu lokalisieren. Ihre Dominanz in der schriftlichen Überlieferung läßt möglicherweise auf die Vormachtstellung dieses Stammes unter den Neuankömmlingen schließen[225].

Trotz verbindender Elemente erlauben Unterschiede in der lokalen materiellen Kultur die Unterscheidung von drei regionalen Gruppen: eine in den Südural-Steppen, die zweite im Gebiet zwischen Wolga und Don und die dritte im nordpontischen Bereich (*vgl. Abb. 15*). Hierbei scheint die Präsenz der Sarmaten besonders im nordpontischen Bereich durch die gotischen Aktivitäten zurückzugehen, lediglich im nordwestlichen Gebiet blieb sie erhalten[226].

Im Grabbau (*vgl. auch Abb. 16*) dominieren kleine Kurgane in reiner Erdkonstruktion, meist mit einem Durchmesser von 8 - 10 m und einer Höhe von 0,25 - 0,65 m, wenngleich der Durchmesser manchmal bis zu 15 m, selten aber auch 30 m erreichen kann. Die Höhe der großen Kurgane liegt dann bei bis zu 2,5 m. Lediglich im Gebiet zwischen Dnestr und Donau treten auch Flachgräber auf[227].

Typisch für die spätsarmatische Periode sind schmale Grabgruben mit Nischen, wenngleich diese im Nordschwarzmeerraum weniger häufig auftreten. Dabei veränderten sich die Nischen in ihrer Größe jedoch seit der vorangegangenen Periode und sind nun äußerst klein mit sehr engen Öffnungen. Quadratische Grabgruben und

---

[225] Moškova 1989c, S. 191; Moškova 1995c, S. 149f.

[226] Moškova 1989c, S. 191; Moškova 1995c, S. 150.
[227] Moškova 1989c, S. 191; Moškova 1995c, S. 150.

**Abb. 19. Scheibengedrehte Keramik der mittelsarmatischen Kultur**
(nach Meljukova 1989, Taf. 76).

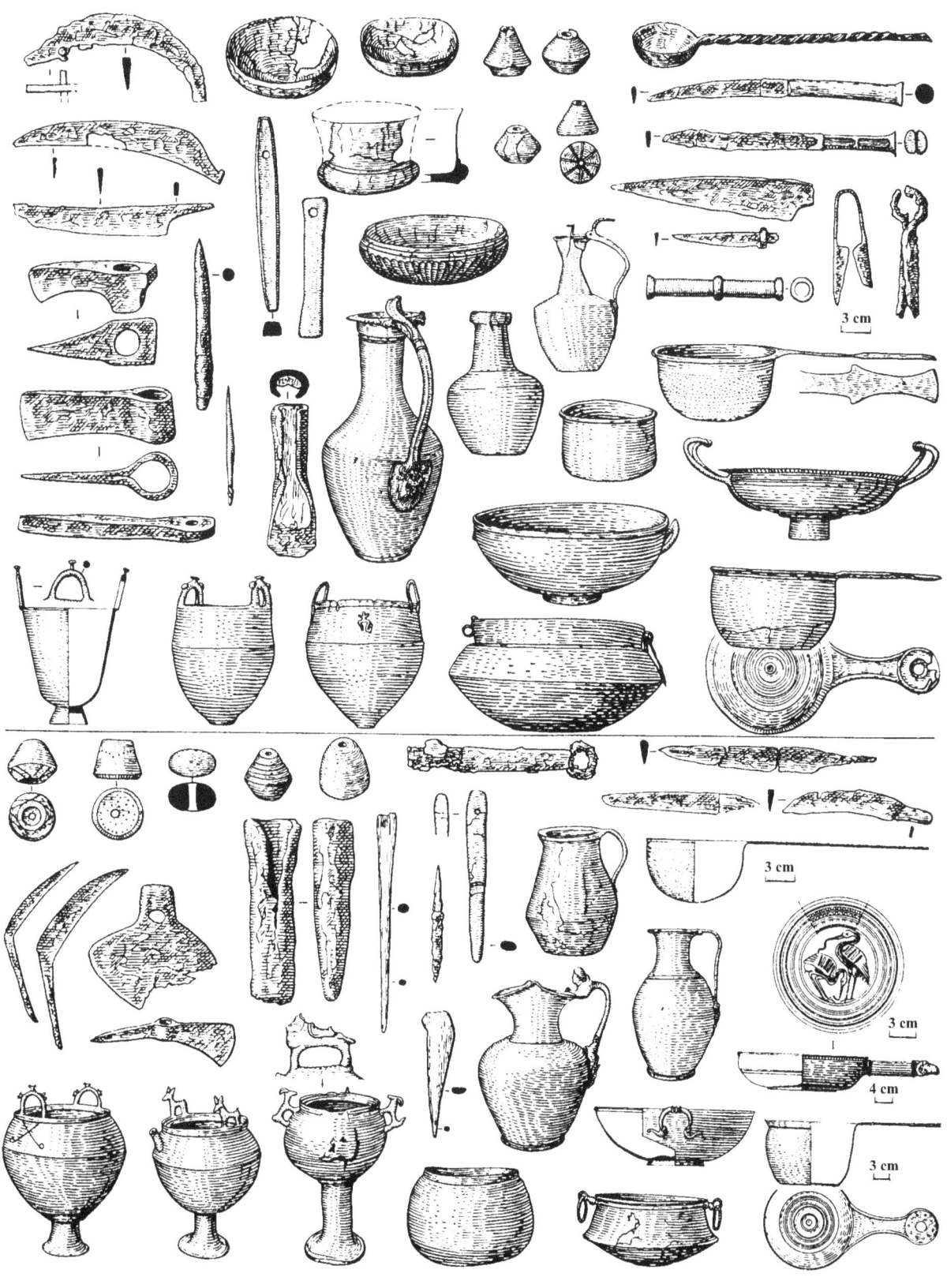

**Abb. 20. Metallgefäße und Geräte der mittel- und spätsarmatischen Kultur**
(nach Meljukova 1989, Taf. 78).

41

solche mit Holzeinbauten an den Seiten treten weiterhin auf, Katakombengräber hingegen erleben besonders im Don-Gebiet eine Renaissance und sind sehr häufig. Rechts des Dnepr sind einfache kleine rechteckige oder ovale Gruben dominierend (*vgl. auch Abb. 16*)[228].

Im Gebiet östlich der Wolga und in den Steppen des Südural findet sich meist eine einzelne Hauptbestattung unter den Kurganen. Im Bereich zwischen Wolga und Don hingegen weisen nur noch 50% der Gräber solche Bestattungen auf, während in den nordpontischen Steppen Nachbestattungen in älteren Kurganen dominieren. Es treten meist Einzel-, selten auch Doppelbestattungen auf, daneben enthalten viele Gräber Kollektivbestattungen mit bis zu sieben Individuen[229].

Die Toten lagen häufig auf Schilfmatten oder Birkenrinde auf dem holzbedeckten Boden der Grabgrube. Sie wurden nun aber auch in Birkenrinde gewickelt oder lagen gelegentlich in gezimmerten oder in Baumsärgen[230].

Zumeist befanden sich die Bestatteten in Rückenlage mit den Armen am Körper und den Beinen parallel zueinander ausgestreckt. Manchmal findet sich eine Hand im Becken- oder im Hüftbereich. Nur sehr selten lagen die Toten auf einer Seite, dann kann auch gehockte Lage vorkommen. Entgegen der Sitte der mittelsarmatischen Zeit wurden die Verstorbenen jetzt hauptsächlich nach Norden orientiert. Ausnahmen zeigen meist Süd-Orientierung, nur selten treten solche nach Westen oder Osten auf (*vgl. auch Abb. 16*)[231].

Zu den auffallenden Charakteristika der spätsarmatischen Zeit gehören künstliche Schädeldeformationen. Durch Umwicklung der Köpfe von frühester Kindheit an wurde eine Verlängerung des Calvariums erreicht. Solche Schädel finden sich hauptsächlich östlich des Don, während sie weiter im Westen nur selten in Erscheinung treten[232].

Während der frühen Phase der spätsarmatischen Kultur finden sich Stücke von Kreide, Ocker und anderen Mineralien in den Gräbern. Nach dem Ende des 2. Jh. n. Chr. verschwindet diese Sitte jedoch fast vollständig. Reste von Holzkohle und Aschelinsen deuten auf den gelegentlichen Gebrauch von Feuer während der Bestattungszeremonie hin[233].

Die Beigabenverteilung und -anordnung innerhalb von Männer-, Frauen- und Kindergräbern ändert sich seit der mittelsarmatischen Zeit nicht. Im Inventar finden sich jetzt allerdings seltener als zuvor Nahrungsbeigaben. Meist handelt es sich um Knochen von Schaf/Ziege, gelegentlich vom Pferd und seltener vom Rind[234].

Zu den charakteristischen Waffen (*vgl. auch Abb. 17*) dieser Zeit zählen Langschwerter mit einer Länge von bis zu 1,3 m und Dolche ohne metallische Parierstange oder Griffknauf. Letztere waren wahrscheinlich aus Holz geschnitzt und sind deshalb nicht erhalten geblieben. Dafür sind einige scheibenförmige Knäufe und Klammern aus Karneol bekannt[235].

In den Gräbern treten außerdem eiserne Stielpfeilspitzen auf, wenngleich ihre Zahl im Vergleich zur vorangehenden Zeit abnimmt. Gelegentlich finden sich ebensolche Exemplare aus Knochen. Die Pfeilspitzen sind recht groß, was darauf hindeutet, daß sie mit einem langen Bogen verschossen wurden. Von solchen Bögen sind knöcherne Verstärkungen vom Mittelteil und den Endstücken bekannt (*vgl. auch Abb. 17*)[236].

Speerspitzen (*vgl. auch Abb. 17*) finden sich weiterhin sehr selten in den Gräbern[237].

Zu den besonderen Funden aus reichen Kriegergräbern gehören Teile des Zaumzeugs (*vgl. auch Abb. 17*), wie Trensen aus Edelmetall, Riemenverteiler, Besatzstücke und Psalien. Daneben sind auch Teile von Peitschenknäufen bekannt[238].

Die Vielfalt der Keramik (*vgl. auch Abb. 23; 24*), die in den Gräbern gefunden wurde, geht in dieser Periode zurück. Nach der Mitte des 3. Jh. n. Chr. nimmt die Zahl scheibengedrehter Gefäße im gesamten Verbreitungsgebiet rapide ab. Bei diesen meist importierten Objekten sind Formen und Typen stark von den Handelsbeziehungen abhängig, die die Sarmaten unterhielten. Sie stammen je nach Gebiet beispielsweise aus Mittelasien, dem Nordkaukasus oder vom Kimmerischen Bosporus. Bei den handgemachten Gefäßen bleiben weiterhin verschiedene lokale Eigenarten und Traditionen spürbar. Sie bilden nun die Basis der Keramikkomplexe. Zumeist handelt es sich um Töpfe mit Flachboden. Hinzu kommen wenige Krüge und Schalen bzw. Schüsseln. Die Gefäße waren nur wenig ornamentiert[239].

Importierte rot engobierte Keramik und Metallgefäße aus Kleinasien und Italien treten im Vergleich zur vorangegangenen Periode seltener auf. Auch hier läßt sich nach der Mitte des 3. Jhs. n. Chr. ein quantitativer Einbruch feststellen. Zugleich treten aber kleine Bronzekessel mit einer Höhe von bis zu 20 cm auf, deren Böden häufig uneben sind. Auf den Rand sind meist zwei Henkel vertikal

---

[228] Moškova 1989c, S. 191f.; Moškova 1995c, S. 151.
[229] Moškova 1989c, S. 191; Moškova 1995c, S. 150f.
[230] Moškova 1989c, S. 192; Moškova 1995c, S. 151f.
[231] Moškova 1989c, S. 192; Moškova 1995c, S. 152 sowie Abb. 1 - 4.
[232] Moškova 1989c, S. 192; Moškova 1995c, S. 152.
[233] Moškova 1989c, S. 192f.; Moškova 1995c, S. 152.

[234] Moškova 1989c, S. 193; Moškova 1995c, S. 152f.
[235] Moškova 1989c, S. 195ff.; Moškova 1995c, S. 156 sowie Abb. 16 und 17.
[236] Moškova 1989c, S. 197f.; Moškova 1995c, S. 156 sowie Abb. 18.
[237] Moškova 1989c, S. 197; Moškova 1995c, S. 156 sowie Abb. 19.
[238] Moškova 1989c, S. 198; Moškova 1995c, S. 156 sowie Abb. 20.
[239] Moškova 1989c, S. 193ff.; Moškova 1995c, S. 153 sowie Abb. 5 - 13.

**Abb. 21. Toilette- und Kultgegenstände der mittel- und spätsarmatischen Kultur**
(nach Meljukova 1989, Taf. 80).

43

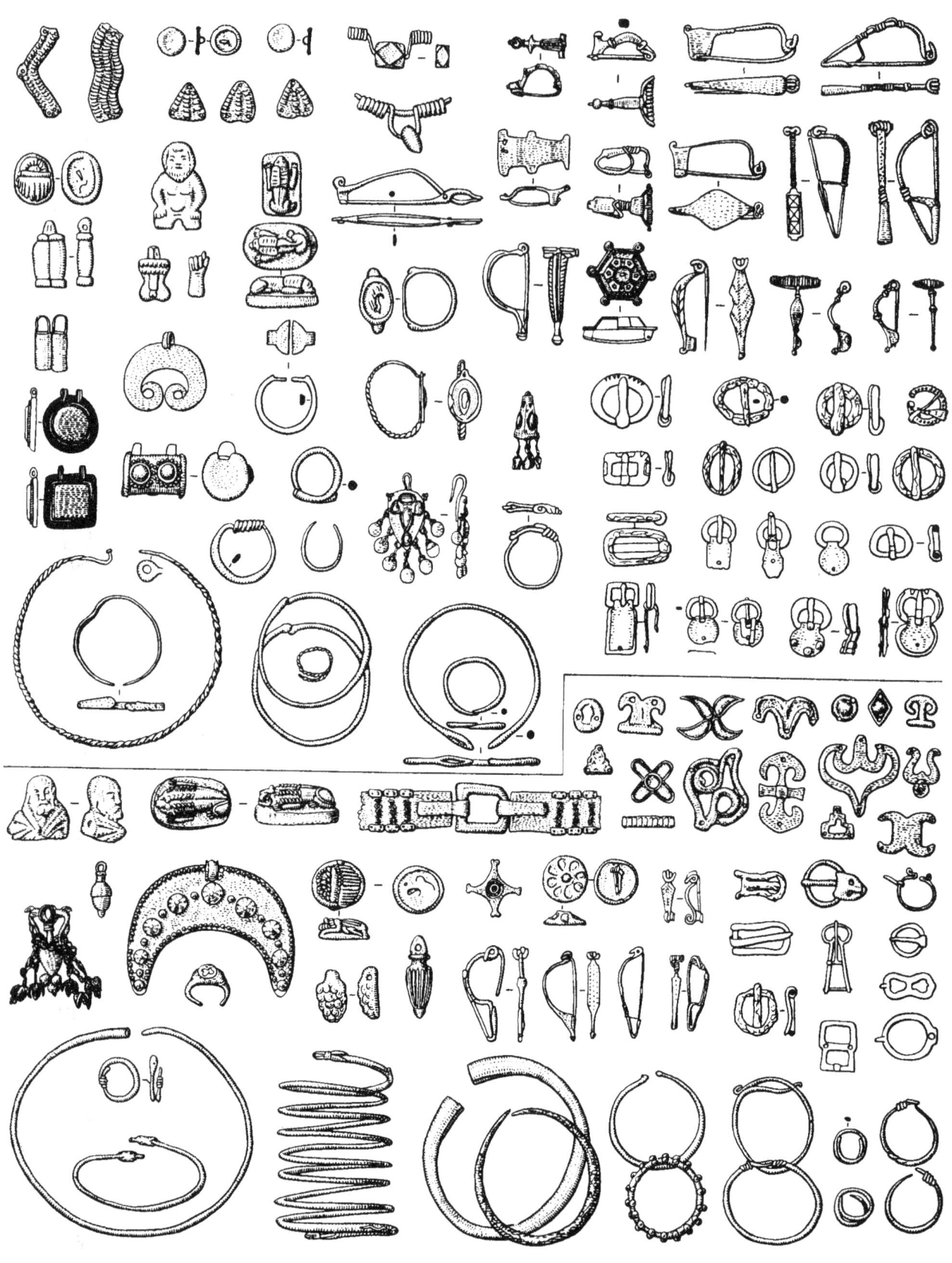

**Abb. 22. Tracht- und Schmuckgegenstände der mittel- und spätsarmatischen Kultur**
(nach Meljukova 1989, Taf. 82).

44

**Abb. 23. Handgemachte Keramik der spätsarmatischen Kultur**
(nach Meljukova 1989, Taf. 83).

**Abb. 24. Scheibengedrehte Keramik der spätsarmatischen Kultur**
(nach Meljukova 1989, Taf. 84).

aufgesetzt. Daneben ist vom Gebrauch von hölzernen Gefäßen auszugehen, wenngleich diese natürlich meist nicht erhalten geblieben sind (*vgl. auch Abb. 20*)[240].

Unter den Geräten (*vgl. auch Abb. 20*) finden sich wie zuvor Messer, Schleifsteine, Ahlen, Nadeln und Spinnwirtel. Seltener treten Scheren, kleine Kellen, Steinbeile und Äxte auf[241].

Zur Tracht (*vgl. auch Abb. 22*) gehören seit dem 2. Jh. n. Chr. vermehrt diverse Fibeltypen. Zumeist handelt es sich um Exemplare aus Bronze, wenngleich aber auch solche aus Silber oder Eisen entdeckt wurden. Für die chronologische Einordnung sind die Fibeln nicht unerheblich, besonders da unter ihnen auch römische Importe auftreten. Hierbei muß dann jedoch die mögliche Laufzeit der Fibeln vor ihrer Niederlegung im Grab beachtet werden. Die Gürtelschließen weisen jetzt breitere Varianten auf. Sie können rund, oval oder rechteckig sein und wurden an der Kleidung, den Waffengürteln und Trensen benutzt. Perlen unterschiedlicher Form aus Stein, Glas oder ägyptischer Fayence, Armreifen, Anhänger, Ohr- und Fingerringe, Halsreifen und Aufnähplättchen runden das Bild ab[242].

Unter den Toilettegegenständen sind vor allem die Spiegel von besonderer Bedeutung. Sie sind zumeist klein und könnten auch einen Amulettcharakter gehabt haben. Besonders im östlichen Verbreitungsgebiet treten auch Importe von Han-zeitlichen Spiegeln aus China auf. Weiterhin gehören kleine Glas-, Silber- und Bronzegefäße sowie Ledertäschchen und Bronzepinzetten zu dieser Gruppe (*vgl. auch Abb. 21*)[243].

Räuchergefäße aus Ton, Bronzeglöckchen, Stangenaufsätze, verschiedenartige Amulette und Skarabäen werden in den Bereich des Kultes gestellt (*vgl. auch Abb. 21*)[244].

Wohl besonders seit der Intensivierung der Kontakte mit den spätskythischen, griechischen und antiken Kulturen (ab dem 1. Jh. n. Chr.) finden sich in den nordpontischen Steppen sarmatische anthropomorphe Steinstelen und Reliefs. Sie wurden zumeist in der Nähe von Gräberfeldern beobachtet und können Tamgas aufweisen[245].

---

[240] Moškova 1989c, S. 194f.; Moškova 1995c, S. 153 Abb. 14 und 15.
[241] Moškova 1989c, S. 198ff.; Moškova 1995c, S. 156 sowie Abb. 21.
[242] Moškova 1989c, S. 200f.; Moškova 1995c, S. 158ff. sowie Abb. 22, 23, 28 und 29.

[243] Moškova 1989c, S. 200; Moškova 1995c, S. 158 sowie Abb. 24 - 26.
[244] Moškova 1995c, S. 160 sowie Abb. 27 und 30.
[245] Häusler 1983, S. 179ff.

## Zum absolutchronologischen Ansatz der sauromatischen und sarmatischen Kultur

Lange Zeit hatte das Chronologieschema B. N. Grakovs von 1947[246] mit vier (später umbenannten) Stufen in der sauromatischen und sarmatischen Archäologie Gültigkeit. Es findet auch heute noch in groben Zügen Verwendung:

**Sauromatische Kultur**
  (6. - 4. Jh. v. Chr.)

**Frühsarmatische oder Prochorovka-Kultur**
  (4. - 2. Jh. v. Chr.)

**Mittelsarmatische Kultur**
  (spätes 2. Jh. v. Chr. - 2. Jh. n. Chr.)

**Spätsarmatische Kultur**
  (2. - 4. Jh. n. Chr.)

Erst in den letzten Jahren erfolgten einige Änderungen in Bezug auf die absoluten Daten: So wird jetzt von einer Übergangszeit von der Bronzezeit zur sauromatischen

Kultur im 9. - 8. Jh. v. Chr. ausgegangen[247]. Daran schließt sich an der Wende vom 7. zum 6. Jh. v. Chr. der Beginn der eigentlichen sauromatischen Kultur an[248]. Diese Stufe wird im späten 5./frühen 4. Jh. v. Chr. durch die frühsarmatische Kultur abgelöst[249]. Nach einer Übergangsperiode zwischen dem späten 2. Jh. v. Chr. und dem späten 1. Jh. v. Chr., in der weiterhin frühsarmatische Charakteristika auftreten[250], folgt spätestens ab der 2. Hälfte des 1. Jh. v. Chr. die mittelsarmatische Periode[251]. Ab der Mitte des 2. Jh. n. Chr. ist dann nach einer weiteren Übergangsphase mit der spätsarmatischen Kultur zu rechnen, die bis zum 4. Jh. n. Chr. andauert[252].

Die spätsarmatische Kultur (zusammen mit der genannten Übergangsperiode von der mittelsarmatischen

[246] Grakov 1947 – vgl. auch Kap. zur allgemeinen Forschungsgeschichte.

[247] Železčikov 1995, S. 38.
[248] Dvorničenko/Korenjako 1989, S. 148.
[249] Barbarunova 1995, S. 121.
[250] Moškova 2000, S. 103; vgl. auch Simonenko 2001, S. 312: hier wird die frühsarmatische Zeit in das 2. - 1. Jh. v. Chr. gesetzt.
[251] Moškova 1989b, S. 177.
[252] Moškova 1989c, S. 191.

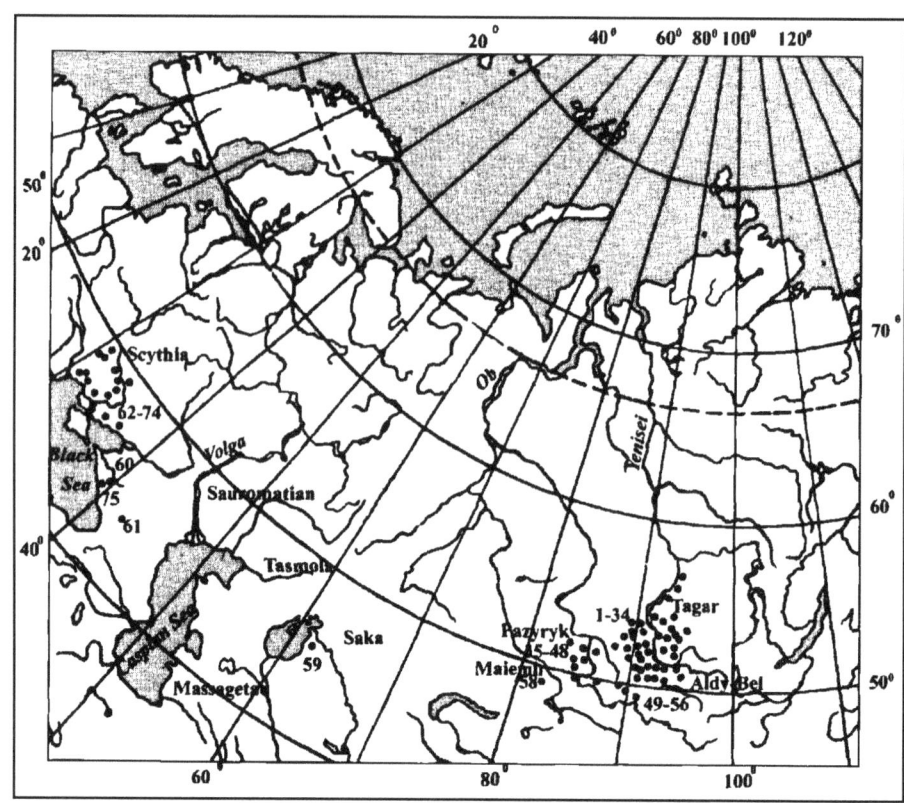

**Abb. 25.** Verbreitung skythenzeitlicher [14]C-datierter Denkmäler in Eurasien – das Arbeitsgebiet verbleibt als nahezu weißer Fleck (nach Alekseev et al. 2001, Abb. 1).

Stufe) wurde von A. S. Skripkin 1984 zusätzlich in drei Gruppen untergliedert[253]:

**Formative Periode**
(spätes 1./frühes 2. Jh. v. Chr. - Mitte 2. Jh. n. Chr.)

**Blütezeit**
(Mitte 2. - Mitte 3. Jh. n. Chr.)

**Finale Periode**
(Mitte 3. - 4. Jh. n. Chr.)

Neuerdings wird vereinzelt über einen Hiatus in der Zeit zwischen dem 3. und der 1. Hälfte des 2. Jh. v. Chr. spekuliert[254]. Hierbei ist besonders die Position V. Ju. Zuevs umstritten, der von einem Fehlen von Denkmälern im 3. Jh. v. Chr. nicht nur im nordpontischen, sondern auch im Wolga- und Uralgebiet ausgeht[255].

Einige Autoren wiesen außerdem darauf hin, daß sich frühsarmatische Charakteristika bis ins 1. Jh. n. Chr. finden lassen, beispielsweise in Gräbern im Gebiet der

unteren Wolga, die u. a. durch Mittellatène-Fibeln datiert werden können[256].

Insgesamt läßt sich also eine leichte Verschiebung der absoluten Daten feststellen, so daß die Anfänge der Stufen zumeist etwas früher als bisher angesetzt werden.

Zieht man die Forschungen gerade der letzten Jahre in Betracht, zeigt sich deutlich der Versuch, die absolute Chronologie im eurasischen Steppengürtel, die bislang meist auf Basis verschiedener Importgegenstände (Keramik, Fibeln etc.) sowie allgemeiner Erwägungen erarbeitet wurde, durch naturwissenschaftliche Methoden, wie vor allem [14]C-Daten, nach Möglichkeit aber auch durch Dendrochronologie, zu revidieren. Mit genauen Ergebnissen dendrochronologischer Untersuchungen kann vorerst allerdings nicht gerechnet werden, da hier zuerst eine verläßliche Basis in Form regionaler „Baumring-Kurven" erarbeitet werden muß. Ein Hauptaugenmerk liegt bei den [14]C-Daten auf den verschiedenen bronzezeitlichen Kulturen und ihren Abläufen[257], daneben aber auch auf den frühskythischen und skythischen Denkmälern in

---

[253] Moškova 1995c, S. 149.

[254] Moškova 2000, S. 103.

[255] Zu dieser Diskussion und den jeweiligen Argumenten sowie Gegenargumenten ausführlich Skripkin et al. 2002 – vgl. außerdem Klepikov 2000 sowie die Zusammenstellung von 40 Komplexen des 3. Jh. v. Chr. im Gebiet der unteren Wolga bei Klepikov/ Skripkin 2002.

[256] Zu diesen Autoren gehören beispielsweise Simonenko, Sergackov, Skripkin und Polin – vgl. hierzu auch Sergackov 1995, S. 148 und 156f. sowie Sergackov 2000.

[257] Vgl. beispielsweise Görsdorf et al. 1998; Görsdorf et al. 2001; Šišlina et al. 2000.

Südsibirien, Tuva und dem nordpontischen Gebiet[258] sowie auf sakischen Befunden hauptsächlich aus China[259].

Für den hier relevanten Bereich zeigt sich dabei einerseits ein weitestgehendes Fehlen entsprechender Untersuchungen aus sauromatischem und sarmatischem Zusammenhang (*vgl. Abb. 25* – Ausnahme sind zwei neue [14]C-Daten einer mittelsarmatischen Nachbestattung im großen Kurgan von Bajkara, Kazachstan[260]) sowie andererseits die Notwendigkeit, das bisherige zeitliche Schema zu überdenken. Die chronologische Verschiebung der bronzezeitlichen Kulturen betrifft nämlich auch

die Andronovo-Kultur (zumindest in ihrem östlichen Verbreitungsgebiet[261]), die als eine der Kulturen gilt, auf deren Substrat sich die Sauromaten herausgebildet haben sollen. Möglicherweise zieht die Neuordnung der bronzezeitlichen Chronologie also auch eine Verschiebung des Anfangs der sauromatischen Kultur nach sich[262].

Es bleibt zu hoffen, daß bei zukünftigen Ausgrabungen sauromatischer und sarmatischer Denkmäler datierungsfähiges Material gewonnen wird, so daß auch die Chronologie dieser Kulturen auf eine sicherere absolute Basis gestellt werden kann.

---

[258] Vgl. beispielsweise Alekseev et al. 2001; Hall 1997; Semencov et al. 1998; Zajceva et al. 1998.

[259] Vgl. beispielsweise Hall 1997, S. 868ff.

[260] Die Daten hierfür liegen zwischen der Mitte des 2. und der Mitte des 1. Jhs. v. Chr. – Parzinger et al. 2003, S. 98.

[261] Görsdorf et al. 1998; Görsdorf et al. 2001.

[262] Die Verschiebung der absoluten Chronolgie betrifft aber auch die mittelasiatische Tazabagjab-Kultur und damit insbesondere auch das Arbeitsgebiet – vgl. z. B. Kutimov 2002.

Nachfolgend soll kurz auf das Phänomen früheisenzeitlicher „nomadischer Kulturen" in Mittelasien eingegangen werden. Hierbei gilt das Hauptaugenmerk den „sakischen Gruppen", in deren materieller Kultur und Bestattungssitten[263] einige Züge auf eine „verwandtschaftliche" Beziehung zu den Sauromaten bzw. Sarmaten schließen lassen. Es handelt sich hier ebenfalls um reiternomadische Verbände, die in den Steppengebieten Kazachstans und Mittelasiens[264], aber auch in den Bergzügen von Tien-Šan[265] und Pamir[266] sowie bis nach Ost-Turkestan[267] beheimatet waren (vgl. Abb. 26; 27)[268]. Eine genaue Trennung zwischen ihnen und ihren westlichen Nachbarn ist nicht immer sicher möglich, so daß heute gelegentlich der Begriff „Saken" synonym für alle früheisenzeitlichen Nomaden östlich der Aralsee-Steppen gebraucht wird[269].

Während in den antiken Quellen von Skythen die Rede ist, waren den Persern diese Stämme als „Saken" und den Assyrern als „Askhuzai"[270] bekannt[271]. Einige Probleme bei der Auswertung der Quellen bestehen aufgrund der räumlichen Distanz. Einzelne Stammesverbände wurden fast nie berücksichtigt oder einfach durch die Nennung zusätzlicher, heute zur kulturellen Gliederung ungeeigneter Attribute unterschieden (beispielsweise „spitzmützige Saken"). Es fällt somit schwer, nachzuvollziehen, welche Gruppen wo zu lokalisieren sind und welche Bezeichnungen der antiken und persischen Autoren gleiche Stämme beschreiben.

Bei den persischen Quellen sind vor allem Berichte über Kriegszüge und Satrapien von Kyros II. dem Großen und Darius I. († 486 v. Chr.) hervorzuheben. Kyros fand während eines Kriegszuges 529 v. Chr. gegen die Massageten den Tod, was Darius später u. a. zu einem Rachefeldzug veranlaßte[272]. Nachrichten über die Kampagnen des Darius

finden sich einerseits bei den antiken Autoren (Herodot, Strabo) sowie in einer Inschrift, die als „Tabula Capitolina" bekannt ist, andererseits auf dem Felsbild von Behistun und bei der Darstellung von Tributbringern an verschiedenen Orten (z. B. in Persepolis[273]). Hierbei wurde zwischen verschiedenen Sakengruppen unterschieden, zu denen die Sakā Paradrayā (evtl. die Daer oder Stämme im Nordpontikum), die Sakā Tigraxaudā (evtl. die Massageten) und die Sakā Haumavargā (evtl. die Amyrgier) gehörten[274], die allgemein im Osten lokalisiert und durch spezielle Eigenarten der Tracht oder des Verbreitungsgebietes unterschieden wurden. Die Schwierigkeiten der Interpretation der verschiedenen Quellen sei hier durch ein Beispiel aufgezeigt: Die Inschrift von Behistun berichtet von einem Kriegszug des Darius gegen die „spitzmützigen Saken", bei dem er diese besiegte. Dies wurde gemeinhin als Kriegszug nach Osten interpretiert. Daneben ist aber auch eine Kampagne nach Westen überliefert. Hier setzt eine Diskussion an, bei der durch einen Vergleich der verschiedenen Quellen der Versuch unternommen wurde, nachzuweisen, daß auch der erste Kriegszug nach Südrußland über den Bosporus führte. Dabei sollen die verschiedenen Quellen nicht auf zwei Kampagnen schließen lassen sondern sich lediglich auf eine einzige beziehen[275]. Dieser Interpretation wurde jedoch verschiedentlich widersprochen[276].

Die chinesischen Quellen zum Arbeitsgebiet sollen bis ins 2. Jh. v. Chr. zurückreichen[277]. Von besonderer Bedeutung sind die Beschreibungen des Tschangkien, eines chinesischen Gesandten, der (teilweise als Gefangener) längere Zeit in Mittelasien verbracht haben und bis nach Fergana und in die südlich angrenzenden Gebiete gekommen sein soll. Kenntnisse zu den weiter westlich befindlichen Gebieten waren ihm jedoch nur vom Hörensagen bekannt, so daß hier ebenfalls keine Aussagen zur Bevölkerung um den Aralsee erschließbar sind. Auch in späteren Quellen bleiben die Informationen zu diesen Gebieten unklar und lassen den verschiedenen Interpretationen der Übersetzer einigen Spielraum[278]. Besser erschlossen ist die Quellenlage zum Gebiet von Ost-Turkestan, welches hier jedoch nicht eingehender besprochen werden kann[279].

Insgesamt läßt sich also feststellen, daß sich das Arbeitsgebiet immer genau an der Peripherie der

---

[263] Zusammenstellung verschiedener Grabtypen bei Tolstov 1963, Abb. 5.

[264] Zusammenfassend Litvinskij 1986; Mandelštam 1992; Vajnberg 1992; Vajnberg/Jusupov 1992; Zadneprovskij 1992.

[265] Vgl. beispielsweise Litvinskij 1984a, S. 134ff., sowie die entsprechenden Kapitel bei Moškova 1992.

[266] Vgl. beispielsweise Litvinskij 1984a, S. 11ff., sowie die entsprechenden Kapitel bei Moškova 1992.

[267] Vgl. hierzu auch überblicksweise Francfort 1998 sowie Mei/Shell 2002.

[268] Gorbunova 1992, S. 35ff.; Jablonskij 1995a, S. 201ff. – s. außerdem zur Forschungsgeschichte Vajnberg et al. 1992, S. 21ff.

[269] Davis-Kimball 2000, S. 89.

[270] Skythen drangen über den Kaukasus nach Vorderasien ein und bildeten ein 28 Jahre währendes Reich in Medien. Bereits Sargon II. führte im 8. Jh. v. Chr. Kriegszüge gegen diese Stämme, konnte sie aber nicht besiegen – Levi 1994, S. 634. Zur Nennung in babylonischen Quellen vgl. Dandamaev 1979.

[271] Levi 1994, S. 633; zur Problematik außerdem Narain 1987, S. 27.

[272] Levi 1994, S. 636.

[273] Hierzu z. B. Tourovets 2001.

[274] Narain 1987, S. 27.

[275] Cameron 1975, S. 79f.

[276] Nagel 1983.

[277] Bartol'd 1910, S. 12.

[278] Bartol'd 1910, S. 12f.

[279] Vgl. beispielsweise Binghua 1987.

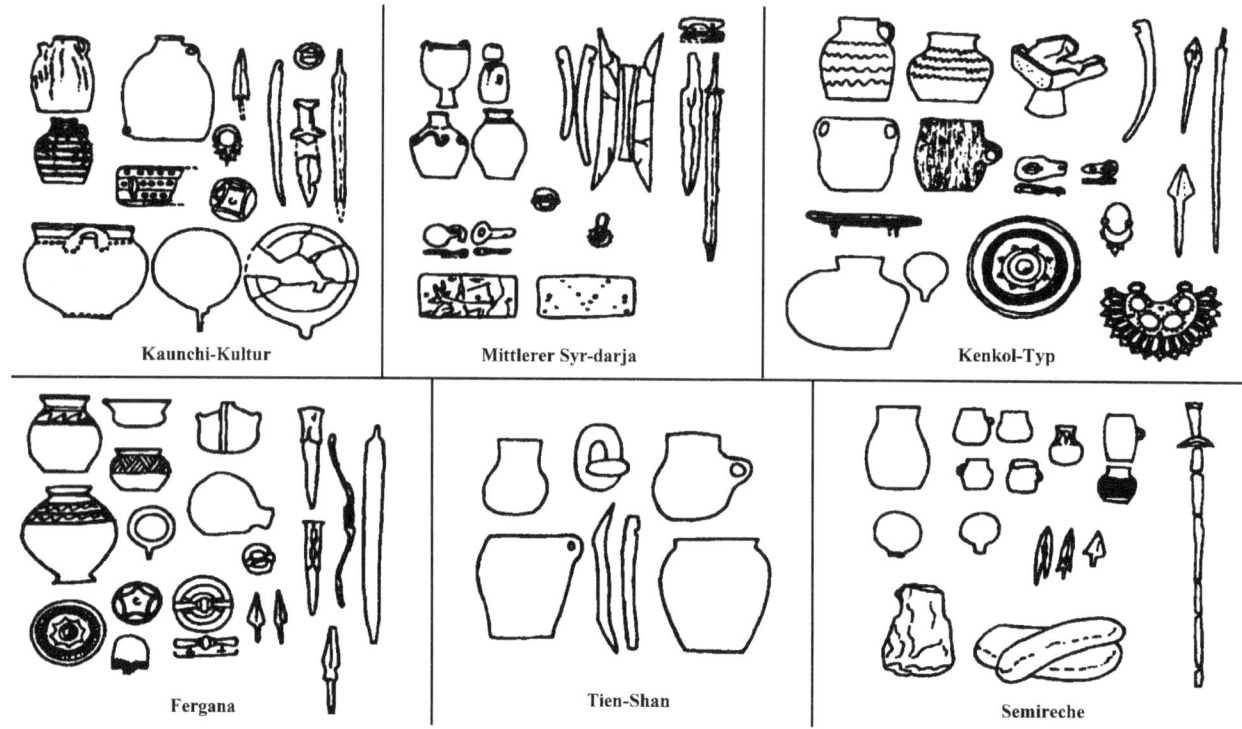

**Abb. 26. Charakteristika der materiellen Kultur nomadischer
Gruppen im östlichen Mittelasien**
(nach Gorbunova 1992, Abb. 3).

Einflußgebiete derjenigen Kulturkreise befand, die uns schriftliche Beschreibungen von Ländern und ihren Bewohnern hinterlassen haben. Die chinesischen Quellen reichen nur bis Fergana und etwas darüber hinaus, so daß die Gebiete um den Aralsee und die Ostküste des Kaspischen Meeres für eine genaue Beschreibung zu weit im Westen lagen, während die griechisch-römischen Quellen die Regionen bis zum Kaspischen Meer abdeckten und dessen östliches Hinterland nur vage bekannt war. Die persische Überlieferung hingegen beschreibt zweckgebunden Einzelheiten von Kriegszügen und darin besiegte Völker, ohne daß mehr über deren Lebensweise etc. zu erfahren wäre bzw. diese sicher mit Stämmen der antiken Quellen identifiziert werden können. Im Arbeitsgebiet scheint jedoch nach der historischen Quellenlage hauptsächlich mit der Gruppe der Massageten zu rechnen zu sein.

Bei der Beschäftigung mit den „nomadischen Kulturen" in Mittelasien ist man also insbesondere auf die archäologischen Funde und Befunde angewiesen. Es kann hier jedoch nur eine grobe und vereinfachte Übersicht über die entsprechenden Gruppen um den Aralsee sowie in den nördlich anschließenden Steppengebieten Kazachstans gegeben werden, die unter verschiedenen Bezeichnungen bekannt sind. Eine Betrachtung der übrigen Gruppen sowie vor allem der in der näheren Umgebung bestehenden seßhaften Kulturen, besonders in der Zeit nach dem Alexanderzug, würde den Umfang der vorliegenden Arbeit bei weitem sprengen und muß somit in anderem Rahmen erfolgen.

## Zentralkazachstan

Die Steppengebiete Zentralkazachstans wurden im 7. - 3. Jh. v. Chr. von der sog. Tasmola-Kultur oder -Gruppe eingenommen, die seit den 1960er Jahren besonders von M. K. Kadyrbaev untersucht und herausgearbeitet wurde[280]. Sie ist, wie die meisten der hier behandelten Erscheinungen, hauptsächlich durch Grabbefunde bekannt. Die Gräberfelder waren zumeist klein und umfaßten bis zu 15 Kurgane, wenngleich auch einzelne große Grabhügel beobachtet wurden. Die Tumuli selbst erreichten höchstens 10 m Durchmesser bei einer Höhe von 0,2 - 1 m und waren häufig von Graben und Steinkreis umgeben. Darunter befand sich in einer ovalen Grabgrube mit Steinabdeckung eine Einzelbestattung in ausge-

---

[280] Eine erste Übersicht und Zusammenfassung legte er bereits vor 50 Jahren vor – Kadyrbaev 1959, S. 191ff.

streckter Rückenlage mit dem Kopf im Westen, Norden oder Nordwesten[281].

Neben diesen einfachen Kurganen enthalten die Nekropolen i. d. R. zumeist eine besondere und typische Struktur, einen sog. „Kurgan mit Schnurrbart" (*vgl. auch Abb. 28*), der sich aus einem großen Grabhügel sowie zwei weiteren kleineren zusammensetzt, die jeweils durch eine halbkreisförmige Steinreihe mit dem zentralen Tumulus verbunden sind. Die Bestattung fand sich dabei in einer Grabgrube im zentralen Hügel, während die kleinen Kurgane Pferdeknochen (vollständige Tiere oder nur ausgesuchte Knochen) und Keramik enthielten. Daneben

wurde in einigen Fällen Asche dokumentiert, was darauf schließen läßt, daß dort kleine Feuer entzündet wurden. Aufgrund der Orientierung der Steinreihen und kleinen Kurgane nach Osten sowie wegen der Feuerspuren ging Kadyrbaev von einem Sonnenkult aus[282].

Männergräber des 7. - 6. Jh. v. Chr. befanden sich in einfachen Grabgruben und enthielten im Fußbereich für gewöhnlich einen in die Pferdehaut gewickelten Pferdeschädel mit Geschirr- und Schmuckteilen sowie Schulter- und Vorderlaufknochen eines Schafes, während sich Frauengräber in einer Grabgrube mit Nischen befanden, die mit Steinplatten verschlossen waren[283].

[281]  Jablonskij 1995a, S. 201.

[282]  David 1985, S. 212; Jablonskij 1995a, S. 201.
[283]  David 1985, S. 212f.; Jablonskij 1995a, S. 201f.

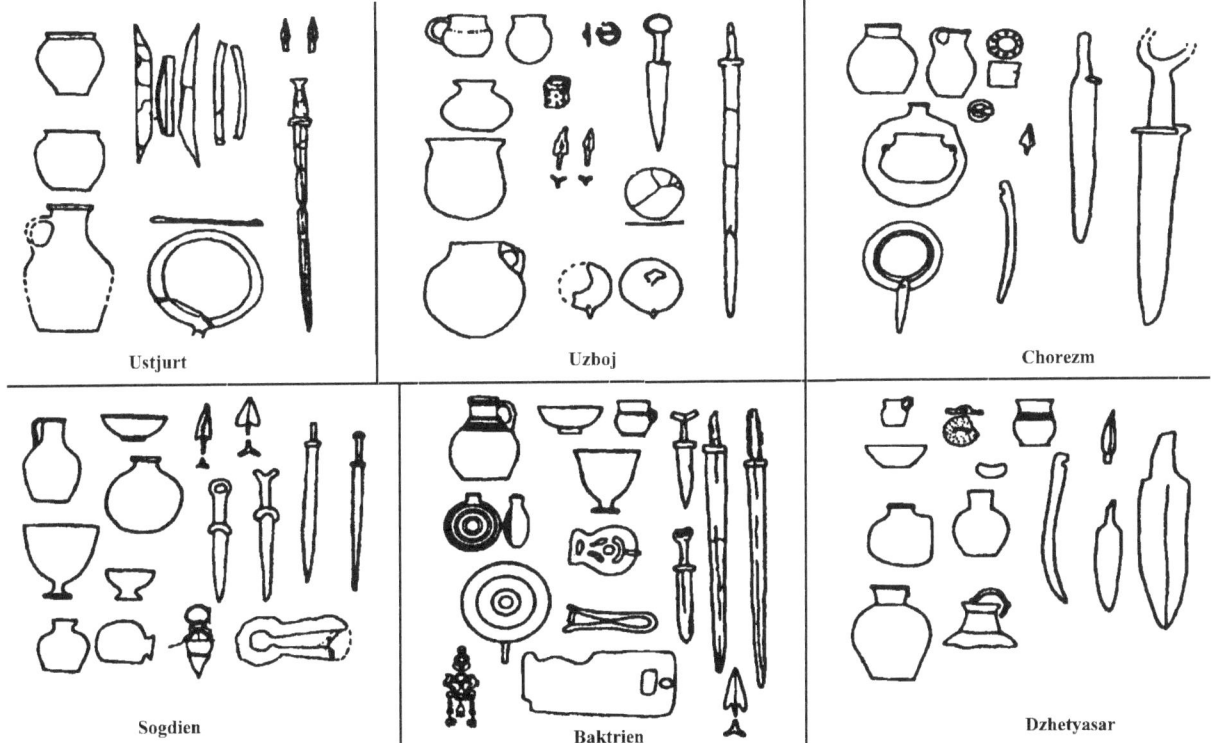

Ustjurt  Uzboj  Chorezm

Sogdien  Baktrien  Dzhetyasar

Abb. 27. Charakteristika der materiellen Kultur nomadischer
Gruppen im westlichen Mittelasien
(nach Gorbunova 1992, Abb. 2).

Zu den gebräuchlichsten Waffen zählten Pfeil und Bogen, von denen jedoch meist nur Pfeilspitzen mit Tülle oder Stiel erhalten geblieben sind. Seltener treten Dolche in den Gräbern auf[284]. Zum Pferdezaumzeug und -schmuck zählen zweiteilige Gebißstangen und Psalien aus Bronze, Riemenverteiler sowie Schmuckplatten. Teilweise wurden derartige Stücke im skytho-sibirischen Tierstil (hauptsächlich Bergziegen, Elche oder Eber) verziert[285]. Das kerami-

sche Inventar der Gräber besteht zumeist aus einer handgemachten groben Ware. Aufgrund ihrer Machart waren diese Gefäße nicht sehr haltbar (besonders bei einer nomadischen Lebensweise), so daß auch hier die Vermutung geäußert wurde, es handele sich um spezielle Grabkeramik[286]. Unter den Geräten sind besonders Messer mit Ringknauf von Bedeutung, wobei eiserne Exemplare Formen solcher aus Bronze nachahmen. Daneben treten fast ebenso häufig Schleifsteine mit Durchbohrung an einem Ende

[284]  Jablonskij 1995a, S. 202.
[285]  Jablonskij 1995a, S. 202f.

[286]  Jablonskij 1995a, S. 204.

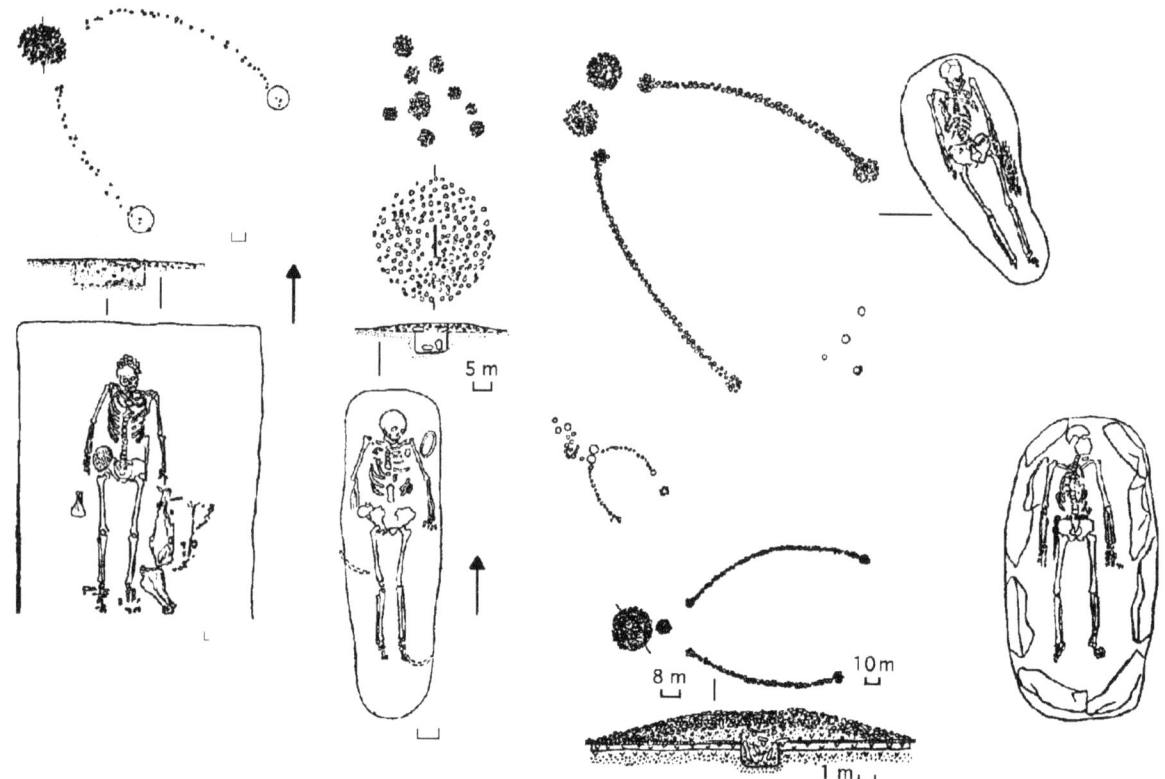

**Abb. 28. Sog. „Kurgane mit Schnurbart" der Tasmola-Kultur**
(nach Jablonskij 1995a, Abb. 2).

auf[287]. Spiegel stammen ausschließlich aus Frauengräbern und sind aus Bronze[288]. Auch in diesem Zusammenhang wurden kleine Steinaltärchen – besonders in Gräbern von Frauen – entdeckt, bei denen eine Benutzung im Kult angenommen wird. Die Stücke bestehen aus Sandstein, sind oval und haben normalerweise keine Füßchen[289]. Schmuck- und Trachtbestandteile werden vor allem durch knöcherne Haarnadeln und Perlen aus Stein oder Glaspaste vertreten. Besonders in Männergräbern finden sich außerdem Gürtelbeschläge aus Bronze oder Knochen, die teilweise in durchbrochener Arbeit ornamentiert wurden[290].

[287] Jablonskij 1995a, S. 204f.
[288] Jablonskij 1995a, S. 205.

[289] Jablonskij 1995a, S. 205.
[290] Jablonskij 1995a, S. 205ff.

## Aralseegebiet

Im Gebiet um den Aralsee finden sich früheisenzeitliche Fundplätze vor allem in den beiden großen Flußgebieten von Amu-darja und Syr-darja sowie ihren Mündungsarealen[291]. Eine große Anzahl von Gräbern wurde hier im Laufe mehrerer Jahre durch die Chorezmische Expedition der sowjetischen Akademie der Wissenschaften ausgegraben und in größerem Umfang auch publiziert[292].

Ein Hauptaugenmerk dieses Forschungsprojektes galt dabei auch den frühen großen Nekropolen im Syr-darja-Delta, vor allem Ujgarak[293] und Tagisken (Nord- und Süd-Tagisken)[294], in denen weit über 100 Gräber untersucht wurden. Diese früheisenzeitlichen Gruppen am mittleren und unteren Syr-darja wurden von der Čirikrabat-[295] bzw. Džetyasar-Kultur[296] mit komplizierten Grabbauten und komplexer Architektur „abgelöst". Hierbei lassen sich

[291] Die räumliche Nähe dieser Nekropolen zu den im Katalog aufgenommenen Fundplätzen zeigt deutlich die Problematik der Trennung bzw. die Nähe der reiternomadischen Gruppen im Bearbeitungsgebiet.
[292] Itina/Jablonskij 1997; Jablonskij 1996; Jablonskij 1999; Tolstov 1961a; Višnevskaja 1973.

[293] Zusammenfassend Litvinskij 1984a, S. 98ff.
[294] Zusammenfassend Litvinskij 1984a, S. 125ff.
[295] Zusammenfassend Vajnberg/Levina 1992.
[296] Zusammenfassend Levina 1992.

jedoch große Unklarheiten in der Darstellung der kulturellen Entwicklung und Abfolge feststellen; die kulturellen Zuweisungen der Funde und Befunde erfolgen keinesfalls einheitlich und variieren für gleiche Fundplätze von Autor zu Autor[297].

Die Toten wurden in den genannten Nekropolen ebenerdig oder in Grabgruben unter Kurganen bestattet. Selten wurden Brandgräber beobachtet. Normalerweise wurden die Toten in ausgestreckter Rückenlage auf einer mattenartigen Unterlage mit dem Kopf im Westen oder Südwesten beigesetzt. Häufig fanden sich um die Bestattung kleine Pfostenlöcher von einer Holzkonstruktion, die manchmal im Zuge der Bestattungszeremonie niedergebrannt wurde. Es wurde die Vermutung geäußert, daß es sich hierbei um regelrechte Jurten handelte[298]. Daneben werden in manchen Gräbern die Bestattungen von Gräben umgeben, so daß sie wie auf einem „Tisch" zu liegen scheinen. Zusätzlich bestanden häufig in den vier Ecken runde Gruben. Nur in der Nekropole von Süd-Tagisken treten Grabgruben mit Dromos auf. Es deuten sich hier also eine starke Differenzierung und sehr komplexe Bestattungssitten und -zeremonien an (*vgl. Abb. 29*)[299].

Im Inventar (*vgl. Abb. 30*) fanden sich meist Reste von goldenen Plättchen und Perlen, die ursprünglich auf der Kleidung und dem Kopfschmuck aufgenäht waren. An den Füßen der Bestattung lagen häufig keramische Gefäße, die scheibengedreht und/oder handgemacht sein konnten. Die lokale handgeformte Ware war auch hier aus grobem Ton gefertigt und schlecht gebrannt; einfache Formen waren vorherrschend. Trotzdem unterscheidet sie sich von den Typen einfacher Gefäße aus Zentral- und Ostkazachstan, findet aber Parallelen in Mittelasien. Scheibengedrehte Keramik fand sich nur in Gräbern aus Ujgarak. Diese Ware scheint von seßhaften Kulturen in Südturkmenistan importiert oder von Wanderungen mitgebracht worden zu sein[300]. Geräte sind auch hier hauptsächlich in Form von Messern vertreten, daneben finden sich in Ujgarak aber auch Äxte. Beide Gruppen sind aus Bronze[301]. Schmuck- und Trachtbestandteile waren vor allem verschiedene Perlen aus Glaspaste und Stein sowie Ohrringe, wobei letztere ausschließlich einzeln in Männergräbern gefunden wurden[302]. In den Frauengräbern fanden sich Bronzespiegel mit erhabenem Rand und einer Öse auf der Rückseite. In ihnen spiegeln sich Traditionen aus der Bronzezeit wider. Auch hier wurden kleine Steinaltärchen mit oder ohne Füßchen entdeckt. Im Zusammenhang mit diesen traten häufig rote Farbspuren auf, weshalb dafür oft

ein Feuerkult angenommen wird[303]. Waffen sind vor allem durch Pfeilspitzen repräsentiert. Sie sind zumeist aus Bronze und nur in seltenen Fällen aus Knochen gearbeitet. Es handelt sich um drei- oder vierflüglige, drei- oder vierkantige sowie projektilförmige Exemplare mit Tülle oder Stiel. Weiterhin wurden selten Dolche beobachtet, die Formen aus der Bronzezeit weiterführen. Aus dem 5. Jh. v. Chr. stammen außerdem eiserne Langschwerter, die z. B. in Tagisken entdeckt wurden[304]. Die Funde von Pferdezaumzeug und -schmuck sind sehr variantenreich. Es wurden zweiteilige Trensen, Psalien, Riemenverteiler etc. gefunden, die eine starke Verbindung zu den östlichen Gebieten Eurasiens herstellen. Häufig finden sich auf diesen Objekten Verzierungen im Tierstil. Hier waren Panther und Vogelkopf Hauptmotive[305].

Sowohl in Totenritual, Bestattungssitten, Inventar als auch durch Ergebnisse kraniologischer Studien läßt sich in den Gräbern ein starker Ost-Einfluß nachweisen, der sich bereits in der Bronzezeit bemerkbar gemacht hat[306].

Im Gebiet um den Unterlauf des Amu-darja, wo oft die Massageten der historischen Quellen lokalisiert werden[307], wurde besonders die Siedlung und Nekropole Sakar-Čaga mit über 70 geöffneten Gräbern untersucht. Die Bestattungen erfolgten hier als Brand- oder Körpergräber in einfachen Grabgruben oder ebenerdig unter Kurganen. Auch hier fanden sich Mattenreste unter den Skeletten. Einige Grabgruben wiesen vier Eckpfostenlöcher auf. Brandbestattung erfolgte gewöhnlich innerhalb der Grabkammer oder einer ebenerdigen runden Stein- oder Pfostenkonstruktion. In seltenen Fällen erfolgte die Kremation auch außerhalb und der Leichenbrand wurde erst dann in die Grabstätte eingebracht. In allen Fällen[308] erfolgte die Orientierung der Bestattung jedoch mit dem Kopf nach Westen. Es überwiegt die ausgestreckte Lage auf dem Rücken, jedoch treten in seltenen Fällen auch Hockergräber auf, was auf bronzezeitliche Traditionen zurückgeführt werden kann. Neben Einzelbestattungen finden sich auch Doppel- und Kollektivgräber, wobei die Verstorbenen nicht gleichzeitig beigesetzt worden sein müssen[309].

Die keramischen Beigaben bestehen auch hier aus einer groben, handgemachten und einer qualitätsvolleren scheibengedrehten Ware. Letztere weist ebenfalls auf Verbindungen nach Südturkmenistan, aber auch zu den Stadtkulturen des alten Chorezm hin[310]. Nur in Frauengräbern treten häufig Steinmörser mit gelben und roten Farbspuren auf. Möglicherweise dienten die

[297] Zur Problematik der kulturellen Aussagen vgl. auch Hanks 2002, S. 184f.
[298] Brentjes 1998, S. 537.
[299] Itina 1992a, S. 37ff.; Jablonskij 1995a, S. 216.
[300] Itina 1992a, S. 40; Jablonskij 1995a, S. 217.
[301] Itina 1992a, S. 40; Jablonskij 1995a, S. 217.
[302] Itina 1992a, S. 40f.; Jablonskij 1995a, S. 217.

[303] Itina 1992a, S. 41; Jablonskij 1995a, S. 217.
[304] Itina 1992a, S. 41f.; Jablonskij 1995a, S. 217f.
[305] Itina 1992a, S. 43ff.; Jablonskij 1995a, S. 218.
[306] Jablonskij 1995a, S. 222.
[307] Jablonskij 1998, S. 133.
[308] Auch bei den Brandgräbern ?
[309] Jablonskij 1995a, S. 224ff.
[310] Jablonskij 1995a, S. 226f.; Jablonskij 1998, S. 134.

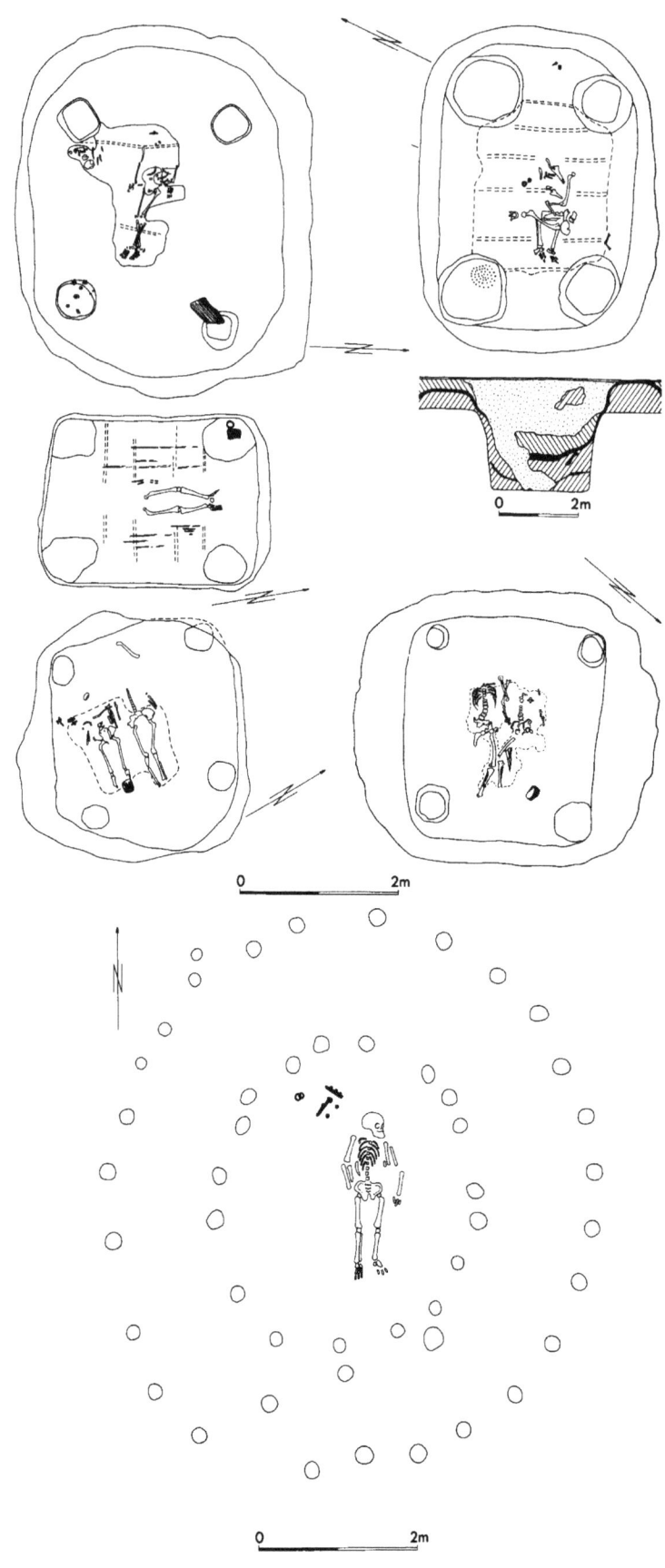

**Abb. 29. Bestattungssitten sakischer Gräber aus Ujgarak**
(nach Litvinskij 1984a, Abb. 20 und 24).

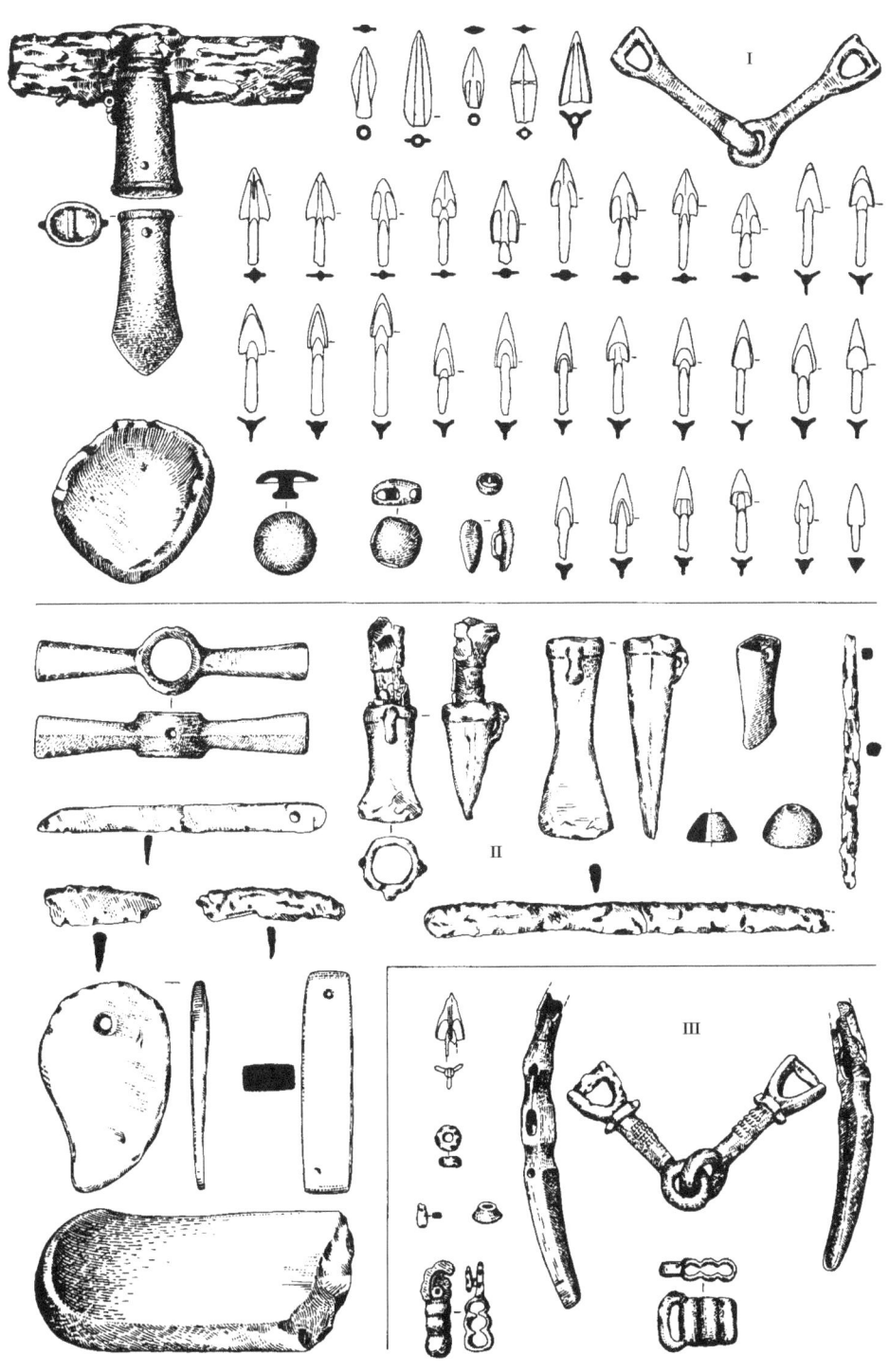

**Abb. 30. Inventare sakischer Gräber aus Ujgarak**
(nach Litvinskij 1984a, Abb. 27).

Reibgeräte eigentlich zum Mahlen von Getreide und wurden nur während der Bestattungszeremonie symbolisch zum Zerreiben von Farbe verwendet. In diesem Zusammenhang sind auch hier Funde von kleinen Steinaltärchen zu erwähnen, die den oben beschriebenen ähneln. Lange Bronzemesser scheinen ebenfalls einem kultischen Zweck gedient zu haben. Weitere kleine eiserne Messer (besonders aus Männergräbern) und Spinnwirtel (häufig in Frauengräbern) werden hingegen als Geräte genutzt worden sein[311]. Waffenfunde treten vor allem in Form von Pfeilspitzen auf, die in ihren Typen den oben genannten gleichen. Dies gilt auch für Stücke des Pferdegeschirrs sowie für Schmuck- und Trachtbestandteile[312].

Durch den Fund der Siedlung in unmittelbarer Nähe der Nekropole von Sakar-Čaga ist in diesem Fall eine seminomadische oder sedentäre Lebensweise zu vermuten. Möglicherweise sind ähnliche Niederlassungen auch für andere, stets als „Nomaden" bezeichnete Gruppen anzunehmen, deren Auffindung und Erforschung noch aussteht. In diesem Zusammenhang ist auch die Lage zu berücksichtigen. Da sowohl Amu-darja als auch Syr-darja im Laufe der Zeit mehrfach ihre Betten wechselten, ist davon auszugehen, daß sich Siedlungen, die ehemals im Delta lagen, heute unter einer meterdicken Schwemmschicht befinden und damit von archäologischen Surveys bislang nicht erfaßt werden konnten.

Insgesamt zeigt sich, daß es in den verschiedenen lokalen „sakischen" Gruppen in Mittelasien große Übereinstimmungen in der materiellen Kultur wie bei den Bestattungssitten gibt, daneben jedoch auch einige eigenständige Charakteristika auftreten[313]. Es scheint so, als ob man es hier mit verwandten und in engen Beziehungen stehenden Gruppen einer überregionalen kulturellen Erscheinung zu tun hat, zu denen in gewissem Maße auch die sauromatischen und sarmatischen Gruppen gehörten. Dies ist nicht weiter verwunderlich, zieht man in Betracht, daß in vielen Gebieten dasselbe bronzezeitliche Substrat (beispielsweise die Balkengrabkultur im Uzboj-Gebiet und die Andronovo-Kultur in Mittelasien), wenngleich in lokalen Ausprägungen, bestand[314]. Die Tasmola-Kultur Zentralkazachstans scheint hierbei eine Mittlerrolle zwischen Saken und Sauromaten bzw. Sarmaten eingenommen zu haben.

---

[311] Jablonskij 1995a, S. 227.
[312] Jablonskij 1995a, S. 228.

[313] Gorbunova 1992, S. 41f.; Moškova 1974, S. 42ff. – Zum Vergleich verschiedener Gruppen außerdem Gorbunova 1994, S. 59ff.
[314] Itina 1992a, S. 37f.; Jablonskij 1995b, S. 242f.; Mandel'štam 1976, S. 21.

Im folgenden sollen Befunde und Funde mit sauro-matischem und sarmatischem Charakter bzw. derartiger Provenienz im Arbeitsgebiet sowie deren Begleitinventar besprochen werden. Dabei werden zuerst die Grabbefunde nach Sachgruppen geordnet und im Anschluß die Heiligtümer und Stelen diskutiert. Hierbei wird auf die Gräber, die zu den Heiligtümern gehören, in deren Zusammenhang eingegangen.

## Grabbefunde

Im Arbeitsgebiet wurden 42 Bestattungskomplexe ein-zeln sowie sechs Nekropolen summarisch erfaßt. Nach einer Übersicht über Grabbau und Totenritual wird auf das Inventar der Gräber eingegangen. In den einzelnen Diskussionen wird weitestgehend chronologisch nach Sachgruppen vorgegangen, wobei sich i. d. R. an die Besprechung der Einzelbefunde die der summarisch aufgenommenen Gräberfelder anschließt. Es muß aller-dings darauf hingewiesen werden, daß die chronologische Einordnung den Datierungen der jeweiligen Ausgräber folgt, die diese anhand typischer Beigaben und Charakteristika in Grabbau und Totenritual erar-beitet haben. Somit kann es sich bei festgestellten Entwicklungstendenzen unter Umständen um einen Zirkelschluß handeln. Dies gilt insbesondere für die Waffengräber. Daneben wurden einige Gräberfelder pauschal datiert, so daß in diesen Fällen genauere zeitliche Angaben zu den einzelnen Kurganen fehlen.

## Bestattungssitten

Bei den Bestattungssitten wird im folgenden zwischen dem Grabbau und den Charakteristika des Totenrituals un-terschieden.

In den Bereich des Grabbaus gehören Details des Aufbaus des Kurgans sowie Einzelheiten der inneren Gliederung, wie beispielsweise Kammern, Nischen und Katakomben. Auf Größenverhältnisse wird an dieser Stelle nicht eingegangen, diese finden sich ausführlich im Katalogteil dieser Studie.

Im Abschnitt zum Totenritual wird, soweit mög-lich, auf Einzelheiten der Bestattung selbst eingegan-gen. Hierzu zählen vor allem Lage und Orientierung der Skelette, aber auch Holzreste von Särgen oder Toten-brettern sowie Feuerspuren. Die Geschlechtsbestimmung ist, soweit überhaupt vorhanden, den entsprechenden Publikationen entnommen. Inwieweit sich diese auf anthropologischen Untersuchungen gründen oder ob sie nur anhand der Beigaben und Grabcharakteristika erar-beitet wurden, ist dabei nicht immer zu klären. Aus diesem Grund finden diese Aussagen hier nur wenig Beachtung.

## Grabbau

Soweit nicht anders vermerkt, handelt es sich bei den Gräbern um Bestattungen unter Kurganen. Daneben ent-hält der Katalog einige Gräber, die in Siedlungsschichten eingetieft waren. Hier sind das Grab von Koktepe *(Kat.-Nr. 28, Taf. 58,B)*, das in eine eisenzeitliche Plattform des Siedlungshügels, sowie die Gräber von Tilla Tepe *(Kat.-Nr. 44,1-6)*, die in einen tempelartigen Monumentalbau der 1. Hälfte des 1. Jts. v. Chr. nach seiner Nutzungsphase eingebracht wurden *(Taf. 75,A)*, zu nennen.

In den meisten Fällen besteht die Aufschüttung der Kurgane aus Erde oder Lehm, gelegentlich finden sich darin Steine. Regelrechte Steinpanzer bzw. Steinkreise un-ter der Aufschüttung treten nur in einzelnen Gräberfeldern (beispielsweise in Kurganen der Nekropolen Dévkes-ken 3 *(Kat.-Nr. 15)* und Dévkesken 4 *(Kat.-Nr. 16,1-5)*, der Nekropole Kaskažol *(Kat.-Nr. 27,1-4)* sowie der Nekropole Džidelibulak *(Kat.-Nr. 20,1-2)* sowie bei Kurgan 10 von Chanaly *(Kat.-Nr. 9)* auf. Es scheint sich hier eine Tradition abzuzeichnen, die nach dem 2. Jh. v. Chr. abbricht.

In einigen Fällen wurden Gräben nachgewiesen, die die Kurgane ursprünglich umschlossen (Dévkesken 4, O-Gruppe, Kurgan 2, *Kat.-Nr. 16,2*; Kulkuduk, Kurgane 2-7, *Kat.-Nr. 34,1-6*; Chas-Kjariz, Kurgan 3, *Kat.-Nr. 10*).

Zentral unter den Aufschüttungen befindet sich für gewöhnlich eine Grabgrube, mit zumeist rechteckigem Grundriß, oft mit abgerundeten Ecken oder leicht ge-wölbten Wänden. Daneben treten auch solche mit ovalem Grundriß (Kaskažol, Kurgan 4, *Kat.-Nr. 27,3*; Kulkuduk, Kurgan 7, *Kat.-Nr. 34,6*; Chas-Kjariz, Kurgan 3, *Kat.-Nr. 10*) auf. Bei den Gräbern von Tilla Tepe *(Kat.-*

*Nr. 44,1-6)* handelt es sich hingegen um einfache Schächte, die ursprünglich mit Holzbrettern oder Balken abgedeckt waren.

Neben den einfachen Grabgruben finden sich auch Steinkammern oder -kisten (Kaskažol, Kurgan 1, *Kat.-Nr. 27,1*; Džidelibulak, Kurgan 19, *Kat.-Nr. 20,2*; Čyryšly, *Kat.-Nr. 14*; Dordul', Kurgan 2, *Kat.-Nr. 17*; Kaskažol, Kurgan 7, *Kat.-Nr. 27,4*; Ljavandak, Gruppe 1, Kur-gan 1, *Kat.-Nr. 37,2*; Ševčenko, *Kat.-Nr. 42*). Diese waren zum Teil ebenerdig (Kaskažol, Kurgan 1, *Kat.-Nr. 27,1*; Džidelibulak, Kurgan 19, *Kat.-Nr. 20,2*; Chanaly, Kur-gan 10, *Kat.-Nr. 9*; Kaskažol, Kurgan 7, *Kat.-Nr. 27,4* sowie evtl. Dordul', Kurgan 2, *Kat.-Nr. 17* und Ševčenko, *Kat.-Nr. 42*) und besaßen einen runden oder ovalen Grundriß (Kaskažol, Kurgan 1, *Kat.-Nr. 27,1*; Chanaly, Kur-gan 10, *Kat.-Nr. 9*; Dordul', Kurgan 2, *Kat.-Nr. 17*). Eine Sonderstellung nimmt die Anlage von Chanaly, Kur-gan 10 *(Kat.-Nr. 9)*, ein, die unter der Aufschüttung eine sehr komplexe Steinkonstruktion aufwies.

Die Grabanlagen waren zumeist Nord-Süd oder Nordost-Südwest ausgerichtet, selten besaßen sie auch eine Ost-West-Orientierung (Děvkesken 4, O-Gruppe, Kurgan 2, *Kat.-Nr. 16,2*, und Děvkesken 4, O-Gruppe, Kurgan 5, *Kat.-Nr. 16,4*).

Einige Gräber zeigten einen meist zen-tal unter dem Kurgan liegenden Dromos[315] (Děvkesken 3, *Kat.-Nr. 15*; Děvkesken 4, O-Gruppe, Kurgan 1, *Kat.-Nr. 16,1*; Ljavandak, Kurgan beim Meßpunkt, *Kat.-Nr. 37,1*; Agalyk-Saj, Kurgan 5, *Kat.-Nr. 5*; Ljavandak, Gruppe 1, Kurgan 2, *Kat.-Nr. 37,3*; Orlat, Kurgan 2, *Kat.-Nr. 39,1*, und Akdžartepe, Kur-gan 2, *Kat.-Nr. 3,1*); diese waren Nord-Süd bzw. Süd-Nord oder Südwest-Nordost orientiert. Es lassen sich in die-sen Gräbern häufig mehrere Bestattungen feststellen, die wohl zu unterschiedlichen Zeiten über den Dromos einge-bracht und niedergelegt werden konnten. Ausnahmen bil-den dabei allerdings Ljavandak, Kurgan beim Meßpunkt *(Kat.-Nr. 37,1)*, Agalyk-Saj, Kurgan 5 *(Kat.-Nr. 5)* sowie Akdžartepe, Kurgan 2 *(Kat.-Nr. 3,1)*.

In mehreren Kurganen fanden sich Katakombengräber (Kaskažol, Kurgan 4, *Kat.-Nr. 27,3*; Koktepe, *Kat.-Nr. 28*; Ljavandak, Gruppe 1, Kurgan 2, *Kat.-Nr. 37,3*; Chas-Kjariz, Kurgan 3, *Kat.-Nr. 10*; Orlat, Kurgan 2, *Kat.-Nr. 39,1* sowie Akdžartepe, Kurgan 2, *Kat.-Nr. 3,1*). Die Katakomben waren häufig oval (Kaskažol, Kurgan 4, *Kat.-Nr. 27,3* und Ljavandak, Gruppe 1, Kurgan 2, *Kat.-Nr. 37,3*) und waren teilweise aus Lehmziegeln errichtet bzw. mit solchen verschlossen worden. Reste der Lehmziegel fanden sich in der Verfüllung/dem Versturz innerhalb der Katakomben (Ljavandak, Gruppe 1, Kurgan 2, *Kat.-Nr. 37,3*; Chas-Kjariz, Kurgan 3, *Kat.-Nr. 10*; Akdžartepe, Kurgan 2, *Kat.-Nr. 3,1*).

In einigen Gräbern sind Nischen unterschiedlicher Form und Größe eingebaut worden (Karasakbas, Kurgan 2, *Kat.-Nr. 26*; Kaskažol, Kurgan 1, *Kat.-Nr. 27,1*; Ljavandak, Kurgan beim Meßpunkt, *Kat.-Nr. 37,1*; Kulkuduk, Kur-gan 4, *Kat.-Nr. 34,3*; Kulkuduk, Kurgan 5, *Kat.-Nr. 34,3*; Kulkuduk, Kurgan 6, *Kat.-Nr. 34,5*; Ljavandak, Grup-pe 1, Kurgan 1, *Kat.-Nr. 37,2*; Agalyk-Saj, Kurgan 5, *Kat.-Nr. 1,2*; Koktepe, *Kat.-Nr. 28*; Ljavandak, Gruppe 1, Kurgan 2, *Kat.-Nr. 37,3*), die teils Inventar und teils die Extremitäten der Bestatteten aufnehmen sollten. Die Nischengräber datieren alle in die Zeit bis zum 1. Jh. v. Chr. und liegen zumeist in Sodgien. Ausnahmen sind hier nur die beiden frühen Anlagen von Karasakbas auf dem Turgaj-Plateau und von Kaskažol auf dem Ustjurt-Plateau.

Gelegentlich wiesen die Kurgane in ihrem inneren Aufbau Stufen auf (Děvkesken 4, O-Gruppe, Kurgan 4, *Kat.-Nr. 16,3*; Ljavandak, Kurgan beim Meßpunkt, *Kat.-Nr. 37,1*; Kaskažol, Kurgan 7, *Kat.-Nr. 27,4*; Ljavandak, Gruppe 1, Kurgan 1, *Kat.-Nr. 37,2*; Ljavandak, Grup-pe 1, Kurgan 2, *Kat.-Nr. 37,3*; Akdžartepe, Kurgan 2, *Kat.-Nr. 3,1*), in einem Fall wurde sogar eine Art Podest (Agalyk-Saj, Kurgan 9, *Kat.-Nr. 1,3*) unbekannter Funktion festge-stellt.

Bei drei Gräbern (Děvkesken 4, O-Gruppe, Kurgan 2, *Kat.-Nr. 16,2*; Kaskažol, Kurgan 7, *Kat.-Nr. 27,4*; Chas-Kjariz, Kurgan 3, *Kat.-Nr. 10*) wurden Feuer-, bei einem Befund Aschespuren (Kulkuduk, Kurgan 3, *Kat.-Nr. 34,2*) festgestellt.

In den summarisch aufgenommenen Gräberfel-dern (Žaman-Togaj, *Kat.-Nr. 48*; Kujumazar, *Kat.-Nr. 33*; Tumek-Kičidžik, *Kat.-Nr. 45*; Sarykamyš, *Kat.-Nr. 40*; Orlat, *Kat.-Nr. 39*; Tuz-gyr, *Kat.-Nr. 46*; Langari Chodžiën, *Kat.-Nr. 36*) traten Kurgane mit sehr unterschiedlich gestalteten Grabeinbauten auf. In allen Gräberfeldern fanden sich einfache Grabgruben und Katakombengräber, daneben aber auch mehrfach Anlagen mit Dromos (Žaman-Togaj, *Kat.-Nr. 48*; Děvkesken 3, *Kat.-Nr. 15*) oder solche mit Nischen (Tumek-Kičidžik, *Kat.-Nr. 45*; Tuz-gyr, *Kat.-Nr. 46*). Eine Besonderheit stellte eine ringförmige Steinpackung aus der Nekropole von Děvkesken 3 *(Kat.-Nr. 15)* dar.

Insgesamt zeigt sich also, daß Anlagen mit Steinpackungen bzw. Steinkreisen unter der Aufschüttung nur bis zum 2. Jh. v. Chr. auftreten. Gräben, die den Kurgan umgaben, ließen sich nur vereinzelt feststellen, dabei scheinen sich aber weder regionale noch chrono-logische Merkmale abzuzeichnen. Dies gilt auch für die Anlage von Dromos und Katakomben. Nischengräber dagegen scheinen sich im sogdischen Gebiet in der Zeit bis zum 1. Jh. v. Chr. zu konzentrieren, wenngleich hier eine Forschungslücke nicht ausgeschlossen werden kann. Die häufigste Grabform sind rechteckige Grabgruben, die meist Nord-Süd oder Nordost-Südwest orientiert sind.

---

[315] Das Grab von Koktepe (*Kat.-Nr. 28*), wenngleich auch keine Kurganbestattung, wies ebenfalls einen Dromos auf.

In wenigen Fällen (Dėvkesken 4, W-Gruppe, Kurgan 1, *Kat.-Nr. 16,5*; Dėvkesken 4, O-Gruppe, Kurgan 5, *Kat.-Nr. 16,4*; Agalyk-Saj, Kurgane 4, 9 und 10, *Kat.-Nr. 1,1.3-4*; Kaskažol, Kurgan 7, *Kat.-Nr. 27,4*; Ševčenko, Kurgan, *Kat.-Nr. 42*) konnten aufgrund der Beraubung bzw. der schlechten Erhaltungsbedingungen keine Aussagen zur Lage und Orientierung des/der Bestatteten gemacht werden.

Zumeist wurden die Toten einzeln als Rückenstrecker beigesetzt (Karasakbas, Kurgan 2, *Kat.-Nr. 26*; Dėvkesken 4, O-Gruppe, Kurgan 4, *Kat.-Nr. 16,3*; Dźidelibulak 1, Kurgan 2, *Kat.-Nr. 20,1*; Kaskažol, Kurgan 4, *Kat.-Nr. 27,3*; Ljavandak, Kurgan beim Meßpunkt, *Kat.-Nr. 37,1*; Kulkuduk, Kurgan 2, *Kat.-Nr. 34,1*; Kulkuduk, Kurgan 5, *Kat.-Nr. 34,4*; Kulkuduk, Kurgan 6, *Kat.-Nr. 34,5*; Kulkuduk, Kurgan 7, *Kat.-Nr. 34,6*; Ljavandak, Gruppe 1, Kurgan 1, *Kat.-Nr. 37,2*; Agalyk-Saj, Kurgan 5, *Kat.-Nr. 1,2*; Koktepe, *Kat.-Nr. 28*; Chas-Kjariz, Kurgan 3, *Kat.-Nr. 10*; Akdžartepe, Kurgan 4, *Kat.-Nr. 3,2*; Tilla Tepe, Gräber 1-6, *Kat.-Nr. 44,1-6*; Akdžartepe, Kurgan 2, *Kat.-Nr. 3,1*). Bei zwei Einzelbestattungen war die Lage der Skelette nicht genau zu eruieren (Akdžartepe, Kurgan 5, *Kat.-Nr. 3,3*; Kulkuduk, Kurgan 3, *Kat.-Nr. 34,2*). Es ist allerdings davon auszugehen, daß die Toten auch hier in ausgestreckter Rückenlage beigesetzt wurden.

Doppelbestattungen treten recht selten auf (Kaskažol, Kurgan 3, *Kat.-Nr. 27,2*; Kulkuduk, Kurgan 4, *Kat.-Nr. 34,3*; Ljavandak, Gruppe 1, Kurgan 2, *Kat.-Nr. 37,3*; Orlat, Kurgan 2, *Kat.-Nr. 39,1*). In fast allen Fällen herrscht auch hier die gestreckte Rückenlage vor, lediglich in einem Fall (Orlat, Kurgan 2, *Kat.-Nr. 39,1*) läßt sich die genaue Lage nicht rekonstruieren. Bei Kurgan 19 von Dźidelibulak *(Kat.-Nr. 20,2)* war die Zahl der Bestatteten nicht mehr sicher festzustellen, es handelte sich jedoch um zwei oder drei Individuen.

Im Arbeitsgebiet fanden sich relativ viele Kollektivgräber (Dėvkesken 4, O-Gruppe, Kurgan 1, *Kat.-Nr. 16,1*; Dėvkesken 4, O-Gruppe, Kurgan 2, *Kat.-Nr. 16,2*; Chanaly, Kurgan 10, *Kat.-Nr. 9*; Čyryšly, *Kat.-Nr. 14*; Dordul', Kurgan 2, *Kat.-Nr. 17*). Soweit die Lage der Bestatteten zu rekonstruieren war, handelte es sich auch hier um Rückenstrecker. Diese Bestattungsform ließ sich nur in Gräbern feststellen, die in die Zeit vor dem Ende des 2. Jh. v. Chr. datieren und im Uzboj-Gebiet liegen (das Gräberfeld Dėvkesken 4 liegt zwar auf dem Ustjurt-Plateau, jedoch an dessen südlicher Peripherie und somit nur ca. 100 km vom Sarykamyš-See entfernt).

Eine Sonderstellung nimmt Kurgan 1 von Kaskažol *(Kat.-Nr. 27,1)* ein. Dort wurden mehrere Bestattungskomplexe unterschieden, die zu unterschiedlichen Zeiten eingebracht wurden. Die Toten wurden auch hier in ausgestreckter Rückenlage beigesetzt. Eine (nicht zeitgleiche) Doppelbestattung wurde durch einen kleinen Steineinbau innerhalb der Grabkammer abgetrennt. Ähnliches konnte für Kurgan 1 der O-Gruppe von Dėvkesken 4 *(Kat.-Nr. 16,1)* festgestellt werden. Auch hier wurde eine nicht gleichzeitige Doppelbestattung sowie eine Kollektivbestattung mit drei Individuen angetroffen.

Die Toten wurden zumeist mit dem Kopf nach Süden oder Südwesten (16 Fälle: Dėvkesken 4, O-Gruppe, Kurgan 4, *Kat.-Nr. 16,1*; Kaskažol, Kurgan 3, *Kat.-Nr. 27,2*; Ljavandak, Kurgan beim Meßpunkt, *Kat.-Nr. 37,1*; Kulkuduk, Kurgane 2-7, *Kat.-Nr. 34,1-6*; Ljavandak, Gruppe 1, Kurgan 1, *Kat.-Nr. 37,2*; Agalyk-Saj, Kurgan 5, *Kat.-Nr. 1,2*; Ljavandak, Gruppe 1, Kurgan 2, *Kat.-Nr. 37,2*; Chas-Kjariz, Kurgan 3, *Kat.-Nr. 10*; Akdžartepe, Kurgan 4, *Kat.-Nr. 3,2*; Akdžartepe, Kurgan 5, *Kat.-Nr. 3,3*; Tilla Tepe, Grab 1, *Kat.-Nr. 44,1*) bestattet. Daneben finden sich auch Orientierungen mit dem Kopf nach Norden oder Nordosten (5 Fälle: Karasakbas, Kurgan 2, *Kat.-Nr. 26*; Dźidelibulak 1, Kurgan 2, *Kat.-Nr. 20,1*; Tilla Tepe, Grab 2-4, *Kat.-Nr. 44,2-4*). Nur in einem Fall (Kaskažol, Kurgan 4, *Kat.-Nr. 27,3*) wurde eine Bestattung entdeckt, deren Kopf nach Südsüdost ausgerichtet war. Daneben traten selten Orientierungen mit dem Kopf nach Westen (4 Fälle: Dėvkesken 4, O-Gruppe, Kurgan 1 und 2, *Kat.-Nr. 16,1-2*; Tilla Tepe, Grab 5 und 6, *Kat.-Nr. 44,5-6*) oder Osten (2 Fälle: Koktepe, *Kat.-Nr. 28*; Akdžartepe, Kurgan 2, *Kat.-Nr. 3,1*) auf. Bei der Bevorzugung verschiedener Orientierungen lassen sich weder regionale noch chronologische Zusammenhänge erkennen.

In einigen Gräbern wurden Reste von Filz, Schilf oder weißem Lehm entdeckt, die den Grabboden bzw. evtl. auch die Wände verkleideten und auf die die Toten gelegt wurden (Filz: Agalyk-Saj, Kurgane 5, 9 und 10, *Kat.-Nr. 1,2-4*; Schilf: Dėvkesken 4, O-Gruppe, Kurgan 4, *Kat.-Nr. 16,3*; Ljavandak, Kurgan beim Meßpunkt, *Kat.-Nr. 37,1*; Kulkuduk, Kurgan 4, *Kat.-Nr. 34,3*; weißer Lehm: Dėvkesken 4, O-Gruppe, Kurgan 1, *Kat.-Nr. 16,1*). Daneben fanden sich Holzspuren von Totenbrettern, Särgen sowie in einem Fall von einem Trog, der die Bestattung aufnahm (Ljavandak, Kurgan beim Meßpunkt, *Kat.-Nr. 37,1*; Ljavandak, Gruppe 1, Kurgan 1, *Kat.-Nr. 37,2*; Chas-Kjariz, Kurgan 3, *Kat.-Nr. 10*; Tilla Tepe, Gräber 1-6, *Kat.-Nr. 44,1-6*). Da für die Erhaltung derartiger Befunde die regional unterschiedlichen Bedingungen eine wichtige Rolle spielen, lassen sich hier keine eindeutigen chronologischen oder regionalen Aussagen über Traditionen bei der Ausschmückung des Grabes treffen.

In den summarisch aufgenommenen Gräberfeldern (Žaman-Togaj, *Kat.-Nr. 48*; Kujumazar, *Kat.-Nr. 33*; Tumek-Kičidžik, *Kat.-Nr. 45*; Sarykamyš, *Kat.-Nr. 40*; Orlat, *Kat.-Nr. 39*; Tuz-gyr, *Kat.-Nr. 46*; Langari Chodžiën,

*Kat.-Nr. 36*) treten Einzel-, Doppel- und Kollektivgräber auf. Die Toten wurden meist in ausgestreckter Rückenlage beigesetzt, der Kopf wies dabei nach Osten, Nordosten, Süden oder Südsüdwesten.

Insgesamt ist als typische Grabform die Einzelbestattung in ausgestreckter Rückenlage mit Kopf im Süden oder Südwesten anzusehen. Ausnahmen betreffen zumeist die Orientierung der Bestattungen, die auch nach Norden, Nordosten oder selten nach Osten oder Westen erfolgen kann. Doppelbestattungen treten recht selten auf. Kollektivgräber finden sich ausschließlich bis zum Ende des 2. Jh. v. Chr. im Gebiet am Uzboj.

## Inventar

Im folgenden soll näher auf das Inventar aus den Gräbern eingegangen werden. Dabei werden neben den Fundstücken mit sauromatischen und sarmatischen Analogien, die im Katalog bereits hervorgehoben wurden, der Vollständigkeit halber auch deren Beifunde berücksichtigt. Die Fundstücke wurden dabei in Sachgruppen (Waffen, Pferdeschmuck und -geschirr, Geräte, Gefäße, Objekte kultischen Charakters, Toilettegegenstände, Schmuck und Trachtbestandteile sowie Nahrung) zusammengefaßt, wobei ein besonderes Augenmerk auf den Waffenfunden lag.

## Waffen

Die Waffen werden in drei charakteristische Gruppen unterteilt. In der ersten soll auf Schwert- und Dolchformen näher eingegangen werden. Es folgt ein Überblick über Pfeil- und Bogenbestandteile. In der dritten Gruppe werden die wenigen weiteren Waffenformen zusammengestellt.

### *Schwert und Dolch*

Zu den charakteristischen Funden gehören Schwerter und Dolche, die jeweils recht häufig in den Gräbern angetroffen wurden. Insgesamt waren in 17 Gräbern (Dėvkesken 4, O-Gruppe, Kurgan 1, *Kat.-Nr. 16,1, Taf. 25,A,1-2*; Dėvkesken 4, O-Gruppe, Kurgan 2, *Kat.-Nr. 16,2, Taf. 29,A,2*; Dėvkesken 4, O-Gruppe, Kurgan 5, *Kat.-Nr. 16,4*; Kaskažol, Kurgan 4, *Kat.-Nr. 27,3, Taf. 55,A,3*; Agalyk-Saj, Kurgan 10, *Kat.-Nr. 1,4, Taf. 4,A,1-2*; Chanaly, Kurgan 10, *Kat.-Nr. 9*; Ljavandak, Kurgan beim Meßpunkt, *Kat.-Nr. 37,1, Taf. 68,A,1*; Kulkuduk, Kurgan 4, *Kat.-Nr. 34,3*; Kulkuduk, Kurgan 7, *Kat.-Nr. 34,6, Taf. 65,B,6*; Ljavandak, Gruppe 1, Kurgan 1, *Kat.-Nr. 37,2, Taf. 68,B,5*; Agalyk-Saj, Kurgan 5, *Kat.-Nr. 1,2, Taf. 2,A,1*; Ljavandak, Gruppe 1, Kurgan 2, *Kat.-Nr. 37,3, Taf. 69,B,1-2*; Orlat, Kurgan 2, *Kat.-Nr. 39,1, Taf. 70,B*; Akdžartepe, Kurgan 4, *Kat.-Nr. 3,2, Taf. 6,B*; Akdžartepe, Kurgan 5, *Kat.-Nr. 3,3, Taf. 7,A*; Tilla Tepe, Grab 4, *Kat.-Nr. 44,4*; Akdžartepe, Kurgan 2, *Kat.-Nr. 3,1, Taf. 5,A*) und in fünf summarisch erfaßten Gräberfeldern (Žaman-Togaj, *Kat.-Nr. 48*; Kujumazar, *Kat.-Nr. 33*; Tumek-Kičidžik, *Kat.-Nr. 45*; Tuzgyr, *Kat.-Nr. 46*; Langari Chodžiën, *Kat.-Nr. 36*) ein oder mehrere Schwerter mit einer Länge zwischen ca. 0,6 und 1,1 m enthalten. Bei der genaueren Beschreibung der einzelnen Stücke ist zum einen auf die starke Fragmentierung und den schlechten Erhaltungszustand einiger Schwerter sowie zum anderen auf die Qualität von Beschreibung und Abbildung in der Original-Publikation hinzuweisen, die genauere Ergebnisse in manchen Fällen erschwerten oder unmöglich machten.

Die Parierstangen sind bis zum 4. Jh. v. Chr. schmetterlingsförmig (Dėvkesken 4, O-Gruppe, Kurgan 1, *Kat.-Nr. 16,1, Taf. 25,A,1-2*; Dėvkesken 4, O-Gruppe, Kurgan 2, *Kat.-Nr. 16,2, Taf. 29,A,2*) und werden danach gerade (Kaskažol, Kurgan 4, *Kat.-Nr. 27,3, Taf. 55,A,3*; Agalyk-Saj, Kurgan 10, *Kat.-Nr. 1,4, Taf. 4,A,1-2*; Ljavandak, Kurgan beim Meßpunkt, *Kat.-Nr. 37,1, Taf. 68,A,1*; Kulkuduk, Kurgan 7, *Kat.-Nr. 34,6, Taf. 65,B,6*; Ljavandak, Gruppe 1, Kurgan 1, *Kat.-Nr. 37,2, Taf. 68,B,5*; Agalyk-Saj, Kurgan 5, *Kat.-Nr. 1,2, Taf. 2,A,1*; Ljavandak, Gruppe 1, Kurgan 2, *Kat.-Nr. 37,3, Taf. 69,B,1-2*; Orlat, Kurgan 2, *Kat.-Nr. 39,1, Taf. 70,B*) und oft schmal oder kurz. Ab dem 1. Jh. v. Chr. treten auch Schwerter ohne Parierstange auf[316] (Akdžartepe, Kurgan 5, *Kat.-Nr. 3,3, Taf. 7,A*; Akdžartepe, Kurgan 2, *Kat.-Nr. 3,1, Taf. 5,A*). Ob es sich hierbei um regionale Entwicklungstendenzen handelt, kann anhand der vorliegenden Quellenbasis nicht abschließend beantwortet werden.

Zumindest bei einigen Schwertern wurden Mittelrippen auf den Klingen beobachtet (Dėvkesken 4, O-Gruppe, Kurgan 1, *Kat.-Nr. 16,1, Taf. 25,A,1-2*; Dėvkesken 4, O-Gruppe, Kurgan 2, *Kat.-Nr. 16,2, Taf. 29,A,2*). Leider ist es jedoch in den meisten Fällen nicht möglich, aus dem Fehlen einer derartigen Beschreibung auf das Fehlen dieses Merkmales an sich zu schließen.

---

[316] Wobei hier davon auszugehen ist, daß die Parierstangen aus vergänglichem Material gefertigt waren und nicht erhalten geblieben sind – gleiches gilt für Dolche ohne Parierstange, s. u.

Bei der Gestaltung der Knäufe zeigte sich, daß bei den frühen Formen doppelt volutenförmige (Dèvkesken 4, O-Gruppe, Kurgan 2, *Kat.-Nr. 16,2, Taf. 29,A,2*) und antennenförmige Exemplare auftreten. Bei einem Exemplar aus Dèvkesken 4 (O-Gruppe, Kurgan 1, *Kat.-Nr. 16,1, Taf. 25,A,1-2*) wird zwar ein pilzförmiger Knauf beschrieben, die Abbildung läßt jedoch auch andere Rekonstruktionen denkbar erscheinen. Ab dem 4. Jh. v. Chr. treten dann vereinzelt Ringknäufe und runde Knäufe auf (Ljavandak, Kurgan beim Meßpunkt, *Kat.-Nr. 37,1, Taf. 68,A,1*; Agalyk-Saj, Kurgan 5, *Kat.-Nr. 1,2, Taf. 2,A,1*). Eine Sonderstellung nimmt ein Schwert mit trichterförmigem Bronzeknauf aus einem Frauengrab der Nekropole Kujumazar *(Kat.-Nr. 33)* ein. Ab dem 2./1. Jh. v. Chr. finden sich dann hauptsächlich Schwerter ohne Knauf (Griffangelschwerter aus Ljavandak, Gruppe 1, Kurgan 2, *Kat.-Nr. 37,3, Taf. 69,B,1-2*; Orlat, Kurgan 2, *Kat.-Nr. 39,1, Taf. 70,B*; Akdžartepe, Kurgan 5, *Kat.-Nr. 3,3, Taf. 7,A*; Akdžartepe, Kurgan 2, *Kat.-Nr. 3,1, Taf. 5,A*) bzw. mit pilzförmigem Knauf (Akdžartepe, Kurgan 4, *Kat.-Nr. 3,2, Taf. 6,B*).

Gelegentlich ließen sich noch Holzreste am korrodierten Metall nachweisen (Dèvkesken 4, O-Gruppe, Kurgan 1, *Kat.-Nr. 16,1, Taf. 25,A,2*; Dèvkesken 4, O-Gruppe, Kurgan 2, *Kat.-Nr. 16,2, Taf. 29,A,2*; Ljavandak, Kurgan beim Meßpunkt, *Kat.-Nr. 37,1, Taf. 68,A,1*; Kulkuduk, Kurgan 7, *Kat.-Nr. 34,6, Taf. 65,B,6*; Ljavandak, Gruppe 1, Kurgan 1, *Kat.-Nr. 37,2, Taf. 68,B,5*; Agalyk-Saj, Kurgan 5, *Kat.-Nr. 1,2, Taf. 2,A,1*), die auf die Existenz hölzerner Scheiden schließen lassen. Im Fall von Agalyk-Saj, Kurgan 5 *(Kat.-Nr. 1,2, Taf. 2,A,1)* konnten sogar rote Farbspuren an den Holzresten nachgewiesen werden. Eine weitere Besonderheit stellen Schriftspuren auf dem Schwert von Ljavandak, Gruppe 1, Kurgan 1, dar *(Kat.-Nr. 37,2, Taf. 68,B,5)*.

Die Lage der Schwerter im Grab entsprach, soweit dies festgestellt werden konnte, in den meisten Fällen der Trageweise, d.h. die Schwerter lagen an der linken Seite der Bestattung, meist mit dem Knauf in Höhe der Hand und der Spitze zu den Füßen weisend.

Insgesamt gleicht die hier dargestellte Entwicklung in weiten Teilen der der sauromatischen und sarmatischen Schwerter allgemein[317].

Ähnliches gilt auch für die Dolche[318], die in 11 Gräbern (Karasakbas, Kurgan 2, *Kat.-Nr. 26, Taf. 49,A,6*; Agalyk-Saj, Kurgan 10, *Kat.-Nr. 1,4, Taf. 4,A,3*; Čyryšly, Kurgan, *Kat.-Nr. 14, Taf. 22,A,1-3*; Dordul', Kurgan 2, *Kat.-Nr. 17*; Kulkuduk, Kurgan 4, *Kat.-Nr. 34,3*; Kulkuduk, Kurgan 7, *Kat.-Nr. 34,6, Taf. 65,B,7*; Ljavandak, Gruppe 1, Kurgan 1, *Kat.-Nr. 37,2, Taf. 68,B,4*; Ljavandak, Gruppe 1, Kurgan 2, *Kat.-Nr. 37,3, Taf. 69,B,5*; Chas-Kjariz, Kurgan 3, *Kat.-Nr. 10, Taf. 19,A,4*; Orlat, Kurgan 2, *Kat.-Nr. 39,1,*

*Taf. 70,B*; Tilla Tepe, Grab 4, *Kat.-Nr. 44,4, Taf. 85,A-B*) und in drei der summarisch erfaßten Gräberfelder (Žaman-Togaj, *Kat.-Nr. 48*; Tumek-Kičidžik, *Kat.-Nr. 45*; Tuz-gyr, *Kat.-Nr. 46*) auftraten. Dabei konnten in den Grabinventaren auch mehrere Exemplare (drei in Čyryšly, Kurgan, *Kat.-Nr. 14, Taf. 22,A,1-3*; zwei in Tilla Tepe, Grab 4, *Kat.-Nr. 44,4, Taf. 85,A-B*) vergesellschaftet sein. Die meist eisernen Dolche hatten eine Länge zwischen 23 und 30 cm. Eine Ausnahme bildet ein stilettartiges Exemplar aus Kurgan 10 von Agalyk-Saj *(Kat.-Nr. 1,4, Taf. 4,A,3)*, das 56 cm lang war. Es zeigt sich hier deutlich, daß die Dolche nicht mit den Schwertern in den Grabinventaren kombiniert sein müssen und beide auch einzeln vorkommen können.

Die Parierstangen sind anfangs herzförmig (Karasakbas, Kurgan 2, *Kat.-Nr. 26, Taf. 49,A,6*), ab dem 4. Jh. v. Chr. gerade (Čyryšly, Kurgan, *Kat.-Nr. 14, Taf. 22,A,1-3*; Tumek-Kičidžik, *Kat.-Nr. 45*) oder bogenförmig (Ljavandak, Gruppe 1, Kurgan 1, *Kat.-Nr. 37,2, Taf. 68,B,4*). In einem Fall (Karasakbas, Kurgan 2, *Kat.-Nr. 26, Taf. 49,A,6*) wurde beobachtet, daß sie aus zwei aneinandergeschweißten Platten bestand. In drei Fällen (Agalyk-Saj, Kurgan 10, *Kat.-Nr. 1,4, Taf. 4,A,3*; Ljavandak, Gruppe 1, Kurgan 2, *Kat.-Nr. 37,3, Taf. 69,B,5*; Kulkuduk, Kurgan 7, *Kat.-Nr. 34,6, Taf. 65,B,7*) kamen auch Dolche ohne erhaltene Parierstange vor.

Die Dolche hatten antennenförmige (Čyryšly, Kurgan, *Kat.-Nr. 14, Taf. 22,A,1-3*) oder Ringknäufe (Ljavandak, Gruppe 1, Kurgan 1, *Kat.-Nr. 37,2, Taf. 68,B,4*; Tumek-Kičidžik, *Kat.-Nr. 45*). Bei einem Exemplar aus Kurgan 2 von Ljavandak, Gruppe 1 *(Kat.-Nr. 37,3, Taf. 69,B,5)* mit scheibenförmigem Knauf läßt die Abbildung vermuten, daß es sich hierbei um das Halbfabrikat eines Ringknaufes handeln könnte.

In einigen Fällen (Chas-Kjariz, Kurgan 3, *Kat.-Nr. 10, Taf. 19,A,4*) wurden ebenfalls Holzreste der Scheide dokumentiert, auf denen teilweise (Ljavandak, Gruppe 1, Kurgan 2, *Kat.-Nr. 37,3, Taf. 69,B,5*) rote Farbspuren erhalten waren. Eine Besonderheit stellt der Dolch aus Kurgan 2 von Orlat *(Kat.-Nr. 39,1, Taf. 70,B)* mit einem von Nephrit eingefaßten Griff dar. Die beiden Dolche aus Tilla Tepe, Grab 4 *(Kat.-Nr. 44,4, Taf. 85,A-B)* sind besonders aufwendig gearbeitet. Bei einem sind Griff und Scheide aus Gold, beim zweiten ist der Griff aus Elfenbein und die Scheide mit vier Laschen aus Gold. Beide zeigen reiche Verzierungen (Tierkampfszenen) mit Türkisinkrustationen auf den Scheiden. Bei Kurgan 2 von Ljavandak, Gruppe 1 *(Kat.-Nr. 37,3, Taf. 69,B,5)* wurden neben den Holzresten und Farbspuren weitere Einzelheiten an der Scheide, wie Nägel aus Kupfer oder Bronze mit halbrundem Kopf, beobachtet.

Die Lage im Grab wiederholt auch hier, soweit feststellbar, die Trageweise. Die Dolche lagen meist an der rechten Seite der Bestattung, der Griff befand sich nahe

---

[317] Vgl. hierzu auch Kap. zur sauromatischen und sarmatischen Kultur.
[318] Auf eine Trennung von Dolch und Akinakes wird an dieser Stelle bewußt verzichtet.

der rechten Hand, die Spitze zeigte zu den Füßen. In Tilla Tepe fand sich der eine Dolch in solcher Lage, während der zweite auf der linken Seite des Kriegers beim Schwert lag.

Insgesamt folgt die Entwicklung der Schwert- und Dolchformen im Arbeitsgebiet der generellen Technologielinie der sauromatischen und sarmatischen Waffen[319].

[319] Vgl. Kap. zur sauromatischen und sarmatischen Kultur.

## Pfeil und Bogen

Von den gefürchteten Schußwaffen der früheisenzeitlichen Nomaden haben sich meist nur wenige Teile erhalten. Hauptsächlich handelt es sich dabei um Pfeilspitzen. Da die Stücke vom sog. skytho-sarmatischen Typ im gesamten eurasischen Steppengebiet überaus weit verbreitet sind und in viele Einzelgruppen unterteilt werden, kann hier nur in groben Zügen auf die Entwicklung eingegangen werden[320].

Pfeilspitzen wurden in den meisten Gräbern (Karasakbas, Kurgan 2, *Kat.-Nr. 26, Taf. 49,A,1.3*; Dèvkesken 4, O-Gruppe, Kurgan 1, *Kat.-Nr. 16,1, Taf. 25,A,14 und 26,A*; Dèvkesken 4, O-Gruppe, Kurgan 2, *Kat.-Nr. 16,2, Taf. 29,B*; Dèvkesken 4, O-Gruppe, Kurgan 4, *Kat.-Nr. 16,3, Taf. 33,B,2*; Dèvkesken 4, O-Gruppe, Kurgan 5, *Kat.-Nr. 16,4, Taf. 34,B,2*; Kaskažol, Kurgan 1, *Kat.-Nr. 27,1, Taf. 51,B,1-19; 52,A,5-13 und 52,B,1-3*; Kaskažol, Kurgan 3, *Kat.-Nr. 27,2, Taf. 53,B*; Kaskažol, Kurgan 4, *Kat.-Nr. 27,3, Taf. 55,A,1*; Agalyk-Saj, Kurgan 9, *Kat.-Nr. 1,3*; Agalyk-Saj, Kurgan 10, *Kat.-Nr. 1,4, Taf. 4,A,4*; Chanaly, Kurgan 10, *Kat.-Nr. 9, Taf. 16,A,5-16 bzw. 16,A,17-23*; Čyryšly, Kurgan, *Kat.-Nr. 14, Taf. 22,A,4.5*; Dordul', Kurgan 2, *Kat.-Nr. 17*; Ljavandak, Kurgan beim Meßpunkt, *Kat.-Nr. 37,1*; Kaskažol, Kurgan 7, *Kat.-Nr. 26,4, Taf. 57,A,6.7*; Kulkuduk, Kurgan 4, *Kat.-Nr. 34,3, Taf. 64,A,1*; Kulkuduk, Kurgan 7, *Kat.-Nr. 34,6, Taf. 65,B,1-5*; Ljavandak, Gruppe 1, Kurgan 1, *Kat.-Nr. 37,2, Taf. 68,B,3*; Agalyk-Saj, Kurgan 5, *Kat.-Nr. 1,2, Taf. 2,A,2*; Chas-Kjariz, Kurgan 3, *Kat.-Nr. 10, Taf. 19,A,2*; Orlat, Kurgan 2, *Kat.-Nr. 39,1, Taf. 70,B*; Tilla Tepe, Grab 4, *Kat.-Nr. 44,4*; Ševčenko, Kurgan, *Kat.-Nr. 42*) und in vier der summarisch erfaßten Gräberfelder (Žaman-Togaj, *Kat.-Nr. 48*; Kujumazar, *Kat.-Nr. 33*; Tumek-Kičidžik, *Kat.-Nr. 45*; Tuz-gyr, *Kat.-Nr. 46*) gefunden. Bis zum 3. Jh. v. Chr. handelt es sich um dreikantige (Karasakbas, Kurgan 2, *Kat.-Nr. 26, Taf. 49,A,1*; Dèvkesken 4, O-Gruppe, Kurgan 1, *Kat.-Nr. 16,1, Taf. 26,A*; Kaskažol, Kurgan 1, *Kat.-Nr. 27,1, Taf. 51,B,1-19 und 52,A,5-13*; Kaskažol, Kurgan 3, *Kat.-Nr. 27,2, Taf. 53,B*) oder dreiflüglige (Karasakbas, Kurgan 2, *Kat.-Nr. 26, Taf. 49,A,1*; Dèvkesken 4, O-Gruppe, Kurgan 1, *Kat.-Nr. 16,1, Taf. 26,A*; Dèvkesken 4, O-Gruppe, Kurgan 4, *Kat.-Nr. 16,3, Taf. 33,B,2*; Dèvkesken 4, O-Gruppe, Kurgan 5, *Kat.-Nr. 16,4, Taf. 34,B,2*; Kaskažol, Kur-

gan 1, *Kat.-Nr. 27,1, Taf. 51,B,1-19 und 52,A,5-13*; Kaskažol, Kurgan 3, *Kat.-Nr. 27,2, Taf. 53,B*; Kaskažol, Kurgan 4, *Kat.-Nr. 27,3, Taf. 55,A,1*) Bronzepfeilspitzen mit eingezogener oder vorspringender Tülle/Schaft, die oft miteinander vergesellschaftet auftreten. Eine sehr frühe eiserne Stielpfeilspitze aus Kurgan 1 von Dèvkesken 4, O-Gruppe *(Kat.-Nr. 16,1, Taf. 25,A,14)* ist schlecht erhalten und bildet eine Ausnahme. Eine weitere Besonderheit stellt eine knöcherne Stielpfeilspitze aus Kurgan 2 von Karasakbas *(Kat.-Nr. 26, Taf. 49,A,3)* dar. Im 3. Jh. v. Chr. treten vermehrt eiserne, dreiflüglige Stielpfeilspitzen (Agalyk-Saj, Kurgan 9, *Kat.-Nr. 1,3*; Agalyk-Saj, Kur-gan 10, *Kat.-Nr. 1,4, Taf. 4,A,4*; Chanaly, Kurgan 10, *Kat.-Nr. 9, Taf. 16,A,17-23*; Čyryšly, Kurgan, *Kat.-Nr. 14, Taf. 22,A,4*; Dordul', Kurgan 2, *Kat.-Nr. 17*; Ljavandak, Kurgan beim Meßpunkt, *Kat.-Nr. 37,1*) und seltener auch dreiflüglige Bronzepfeilspitzen mit vorstehender oder eingezogener Tülle (Chanaly, Kurgan 10, *Kat.-Nr. 9, Taf. 16,A,5-16*; Čyryšly, Kurgan, *Kat.-Nr. 14, Taf. 22,A,5*; Dordul', Kurgan 2, *Kat.-Nr. 17*; Kaskažol, Kurgan 7, *Kat.-Nr. 27,4, Taf. 57,A,6.7*) auf. Ab dem 2. Jh. v. Chr. haben schließlich die dreiflügligen Stielpfeilspitzen aus Eisen (Kulkuduk, Kurgan 4, *Kat.-Nr. 34,3, Taf. 64,A,1*; Kulkuduk, Kurgan 7, *Kat.-Nr. 34,6, Taf. 65,B,1-5*; Ljavandak, Gruppe 1, Kurgan 1, *Kat.-Nr. 37,2, Taf. 68,B,3*; Agalyk-Saj, Kurgan 5, *Kat.-Nr. 1,2, Taf. 2,A,2*; Chas-Kjariz, Kurgan 3, *Kat.-Nr. 10, Taf. 19,A,2*; Orlat, Kurgan 2, *Kat.-Nr. 39,1, Taf. 70,B*; Tilla Tepe, Grab 4, *Kat.-Nr. 44,4*; Ševčenko, Kurgan, *Kat.-Nr. 42*; Kujumazar, *Kat.-Nr. 33*; Tumek-Kičidžik, *Kat.-Nr. 45*; Tuz-gyr, *Kat.-Nr. 46*) die bronzenen Typen vollständig verdrängt. In einigen Fällen, besonders in Kurgan 1 der O-Gruppe von Dèvkesken 4 *(Kat.-Nr. 16,1)*, konnten auf den Bronzepfeilspitzen Gußnähte und Gußfehler festgestellt werden, die Aufschlüsse über den Herstellungsprozeß geben.

Neben vereinzelten Holzresten (Karasakbas, Kurgan 2, *Kat.-Nr. 26*; Kulkuduk, Kurgan 7, *Kat.-Nr. 34,6*;) finden sich von Bögen in der Regel ab dem 3./2. Jh. v. Chr. nur noch die knöchernen Verstärkungen (Kulkuduk, Kurgan 4, *Kat.-Nr. 34,3, Taf. 64,A,9-10*; Kulkuduk, Kurgan 7, *Kat.-Nr. 34,6*; Tumek-Kičidžik, *Kat.-Nr. 45, Taf. 90,A,1-6*; Tuz-gyr, *Kat.-Nr. 46, Taf. 93,B,3-10*), die mittig und an den Enden angebracht waren.

[320] Vgl. übersichtsweise Brentjes 1995/1996, S. 198ff. und zu den Bronzepfeilspitzen beispielsweise Medvedskaja 1972.

Ebenfalls in den Zusammenhang mit Schußwaffen sind eiserne Köcherhaken zu stellen (Dèvkesken 4, O-Gruppe, Kurgan 1, *Kat.-Nr. 16,1, Taf. 25,A,5*; Chanaly, Kurgan 10, *Kat.-Nr. 9, Taf. 16,A,28*; Čyryšly, Kurgan, *Kat.-Nr. 14, Taf. 22,A,10* – evtl. aus Bronze?; Kulkuduk, Kurgan 7, *Kat.-Nr. 34,6*; Agalyk-Saj, Kurgan 5, *Kat.-Nr. 1,2, Taf. 2,A,3*).

Es läßt sich also zusammenfassend feststellen, daß bis zum 3. Jh. v. Chr. fast ausschließlich dreiflüglige und dreikantige Bronzepfeilspitzen mit Schaft/Tülle in Gebrauch waren, die dann nach einer Übergangsphase im 3. Jh. v. Chr., in der beide Typen parallel genutzt wurden, ab dem 3./2. Jh. v. Chr. vollständig von dreiflügligen Stielpfeilspitzen aus Eisen verdrängt wurden. Zusammen mit den Eisenpfeilspitzen treten dann auch Bogenverstärkungen auf, was für die Verwendung einer neue Schußwaffentechnologie ab dem späten 3. Jh. v. Chr. spricht.

## Sonstige

Andere in archäologischem Kontext nachweisbare Waffenformen traten nur selten auf. In der Nekropole von Langari Chodžiën *(Kat.-Nr. 36)* sollen Äxte gefunden worden sein, und aus Kurgan 3 von Chas-Kjariz *(Kat.-Nr. 10, Taf. 19,A,3)* stammt ein langer Eisensäbel.

## Pferdegeschirr und Pferdeschmuck

Teile des Pferdegeschirrs fanden sich im Arbeitsgebiet nur selten. Zu erwähnen sind hier ein rundes, konkav gewölbtes Bronzeblech mit massiver Öse auf der Innenseite aus Kurgan 1 von Kaskažol *(Kat.-Nr. 27,1, Taf. 52,A,4)* sowie zwei kegelstumpfförmige Riemenaufsätze aus Bronze aus demselben Befund *(Taf. 52,A,2-3)*, die beide zum Pferdegeschirr gehören sollen. Hinzu kommt eine Trense aus Kurgan 3 von Chas-Kjariz *(Kat.-Nr. 10)*. Sie wurde leider ohne Abbildung publiziert, so daß eine nähere Beschreibung nicht möglich ist. Bei der zugehörigen Bestattung soll es sich um ein männliches Individuum gehandelt haben. In Grab 4 von Tilla Tepe *(Kat.-Nr. 44,4)* fanden sich mehrere Objekte, die klar zum Pferdegeschirr gehörten. Es handelt sich zum einen um sechs goldene Riemenverteiler mit der Darstellung zusammengerollter Tiere, daneben um reliefierte Goldplättchen sowie um zwei bogenförmige Goldplatten, ebenfalls mit reliefierten Darstellungen (auf einer wird eine Antilope von einem Panther gerissen, auf der zweiten ein Pferd von zwei Raubtieren angegriffen). Da auf der Rückseite einer der beiden letztgenannten Platten Holzreste erhalten waren, ist die Zuordnung zum Pferdezaum nicht völlig gesichert. Die Funde aus Tilla Tepe lagen im Bereich der Knöchel des bestatteten Kriegers. In diesem Zusammenhang soll außerdem der Fund eines Pferdeschädels sowie weiterer Pferdeknochen über dem Grab in der Verfüllung des Schachtes genannt werden. In der Nekropole von Langari Chodžiën *(Kat.-Nr. 36)* sollen ebenfalls Pferdegeschirrteile entdeckt worden sein.

## Geräte

Die größte Gruppe unter den Geräten bilden die Messer. In 18 Gräbern (Dèvkesken 4, O-Gruppe, Kurgan 1, *Kat.-Nr. 16,1, Taf. 25,A,3*; Dèvkesken 4, O-Gruppe, Kurgan 2, *Kat.-Nr. 16,2, Taf. 29,A,3-4.9*; Dèvkesken 4, O-Gruppe, Kurgan 5, *Kat.-Nr. 16,4*; Kaskažol, Kurgan 1, *Kat.-Nr. 27,1, Taf. 51,B,20*; Chanaly, Kurgan 10, *Kat.-Nr. 9, Taf. 16,A,24*; Dordul', Kurgan 2, *Kat.-Nr. 17*; Ljavandak, Kurgan beim Meßpunkt, *Kat.-Nr. 37,1*; Kulkuduk, Kurgan 3, *Kat.-Nr. 34,2, Taf. 63,B,9-10*; Kulkuduk, Kurgan 6, *Kat.-Nr. 34,5, Taf. 65,A,2-3*; Kulkuduk, Kurgan 7, *Kat.-Nr. 34,6, Taf. 65,B,8-11*; Ljavandak, Gruppe 1, Kurgan 1, *Kat.-Nr. 37,2*; Agalyk-Saj, Kurgan 5, *Kat.-Nr. 1,2, Taf. 2,A,8*; Koktepe, *Kat.-Nr. 28, Taf. 61,B,11-12*; Ljavandak, Gruppe 1, Kurgan 2, *Kat.-Nr. 37,3, Taf. 69,B,3*; Chas-Kjariz, Kurgan 3, *Kat.-Nr. 10*; Orlat, Kurgan 2, *Kat.-Nr. 39,1, Taf. 70,B*; Tilla Tepe, Gräber 2 und 6, *Kat.-Nr. 44,2.6*) und fünf summarisch aufgenommenen Nekropolen (Žaman-Togaj, *Kat.-Nr. 48*; Kujumazar, *Kat.-Nr. 33*; Tumek-Kičidžik, *Kat.-Nr. 45*; Tuz-gyr, *Kat.-Nr. 46, Taf. 93,B,11-12*; Langari Chodžiën, *Kat.-Nr. 36*) wurden sie gefunden. Einige Messer sind stark fragmentiert bzw. korodiert, so daß nur wenige Aussagen zu diesen Stücken möglich sind. Im Allgemeinen handelt es sich um Stücke aus Eisen. Dabei scheinen die frühen Exemplare eine leicht gebogene und im Schnitt meist tropfenförmige, selten rundlich-ovale Klinge aufzuweisen. Die Übergänge zu den Griffen (Griffangeln) sind fließend. Ab dem 3. oder 2. Jh. v. Chr. treten dann im östlichen Arbeitsgebiet zunehmend auch Messer mit Ringknauf auf (Kulkuduk, Kurgan 3, *Kat.-Nr. 34,2, Taf. 63,B,9-10*; Kulkuduk, Kurgan 6, *Kat.-Nr. 34,5, Taf. 65,A,2-3*; Koktepe, *Kat.-Nr. 28, Taf. 61,B,11-12*). An einem Stück (Kulkuduk,

Kurgan 6, *Kat.-Nr. 34,5, Taf. 65,A,2-3*) konnten Spuren von Holz und einer Garnumwicklung, beides rot gefärbt, nachgewiesen werden. Bei diesem Messer konnte außerdem festgestellt werden, daß die Scheide zweiteilig, mit einem Netzornament geschmückt und ebenfalls rot eingefärbt gewesen ist. Daneben wurden Reste des Griffes und der Scheide aus Holz auch an anderen Stücken (Dêvkesken 4, O-Gruppe, Kurgan 2, *Kat.-Nr. 16,2*; Agalyk-Saj, Kurgan 5, *Kat.-Nr. 1,2, Taf. 2,A,8*) festgestellt. Eine Besonderheit stellen zwei Messer sibirischer Provenienz aus Grab 2 von Tilla Tepe *(Kat.-Nr. 44,2)* dar. Es läßt sich feststellen, daß die Messer häufig in Zusammenhang mit den Tierknochen ins Grab gelegt wurden, was deutlich auf ihre Bedeutung und Nutzung hinweist. Daneben fand sich in Tilla Tepe, Grab 6 *(Kat.-Nr. 44,6)*, ein Messer zusammen mit Toilettegegenständen außerhalb des Sarges.

Im Arbeitsgebiet wurde nur ein Grab mit einem Spinnwirtel entdeckt. Es handelt sich dabei um Kurgan 1 der W-Gruppe von Dêvkesken 4 *(Kat.-Nr. 16,5, Taf. 36,A,4-6)*. Hier fanden sich drei gelblich-graue Stücke aus schlecht geschlämmtem und grob gemagertem Ton mit geglätteter Oberfläche. In ihrer Form variieren sie zwischen breit bikonisch, konisch und tonnenförmig.

Schleifsteine dagegen kommen häufiger vor. Die vier Exemplare aus Kurgan 4 der O-Gruppe von Dêvkesken 4 *(Kat.-Nr. 16,3, Taf. 33,B,3)*, Kurgan 19 aus Džidelibulak 1 *(Kat.-Nr. 20,2, Taf. 45,B,2)* und zwei aus dem Kurgan von Čyryšly *(Kat.-Nr. 14, Taf. 22,A,7-8)* bestehen aus feinkörnigem grauem Sandstein unterschiedlicher Farbschattierungen. Sie sind zigarrenförmig (die Form des zweiten Schleifsteins aus Čyryšly kann durchaus mit der Nutzung zusammenhängen) und weisen am oberen Ende eine Durchbohrung auf. Daneben sollen auch in der Nekropole von Žaman-Togaj *(Kat.-Nr. 48)* Schleifsteine zutage gekommen sein.

Eine weitere Gerätegruppe bilden die seltener auftretenden Reibsteine. Die publizierten Exemplare aus dem Arbeitsgebiet stammen aus Kurgan 7 von Kaskažol *(Kat.-Nr. 27,4, Taf. 57,A,4-5)*; Kurgan 3 von Chas-Kjariz *(Kat.-Nr. 10, Taf. 19,A,1)* sowie aus Kurgan 2 von Akdžartepe *(Kat.-Nr. 3,1)*. Die Stücke sind aus feinem Sandstein.

Es wurden Reibschalen (Kaskažol, Kurgan 7, *Kat.-Nr. 27,4, Taf. 57,A,5*; Chas-Kjariz, Kurgan 3, *Kat.-Nr. 10, Taf. 19,A,1*) und Läufer (Kaskažol, Kurgan 7, *Kat.-Nr. 27,4, Taf. 57,A,4*) gefunden. Diese Geräte scheinen erst ab dem 3. Jh. v. Chr. aufzutreten.

An weiteren Geräten wurde ein Knochenspatel in Kurgan 2 von Karasakbas *(Kat.-Nr. 26, Taf. 49,A,4)* entdeckt, der zusammen mit einem Bogen gefunden wurde. Weiterhin wurde ein dicker, flacher Sandsteinstößel trapezoider Form in Kurgan 1 der O-Gruppe von Dêvkesken 4 *(Kat.-Nr. 16,1, Taf. 25,A,4)* gefunden. Eisenpfrieme stammen aus dem Kurgan von Čyryšly *(Kat.-Nr. 14, Taf. 22,A,6)* und aus dem Grab von Koktepe *(Kat.-Nr. 28, Taf. 61,B,13)*. In Kurgan 5 von Agalyk-Saj *(Kat.-Nr. 1,2, Taf. 2,A,5)* kam ein Bohrer mit abgebrochenem Griff zu Tage. Ein Kupfergerät aus Kurgan 3 von Chas-Kjariz *(Kat.-Nr. 10)* könnte eine scheibenförmige Zwinge zur Holzreparatur gewesen sein. In den meisten Frauengräbern von Tilla Tepe fanden sich kleine Flechtkörbchen mit Toiletteartikeln. Darin lagen aber auch Knochenstäbchen mit spitzen Enden, eine Zange mit Holzgriff (beide aus Grab 1, *Kat.-Nr. 44,1*), ein Spitzhammer aus Eisen (Grab 2, *Kat.-Nr. 44,2*), ein Eisenhaken (Grab 5, *Kat.-Nr. 44,5*) und Eisenzangen (Grab 6, *Kat.-Nr. 44,6*), die als Geräte angesprochen werden können. Im Gräberfeld von Tuz-gyr *(Kat.-Nr. 46, Taf. 95,A,13)* wurden Eisenpinzetten gefunden. Schließlich sind noch Fragmente und Objekte aus Eisen und Bronze von mehreren Kurganen (Kaskažol, Kurgan 7, *Kat.-Nr. 27,4, Taf. 57,A,2*; Kulkuduk, Kurgan 4, *Kat.-Nr. 34,3*; Kulkuduk, Kurgan 7, *Kat.-Nr. 34,6*; Ljavandak, Gruppe 1, Kurgan 2, *Kat.-Nr. 37,3*) zu nennen, deren Funktion nicht mehr genau bestimmt werden kann.

Möglicherweise sind meist durchlochte Scheiben aus Knochen (Dêvkesken 4, O-Gruppe, Kurgan 2, *Kat.-Nr. 16,1, Taf. 29,A,7*), Stein (Džidelibulak 1, Kurgan 2, *Kat.-Nr. 20,1, Taf. 44,B,1*; Chanaly, Kurgan 10, *Kat.-Nr. 9, Taf. 15,B,1*; Koktepe, *Kat.-Nr. 28, Taf. 61,B,10*) oder sekundär verwendeter Keramik (Dêvkesken 4, O-Gruppe, Kurgan 2, *Kat.-Nr. 16,1, Taf. 29,A,5*; Džidelibulak 1, Kurgan 19, *Kat.-Nr. 20,2, Taf. 45,B,1*; Kaskažol, Kurgan 4, *Kat.-Nr. 27,3, Taf. 55,A,4*) ebenfalls als Geräte zu deuten.

## Gefäße

In fast allen Gräbern wurden Gefäße entdeckt. Ausnahmen bilden nur Kurgan 3 aus Kaskažol *(Kat.-Nr. 27,2)* Kurgan 9 aus Agalyk-Saj *(Kat.-Nr. 1,3)* sowie die Kurgane 4 und 5 aus Akdžartepe *(Kat.-Nr. 3,2-3)*. Zumeist handelt es sich um handgemachte oder scheibengedrehte Keramik, es treten aber auch Gefäße aus Holz, Metall oder Fayence auf. Besonders letztere sind zumeist klein und werden deshalb als Behältnis für Kosmetik angesprochen, weshalb sie zusammen mit den Toilettegegenständen besprochen werden.

Keramische Gefäße traten in fast allen Gräbern auf. Ausnahmen sind nur Kurgan 3 von Kaskažol *(Kat.-Nr. 27,2)*, Agalyk-Saj, Kurgan 9 *(Kat.-Nr. 1,3)*, Akdžartepe, Kurgan 4 *(Kat.-Nr. 3,2)*, Akdžartepe, Kurgan 5 *(Kat.-Nr. 3,3)* sowie Tilla Tepe, Gräber 1, 2, 4 und 5 *(Kat.-Nr. 44,1-2.4-5)*.

Zumeist finden sich kombinierte Sets aus scheibengedrehter und handgemachter Ware, jedoch ist der Publikationsstand zu den Einzelbefunden recht unterschiedlich, so daß nicht immer entschieden werden konnte, ob es sich bei der Grabkeramik um handgemachte oder scheibengedrehte Gefäße handelt. Deshalb sind genaue Aussagen ohne eine Sichtung vor Ort nicht möglich und es erfolgt an dieser Stelle nur ein kurzer allgemeiner Überblick.

Generell ist davon auszugehen, daß scheibengedrehte Keramik von den benachbarten seßhaften Kulturen importiert wurde. Sie ist meist aus sorgfältig geschlämmtem, fein gemagertem Ton, gut gebrannt, oft engobiert (häufig rot, aber auch bräunlich, grau o. ä.) und i. d. R. nicht weiter ornamentiert. Diese Waren lassen sich gut in die Keramikentwicklung Chorezms und Sogdiens einordnen. Handgemachte Keramik hingegen ist zumeist aus grob gemagertem Ton, bei schwachen Temperaturen gebrannt und weder ornamentiert noch anderweitig bearbeitet. Die Formen der Gefäße sind ebenfalls grob und oft asymmetrisch. Diese Keramik zeigt somit Verbindungen zu sauromatischer und sarmatischer Gebrauchskeramik, jedoch erscheint dies nicht übermäßig aussagekräftig, da man es hier offensichtlich mit einer Ware zu tun hat, die schnell und für den „Haus- bzw. Grabgebrauch" angefertigt wurde. Daneben wurde bereits mehrfach für zahlreiche bronze- und eisenzeitliche Kulturen Eurasiens darauf hingewiesen, daß es sich bei der groben Keramik aus Bestattungen möglicherweise um speziell angefertigte Grabgefäße handeln könnte, auf deren Haltbarkeit aufgrund der einmaligen Niederlegung wenig Wert gelegt wurde[321]. In diesem Zusammenhang ist auf eine Besonderheit aus Kurgan 3 von Kulkuduk *(Kat.-Nr. 34,2)* hinzuweisen. Es handelt sich um die Reste zweier ungebrannter keramischer Gefäße, deren Oberflächen außen und innen hellrot bemalt waren. Insgesamt bleibt also festzustellen, daß keramische Gefäße die größte Gruppe der Grabbeigaben bilden, wenngleich sie nicht immer befriedigend veröffentlicht wurden, sondern im Interesse der Bearbeiter hinter metallischen Objekten zurückblieben.

---

[321] Freundliche mündl. Mitteilung Dr. O. I. Novikova, Novosibirsk. Beispiele erwähnen z. B. Polos'mak 1997, S. 39; Rudenko 1953, S. 171-172, sowie Samašev et al. 2002, S. 247.

## Metall, Holz und Stein

Metallgefäße fanden sich im Arbeitsgebiet zumeist in unberaubten Gräbern (Koktepe, *Kat.-Nr. 28, Taf. 61,A,5*; Chas-Kjariz, Kurgan 3, *Kat.-Nr. 10, Taf. 18,A,1*; Tilla Tepe, Gräber 1-6, *Kat.-Nr. 44,1-6)*. Die Gefäße sind aus Bronze, Silber und Gold gefertigt, es handelt sich um Kessel, Schalen, Schüsseln etc. Der hohe Wert, den diese Gegenstände hatten, wird beispielsweise dadurch ersichtlich, daß sie schon im Altertum repariert wurden (z. B. der Bronzekessel aus Koktepe, *Kat.-Nr. 28, Taf. 61,A,5)*. Einige weisen zusätzliche Ornamente (fein graviertes, florales Ornament auf dem Deckel einer Silberschachtel aus Tilla Tepe, Grab 1, *Kat.-Nr. 44,1)* oder Inschriften (Goldphiale mit griechischer Massenangabe aus Tilla Tepe, Grab 4, *Kat.-Nr. 44,4)* auf. Bei den Metallgefäßen handelt es sich wohl um Importe von umliegenden seßhaften Kulturen, die teilweise weit verhandelt wurden. Es ist von einer ursprünglich größeren Anzahl derartiger Objekte in den Gräbern auszugehen, die jedoch zumeist Beraubungen zum Opfer gefallen sein dürften und dann eingeschmolzen wurden. Ein Bronzekessel aus der Nähe von Tokabaj wurde aufgrund der unklaren Befundlage nicht in den Katalog aufgenommen, wenngleich er sich „kulturell [...] auf Grund seiner Verzierung dem sakisch-sarmatischen Kreis von Funden zwischen Amu Darya und Syr Darya anschließen" läßt[322].

Reste oder Abdrücke von Holzgefäßen wurden in drei Fällen (Dêvkesken 4, O-Gruppe, Kurgan 2, *Kat.-Nr. 16,1, Taf. 29,A,8*; Kulkuduk, Kurgan 4 und Kurgan 5, *Kat.-Nr. 34,3-4)* dokumentiert. Im Falle von Kurgan 2 der O-Gruppe von Dêvkesken 4 handelt es sich um einen Abdruck eines Gefäßes, auf dem ein eingeritztes Netzmuster erkennbar war. Das vergangene Holzgefäß selbst stand zwischen Tierknochen im Kollektivgrab. In Kurgan 4 von Kulkuduk wurden nur wenige Reste beobachtet, dagegen wies aber das Holzgefäß aus Kurgan 5 desselben Gräberfeldes vier Bronzeplatten auf, die ursprünglich doppelt um den Rand eines Gefäßes aus Holz gelegt gewesen sein sollen. Dieses Gefäß befand sich neben dem Kopf des Toten. Insgesamt ist sicherlich mit einer größeren Menge von Holzgefäßen zu rechnen, die sich jedoch nicht erhalten haben.

Steingefäße kommen nur selten vor. Zu erwähnen ist hier ein Exemplar mit zoomorphen Handhaben aus Kurgan 3 von Chas-Kjariz *(Kat.-Nr. 10, Taf. 18,A,7-8)*, in dem innen Faserreste erhalten geblieben waren. Nähere

---

[322] Boroffka et al. 2003, S. 227.

Angaben zu den dargestellten Tieren sind leider weder anhand der publizierten Beschreibung noch mittels der Abbildungen möglich. Daneben stammen Steingefäße aus der Nekropole Tuz-gyr *(Kat.-Nr. 46, Taf. 96,B,6-7)*.

Eine Sonderstellung nimmt ein ornamentiertes rundes Elfenbeingefäß aus Grab 3 von Tilla Tepe *(Kat.-Nr. 44,3)* ein. Es handelt sich hierbei evtl. um ein Importstück aus Indien und ist möglicherweise in Zusammenhang mit den Toilettegefäßen zu sehen.

Insgesamt lassen sich nur wenige Feststellungen zur Sitte der Gefäßbeigaben treffen, da die Erhaltungsbedingen für Gefäße aus Holz (naturgemäß) und Metall (durch Beraubung) sehr schlecht sind. Es scheint jedoch, daß es sich bei Metallgefäßen zumeist um Importe handelt, daneben ist von einer Nutzung von Holzgefäßen in größerem Umfang auszugehen. Steingefäße hingegen treten nur selten auf. Da auch bei einer Beraubung von Grabstätten gelegentlich Fragmente auftreten müßten, ist davon auszugehen, daß es sich hierbei nicht nur um eine erhaltungsbedingte Feststellung handelt. Keramik dominiert die Beigaben. Hierbei sind scheibengedrehte Importware und handgemachte (Grab-?) Keramik zu trennen.

## „Kultische" Gerätschaften

Zu den dominantesten Gegenständen, die für die sauromatische und sarmatische Kultur mit kultisch-religiösen Vorstellungen assoziiert werden, gehören kleine Altärchen, die im Laufe der Zeit durch Räuchergefäße abgelöst wurden[323]. Im Arbeitsgebiet wurden einige derartige Stücke gefunden. Ein abgerundetes Altärchen aus Sandstein mit Flachboden und Ritzornament stammt aus der Aufschüttung von Kurgan 1 von Kaskažol *(Kat.-Nr. 27,1, Taf. 52,B,4)*, ein weiteres, viereckiges Exemplar mit Resten verbrannter Zweige lag in einem Gefäß am Kopfende der Doppelbestattung von Kurgan 4 von Kulkuduk *(Kat.-Nr. 34,5, Taf. 64,A,12)*. In die Zeit um das 2. Jh. v. Chr. fällt auch hier der Übergang zu den Räuchergefäßen. Das älteste Exemplar dieser Art in der Zusammenstellung stammt aus dem Kurgan beim Meßpunkt von Ljavandak *(Kat.-Nr. 37,1, Taf. 68,A,4)*. Es handelt sich dabei um ein flaches, rechteckiges, grob handgemachtes Räuchergefäß aus Ton mit Flachboden und einer Handhabe an einer Seite, das sich in Kopfnähe der Bestattung fand. Ein gleichartiges Exemplar wurde in Kurgan 1 der Gruppe 1 der gleichen Nekropole *(Kat.-Nr. 37,2, Taf. 68,B,2)* gefunden. Auch dieses lag im Kopfbereich. Hier fanden sich im Inneren noch Reste von Asche und Holzkohle. Im Frauengrab von Koktepe *(Kat.-Nr. 28)* wurde neben einem runden Räuchergefäß aus Keramik *(Taf. 61,B,8)* auch ein Räucherständer aus Eisen *(Taf. 61,A,6)* entdeckt. Im Kurgan von Ševčenko *(Kat.-Nr. 42)* soll sich ein steinernes Opferaltärchen befunden haben. Da keine Abbildung des Gefäßes vorliegt, kann es hier nicht näher definiert werden, es sei aber darauf hingewiesen, daß es sich möglicherweise eher um ein Räuchergefäß gehandelt haben dürfte, da der Kurgan ins 1. Jh. n. Chr. datiert wird und zu dieser Zeit die eigentlichen Altärchen längst außer Mode gekommen waren. In Gräbern der Nekropolen von Tumek-Kičidžik *(Kat.-Nr. 45, Taf. 90,B)* und Tuz-gyr *(Kat.-Nr. 46, Taf. 95,B)* gehörten ebenfalls Räuchergefäße zum Inventar. Insgesamt zeigt sich, daß die Altärchen ebenso wie später die Räuchergefäße – soweit feststellbar – in der Nähe des Kopfes der Bestattung lagen. Der Übergang zu den Räuchergefäßen scheint sich um das 2. Jh. v. Chr. vollzogen zu haben.

Ebenfalls in den Bereich kultischer Gerätschaften werden gemeinhin Löffel gestellt. In der vorliegenden Zusammenstellung tritt nur ein Exemplar auf, das dafür aber besonders aufwendig gearbeitet ist. Der Löffel aus Kurgan 1 der O-Gruppe von Dėvkesken 4 *(Kat.-Nr. 16,1, Taf. 25,A,8)* ist aus Knochen gefertigt und sorgfältig poliert. Der Griff weist einen auf der Schauseite zoomorph ausgearbeiteten Abschluß auf. Bei der Darstellung handelt es sich um einen Raubvogelkopf mit rundem Auge, stark gebogenem Schnabel und einer Spirallocke. Der Löffel stammt aus einem Kollektivgrab und soll sich ursprünglich in einem Köcher befunden haben, was eine rituelle Deutung nicht unbedingt unterstützen würde.

Neben den Altärchen/Räuchergefäßen und Löffeln traten im Arbeitsgebiet weitere Gegenstände auf, die mit kultischen Vorstellungen in Verbindung gebracht werden. Hierzu gehören ein Eberhauer (Karasakbas, Kurgan 2, *Kat.-Nr. 26, Taf. 49,A,5*), Bronzeglöckchen (Kulkuduk, Kurgan 6, *Kat.-Nr. 34,5, Taf. 65,A,4*; Tilla Tepe, Grab 5, *Kat.-Nr. 44,5*), ein Schafastragal mit Durchbohrung (Ljavandak, Gruppe 1, *Kurgan 2, Kat.-Nr. 37,3*) sowie Statuettenfragmente, anthropomorphe Plättchen und Amulette (Tumek-Kičidžik, Nekropole, *Kat.-Nr. 45, Taf. 92,A,20-21*; Langari Chodžiën, Nekropole, *Kat.-Nr. 36*). Die „Kronen" der Bestattungen aus Tilla Tepe, besonders die in Grab 4 *(Kat.-Nr. 44,4)* mit dem Modell eines Baumes und einem Steinbock, gehören möglicherweise in einen ähnlichen Zusammenhang und dienten als „Glücksbringer". Zumindest für den Eberhauer aus Kurgan 2 von Karasakbas ist etwas derartiges anzunehmen, da er sich unter dem Akinakes des Kriegers befand und in Zusammenhang mit diesem stehen könnte. Ein Kupferstempel aus der Nekropole von Tumek-Kičidžik *(Kat.-Nr. 45, Taf. 92,A,1)* könnte, nach der Abbildung zu urteilen, ein bronzezeitliches Relikt sein, das vielleicht über Generationen weitergegeben wurde.

---

[323] Vgl. hierzu Kap. zur sauromatischen und sarmatischen Kultur.

Die größte Gruppe unter den Toilettegegenständen stellen die Spiegel dar. In 14 Gräbern (Dêvkesken 4, O-Gruppe, Kurgan 2, *Kat.-Nr. 16,2, Taf. 29,A,1*; Dêvkesken 4, W-Gruppe, Kurgan 1, *Kat.-Nr. 16,5, Taf. 36,A,3*; Dêvkesken 4, O-Gruppe, Kurgan 5, *Kat.-Nr. 16,4*; Kaskažol, Kurgan 4, *Kat.-Nr. 27,3, Taf. 55,A,2*; Agalyk-Saj, Kurgan 9, *Kat.-Nr. 1,3, Taf. 3,C*; Chanaly, Kurgan 10, *Kat.-Nr. 9, Taf. 15,B,3* und evtl. auch *Taf. 15,B,4*; Kaskažol, Kurgan 7, *Kat.-Nr. 27,4, Taf. 57,A,3*; Kulkuduk, Kurgan 2, *Kat.-Nr. 34,1, Taf. 63,1,3*; Kulkuduk, Kurgan 3, *Kat.-Nr. 34,2, Taf. 63,B,1*; Kulkuduk, Kurgan 6, *Kat.-Nr. 34,5, Taf. 65,A,1*; Koktepe, *Kat.-Nr. 28, Taf. 61,B,14*; Tilla Tepe, Grab 2, *Kat.-Nr. 44,2*; Tilla Tepe, Grab 3, *Kat.-Nr. 44,3*; Tilla Tepe, Grab 6, 2 Stück, *Kat.-Nr. 44,6*; sowie in den Nekropolen von Kujumazar, *Kat.-Nr. 33*; Tumek-Kičidžik, *Kat.-Nr. 45, Taf. 92,A,13-14*; Tuz-gyr, *Kat.-Nr. 46, Taf. 95,A,14 und 94,A,38*; sowie Langari Chodžiën, *Kat.-Nr. 36*) wurden Spiegel gefunden. Diese waren in den meisten Fällen (evtl. intentionell) zerbrochen. Die Spiegel weisen eine runde Fläche meist mit Randwulst auf und sind in der Regel zusammen mit den länglichen Griffen aus Bronze gegossen. In einigen Fällen treten auch mehrere konzentrische Wülste als Verzierung auf der runden Fläche auf (beispielsweise bei Agalyk-Saj, Kurgan 9, *Kat.-Nr. 1,3, Taf. 3,C*). Bei einigen Exemplaren waren die Griffe aus Knochen (Agalyk-Saj, Kurgan 9, *Kat.-Nr. 1,3, Taf. 3,C* – der Griff war zusätzlich unten mit einer Bleiplatte überzogen) oder Eisen (Tumek-Kičidžik, *Kat.-Nr. 45, Taf. 92,A,13-14*; Tuz-gyr, *Kat.-Nr. 46, Taf. 95,A,14*) gefertigt. Ein besonders aufwendiges Exemplar ist der Spiegel von Kaskažol, Kurgan 4 *(Kat.-Nr. 27,3, Taf. 55,A,2)*, der ein Ornament aus gravierten konzentrischen Kreisen in Tannenzweigmuster bzw. mit Punkten aufweist, in deren Zentrum ein nach rechts schreitender entenartiger Vogel dargestellt ist. Eine weitere Besonderheit zeigt der Spiegel von Kulkuduk, Kurgan 3 *(Kat.-Nr. 34,2, Taf. 63,B,1)* dessen Griff mit einem Knochenring *(Taf. 63,B,2)* sowie einem halbrunden Bronzeknauf mit aufgesetztem Vogel *(Taf. 63,B,3)* verziert war. In der Publikation zu Kurgan 10 von Chanaly *(Kat.-Nr. 9)* wurden zwei sehr ähnliche Fundstücke einmal als Spiegel *(Taf. 15,B,3)* und einmal als Bronzescheibe *(Taf. 15,B,4)* beschrieben. Es ist jedoch m. E. anzunehmen, daß es sich in beiden Fällen um die runde Fläche eines Spiegels handelt. Zur Frage der Provenienz und der kulturellen Einordnung der Spiegeltypen („baktrisch" oder „sarmatisch") findet eine aktuelle Diskussion statt[324]. Eine Darstellung der Argumentationen und eine Stellungnahme würde den Rahmen dieser Arbeit sprengen und muß an anderer Stelle erfolgen. Daneben treten auch immer wieder chinesische Spiegel in den Grabkomplexen

auf, die gute chronologische Anhaltspunkte liefern. Sicher zuzuordnen sind mehrere Silberspiegel (Koktepe, *Kat.-Nr. 28, Taf. 61,B,14*; Tilla Tepe, Grab 2, *Kat.-Nr. 44,2*; Tilla Tepe, Grab 3, *Kat.-Nr. 44,3*; Tilla Tepe, Grab 6, 2 Stück, *Kat.-Nr. 44,6*), die im Arbeitsgebiet entdeckt wurden. Sie sind teilweise mit einem feinen umlaufenden Ornament (Koktepe, *Kat.-Nr. 28, Taf. 61,B,14*) verziert oder weisen eine umlaufende Inschrift auf (Tilla Tepe, Grab 3, *Kat.-Nr. 44,3*). Bei einem Exemplar aus Grab 6 von Tilla Tepe *(Kat.-Nr. 44,6)* bestand der Griff aus Elfenbein. Insgesamt läßt sich feststellen, daß Spiegel zu den häufigsten Grabbeigaben gehören. Sie finden sich, soweit feststellbar, meist nahe dem Oberkörper der Bestattung. Ihre Rolle als Prestigeobjekt in der damaligen Zeit wird auch dadurch dokumentiert, daß sie in einigen Fällen (Kulkuduk, Kurgan 6, *Kat.-Nr. 34,5, Taf. 65,A,1*; Koktepe, *Kat.-Nr. 28, Taf. 61,B,14*) nachgewiesenermaßen zum Schutz in Stoff eingeschlagen waren.

Ebenfalls in den Bereich der Toilettegegenstände gehören Kämme. Bei den im Arbeitsgebiet dokumentierten Exemplaren (Koktepe, *Kat.-Nr. 28, Taf. 61,B,15*; Tilla Tepe, Grab 3, *Kat.-Nr. 44,3*) handelt es sich um recht aufwendige Stücke, die beide in Frauengräbern entdeckt wurden. Der Kamm aus Koktepe besitzt Pferdeprotome und weist rote Farbspuren auf, der aus Tilla Tepe, Grab 3, besteht aus Elfenbein und ist wahrscheinlich indischer Provenienz. Er ist stark fragmentiert, trotzdem ist beidseitig eine gravierte Darstellung zu erkennen. Dieser Kamm war neben dem Sarg, der Kamm aus Koktepe dagegen neben dem rechten Knie in einem Stoffbeutel niedergelegt worden.

Daneben werden kleine Gefäße, oft aus Fayence, die zur Aufnahme kostbarer Essenzen gedient haben sollen, ebenfalls als Toilettegegenstände gedeutet. Im Arbeitsgebiet treten bis zum Ende des 2. Jh. v. Chr. meist in Kollektivgräbern handgemachte keramische Exemplare auf, die dann später durch solche aus Fayence, Elfenbein oder evtl. auch Metall ersetzt wurden. Miniaturgefäße aus Ton stammen aus Kurgan 2 der O-Gruppe von Dêvkesken 4 *(Kat.-Nr. 16,2, Taf. 30,A,5)*, Kurgan 10 von Chanaly *(Kat.-Nr. 9, Taf. 16,A,29-32)*, Kurgan 2 von Dordul' *(Kat.-Nr. 17, Taf. 42,A,3)* sowie von Kurgan 3 von Kulkuduk *(Kat.-Nr. 34,2, Taf. 63,B,6)*. Daneben wurden in Koktepe *(Kat.-Nr. 28, Taf. 61,B,7)* sowie in den Frauengräbern von Tilla Tepe *(Kat.-Nr. 44,1-3.5-6)* kleine Gefäße aus Silber, Fayence und Elfenbein gefunden. In Tilla Tepe fanden sich in den genannten Gräbern außerdem Reste von kleinen Flechtkörbchen, die Kosmetikzubehör enthielten. Möglicherweise wurden früher bereits derartige Gefäße aus edlen Materialien benutzt, die uns jedoch – sei es aufgrund der Erhaltungsbedingungen, sei es durch Grabräuberei – nicht erhalten geblieben sind.

---

[324] Beispielsweise Gorbunova 1998; Gorbunova 2001.

Hier sind insbesondere die Gräber von Tilla Tepe *(Kat.-Nr. 44,1-6)* von Bedeutung, da durch die unberaubte Auffindung und wissenschaftliche Ausgrabung wichtige Erkenntnisse zur Tracht- und Schmucksitte der eisenzeitlichen Nomaden gewonnen werden konnten. Die große Zahl der Fundstücke, ihre Variationsbreite und die Vermischung der verschiedensten Einflüsse in Ikonographie und Form verhindern jedoch in diesem Rahmen ihre genaue Analyse und Beschreibung. Im folgenden kann also nur kurz auf die wichtigsten Stücke eingegangen werden.

Zu den häufigsten Tracht- und Schmuckbeigaben zählen Armreifen aus Bronze (Dèvkesken 4, O-Gruppe, Kurgan 1, *Kat.-Nr. 16,1, Taf. 25,A,6-7*; Dèvkesken 4, O-Gruppe, Kurgan 2, *Kat.-Nr. 16,2, Taf. 29,A,6*; Dèvkesken 4, W-Gruppe, Kurgan 1, *Kat.-Nr. 16,5, Taf. 36,A,7*; Dèvkesken 4, O-Gruppe, Kurgan 5, *Kat.-Nr. 16,4, Taf. 34,B,3*; Džidelibulak 1, Kurgan 2, *Kat.-Nr. 20,1, Taf. 44,B,2*; Kulkuduk, Kurgan 2, *Kat.-Nr. 34,1, Taf. 63,A,4-5*; Langari Chodžiën, *Kat.-Nr. 36*). Die Stücke sind zumeist rund bis oval und aus runden Bronzestäben gebogen. Ihre Enden sind in den meisten Fällen offen (Ausnahme evtl. Dèvkesken 4, O-Gruppe, Kurgan 1, *Kat.-Nr. 16,1, Taf. 25,A,6*). In einem Fall (Dèvkesken 4, W-Gruppe, Kurgan 1, *Kat.-Nr. 16,5, Taf. 36,A,7*) war die Oberfläche vertikal gerippt. Die Armreifen aus Kurgan 2 von Kulkuduk *(Kat.-Nr. 34,1, Taf. 63,A,4-5)* waren zumindest teilweise spiralförmig. In Grab 2 von Tilla Tepe *(Kat.-Nr. 44,2, Taf. 79,B,2)* wurden Armreifen gefunden, deren Enden als Antilopen ausgebildet waren. Ähnliche Stücke wurden auch in Grab 6 *(Kat.-Nr. 44,6)* gefunden, jedoch endeten diese in Löwenköpfen. Auch in Langari Chodžiën *(Kat.-Nr. 36)* sollen Armreifen mit zoomorphen Enden gefunden worden sein.

Gelegentlich traten in den Gräbern Schläfen- oder Ohrringe auf (Dèvkesken 4, O-Gruppe, Kurgan 5, *Kat.-Nr. 16,4, Taf. 34,B,3*; Kaskažol, Kurgan 7, *Kat.-Nr. 27,4, Taf. 57,A,8*; Kulkuduk, Kurgan 3, *Kat.-Nr. 34,2, Taf. 63,B,5*; Kulkuduk, Kurgan 6, *Kat.-Nr. 34,5, Taf. 65,A,5*; Tilla Tepe, Grab 1, *Kat.-Nr. 44,1*; Tumek-Kičidžik, *Kat.-Nr. 45*; Langari Chodžiën, *Kat.-Nr. 36*), die meist aus Bronze gefertigt waren. Die Ringe weisen häufig (Dèvkesken 4, O-Gruppe, Kurgan 5, *Kat.-Nr. 16,4, Taf. 34,B,3*; Kaskažol, Kurgan 7, *Kat.-Nr. 27,4, Taf. 57,A,8*) überlappende, stumpfe Enden auf. Sicher als Ohrringe anzusprechen sind die Exemplare aus Kurgan 6 von Kulkuduk *(Kat.-Nr. 34,5, Taf. 65,A,5)*, deren Enden als Doppelspirale ausgebildet sind, sowie der amphorenförmige Ohrring mit einem Achat in Goldfassung aus Kurgan 3 der gleichen Nekropole *(Kat.-Nr. 34,2, Taf. 63,B,5)* und der Goldohrring mit feiner Granulation aus Grab 1 von Tilla Tepe *(Kat.-Nr. 44,1)*.

Fingerringe fanden sich seltener (Kulkuduk, Kurgan 3, *Kat.-Nr. 34,2, Taf. 63,B,7-8*; Kulkuduk, Kurgan 6, *Kat.-Nr. 34,5*; Tilla Tepe, Gräber 1-3 und 6, *Kat.-Nr. 44,1-3.6, Taf. 79,B,3*, sowie in Tumek-Kičidžik, *Kat.-Nr. 45, Taf. 92,A,8*; Langari Chodžiën, *Kat.-Nr. 36*). In den beiden Gräbern der Nekropole von Kulkuduk wurden jeweils sechs Stücke entdeckt. Einer davon (Kulkuduk, Kurgan 6, *Kat.-Nr. 34,5*) zeigt die Darstellung eines Fabelwesens. Die Ringe aus den Gräbern von Tilla Tepe (Gräber 1-3 und 6, *Kat.-Nr. 44,1-3.6, Taf. 79,B,3*) sind aufwendig gestaltet und dienten wohl teilweise als Siegelringe. Ein Fingerring aus der Nekropole von Tumek-Kičidžik *(Kat.-Nr. 45, Taf. 92,A,8)* wies eine verdickte Fläche ohne Darstellung auf und könnte als Siegelring interpretiert werden, der noch nicht graviert wurde.

In zwei Fällen (Kulkuduk, Kurgan 6, *Kat.-Nr. 34,5*; Ljavandak, Gruppe 1, Kurgan 1, *Kat.-Nr. 37,2*) fanden sich kleine Ringe aus Eisen ohne genaue Zweckbestimmung sowie ein Knochenring (Dèvkesken 4, O-Gruppe, Kurgan 1, *Kat.-Nr. 16,1, Taf. 25,A,13*) mit ellipsoider Form, dessen Oberfläche gut poliert war.

Häufig wurden Perlen in den Gräbern gefunden (Karasakbas, Kurgan 2, *Kat.-Nr. 26, Taf. 49,A,2*; Dèvkesken 4, O-Gruppe, Kurgan 1, *Kat.-Nr. 16,1, Taf. 25,A,9-11*; Dèvkesken 4, O-Gruppe, Kurgan 2, *Taf. 29,A,10-11*; Dèvkesken 4, W-Gruppe, Kurgan 1, *Kat.-Nr. 16,5, Taf. 36,A,8-10*; Kaskažol, Kurgan 1, *Kat.-Nr. 27,1, Taf. 51,A,4-11*; Kaskažol, Kurgan 4, *Kat.-Nr. 27,3, Taf. 55,A,5*; Agalyk-Saj, Kurgan 9, *Kat.-Nr. 1,3, Taf. 3,2*; Chanaly, Kurgan 10, *Kat.-Nr. 9, Taf. 16,A,27*; Čyryšly, Kurgan, *Kat.-Nr. 14, Taf. 22,A,9*; Kulkuduk, Kurgan 6, *Kat.-Nr. 34,5*; Tilla Tepe, Grab 5, *Kat.-Nr. 44,5*; sowie in den Nekropolen von Žaman-Togaj, *Kat.-Nr. 48*; Kujumazar, *Kat.-Nr. 33*; Tumek-Kičidžik, *Kat.-Nr. 45*; Tuz-gyr, *Kat.-Nr. 46*; und Langari Chodžiën, *Kat.-Nr. 36*). Sie sind zumeist aus blauer oder grüner Glaspaste (Karasakbas, Kurgan 2, *Kat.-Nr. 26, Taf. 49,A,2*; Dèvkesken 4, O-Gruppe, Kurgan 1, *Kat.-Nr. 16,1, Taf. 25,A,9-11*; Dèvkesken 4, O-Gruppe, Kurgan 2, *Kat.-Nr. 16,2, Taf. 29,A,10-11*; Dèvkesken 4, W-Gruppe, Kurgan 1, *Kat.-Nr. 16,5, Taf. 36,A,8-10*; Kaskažol, Kurgan 1, *Kat.-Nr. 27,1, Taf. 51,A,5.7-11*; Kaskažol, Kurgan 4, *Kat.-Nr. 27,3, Taf. 55,A,5*; Čyryšly, Kurgan, *Kat.-Nr. 14, Taf. 22,A,9*; Kujumazar, *Kat.-Nr. 33*; Tumek-Kičidžik, *Kat.-Nr. 45*; Tuz-gyr, *Kat.-Nr. 46*; und Langari Chodžiën, *Kat.-Nr. 36*) unterschiedlicher Farbschattierungen, seltener aber auch aus Stein (Kaskažol, Kurgan 1, *Kat.-Nr. 27,1, Taf. 51,A,4.6*; Agalyk-Saj, Kurgan 9, *Kat.-Nr. 1,3, Taf. 3,2*; Chanaly, Kurgan 10, *Kat.-Nr. 9, Taf. 16,A,27*; Kujumazar, *Kat.-Nr. 33*; Tuz-gyr, *Kat.-Nr. 46*; und Langari Chodžiën, *Kat.-Nr. 36*) oder Knochen (Kaskažol, Kurgan 1, *Kat.-Nr. 27,1, Taf. 51,A,10.11*) gefertigt.

Die Perlen sind ring- (Karasakbas, Kurgan 2, *Kat.-Nr. 26, Taf. 49,A,2*; Kaskažol, Kurgan 1, *Kat.-Nr. 27,1, Taf. 51,A,5.7*), scheiben- (Dėvkesken 4, O-Gruppe, Kurgan 2, *Kat.-Nr. 16,2, Taf. 29,A,10*; Kaskažol, Kurgan 1, *Kat.-Nr. 27,1, Taf. 51,A,4*), röllchen- (Dėvkesken 4, O-Gruppe, Kurgan 2, *Kat.-Nr. 16,2, Taf. 29,A,11*) oder kugelförmig (Kaskažol, Kurgan 1, *Kat.-Nr. 27,1, Taf. 51,A,9*). Es treten daneben aber auch sechseckig-prismatische (Dėvkesken 4, W-Gruppe, Kurgan 1, *Kat.-Nr. 16,5, Taf. 36,A,8-9*), zylindrische (Kaskažol, Kurgan 1, *Kat.-Nr. 27,1, Taf. 51,A,10-11*; Agalyk-Saj, Kurgan 9, *Kat.-Nr. 1,3, Taf. 3,2*) und skaraboide (Kaskažol, Kurgan 1, *Kat.-Nr. 27,1, Taf. 51,A,6*) Perlen auf.

Verzierungen erfolgten als ringförmiges oder als „Augen"-Motiv (Karasakbas, Kurgan 2, *Kat.-Nr. 26, Taf. 49,A,2*; Kaskažol, Kurgan 1, *Kat.-Nr. 27,1, Taf. 51,A,5.9*; Kaskažol, Kurgan 4, *Kat.-Nr. 27,3, Taf. 55,A,5*), durch Buckel (Dėvkesken 4, O-Gruppe, Kurgan 1, *Kat.-Nr. 16,1, Taf. 25,A,9-10*; Dėvkesken 4, W-Gruppe, Kurgan 1, *Kat.-Nr. 16,5, Taf. 36,A,10*), mit Wellenrand und spiralförmigem Ornament (Kaskažol, Kurgan 1, *Kat.-Nr. 27,1, Taf. 51,A,8*), Rippen (Kaskažol, Kurgan 1, *Kat.-Nr. 27,1, Taf. 51,A,10-11*) oder Streifen (Kaskažol, Kurgan 4, *Kat.-Nr. 27,3, Taf. 55,A,5*).

Die Perlen wurden zumeist auf die Kleidung aufgenäht, wie in Tilla Tepe, Grab 5 *(Kat.-Nr. 44,5)* nachgewiesen werden konnte. Hierfür spricht auch, daß sie häufig unter den Bestatteten angetroffen wurden, wo sie vor Beraubung oder Verschiebung durch Tiere geschützt waren. In Kurgan 6 von Kulkuduk *(Kat.-Nr. 34,5)* sollen 13 bzw. neun stark irisierende Perlen als Armbänder um die Handgelenke getragen worden sein. Möglicherweise könnten sie aber lediglich die Säume eines langärmligen Gewandes verziert haben.

In den gleichen Zusammenhang gehören kleine Plättchen, oft aus Edelmetall, die zur Zierde auf die Kleidung aufgenäht worden sind. Ausführliche Beispiele hierfür sind in den Gräbern von Tilla Tepe *(Kat.-Nr. 44,1-6)* erhalten geblieben, die aber aufgrund ihrer Menge und Vielfalt hier nicht ausführlich besprochen werden können. In Kurgan 5 von Kulkuduk *(Kat.-Nr. 34,4)* wurden 96 einfache, doppelt durchlochte Goldbleche und in Koktepe *(Kat.-Nr. 28)* 345 runde Plättchen für die Kleidung sowie drei rechteckige Goldplättchen mit roten Geweberesten für den Kopfschmuck dokumentiert, die dem selben Zweck gedient haben dürften. Daneben fanden Knochen- (wie aus Kurgan 7 von Kulkuduk, *Kat.-Nr. 34,6, Taf. 65,B,12-13*) oder Goldplättchen (aus Gold im Grab von Koktepe, *Kat.-Nr. 28, Taf. 61,B,19-21*, als Riemenendplättchen mit Nietknöpfen aus Türkis) als Gürtelaufsätze Verwendung.

Nadeln wurden nur in den Gräbern 1, 2 und 6 aus Tilla Tepe *(Kat.-Nr. 44,1-2.6)* gefunden. Es handelt sich zumeist um Bronzenadeln mit Goldbekrönung und Anhängern aus Plättchen und Perlen, die im Schläfenbereich der bestatteten Frauen gefunden wurden und damit zum Kopfputz gehört haben werden.

In mehreren Gräbern wurden Schnallen gefunden. Die meisten Exemplare dienten wohl als einfache Gürtelschließen, jedoch ließen sich in den Gräbern von Tilla Tepe auch solche zum Verschließen von Mantel und Kleidung sowie Schuhschnallenpaare nachweisen. Hauptsächlich handelt es sich um einfache Schnallen aus Bronze (Dordul', Kurgan 2, *Kat.-Nr. 17*; Kulkuduk, Kurgan 4, *Kat.-Nr. 34,3, Taf. 64,A,2-5* bzw. *64,A,6-8*; Agalyk-Saj, Kurgan 5, *Kat.-Nr. 1,2, Taf. 2,A,6*), Eisen (Chanaly, Kurgan 10, *Kat.-Nr. 9, Taf. 16,A,25-26*; Ljavandak, Gruppe 1, Kurgan 1, *Kat.-Nr. 37,2*; Agalyk-Saj, Kurgan 5, *Kat.-Nr. 1,2, Taf. 2,A,4*; Ljavandak, Gruppe 1, Kurgan 2, *Kat.-Nr. 37,3, Taf. 69,B,6-7*; Tuz-gyr, *Kat.-Nr. 46, Taf. 95,A,10-12*) oder beiden Materialien (Džidelibulak 1, Kurgan 2, *Kat.-Nr. 20,1, Taf. 44,B,3*; Kujumazar, *Kat.-Nr. 33*). Die eisernen Exemplare haben häufig bewegliche Dornen und sind meist rund, wenngleich auch eine rechteckige, scheibenförmige Schnalle beobachtet wurde (Ljavandak, Gruppe 1, Kurgan 2, *Kat.-Nr. 37,3*). Das bimetallische Stück aus Kurgan 2 von Džidelibulak 1 *(Kat.-Nr. 20,1, Taf. 44,B,3)* war B-förmig. Der Rahmen bestand aus Bronze während der Dorn aus Eisen war. Eine Ausnahme bildet eine knöcherne Schnalle aus Kurgan 1 von Ljavandak, Gruppe 1 *(Kat.-Nr. 37,2)*. Sie war rechteckig und an den vier Ecken durchlocht. Zusätzlich fand sich an einem Ende eine weitere Durchbohrung zum Durchziehen des Riemens sowie ein Eisenknopf als Verschlußmechanismus. Besonders aufwendige Schnallen stammen aus den Gräbern von Tilla Tepe *(Kat.-Nr. 44,1-6)*. Sie sind aus Gold gefertigt und aufwendig verziert. Diese Schnallen traten oft paarweise auf und zeigen beispielsweise Darstellungen wie Krieger (Grab 3, *Kat.-Nr. 44,3, Taf. 82,B*), Eroten auf Delphinen (Grab 2, *Kat.-Nr. 44,2, Taf. 79,B,1*; Grab 3, *Kat.-Nr. 44,3, Taf. 83,A*), Männer in Wagen (Grab 4, *Kat.-Nr. 44,4, Taf. 84,B*) oder Liebespaare, die auf Fabeltieren reiten (Grab 6, *Kat.-Nr. 44,6, Taf. 88,B*). Da diese Schnallen in ihrer Ikonographie sehr komplex sind und verschiedene Einflüsse, beispielsweise aus China, Indien, der griechischen Welt und dem Steppenraum zeigen, kann eine detaillierte Analyse hier ebenfalls nicht erfolgen.

An weiteren Tracht- und Schmuckbestandteilen fanden sich Reste von Bronzedraht (Chanaly, Kurgan 10, *Kat.-Nr. 9* – dieser ist evtl. mit dem Kopfschmuck mit aufgefädelten Perlen aus Tilla Tepe zu vergleichen), Bronzeniete mit breitem Kopf zur Gürtelzier und ein nicht näher bestimmter Goldgegenstand mit Türkis-Inkrustation (Kulkuduk, Kurgan 4, *Kat.-Nr. 34,3, Taf. 64,A,11*) sowie ein halbkugeliger Knochenknopf mit verkratzten konzentrischen Kreisen auf der flachen Seite, die evtl. als Gebrauchsspuren angesehen werden können (Agalyk-Saj, Kurgan 5, *Kat.-Nr. 1,2, Taf. 2,A,7*).

Hier treten besonders häufig Beigaben von Schafsknochen[325] auf (Karasakbas, Kurgan 2, *Kat.-Nr. 26*; Dėvkesken 4, O-Gruppe, Kurgan 1, *Kat.-Nr. 16,1*; Dėvkesken 4, O-Gruppe, Kurgan 2, *Kat.-Nr. 16,2*; Dėvkesken 4, O-Gruppe, Kurgan 4, *Kat.-Nr. 16,3*; Kaskažol, Kurgan 3, *Kat.-Nr. 27,2*; Džidelibulak 1, Kurgan 19, *Kat.-Nr. 20,2*; Agalyk-Saj, Kurgan 4, *Kat.-Nr. 1,1*; Chanaly, Kurgan 10, *Kat.-Nr. 9*; Ljavandak, Kurgan beim Meßpunkt, *Kat.-Nr. 37,1, Taf. 68,A,1*; Kaskažol, Kurgan 7, *Kat.-Nr. 27,4*; Kulkuduk, Kurgan 2, *Kat.-Nr. 34,1*; Kulkuduk, Kurgan 3, *Kat.-Nr. 34,2*; Kulkuduk, Kurgan 4, *Kat.-Nr. 34,3*; Kulkuduk, Kurgan 5, *Kat.-Nr. 34,4*; Kulkuduk, Kurgan 6, *Kat.-Nr. 34,5*; Kulkuduk, Kurgan 7, *Kat.-Nr. 34,6*; Ljavandak, Gruppe 1, Kurgan 1, *Kat.-Nr. 37,2*; Ljavandak, Gruppe 1, Kurgan 2, *Kat.-Nr. 37,3*; Chas-Kjariz, Kurgan 3, *Kat.-Nr. 10*; Tumek-Kičidžik, *Kat.-Nr. 43*). Häufig handelt es sich um Schulterknochen mit vorderen Extremitäten, die – soweit feststellbar – meist in der Nähe des Kopfes, selten auch der Füße (Karasakbas, Kurgan 2, *Kat.-Nr. 26*; Dėvkesken 4, O-Gruppe, Kurgan 4, *Kat.-Nr. 16,3*; Kulkuduk, Kurgan 3, *Kat.-Nr. 34,2*) der Bestattungen niedergelegt wurden. Ob es sich hierbei um eine reine Verpflegung für die Reise ins Jenseits handelte oder sich

---

[325] Im folgenden steht Schaf für Schaf/Ziege, da vielfach die archäozoologische Bestimmung wie auch die Wiedergabe im Russischen nicht zweifelsfrei sind.

mit diesen Tieren kultische Vorstellungen verbanden, kann bei der derzeitigen Quellenlage nicht entschieden werden. Auffallend ist die Vergesellschaftung der Schafsknochen mit Gefäßen und Messern. Neben den Schafs- fanden sich selten auch Rinder- (Dėvkesken 4, O-Gruppe, Kurgan 1, *Kat.-Nr. 16,1*; Dėvkesken 4, O-Gruppe, Kurgan 2, *Kat.-Nr. 16,2*; Dėvkesken 4, O-Gruppe, Kurgan 5, *Kat.-Nr. 16,4*), Kamel- (Dėvkesken 4, O-Gruppe, Kurgan 2, *Kat.-Nr. 16,2*) oder Pferdeknochen (Dėvkesken 4, O-Gruppe, Kurgan 2, *Kat.-Nr. 16,2*). Insgesamt scheint die regelhafte Beigabe von Rinder- und Pferdeknochen bereits mit dem 4. Jh. v. Chr. abzubrechen, möglicherweise handelt es sich bei dieser Sitte jedoch auch um eine lokale Eigenart des Gräberfeldes von Dėvkesken 4. Die Pferdeknochen aus Grab 4 von Tilla Tepe *(Kat.-Nr. 44,4)*, die dazu noch aus dem Grabschacht über der Bestattung stammen, sind m. E. nicht als Nahrungsbeigabe, sondern als Prestigeobjekt zu werten.

An weiteren Nachweisen von Nahrungsbeigaben sind Getreidereste (Čyryšly, *Kat.-Nr. 14*) sowie ein brauner Bodensatz in einer Flasche (Chas-Kjariz, Kurgan 3, *Kat.-Nr. 10*), der evtl. von Wein stammen könnte, zu nennen. Faserreste aus einem weiteren Gefäß (Chas-Kjariz, Kurgan 3, *Kat.-Nr. 10*) sind evtl. im selben Zusammenhang zu sehen. Der Mangel an organischen Beigaberesten liegt sicher in den Erhaltungsbedingungen begründet.

---

# „Heiligtümer"

Nach der Besprechung der materiellen Kultur aus den Gräbern soll auf die Heiligtümer auf dem Ustjurt-Plateau näher eingegangen werden. Die dort gefundenen anthropomorphen Stelen werden aufgrund ihrer Ähnlichkeit im folgenden Kapitel zusammen mit den einzeln gefundenen Statuen besprochen.

Bei den meisten Fundplätzen handelt es sich um „Heiligtümer" vom sog. „Typ Bajte", benannt nach dem Fundplatz Bajte III auf dem Ustjurt-Plateau. Diese wurden zumeist nur prospektiert (Ajuk, *Kat.-Nr. 2*; Ak-Šukur, *Kat.-Nr. 4*; Ak-Ujuk, *Kat.-Nr. 5*; Besogiz, *Kat.-Nr. 8*; Četvërtyj Raz'ezd, *Kat.-Nr. 10*; Sed'moj Raz'ezd, *Kat.-Nr. 41*; Fundplatz Kilometer 309, *Kat.-Nr. 22*; Karaoba 2, *Kat.-Nr. 25*; Konaj (auch Kunajoba), *Kat.-Nr. 29*; Kosuak, *Kat.-Nr. 31*; Kos-Uik, *Kat.-Nr. 32*; Kyzyl uik, *Kat.-Nr. 35*; Munke-Uik, *Kat.-Nr. 38*, Uik, *Kat.-Nr. 47*; Žyngyldy, *Kat.-Nr. 49*). Zumindest teilweise ausgegraben wurden nur vier Anlagen (Bajte I und III, *Kat.-Nr. 6 und 7*; Karamunke, *Kat.-Nr. 24*; Teren, *Kat.-Nr. 43*), auf die im folgenden näher eingegangen werden soll.

Charakteristisch für alle diese „Heiligtümer" ist die Anlage auf einer natürlichen Erhebung (vgl. Übersichtspläne zu Bajte I und III, *Kat.-Nr. 6 und 7, Taf. 9,B und 10,A*)[326], eine zentrale runde Steinanlage mit einem Durchmesser von bis zu 10 m, die von ein bis fünf Grabhügeln oder kurganartigen Aufschüttungen und Flachgräbern (Bajte III, *Kat.-Nr. 7*) sowie bis zu 35 Steinstelen, Steinaltären und anderen Opferstellen umgeben ist. Die zentralen Anlagen (Bajte III, *Kat.-Nr. 7, Taf. 10,A*; Teren, *Kat.-Nr. 43, Taf. 73,A*) bestanden aus einem oder mehreren (Teren, *Kat.-Nr. 43*) Steinkreisen aus großen Kalksteinblöcken, die durch einen engen dromosartigen Durchgang zu betreten und von einem Graben umgeben waren. Das Innere war i. d. R. fundleer, was für eine gezielte Reinhaltung der Anlagen spricht. Die gut erforschte Anlage von Bajte III *(Kat.-Nr. 7)* war zweigeschossig und wies in ihrem Inneren vier kreuzförmig angelegte Kammern auf. In einer davon befand sich eine Steintreppe und ein großer steinerner Opferaltar

---

[326] Ol'chovskij 2000, S. 34.

(Bajte III, *Kat.-Nr. 7, Taf. 12,A*). Die Böden waren sauber mit Kalksteinplatten gepflastert und auf den Wänden fanden sich Tamgas (Bajte III, *Kat.-Nr. 7, Taf. 11,A*), die denen der Sarmaten ähneln. Die umgebenden Steinstelen waren zumeist anthropomorph und stellten Krieger dar (s. u.; Bajte I und III, *Kat.-Nr. 6 und 7, Taf. 9,A; 12,B; 13,B; 14,A-B*; Karamunke, *Kat.-Nr. 24*; Konaj, *Kat.-Nr. 29, Taf. 62,A*; Kyzyl uik, *Kat.-Nr. 35, Taf. 66,A-B*), teilweise waren sie jedoch auch nur mit Tamgas versehen (Bajte III, *Kat.-Nr. 7, Taf. 13,A*). Sie wurden meist fragmentiert und nicht *in situ* angetroffen, ihre genaue Lage konnte aber häufig durch die unteren eingegrabenen Reste rekonstruiert werden. In unmittelbarer Umgebung dieser fanden sich auch Opferaltäre und Gedenkstätten (Bajte III, *Kat.-Nr. 7, Taf. 11,B*). Insgesamt scheint hier ein Ahnenkult, möglicherweise gekoppelt mit kosmischen Vorstellungen[327], praktiziert worden zu sein. Damit kommt den Kurganen besondere Bedeutung zu, denn in einer solchen Umgebung dürften nur hochgestellte Persönlichkeiten bestattet worden sein. Leider waren die untersuchten Grabstätten (beispielsweise Kurgan 2 von Bajte I, *Kat.-Nr. 6, Taf. 8,B,1-3*) beraubt bzw. wurden viele von ihnen nicht ausgegraben. Als möglicher Vorläufer könnte u. U. die bronzezeitliche Grabanlage von Aktau (Ševčenko)[328] gelten, die damit in diesem Gebiet eine Kultkontinuität belegen würde. Derartige Anlagen sind bislang nur vom Ustjurt-Plateau bekannt. Ob es sich dabei um einen lokalen Kult handelte oder das Fehlen in anderen Gebieten forschungsgeschichtlich bedingt ist, kann momentan nicht endgültig entschieden werden.

[327] Ol'chovskij 1999, S. 76.
[328] Ol'chovskij 2001, S. 145, Abb. 2.

Ein anderer Typ von Kultanlage wurde in Dykyltas *(Kat.-Nr. 18)* ausgegraben. Es handelt sich um eine zentrale Anlage (*Taf. 37,A*) aus drei rechteckigen Grabkammern, in denen sich die Skelettreste von 25-30 Individuen fanden. Die Kammern waren aus aufrechtstehenden Kalksteinplatten gebildet und über einen Dromos zu erreichen. Daneben existierten vier kleine „Gedenkgruben" mit Resten des Totenmahls. Im Zentrum befand sich eine aufrecht stehende Obeliskplatte. Dieser Kern war von einer runden Befestigung aus massiven weißen Kalksteinblöcken umgeben. Der Raum zwischen dem Steinkreis und der Kammer war schuppenpanzerartig mit Kalksteinplatten verfüllt, wobei die Oberfläche dieses Panzers nach außen hin abfiel, so daß eine kurganartige Oberfläche entstand. Im Süden und Osten des Steinkreises fanden sich halbkreisförmige Vorsprünge mit starken Feuerspuren. Außerhalb schlossen Kurgane und Feuerstellen in einer halbkreisförmigen Reihe mit der zentralen Anlage in der Mitte an (*Taf. 37,A*). Im gesamten Bereich (*Taf. 38,A*) fanden sich Fragmente von einfachen Stelen (*Taf. 38,B-41,C*), bei denen es sich zumindest teilweise um sekundär verwendete Hirschsteine der Bronzezeit handelt. Interessanterweise fand sich ein rundbodiges, handgemachtes Gefäß mit sarmatischen Analogien im Fundament von Stele 1. Insgesamt erinnert dieses Heiligtum an Kurgananlagen der eisenzeitlichen Tasmola-Kultur Zentralkazachstans (Kurgane mit „Schnurbart"), wenngleich einige Funde an sauromatische und sarmatische Komplexe anschließen. Die Anlage war nicht so fundleer wie diejenigen vom „Typ Bajte", trotzdem wird auch hier von einem Hintergrund als Ahnenkultstätte ausgegangen.

## Anthropomorphe Stelen

Anthropomorphe Stelen wurden auf dem Ustjurt-Plateau einzeln (Četvĕrtyj Raz'ezd 1, *Kat.-Nr. 12, Taf. 20,A*; Četvĕrtyj Raz'ezd 2, *Kat.-Nr. 13, Taf. 20,B und 21,A*; Ešky, *Kat.-Nr. 21, Taf. 46,A*; Kondybaj, *Kat.-Nr. 30, Taf. 62,B*; unbekannter Fundort auf dem Ustjurt-Plateau, *Kat.-Nr. 50, Taf. 97,A*) oder mit Bezug zu einem Heiligtum in kleinen Gruppen (Bajte I und III, *Kat.-Nr. 6 und 7, Taf. 9,A; 12,B; 13,B und 14,A-B*; Karamunke, *Kat.-Nr. 24*; Konaj, *Kat.-Nr. 29, Taf. 62,A*; Kyzyl uik, *Kat.-Nr. 35, Taf. 66,A-B*) gefunden. Es handelt sich bei allen Stelen stets um den gleichen Typ. Dargestellt ist ein stehender Krieger in Frontalansicht, der den linken Arm am Ellbogen gebeugt und vor den Bauch gelegt hat und den rechten entlang des Körpers herabhängen läßt. Zumeist sind die Gesichter rundlich mit mandelförmigen Augen, wulstförmigen, verbundenen Augenbrauen, einer geraden Nase und einem dünnen, um

den kleinen Mund herabhängenden Schnurbart. Man gewinnt so den Eindruck, die dargestellten Krieger zeigen eine Mischung aus europäischem und asiatischem Phänotyp[329]. Zumeist ist auf den Figuren ein Gürtel mit Metallschnalle und manchmal mit plattenartigen Verzierungen dargestellt, an dem ein Schwert sowie ein Köcher mit Pfeilen und Bogen befestigt ist. Zusätzlich kann ein waagerecht hängender Dolch sowie Arm- und Halsreifen etc. abgebildet sein. Die dargestellten Realia haben einen starken Bezug zu Originalfunden der Prochorovka-Kultur des Südural- und Wolgagebietes. Die Stelen scheinen meist in der Umgebung der Kultanlagen in kleinen Gruppen aufgestellt und Gegenstand einer Ahnenverehrung gewesen zu sein. Diese Annahme wird dadurch unterstützt, daß sich

[329] Ol'chovskij 1997a, S. 71.

73

in unmittelbarer Nachbarschaft der steinernen „Krieger" Opferanlagen befunden haben. Allerdings stellen die Stelen wohl weniger individuelle Persönlichkeiten als vielmehr einen speziellen Typ („kriegerischer Ahnherr") dar – eine Vermutung, die sich aus der Beobachtung ergibt, daß die Stelen teilweise eine verblüffende Ähnlichkeit aufweisen (vgl. beispielsweise die Stelen von Konaj, *Kat.-Nr. 29, Taf. 62,A* und Kondybai, *Kat.-Nr. 30, Taf. 62,B*).

## Sonstiges

Neben den Grabbefunden und Heiligtümern fanden sich im Arbeitsgebiet zwei Befunde (Džanak II, Befund 1, *Kat.-Nr. 19, Taf. 42,B*; Gek-Dag II, Befund 2, *Kat.-Nr. 23, Taf. 46,B*), bei denen es sich möglicherweise um Grabstellen handeln könnte. Beide bestehen aus einem ebenerdigen Steinkreis, dessen Zentrum frei blieb. Die innere und äußere Kontur war sorgfältig gemauert. Im Inneren fanden sich menschliche Knochen sowie dreiflüglige Bronzepfeilspitzen, das Bruchstück eines Altärchens, Messerfragmente, Keramik sowie eine Steinperle in Džanak II (Befund 1, *Kat.-Nr. 19, Taf. 42,B*) bzw. menschliche Knochen von mindestens 12 Individuen, dreiflüglige Bronzepfeilspitzen, eine rechteckige Bronzeplatte, Keramik, Messerfragmente, eine runde Keramikscheibe mit Durchbohrung und ein Stein mit Arbeitsfläche, evtl. zur Farbherstellung in Gek-Dag II (Befund 2, *Kat.-Nr. 23, Taf. 47,A*). Für Džanak II, Befund 1 *(Kat.-Nr. 19)* wurde die Hocklage der Toten angenommen. Insgesamt kann jedoch m. E. hier nicht zweifelsfrei von Gräbern gesprochen werden. Beide Fundorte wurden ins 5. - 3. Jh. v. Chr. datiert und liegen in unmittelbarer Nähe des Kaspischen Meeres, so daß man es hier u. U. mit einer eigenständigen kulturellen Erscheinung zu tun hat, die ihre Toten gesammelt innerhalb sorgfältig gemauerter Steinkreise beisetzte. Das Inventar zeigt starke Bezüge nach Norden und könnte importiert oder eingetauscht worden sein.

## Sarmaten in Mittelasien ?

Nach der Auswertung des sauromatischen und sarmatischen Fundgutes im Arbeitsgebiet soll kurz auf die Bedeutung dieser Objekte eingegangen werden.

Natürlich ist nicht davon auszugehen, daß die Verbreitung der Funde ausschließlich auf die tatsächliche Anwesenheit einer großen Zahl von Angehörigen der sauromatischen und sarmatischen Stämme im Arbeitsgebiet zurückzuführen ist, wenngleich auch schon darauf hingewiesen wurde, daß „...*einige Gräber tief im Südosten [...] vermutlich auf Vorstöße der Wolga-Ural-Nomaden nach Mittelasien, die aber dem Druck der Nachbarn nicht standhalten konnten...*"[330], hindeuten. Auffälligerweise finden sich die ältesten Funde bis zum 4. Jh. v. Chr. im Gebiet bis zum Uzboj und zwischen dem Kaspischen Meer und dem Aralsee. Erst danach treten vereinzelte Gräber weiter im Osten auf, die sich aber erst ab dem 3. Jh. v. Chr. vermehrt finden lassen. Möglicherweise handelt es sich bei dieser Beobachtung jedoch um eine Forschungslücke. Die Anlage von Kollektivgräbern im Uzboj-Gebiet könnte als Hinweis auf einen frühen Vorstoß der Sarmaten gesehen werden, die ihre Verstorbenen, hauptsächlich Krieger, im fremden Gebiet gemäß ihren Sitten zusammen bestatteten. Es ist daneben aber insbesondere auch mit Handelsbeziehungen sowie Tausch und Geschenkgaben zu rechnen, die weitergereicht wurden und sich auf diesem Wege verbreiteten[331]. Außerdem können einzelne Stücke sicherlich auch durch Heiratsverbindungen sarmatischer Frauen mit einheimischen Männern ihren Weg nach Mittelasien gefunden haben. Bereits K. Jettmar wies darauf hin, daß derartige Verbindungen auch zum Versuch einer Synthese der Totenrituale verschiedener Kulturen führen können[332], somit wäre es nicht weiter verwunderlich, wenn einem Verstorbenen heimische Gegenstände, die er/sie mitgebracht hatte, ins Grab gelegt wurden. Weiterhin sollte die Möglichkeit eines Technologietransfers nicht außer acht gelassen werden. Gerade bei Waffen (Verwendung von Eisen, neue Bogentypen etc.) waren neue und bessere Errungenschaften von lebenswichtiger Bedeutung und es verwundert nicht, daß sich derartige Innovationen schnell und weit ausbreiteten. In den meisten Fällen handelt es sich um Gräber mit ausgesprochenem Mischinventar, in denen sich verschiedene Einflüsse spiegeln. So tritt beispielsweise scheibengedrehte Keramik, die von lokalen seßhaften Kulturen stammt, zusammen mit typisch sarmatischen Schwertern und/oder chinesischen oder

---

[330] Brentjes 1988, S. 87.

[331] Vgl. hierzu ausführlich Matveeva 1997 besonders zu Importstücken in Zusammenhang mit Funden der früheisenzeitlichen Sargat-Kultur der Waldsteppe.

[332] Jettmar 1966, S. 11f.

baktrischen Spiegeln auf. Ähnliches läßt sich auch in Grabbau und Totenritual feststellen.

Insgesamt ist durchaus davon auszugehen, daß sich einzelne Gruppen- oder Familienverbände (u. U. kann vielleicht auch mit einer Art „Söldner" gerechnet werden) sauromatischer oder sarmatischer Zugehörigkeit nach Südosten ins Arbeitsgebiet bewegt und dort ihre Spuren hinterlassen haben. Daneben können viele der genannten Fundstücke jedoch als Handelsgut, per Technologietransfer, als Geschenke oder durch eine Hochzeit nach Mittelasien gelangt sein. Solange die Feldforschung zu diesem Thema nicht intensiviert wird und weitere bislang unpublizierte Funde und Befunde in wissenschaftlichen Arbeiten vorgelegt werden, ist jedoch nicht endgültig zu entscheiden, ob man es hier mit einer größeren allgemeinen Bewegung oder mit einem vereinzelten Phänomen zu tun hat. Das Vorkommen dieser Funde erschwert somit einerseits die ethnische Ansprache (so dies bei Reiternomaden überhaupt sicher möglich ist), andererseits aber auch die Trennung von den einheimischen Kulturgruppen und die Charakterisierung deren materieller Kultur.

Das im Rahmen dieser Zusammenstellung gesammelte Material zeigt deutlich, daß sich in den mittelasiatischen Steppengebieten vielfach Fundgut mit sauromatischen und sarmatischen Analogien finden läßt. Dabei handelt es sich zum einen um Funde in Gräbern nomadischer Bevölkerungsteile, zum anderen um Stelen und Heiligtümer, die bislang aber ausschließlich auf dem Ustjurt- und Mangyšlak-Plateau gefunden wurden.

Die entsprechenden Grabbefunde sind im gesamten Arbeitsgebiet verbreitet, wenngleich die Wüstengebiete von Karakum und Kyzylkum fast völlig fundleer erscheinen. Dies erklärt sich einerseits sicherlich aus der schon in der Eisenzeit unwirtlichen Gegend selbst, andererseits könnte z. B. das Gräberfeld von Kulkuduk in der Wüste Kyzylkum als Hinweis gewertet werden, daß es sich hierbei um eine Forschungslücke handelt. Die Konzentrationen der Fundpunkte in Sogdien, auf dem Ustjurt-Plateau und im Uzboj-Gebiet hingegen hängen sicher mit der Forschungstätigkeit verschiedener Einzelpersonen bzw. der der Komplex-Expeditionen zusammen.

Die frühesten Fundorte der Zusammenstellung liegen alle im Gebiet zwischen dem Kaspischen Meer und dem Aralsee sowie im Uzboj-Gebiet. Im Grabbau lassen sich einige regionale und zeitliche Besonderheiten feststellen[333]. So treten beispielsweise Steinkreise und -packungen in den Kurganen nur bis ins 2. Jh. v. Chr. auf, während sich Nischengräber nur bis ins 1. Jh. v. Chr. in Sogdien finden lassen. Kollektivbestattungen kommen hingegen allein im Uzboj-Gebiet bis ins 2. Jh. v. Chr. vor.

Im Inventar der Gräber zeichnen sich ebenfalls Entwicklungen ab. Besonders deutlich wird das bei den Pfeilspitzen, da hier dreiflüglige und dreikantige Bronzepfeilspitzen mit Schaft/Tülle nach einer Übergangszeit im 3. Jh. v. Chr. von eisernen Stielpfeilspitzen verdrängt werden. Bei den Schwertformen sind die frühen Parierstangen bis ins 4. Jh. v. Chr. schmetterlingsförmig ausgebildet und werden dann gerade. Ab dem 1. Jh. v. Chr. treten Schwerter ohne erhaltene Parierstange auf, da diese offensichtlich aus anderen, vergänglichen Materialien hergestellt waren. Bei den Knäufen finden sich anfangs doppelt volutenförmige oder Antennenknäufe, ab dem 4. Jh. v. Chr. einzelne runde und Ringknäufe, die dann ab dem 2./1. Jh. v. Chr. von pilzförmigen Knäufen bzw. von Schwertern ohne Knäufe abgelöst werden. Die Entwicklung bei den Dolchformen schließt sich hieran an. Ab dem 3. Jh. v. Chr. finden sich in den

Gräbern Reibsteine, was möglicherweise auf eine zumindest teilweise Änderung der Wirtschaftsweise schließen läßt. Gleichzeitig treten auch Ringknaufmesser auf. Bei den Toilettegefäßen zeigte sich, daß diese bis ins 2. Jh. v. Chr. keramisch waren, während danach auch solche aus anderen Materialien (Metall, Glas) auftraten. Kleine tragbare Altärchen aus Stein, die im Kult Verwendung fanden, wurden offensichtlich im 2. Jh. v. Chr. durch Räuchergefäße abgelöst.

Insgesamt zeigen sich gerade im Inventar Änderungen und Entwicklungen, die sich gut mit denen im sauromatisch-sarmatischen Kerngebiet vergleichen lassen. Dabei ist allerdings zu beachten, daß sich die Datierung der Grabbefunde hauptsächlich auf das Inventar stützt, das an die sarmatischen Kernzonen anknüpft und damit Zirkelschlüsse möglich sind.

„Heiligtümer" sind hauptsächlich durch Surveys bekannt und kaum ausgegraben, die Mehrheit gehört zum Typ „Bajte", der sich durch eine zentrale massive Steinanlage mit umgebenden Kurganen, anthropomorphen Stelen, Opfertischen und -anlagen auszeichnet. Aufgrund ihrer Lage auf kleinen natürlichen Erhebungen waren sie sicherlich schon von weitem zu sehen und boten mit ihrer weißen Kalksteinfront einen imposanten Eindruck. Die etwas näher untersuchten Anlagen datieren in frühsarmatische Zeit und waren meist nur ein bis zwei Jahrhunderte in Benutzung, wonach sie teilweise als Grabstätten genutzt wurden. In der Umgebung fanden sich stets Bruchstücke von Steinstelen, die ursprünglich – soweit feststellbar – meist in kleinen Gruppen in der Nähe von Opferinstallationen angeordnet waren und stehende Krieger mit Bewaffnung und Tracht zeigen. Ihre teilweise verblüffende Ähnlichkeit legt die Annahme nahe, daß hier nicht individuelle Persönlichkeiten sondern eher ein bestimmter Typ von „Ahnherren" oder „Heroen" gemeint ist. Die dargestellten Realia geben Waffentypen, Trachtbestandteile sowie Schmuck wieder, die aus Kontexten der Prochorovka-Kultur wohlbekannt sind. Der gesamte Aufbau der Anlagen legt eine Nutzung als Ahnenkultstätte nahe. Hierzu würden auch die Hügelgräber und kurganartigen Aufschüttungen im Umfeld passen.

V. S. Ol'chovskij stellte bereits die Hypothese auf, daß es sich bei diesen Anlagen um Kultstellen handele, die mit Ahnenkult und kosmischen Vorstellungen in Verbindung stünden. Außerdem wies er darauf hin, daß das unwegsame und unwirtliche Ustjurt-Plateau möglicherweise als Rückzugsgebiet vor Alexander dem Großen gedient habe, der an diesem Territorium wenig Interesse gezeigt haben dürfte und die Lage der zentralen Kultstätten deshalb in dieser sicheren Umgebung gewählt wurde[334]. Interessant wäre

---

[333] Hierbei ist anzumerken, daß beispielsweise bereits Mandel'štam 1984, S. 177, darauf hinwies, daß einige als typisch sarmatisch angesehene Grabformen (hier: Katakombengräber) auch für andere Kulturen charakteristisch sind.

[334] Ol'chovskij 1999, S. 71.

eine genauere Untersuchung umliegender Flachgräber, die zumindest für Bajte III belegt sind, da sie möglicherweise von Beraubung verschont blieben und hier möglicher weise Eliten bestattet wurden, die auf große Grabanlagen verzichteten, um in der Nähe einer Kultanlage beigesetzt werden zu können. Bei einer genauen Untersuchung dieser Gräber hätte man also einerseits die Chance, auf unversehrte und gut ausgestattete Bestattungen zu treffen und andererseits evtl. die Möglichkeit, Hierarchien und sozialen Status festzustellen.

Einen anderen Typ von Heiligtum stellt die bislang singuläre Anlage von Dykyltas dar. Ebenfalls um eine zentrale Steinkonstruktion gruppieren sich hier halbkreisförmig Hügelgräber bzw. kurganartige Aufschüttungen. Auch in diesem Heiligtum wurden Opferstätten und Stelen dokumentiert, wenngleich letztere zumeist nicht anthropomorph ausgebildet waren. Trotzdem liegt hier ebenfalls ein Zusammenhang zur Ahnenverehrung nahe. Die Gesamtkomposition dieses Heiligtums verweist deutlich auf die sog. „Kurgane mit Schnurbart" der Tasmola-Kultur Zentralkazachstans.

Groß angelegte archäologische und geophysische Prospektionen sowie klimahistorische Untersuchungen würden das Bild von den früheisenzeitlichen Nomadengruppen schärfen. Gerade letztere müßten jedoch aufgrund des aktuellen Trockenfallens der Aralsee-Region schnell durchgeführt werden, da sonst aussagekräftige Bohrkerne endgültig verlorengehen würden.

Daneben wäre die $^{14}$C-Datierung neu ergraben, aber auch bereits geborgenen Materials (hier ist insbesondere an Datenerhebungen am Skelettmaterial der großen Nekropolen zu denken) wünschenswert, mit deren Hilfe chronologische Probleme insbesondere in Bezug auf das Verhältnis der Nomaden zu den seßhaften Kulturen der Umgebung gelöst werden könnten.

Insgesamt bleibt festzustellen, daß der momentan publizierte Forschungsstand trotz der geleisteten Vorarbeit eine zweifelsfreie Gliederung reiternomadischen Fundgutes und damit z. B. wirklich fundierte Aussagen zu eventuellen „Wanderungsbewegungen" / Vorstößen der Sauromaten und Sarmaten nach Mittelasien noch nicht zuläßt. Die Lage wird dadurch erschwert, daß es einerseits bereits am Ende des 4. Jh. v. Chr. durch den Alexanderzug in Mittelasien zu beträchtlichen Umwälzungen

und Wanderungsbewegungen kam, andererseits im 2. Jh. v. Chr. durch die Westwanderung der Yüeh Chi aus Innerasien weitere Migrationen bis in den nordpontischen Bereich und Umwälzungen der politischen Situation in Mittelasien ausgelöst wurden[335]. In den schriftlichen Quellen werden zusätzlich verschiedene Stämme/ Völkerschaften, besonders im Gebiet um den Aralsee, genannt, die von verschiedenen Bearbeitern in unterschiedlicher Weise lokalisiert wurden. Besonders das Verhältnis von „sauromatisch-sarmatischen" und „sakischen" Stämmen konnte bislang nicht endgültig geklärt werden. Hierzu müßte ein Großteil der publizierten (und unpublizierten) eisenzeitlichen Komplexe ausgewertet werden, um möglicherweise so eine eindeutigere Trennung von „Saken" und „Sarmaten" erzielen zu können. Auch Fragen zum ersten Auftauchen nomadischer Stämme und ihrer Beziehung zu städtischen Kulturen im Süden Mittelasiens bleiben weitgehend offen. Hier wirken sich besonders Unsicherheiten und Unterschiede in den chronologischen Systemen hinderlich aus, die bereits für die Bronzezeit festgestellt werden können[336]. Es sei außerdem noch einmal auf die Probleme und Diskussionen zur Datierung der sarmatischen Phasen im Kerngebiet hingewiesen. Durch neue $^{14}$C-Datierungen für die Bronzezeit beginnt sich in diesem Bereich allerdings langsam eine Klärung abzuzeichnen. Es bleibt zu hoffen, daß Ähnliches auch in naher Zukunft für die frühe Eisenzeit in Mittelasien im Allgemeinen, wie für die sauromatisch-sarmatische Entwicklung im Speziellen erarbeitet wird.

Das Ziel der vorliegenden Arbeit war die Aufnahme sauromatischen und sarmatischen Fundgutes im Bearbeitungsgebiet anhand zugänglicher Fachpublikationen sowie die Charakterisierung der dazugehörigen Befunde und die Darstellung des aktuellen Forschungsstandes. Viele Fragen konnten in diesem Rahmen nicht oder nur am Rande angerissen werden und müssen daher den Inhalt zukünftiger Studien bilden. Verf. hofft jedoch, eine möglichst gute Basis für weitere Forschungen zu den angesprochenen Fragestellungen geschaffen zu haben.

---

[335] Hierzu beispielsweise ausführlich Bernard/Abdullaev 1997.
[336] Vgl. den Überblick zu Sogdien bei Parzinger 2003, S. 274ff.

# Summary

The aim of this work is to compile a preliminary inventory of Sauromatian and Sarmatian finds in the area north-east and east of the Caspian Sea[337] based on published excavation reports and the presentation of up-to-date research in order to form the foundation of further studies in this field. The focus of this research is the compilation and interpretation of material published in various regional and supra-regional specialist publications and conference reports.

The compilation of the catalogue was by no means an easy task. Difficulties stemmed on the one hand from the limited availability of scientific literature published in Central Asia, on the other hand it was due to the fact that in some publications important excavation results were often only presented in summaries without photographs. An accurate and critical interpretation of the published or quoted results (partly of campaigns which have lasted several years) could therefore not always be guaranteed. In particular in short excavation reports, statements about the cultural contexts of the objects are missing and therefore such publications were not used in the catalogue[338]. In order to keep the content of this work within limits, the large Saka necropoli in the area around the Aral Sea, which were excavated by the so called 'Chorezmian Expedition'[339], could not be researched for Sauromatian and Sarmatian elements in their grave inventories, although well published. However some of these finds are treated as examples in the text. Besides this many excavations and surveys are still up to now unpublished and therefore the finds presented in this catalogue of Sauromatian and Sarmatian contexts are only indicative of the up-to date published state of research and not an exact distribution of finds. For this reason a statistical interpretation of this catalogue was not undertaken.

As an introduction the relevant topography will be described, including some dicussion of questions regarding the climatic history of the region, in particular in pre- and early historic periods. Further a short overview of research regarding Sauromatian and Sarmatian questions in general, as well as specially focused ones in this field are presented. Finally, special problems relating the formation and cultural development in the Sarmatian core-area are adressed. Besides that characteristics of the material in the individual levels of Sarmatian culture, in particular in its eastern distribution area, are briefly presented. An overview of the absolute chronology and the related up-to-date discussions follows.

Also nomadic cultures of the early Iron Age in the area under discussion, their pecularities and their material culture are adressed.

A special chapter on written sources was avoided, as a modern overview in this area - in particular in relation to the Chinese tradition - has not been published and would be well beyond the framework of this study. Short remarks can nevertheless be found in the text.

Afterwards the questions regarding the presence and meaning of Sauromatian and Sarmatian finds in Central Asia is discussed (including its distinction from early Iron Age nomads). In doing so, with refernce to the compilation presented here, the meaning of these finds and the possible cultural-historical messages are examined. Besides that questions regarding cultic and religious ideas as well as those of possible interactions in various areas are discussed.

The material collected within the framework of this study shows clearly that quite often finds with Sauromatian and Sarmatian analogies can be found in the Central Asian steppe. These are on the one hand finds in graves of the nomadic population, on the other hand stele and sanctuaries, which were so far excludingly found at the Ustyurt- and Mangyshlak-Plateau.

The relevant grave finds are distributed in the whole area of study, even though the desert areas of Karakum and Kyzylkum appear almost completely empty of finds. This can be explained on the one hand by the fact that it was already a barren area in the Iron Age, or that on the other hand for example the cemetery of Kulkuduk in the desert of Kyzylkum may be indicative that this apparent absence may be due to lack of research.

The concentration of find spots in Sogdia on the Ustjurt Plateau and in the Uzboj-area can be seen in relation to research of various individuals of complex-expeditions.

The earliest find spots in this compilation are all located in the area between the Caspian Sea and the Aral Sea as well as the Uzboj-area. There are some regional and temporal pecularities in the way that graves were constructed[340]. For example stone circles and stone structures occur in the Kurgane only up to the 2nd century BC, whereas in Sogdia niche-graves can only be found up until the 1st century BC. Collective burials only occur in the Uzboj-area up until the 2nd century BC.

---

337  See also chapter "Das Arbeitsgebiet".
338  For example Jagodin/Jusupov 1978; Kožomberdiev 1974; Maksimova et al. 1968.
339  For example the nekropoli of Ujgarak and Tagisken, see Itina 1979; Itina/Jablonskij 1997; Jablonskij 1996; Jablonskij 1999; Višnevskaja 1973. Aditionally there are some articles which summarize the results.
340  Already Mandel'štam 1984, p. 177, pointed out that some „typical sarmatian burial types" (here: Catacomb grave) are also significant for other archaeological cultures.

Also within the grave inventories (morphological) developments can be seen. This is in particular evident with arrow heads, as barbed and three-edged bronze arrow heads with shaft and socket are replaced after a transitional period in the 3rd century BC by iron tanged arrow heads.

With regards to sword variations, the early cross guards are butterfly-like in form up until the 4th century BC and are later straight. From the 1st century BC swords without cross guards occur, as those were evidently made of different materials. The pommels are first either shaped in a double volute or are antennae-pommels. From the 4th century BC some round- or ring-pommels, which were from the 2nd/1st century BC replaced by mushroom shaped pommels occur or even swords without pommels at all. The paper continues in discussing the development of dagger forms. From the 3rd century BC hone stones can be found in graves, which can perhaps be interpreted as a - or at least partly due to - a change in economic organization. At the same time ring-pommel knives occur. The toiletry vessels were out of pottery up until the 2nd century BC, and afterwards they are also made out of other material (metal/glass). Small portable altars of stone, which had cultic functions, were abandoned in the 2nd century BC by incense burners.

All in all especially the inventories show changes and developments which can be very well compared with those from the Sauromatian-Sarmatian core-area. However it needs to be considered that the dating of the graves are mainly based on the inventory, which links to the Sarmatian core-zones and therefore circular argumentory is possible. "Sanctuaries" are mainly known through surveys and are hardly excavated. The majority belongs to the type "Batje" which is characterized by a central massive stone structure with circumnavigating kurgans, anthropomorphic stele, sacrificing tables- and installations. Due to their location on small natural hills they could be certainly seen from far away and with their white front of chalk offered an imposing impression. Those structures which were researched more thouroughly date to the early Sarmatian period and were in use for only one to two centuries, and were afterwards re-used as graves. In the surrounding area fragments of stone stele were always found which, as far as it can be determined, were mostly situated in small groups near a sanctuary installation and depict a standing warrior with weapons and costume. Their sometimes astonishing similarity leads to the assumption that they do not show individual personalities but rather a certain type of "proto-ancestor" or hero. The depicted equipment represents types of weapons, types of costume as well as jewellery, which are well known from contexts of the Prochorovka-culture. The whole set-up of the installation suggests those of a place of ancestor worship. The burial mounds and kurgan-like piles in the surrounding area fit this hypothesis. V. S. Ol'chovskij already stated the

hypothesis, that these installations are cult places, which are linked to ancestor worship and cosmic ideas. In addition he pointed out that the wild and barren Ustjurt plateau could have been possibly used as an area of retreat from Alexander the Great, who might not have shown great interest in this area and therefore the position of the central cult places were chosen in this safe surrounding[341]. A more thorough research of the surrounding flat graves would be interesting, which are evident at least for Batje III, as they were possibly spared from grave robbing and here perhaps elites were buried that dispensed with large cemeteries in order to be buried close to a cult site. By undertaking a closer investigation of these graves one would on the one hand have the chance to meet intact and well equipped burials and on the other hand would perhaps have the possibilities to determine hierarchies and social status.

Another type of sanctuary is the so far singular site of Dykyltas. Also around a central stone construction here semi circular burial mounds or kurgan-like mounds are grouped around it. Also in this sanctuary sacrifical place and stele were documented, even though the latter were mostly not anthropomorphic. Nevertheless, here too, a relationship to ancestor worship is likely. The overall composition of this sanctuary has clear references to the so called "Kurgan with Moustache" of the Tasmola culture in Central Kazakhstan.

Wide ranging archaeological and geophysical prospections as well as climatic-historical investigations would sharpen the picture of the early Iron Age nomadic groups. Especially the latter would need to be undertaken quickly due to the present day drying out of the Aral Sea region, as otherwise conclusive bore-cores would be irretrievably lost.

Besides that the [14]C dating of newly excavated material but also already stored material (here especially data entry of skeletal material of the large necropoli) would be desirable. With their help chronological problems in particular regarding the relationship between nomads and the sedentary cultures of the surrounding area could be solved.

All in all it can be stated that the present published state of research, despite the work already done, does not allow a definite conclusion regarding a perfect classification of horse-nomad finds and therefore nor a well-founded statement regarding possible "migratory movements"/advances of Sauromatians and Sarmatians into Central Asia. The situation is even more difficult due to the fact that on the one hand at the end of the 4th century BC there were disruptions and migratory movements caused by the campaigns of Alexander the Great, on the other hand in the 2nd century BC caused by the westward movement of the

---

[341] Ol'chovskij 1999, p. 71.

Yüek Chi from Central Asia further migration up to the North-Pontic area and changes of the political situation in Central Asia were initiated[342]. In the written sources additional tribes/people are mentioned in particular in the Aral Sea region and who have been located differently by various scholars. Especially the relationship between Sauromatian-Sarmatian and Saka tribes so far could not definitely be explained. In order to do so a major part of the published (and unpublished) Iron Age material needs to be investigated, in order to possibly obtain a more definite separation of Saka and Sarmatian. Also questions regarding the first appearance of nomadic tribes and their relation to urban cultures in the southern Central Asia are still open. Here in particular uncertanties and differences in the chronological systems are an obstacle, which have already been noticed for the Bronze Age[343]. It needs again to be mentioned that there are still problems and discussions regarding dating of Sarmatian phases in the core area. Due to new $^{14}$C-dating for the Bronze Age issues are becoming clearer in this field. It remains to be hoped that similar developments will be seen for the early Iron Age in Middle Asia in general, as much as for the Sauromatian-Sarmatian development in particular.

The aim of this paper was the listing of Sauromatian and Sarmatian finds and features of the area stated above with the help of accesible publications, the characterization of related features and the presentation of the state of research. Many questions could not be dealt with or could only be lightly touched on within the limited framework of this study and will need to be researched in future. The authoress still hopes that she has created a preliminary good foundation for further research regarding questions mentioned above.

[342] See for example Bernard/Abdullaev 1997.
[343] See Survey to Sogdia: Parzinger 2003, p. 274ff.

81

# Резюме

Целью настоящей работы является создание первого каталога савроматских и сарматских находок в регионе к востоку и северо-востоку от Каспийского моря[344], а также рассмотрение современного состояния изучения данного вопроса. Тем самым создаётся прочная база для дальнейших исследований в этой области науки. Основу работы составляет анализ материалов, представленных в различных региональных и межрегиональных публикациях.

Составление каталога проходило весьма не просто. Это было связано, с одной стороны, с ограниченной возможностью использования опубликованной в Средней Азии специальной литературы, а с другой, из-за специфики самой литературы, в которой важные результаты раскопок опубликованы нередко лишь в кратком виде и без иллюстраций. Таким образом, далеко не всегда можно было провести анализ и критический пересмотр опубликованных или цитируемых материалов (иногда результатов многолетних раскопок). Во многих коротких отчётах о раскопках часто недостаёт указаний о культурной принадлежности находок, что не позволило использовать их при составлении данного каталога[345]. За рамками исследования остались также большие сакские некрополи, раскопанные хорезмской экспедицией, т.к., несмотря на отличное качество публикаций, савроматские и сарматские компоненты погребального инвентаря не рассматривались здесь отдельно. Тем не менее, некоторые из этих находок были приняты автором во внимание в качестве примеров.

К сожалению, многие результаты археологических раскопок и разведок остаются до настоящего времени неопубликованными. Следовательно, представляемый каталог ни в коем случае не может показать полное распространение савроматских и сарматских находок в регионе. По этой же причине не был проведён и статистический анализ.

В начале работы подробно описывается область исследования, а также освещаются некоторые вопросы, касающиеся происходивших в ней климатических изменений (особенно в древности). Кроме того, даётся сжатый обзор истории изучения савроматской и сарматской археологии вообще, и исследуемого региона в частности.

В заключение рассматриваются проблемы формирования и культурного развития на основной территории расселения сарматов. Наряду с этим кратко представлена характеристика материальной культуры отдельных этапов сарматской культуры, в особенности в восточных областях её распространения. Сюда же включен обзор абсолютной хронологии и связанной с ней полемики.

Часть работы посвящена существовавшим в этом регионе кочевническим культурам раннего железного века, их особенностям и материальной культуре.

К сожалению, пришлось отказаться от отдельной главы, касающейся дошедших до нас письменных источников, так как какое-либо современное общее исследование в этой области, особенно в отношении китайских материалов, до сих пор отсутствует. Их рассмотрение значительно перешагнуло бы рамки работы. Тем не менее, некоторые ссылки на письменные источники присутствуют в тексте.

В работе исследуется вопрос происхождения и значения савроматских и сарматских находок в Средней Азии (также их отличие от других кочевых культур раннего железного века), а также их культурно-историческое содержание. Наряду с этим разбираются вопросы о культовых и религиозных представлениях, также как и об их вероятных взаимодействиях.

Собранный в рамках этого каталога материал отчётливо показывает, что находки из степных областей Средней Азии обнаруживают многочисленные савроматские и сарматские аналогии. При этом, это не только находки из погребений кочевого населения этого региона, но и стелы, и святилища, известные пока исключительно на плато Устюрт и полуострове Мангышлак.

Соответствующие находки из погребений распространены практически по всему исследуемому региону, за исключением пустынных областей Каракумов и Кызылкумов. Это объясняется, с одной стороны, пустынностью этой территории уже в железном веке, а с другой, как показывает, например, могильник Кулкудук в пустыне Кызылкум, речь здесь может идти о существующей пока лакуне в исследованиях этих районов. Значительная концентрация местонахождений в Согдиане, на плато Устюрт и в долине Узбоя связана, напротив, с многолетней работой здесь отдельных и комплексных экспедиций.

Наиболее ранние из рассматриваемых в работе местонахождений лежат в области между Каспийским морем и Аралом, а также в долине Узбоя. В сооружении погребальных объектов фиксируются некоторые

---

[344]  Об этом см. главу посвящённую исследуемому региону.
[345]  Например - Jagodin/Jusupov 1978; Kožomberdiev 1974; Maksimova et al. 1968.

локальные и временные особенности[346]. Так, к примеру, в Согдиане каменные наброски и круги в курганах обнаруживаются только до 2 в. до н.э., в то время как могилы с подбоем только до 1 в. до н.э. Коллективные же погребения встречаются исключительно в долине Узбоя до 2 в. до н.э.

Также отмечается эволюция погребального инвентаря. Наиболее очевидно это наблюдается в наконечниках стрел, где трёхлопастные и трёхгранные втульчатые наконечники из бронзы после 3 в. до н.э. вытесняются железными черешковыми. Мечи ранних типов имеют гарды бабочковидной формы вплоть до 4 в. до н.э. Далее они становятся прямыми. Начиная с 1 в. до н.э. встречаются мечи без гарды, так как они, очевидно, изготавливались из другого материала, не сохранившегося до нашего времени. Навершия имеют вначале двойную волютообразную или антеннообразную форму, а с 4 в. до н.э. встречаются круглые или кольцевидные, которые затем (со 2-1 вв. до н.э.), сменяются грибовидными, а также мечами без наверший. Подобным образом шло и развитие типов кинжалов. С 3 в. до н.э. в могилах появляются зернотёрки, что позволяет сделать вывод о частичном изменении в системе хозяйства. В это же время распространяются ножи с навершиями кольцевидной формы. Небольшие сосудики для белил или румян изготовлялись до 2 в. до н.э. из керамики, а в более позднее время их начинают делать и из других материалов (металл, стекло). Использовавшиеся в культовых целях маленькие переносные алтари из камня сменяются, вероятно, во 2 в. до н.э. курильницами.

В целом, именно в инвентаре проявляются те изменения и развития типов, которые позволяют провести его сравнение с предметами материальной культуры из центра савромато-сарматского мира. При этом нужно обратить внимание на то, что датировка захоронений опирается, в основном, на погребальный инвентарь, имеющий аналогии в центральном регионе расселения сарматов, что делает возможными некоторые ошибки в хронологии.

«Святилища» известны, прежде всего, благодаря разведочным работам, и практически не раскапывались. Большинство из них принадлежит к типу «Байте», в котором выделяется центральное массивное каменное сооружение, окружённое курганами, антропоморфными стелами и жертвенниками. Благодаря своему расположению на небольших естественных возвышенностях и самому строительному материалу (белый известняк), они были, несомненно, заметны издалека и производили своим видом внушительное впечатление. Сооружения, изученные более подробно, датируются раннесарматским временем и использовались, в основном, в течение всего одного или двух столетий, после чего служили в качестве мест захоронений. Вокруг всегда находятся обломки каменных стел, установленных ранее небольшими группами вблизи жертвенных сооружений и изображавших стоящие фигуры воинов. Их, иногда удивительное, сходство друг с другом позволяет предположить, что изваяния олицетворяют не индивидуальные личности, а скорее некий обобщённый образ «прародителя» или «героя». Представленные на фигурах реалии воспроизводят образцы предметов вооружения, детали костюма и украшения, хорошо известные из контекста прохоровской культуры. Их сооружение связано, вероятно, с культом предков. Этому соответствовали бы и лежащие вокруг курганы. В.С.Ольховский выдвигал уже гипотезу, что здесь представлены стелы, связанные с культом предков, а также космическими представлениями. Им также указывалось, что труднопроходимое и малопригодное для ведения хозяйства плато Устюрт могло быть той территорией, к которой вряд ли проявлял особенный интерес Александр Македонский, что и обусловило выбор этого безопасного места для расположения здесь культовых центров[347]. Было бы интересным исследование грунтовых могил, которые представлены, как минимум, на Байте III. Эти захоронения, возможно, остались не потревоженными грабителями, и именно здесь могли быть захоронены представители кочевой элиты, пожелавшие быть погребёнными вблизи культовых сооружений. При детальном исследовании этих могил можно было бы не только обнаружить не разграбленные и богатые погребения, но и прояснить иерархию и социальный статус самих погребённых.

Отдельный тип святилищ представляет собой пока единственное сооружение Дыкылтас. Курганы и другие надмогильные сооружения здесь, также как и в предыдущем случае, сконцентрированы вокруг центральной каменной конструкции. Рядом зафиксированы жертвенники и стелы, но, в основном, не антропоморфные. Несмотря на это, в данном случае также возможно предположить связь памятника с культом почитания предков. Общая структура этого святилища отчётливо напоминает так называемые «курганы с усами» тасмолинской культуры Центрального Казахстана.

Широкомасштабные археологические и геофизические разведки, также как и климатологические

---

[346] При этом следует обратить внимание на то, что уже, к примеру, А.М. Мандельштам (Mandel'štam 1984, с.177) указывал, что некоторые формы захоронений, рассматриваемые как типично сарматские (здесь: катакомбные погребения), характерны и для других культур.

[347] Ol'chovskij 1999, с. 71.

исследования позволили бы уточнить картину распространения кочевых племён раннего железного века на этой территории. В особенности последние должны быть проведены как можно быстрее, в связи с продолжающимся пересыханием Аральского моря.

Кроме того, было бы желательно проведение [14]C-датирования для уже раскопанных материалов. Особенно перспективны были бы данные из крупных некрополей, с помощью которых стало бы возможно решение проблем хронологии, особенно в отношении связей между кочевниками и осёдлыми культурами.

В итоге можно заключить, что современное состояние вопроса, несмотря на всю проделанную работу, не позволяет составить безусловную структуризацию кочевнического инвентаря, и с ней действительно обоснованные свидетельства возможного продвижения савроматов и сарматов в Среднюю Азию. Необходимо учитывать, что здесь, уже в конце 4 в. до н.э., в связи со среднеазиатским походом Александра Македонского, происходят значительные перемены и миграции. Движение на запад племён Юечжей во 2 в. до н.э. вызвало очередные политические изменения в Средней Азии и новые миграции, затронувшие территории вплоть до Северного Причерноморья[348]. Кроме того, в письменных источниках называются различные племена и народы, особенно в области вокруг Арала, которые локализуются разными исследователями совершенно по-разному.

До сих пор не прояснены окончательно взаимоотношения «савромато-сарматских» и «сакских» племён. Чтобы получить возможность для однозначного разделения «саков» и «сарматов» необходимо проанализировать большое количество опубликованных (и неопубликованных) комплексов железного века.

Открытыми остаются и вопросы, связанные с первым появлением здесь кочевых племён и их взаимоотношениям с городскими культурами на юге Средней Азии. Особенно затрудняют здесь работу неясности и различия в хронологических системах, которые констатируются и для эпохи бронзы[349]. Следует ещё раз обратить внимание на проблемы и полемику вокруг датировки этапов сарматской культуры в основной области их расселения. Впрочем, благодаря новым [14]C-датировкам для эпохи бронзы, здесь постепенно намечается некоторая определённость. Остаётся надеяться, что таким же образом будут, в ближайшем будущем, решены и проблемы как раннего железного века Средней Азии вообще, так и савромато-сарматского развития в частности.

Как уже говорилось, многие моменты не могли быть рассмотрены в данной работе вообще, или были затронуты лишь поверхностно, и должны, таким образом, стать темами для дальнейших штудий. Автор надеется всё же, что ей удалось создать хорошую базу для последующих исследований в этой области науки.

---

[348]  Об этом см. подробнее Bernard/Abdullaev 1997.

[349]  О Согде см. Parzinger 2003, S. 274ff.

# Abkürzungsverzeichnis

## Zeitschriften[337]

| | |
|---|---|
| ACSS | Ancient Civilizations from Scythia to Siberia |
| ADKIN | Avtoreferat dissertacii na soiskanie učenoj stepeni kandidata istoričeskich nauk |
| AEAE | Archeologija, étnografija i antropologija Evrazii |
| AfO | Archiv für Orientforschung |
| AMI | Archäologische Mitteilungen aus Iran |
| AMIT | Archäologische Mitteilungen aus Iran und Turan |
| Annali | Annali dell´ Instituto Universitario Orientale |
| AO | Archeologičeskie otkrytija |
| Arch. Sbor. | Archeologičeskij sbornik |
| Arch. Vesti | Archeologičeskie vesti |
| BAI | Bulletin of the Asia Institute |
| BAVA | Beiträge zur Allgemeinen und Vergleichenden Archäologie |
| CRAI | Académie des inscriptions et belles-lettres. Comptes rendus des séances de l'année |
| EurAnt | Eurasia Antiqua |
| IranAnt | Iranica Antiqua |
| IMKU | Istorija material'noj kul'tury Uzbekistana |
| KSIA | Kratkie soobščenija o dokladach i pole vych issledovanijach instituta archeologii AN SSSR |
| KSIIMK | Kratkie soobščenija o dokladach i pole vych issledovanijach instituta istorii material'noj kul'tury |
| JIES | Journal of Indo-European Studies |
| MAVA | Materialien zur Allgemeinen und Vergleichenden Archäologie |
| MIA | Materialy i issledovanija po archeologii SSSR |
| NAV | Nižnevolžskij archeologičeskij vestnik |
| RA | Rossijskaja archeologija |
| SA | Sovetskaja archeologija |
| SÉ | Sovetskaja étnografija |
| SRAA | Silk Road Art and Archaeology |
| TIAEK | Trudy Instituta Istorii, Archeologii i Etnografii Akademii Nauk Kazachskoj SSR |
| USA | Uspechi sredneaziatskoj archeologii |
| VAZK | Voprosy archeologii zapadnogo Kazachstana |
| VDI | Vestnik drevnej istorii |
| ZfA | Zeitschrift für Archäologie |

---

[337] Die Abkürzung von Zeitschriften richtet sich weitestgehend nach dem Sigel-Verzeichnis im Archäologischen Anzeiger 1992, S. 743 - 754.

# Katalog

| | | | |
|---|---|---|---|
| AdW | Akademie der Wissenschaften | Nr. | Nummer |
| B | Breite | O | Osten |
| Best. | Bestattung | obl. | oblast' |
| D | Dicke | Obfl. | Oberfläche |
| Dm | Durchmesser | östl. | östlich |
| g | Gramm | raj. | rajon |
| H | Höhe | rek. | rekonstruiert |
| L | Länge | rundl. | rundlich |
| Kat.-Nr. | Katalog-Nummer | S | Süden |
| M | Maßstab | südl. | südlich |
| männl. | männlich | T | Tiefe |
| max. | maximal | urspr. | ursprünglich |
| menschl. | menschlich | W | Westen |
| min. | minimal | weibl. | weiblich |
| N | Norden | westl. | westlich |
| nördl. | nördlich | WS | Wandstärke |

Adžigaleev 1994
Adžigaleev, S. I. 1994: Genezis tradicionnoj pogrebal'no-kul'tovoj architektury Zapadnogo Kazachstana. Almaty.

Alekseev et al. 2001
Alekseev, A. Ju./Bokovenko, N. A./Boltrik, Ju./Čugunov, K. A./Cook, G./Dergačev, V. A./Kovaljuch, N./Possnert, G./van der Plicht, J./Scott, E. M./Semencov, A./Skripkin, V./Vasiliev, S./Zajceva, G. [Alekseev, A. Ju./Bokovenko, N. A./Boltrik, Ju./Chugunov, K. A./Cook, G./Dergachev, V. A./Kovalyukh, N./ Possnert, G./van der Plicht, J./Scott, E. M./Sementsov, A./Skripkin, V./Vasiliev, S./Zaitseva, G.] 2001: A Chronology of the Scythian Antiquities of Eurasia based on new Archaeological and [14]C Data. In: Radiocarbon 43, 2B, S. 1085 - 1107.

Antipina/Ol'chovskij 2000
Antipina, E. E./Ol'chovskij, V. S. 2000: Archeozoologičeskie materialy iz glavnojkul'tovoj konstrukcii svjatiišča Bajte III. In: Ol'chovskij, V. S. (Hrsg.): Archeologija, Paleoėkologija i Paleodemografija Evrazii, S. 79 - 88. Moskva.

Atamuradov 1994
Atamuradov, K. I. 1994: Paleogegography of Turkmenistan. In: Fet, V./Atamuradov, K. I. (Hrsg.): Biogeography and Ecology of Turkmenistan (Monographiae Biologicae 72), S. 49 - 64. Dordrecht, Boston, London.

Babaev 1994
Babaev, A. G. 1994: Landscapes of Turkmenistan. In: Fet, V./Atamuradov, K. I. (Hrsg.): Biogeography and Ecology of Turkmenistan (Monographiae Biologicae 72), S. 5 - 22. Dordrecht, Boston, London.

Bajpakov/Ismagil' 1996
Bajpakov, K. M./Ismagil', R. 1996: Der Besagaš-Hort und das sakenzeitliche Bronzegeschirr aus dem Siebenstromland. In: EurAnt 2, S. 347 - 353.

Balabanova 2002
Balabanova, M. A. 2002: Antropologija sarmatskich diagonal'nych pogrebal'nych kompleksov. In: NAV 5, S. 82 - 94.

Barbarunova 1995
Barbarunova, Z. A. 1995: Early Sarmatian Culture. In: Davis-Kimball, J./Bašilov, V. A./Jablonskij, L. T. [Davis-Kimball, J./Bashilov, V. A./Yablonsky, L. T.] (Hrsg.): Nomads of the Eurasian Steppes in the Early Iron Age, S. 121 - 132. Berkeley.

Barthold
s. Bartol'd

Bartol'd 1910
Bartol'd, V. [Barthold, W.] 1910: Nachrichten über den Aral-See und den unteren Lauf des Amu-darja von den ältesten Zeiten bis zum XVII. Jahrhundert (Quellen und Forschungen zur Erd- und Kulturkunde II). Leipzig.

Batyrov/Batirov 1986
Batyrov, B. Ch./Batirov, A. R. 1986: Fauna mlekopitajuščich sumbetimeralan-kurkreuk na plato Ustjurt. In: Archeologija Priaral'ja III, S. 125 - 131. Taškent.

Bernard/Abdullaev 1997
Bernard, P./Abdullaev, K. [Bernar, P./Abdullaev, K.] 1997: Nomady na granice Baktrii (K voprosy etničeskoj i kul'turnoj identifikacii). In: RA 1997, 1, S. 68 - 86.

Bernar/Abdullaev
s. Bernard/Abdullaev

Binghua 1987
Binghua, W. 1987: Recherches historiques preliminaries sur les Saka du Xinjiang ancien (Übers. C. Debaine-Francfort). In: Arts Asiatiques XLII, S. 31 - 44.

Boomer et al. 2000
Boomer, I./Aladin, N./Plotnikov, I./Whatley, R. 2000: The palaeolimnology of the Aral Sea: A rewiev. In: Quaternary Science Reviews 19, S. 1259 - 1278.

Boroffka 2003
Boroffka, N. G. O. 2003: Archäologische Beiträge zur Klimageschichte des Aral-Sees. In: Mitteilungen der Berliner Gesellschaft für Anthropologie, Ethnologie und Urgeschichte Bd. 24, 2003, S. 21 - 40.

Boroffka et al. 2003
Boroffka, N. G. O./Bajpakov, K. M./Achatov, G. A./ Eržanova, A./Lobas, D. A./Savel'eva, T. V./Adam, J. 2003: Ein Kessel aus dem Vorland des Aral-Sees. In: EurAnt 9, S. 221 - 236.

---

[338] Die Transliteration russischer Namen erfolgt nach DIN 1460 (Stand Oktober 1962). Publikationen russischer Autoren in anderen europäischen Sprachen finden sich in alphabetischer Reihenfolge der deutschen Transliteration, auch wenn die Autoren im Original in anderer Umschrift zitiert wurden; d. h. s. „Yablonsky" unter „Jablonskij". Hierfür wurden Verweise eingefügt; die ursprüngliche Schreibweise des Namens findet sich in eckigen Klammern.

Boroffka et al. 2003a
Boroffka, N. G. O./Bajpakov, K. M./Achatov, G. A./ Eržanova, A./Lobas, D. A./Savel'eva, T. V. 2003: Prospektionen am nördlichen Aral-See, Kazachstan. In: AMIT 35, S. 1 - 81.

Brentjes 1988
Brentjes, B. 1988: Die Ahnen Dschingis-Chans. Berlin.

Brentjes 1993/1994
Brentjes, B. 1993/1994: Klimaschwankungen und Siedlungsgeschichte Vorder- und Zentralsiens. In: AfO 40/41, S. 74 - 87.

Brentjes 1995/1996
Brentjes, B. 1995/1996: Waffen der Steppenvölker II.: Kompositbogen, Goryt und Pfeil – Ein Waffenkomplex der Steppenvölker. In: AMI 28, S. 180 - 210.

Brentjes 1998
Brentjes, B. 1998: Graves and Rituals in the Central Asian Steppes in the First Millennium BC. In: Annali 58, S. 533 - 546.

Cameron 1975
Cameron, G. G. 1975: Darius the Great and his scythian (Saka) campaign, Bisitun and Herodotus. In: Acta Iranica 4 (Hommages et Opera Minora Monumentum H. S. Nyberg I), S. 77 - 88. Leiden.

Čežina 1988
Čežina, E. F. 1988: Istorija i sovremennoe sostojanie problemy "savromatskogo" zverinogo stilja. In: Arch. Sbor. 29, S. 59 - 64.

Chabdulina 1987
Chabdulina, M. K. 1987: Raskopki kurganov v Severnom Kazachstane. In: AO 1985 g., S. 583 - 584.

Chiebert
s. Hiebert

Dandamaev 1979
Dandamaev, M. A. [Dandamayev, M. A.] 1979: Data of the Babylonian Documents from the 6th to the 5th centuries B.C. on the Sakas. In: Harmatta, J. (Hrsg.): Prolegomena to the sources on the History of pre-islamic Central Asia, S. 95 - 109. Budapest.

Dandamayev
s. Dandamaev

David 1985
David, T. 1985: Les sociétés pastorales du Kazakhstan occidental et leurs rapports avec l'Asie centrale au 1er millénaire avant J.-C. In: L'Archéologie de la Bactriane ancienne. Actes du Colloque franco-soviétique, Dushanbe (U.R.S.S.), 27 octobre – 3 novembre 1982 (traduit du russe), S. 207 - 228. Paris.

Davis-Kimball 1997
Davis-Kimball, J. 1997: Sauro-Sarmatian Nomadic Women: New Gender Identities. In: JIES 25, 3-4, S. 327 - 343.

Davis-Kimball 1997/1998
Davis-Kimball, J. 1997/1998: Amazons, Priestesses and other Women of Status – Females in Eurasian Nomadic Societies. In: SRAA V, S. 1 - 50.

Davis-Kimball 1998
Davis-Kimball, J. 1998: Statuses of Eastern Early Iron Age Nomads. In: Pearce, M./Tosi, M. (Hrsg.): European Association of Archaeologists – Papers from the Third Annual Meeting in Ravenna 1997, Vol. I: Pre- and Protohistory. (BAR International Series 717), S. 142 - 149. Oxford.

Davis-Kimball 2000
Davis-Kimball, J. 2000: The Beiran Mound. A nomadic Cultic Site in the Altai Mountains (Western Mongolia). In: Davis-Kimball, J./Murphy, E. M./Korjakova, L./ Jablonskij, L. T. [Davis-Kimball, J./Murphy, E. M./ Koryakova, L./Yablonsky, L. T.] (Hrsg.): Kurgans, Ritual Sites, and Settlements. Eurasian Bronze and Iron Age. (BAR International Series 890), S. 89 - 105. Oxford.

Davis-Kimball 2001
Davis-Kimball, J. 2001: Warriors and Priestesses of the Eurasian Nomads. In: Biehl, P. F./Bertemes, F./ Meller, H. (Hrsg.): The Archaeology of Cult and Religion (Archaeolingua 13), S. 243 - 259. Budapest.

Davis-Kimball et al. 1995
Davis-Kimball, J./Bašilov, V. A./Jablonskij, L. T. [Davis-Kimball, J./Bashilov, V. A./Yablonsky, L. T.] (Hrsg.) 1995: Nomads of the Eurasian Steppes in the Early Iron Age. Berkeley.

Demidenko 1998
Demidenko, S. 1998: Über einige früheisenzeitliche Bronzegeschirr-Typen aus dem südöstlichen Kazakhstan. In: EurAnt 4, S. 201 - 207.

Dvorničenko 1995
Dvorničenko, V. V. [Dvornichenko, V. V.] 1995: Sauromatians and Sarmatians of the Eurasian Steppes: The Transitional Period from the Bronze Age. In: Davis-Kimball, J./Bašilov, V. A./Jablonskij, L. T. [Davis-Kimball, J./Bashilov, V. A./ Yablonsky, L. T.] (Hrsg.): Nomads of the Eurasian Steppes in the Early Iron Age, S. 101 - 104. Berkeley.

Dvorničenko 1995a
Dvorničenko, V. V. [Dvornichenko, V. V.] 1995: Sauromatian Culture. In: Davis-Kimball, J./Bašilov, V. A./ Jablonskij, L. T. [Davis-Kimball, J./Bashilov, V. A./ Yablonsky, L. T.] (Hrsg.): Nomads of the Eurasian Steppes in the Early Iron Age, S. 105 - 116. Berkeley.

Dvorničenko/Korenjako 1989
Dvorničenko, V. V./Korenjako, V. A. 1989: Predšestvenniki savromatov v Volgo-Donskom meždureč'e, Zavolž'e i južnom Priural'e. In: Meljukova, A. I. (Hrsg.) 1989: Stepi evropejskoj časti SSSR v skifo-sarmatskoe vremja (Archeologija SSSR), S. 148 - 152. Moskva.

Dvornichenko
s. Dvorničenko

Dženito
s. Genito

Francfort 1998
Francfort, H.-P. 1998: De l'art des steppes au sud du Taklamakan. In: BAI 12, S. 45 - 58.

Frumkin 1970
Frumkin, G. 1970: Archaeology in Soviet Central Asia (Handbuch der Orientalistik, 7. Abteilung, 3. Band – Innerasien, 1. Abschnitt). Leiden, Köln.

Galkin 1983
Galkin, L. L. 1983: Razvedki i raskopki v severo-vostočnom Prikaspii. In: AO 1981 g., S. 433 - 434.

Galkin 1986
Galkin, L. L. 1986: Raboty v severo-vostočnom Prikaspii. In: AO 1984 g., S. 440 - 441.

Galkin 1987
Galkin, L. L. 1987: Izyckanija v severo-vostočnom Prikaspii. In: AO 1985 g., S. 566 - 567.

Genito 1988
Genito, B. 1988: The archaeological Cultures of the Sarmatians with a preliminary Note on the Trial Trenches at Gyoma 133: A Sarmatian Settlement in South-East Hungary (Campaign 1985). In: Annali 48, S. 81 - 126.

Genito et al. 2000
Genito, B./Ol'chovskij, V. S./Samašev, Z. S./Francfort, H.-P. [Dženito, B./ Ol'chovskij, V. S./Samašev, Z. S./ Frankfor, A.-P.] 2000: Issledovanie drevnich svjatiliš aralo-kaspijskich stepej: itogi i perspektivy. In: Ol'chovskij, V. S. (Hrsg.): Archeologija, Paleoėkologija i Paleodemografija Evrazii, S. 7 - 20. Moskva.

Genito/Moškova 1995
Genito, B./Moškova, M. G. (Hrsg.) 1995: Statistical Analyses of Burial Customs of the Sauromatian Period in Asian Sarmatia (6. - 4. centuries B. C.). Napoli.

Ginters 1928
Ginters, W. 1928: Das Schwert der Skythen und Sarmaten in Südrussland (Vorgeschichtliche Forschungen 2, 1. Heft). Berlin.

Görsdorf et al. 1998
Görsdorf, J./Parzinger, H./Nagler, A./Leont'ev, N. 1998: Neue 14C-Datierungen für die Sibirische Steppe und ihre Konsequenzen für die regionale Bronzezeitchronologie. In: EurAnt 4, S. 73 - 80.

Görsdorf et al. 2001
Görsdorf, J./Parzinger, H./Nagler, A. 2001: New Radiocarbon Dates of the North Asian Steppe Zone and its Consequences for the Chronology. In: Radiocarbon, 43, 2B, S. 1115 - 1120.

Gorbunova 1992
Gorbunova, N. G. 1992: Early nomadic pastoral Tribes in Soviet Central Asia during the first half of the first Millennium A.D. In: Seaman, G. (Hrsg.): Foundations of Empire. Archaeology and Art of the Eurasian Steppes. Proceedings of the Soviet-American Academic Symposia in Conjunction with the Museums Exhibitions "Nomads: Masters of the Eurasian Steppe" 3, S. 31 - 48. Los Angeles.

Gorbunova 1994
Gorbunova, N. G. 1994: Skotovody Baktrii i Sogda i Sarmaty. In: Skripkin, A. S. (Hrsg.): Problemy istorii i kul'tury Sarmatov. Tezisy dokladov meždunarodnoj konferencii 13 - 16 sentjabrja 1994 goda Volgograd, S. 59 - 61. Volgograd.

Gorbunova 1998
Gorbunova, N. G. 1998: Ob odnom tipe bronzovych zerkal ("baktrijskie" ? "sarmatskie" ?). In: Arch. vesti 5, S. 283 - 296.

Gorbunova 2001
Gorbunova, N. G. 2001: Skotovody Baktrii, Sodga i central'nych Kyzylkumov. In: Arch. Sbor. 35, S. 126 - 151.

Grakov 1947
Grakov, P. B. 1947: ΓΥΝΑΙΚΟΚΡΑΤΟΥΜΕΝΟΙ (Perežitki matriarchata u sarmatov). In: VDI 1947, 3, S. 100 - 121.

Gubin 1986
Gubin, S. V. 1986: Landšaftno-ėkologičeskaja charakteristika vostočnogo činka Ustjurta. In: Archeologija Priaral'ja IV, S. 121 - 125. Taškent.

Häusler 1983
Häusler, A. 1983: Beiträge zum Stand der Sarmatenforschung. In: ZfA 17, S. 159 - 194.

Hall 1997
Hall, M. E. 1997: Towards an absolute chronology for the Iron Age of Inner Asia. In: Antiquity 71, 274, S. 863 - 874.

Hanks 2002
Hanks, B. K. 2002: The Eurasian Steppe "Nomadic World" of the First Millennium BC: Inherent Problems within the Study of Iron Age Nomadic Groups. In: Boyle, K./Renfrew, C./Levine, M. (Hrsg.): Ancient interactions: east and west in Eurasia (McDonald Institute Monographs), S. 183 - 197. Cambridge.

Harmatta 1970
Harmatta, J. 1970: Studies in the history and language of the Sarmatians. (Acta Universitatis de Attila József nominatae. Acta Antiqua et Archaeologica, Minora opera XIII). Szeged.

Hiebert/Šišlina 2000
Hiebert, F. T./Šišlina, N. I. [Chiebert, F. T./Šišlina, N. I.] 2000: Drevnie evrazijskie kočevniki i okružajuščaja sreda. In: Ol'chovskij, V. S. (Hrsg.): Archeologija, Paleoėkologija i Paleodemografija Evrazii, S. 21 - 30. Moskva.

Il'jasov/Ruzanov 1997/1998
Il'jasov, J. Ja./Ruzanov, D. V. [Ilyasov, J. Ya./Rusanov, D. V.] 1997/1998: A Study on the Bone Plates from Orlat. In: SRAA V, S. 107 - 159.

Ilyasov/Rusanov
s. Il'jasov/Ruzanov

Itina 1979
Itina, M. A. (Hrsg.) 1979: Kočevniki na granicach Chorezma (Trudy chorezmskoj archeologo-etnografičeskoj ėkspedicii XI). Moskva.

Itina 1984
Itina, M. A. 1984: Zagadočnye ogrady na kurgannych gruppach nizov'ev Syrdar'i i Južnogo Priural'ja. In: Meljukova, A. I./Moškova, M. G./Petrenko, V. G. (Hrsg.): Drevnosti Evrazii v skifo-sarmatskoe vremja, S. 78 - 84. Moskva.

Itina 1992
Itina, M. A. 1992: The Steppes of the Aral Sea Area in Pre- and Early Scythian Times. In: Seaman, G. (Hrsg.): Foundations of Empire. Archaeology and Art of the Eurasian Steppes. Proceedings of the Soviet-American Academic Symposia in Conjunction with the Museums Exhibitions "Nomads: Masters of the Eurasian Steppe" 3, S. 49 - 58. Los Angeles.

Itina 1992a
Itina, M. A. 1992: Rannie saki Priaral'ja. In: Moškova, M. G. (Hrsg.) 1992: Stepnaja polosa aziatskoj časti SSSR v skifo-sarmatskoe vremja. (Archeologija SSSR), S. 31 - 47. Moskva.

Itina/Jablonskij 1997
Itina, M. A./Jablonskij, L. T. 1997: Saki nižnej Syrdar'i (po materialam mogil'nika južnyj Tagisken). Moskva.

Ivančik 1998
Ivančik, A. 1998: Rezension zu Davis-Kimball, J./Bašilov, V. A./Jablonskij, L. T. [Davis-Kimball, J./Bashilov, V. A./Yablonsky, L. T.] (Hrsg.) 1995: Nomads of the Eurasian Steppes in the Early Iron Age. Berkeley. In: EurAnt 4, S. 492 - 495.

Jablonskij 1990
Jablonskij, L. T. [Yablonsky, L. T.] 1990: Burial place of a Massagetan warrior. In: Antiquity 64, S. 288 - 296.

Jablonskij 1993
Jablonskij, L. T. 1993: Kul'tury sakskogo tipa na territorii srednej Azii i Kazachstana: Edinstvo ili mnogoobrazie ? In: KSIA 207, S. 13 - 18.

Jablonskij 1995
Jablonskij, L. T. [Yablonsky, L. T.] 1995: Written Sources and the History of archaeological Studies of the Saka in Central Asia. In: Davis-Kimball, J./Bašilov, V. A./ Jablonskij, L. T. [Davis-Kimball, J./Bashilov, V. A./ Yablonsky, L. T.] (Hrsg.): Nomads of the Eurasian Steppes in the Early Iron Age, S. 193 - 197. Berkeley.

Jablonskij 1995a
Jablonskij, L. T. [Yablonsky, L. T.] 1995: The material Culture of the Saka and historical Reconstruction. In: Davis-Kimball, J./Bašilov, V. A./Jablonskij, L. T. [Davis-Kimball, J./Bashilov, V. A./Yablonsky, L. T.] (Hrsg.): Nomads of the Eurasian Steppes in the Early Iron Age, S. 201 - 239. Berkeley.

Jablonskij 1995b
Jablonskij, L. T. [Yablonsky, L. T.] 1995: Some ethnogenetical Hypotheses. In: Davis-Kimball, J./Bašilov, V. A./Jablonskij, L. T. [Davis-Kimball, J./Bashilov, V. A./ Yablonsky, L. T.] (Hrsg.): Nomads of the Eurasian Steppes in the Early Iron Age, S. 241 - 252. Berkeley.

Jablonskij 1996
Jablonskij, L. T. 1996: Saki južnogo Priaral'ja (archeologija i antropologija mogil'nikov). Moskva.

Jablonskij 1998
Jablonskij, L. T. [Yablonsky, L. T.] 1998: The nomads of Khwarezm since the 1st Millennium B.C. to the middle of the 1st Millennium A.D. In: Pearce, M./Tosi, M. (Hrsg.): European Association of Archaeologists – Papers from the Third Annual Meeting in Ravenna 1997. Vol. I: Pre- and Protohistory (BAR International Series 717), S. 133 - 141. Oxford.

Jablonskij 1999
Jablonskij, L. T. 1999: Nekropoli drevnego chorezma. Archeologia i antropologija mogil'nikov. Moskva.

Jacenko 1994
Jacenko, S. A. 1994: K istorii formirovanija odnogo iz ključebych stereotipov Sarmatologii. In: Alekseev, A. Ju./Bokovenko, N. A./Marsadolov, L. S./Semenov, V. A. (Hrsg.): Elitnye Kurgany stepej Evrazii v skifo-sarmatskuju epochu. (Materialy zasedanij „kruglogo stola" 22 - 24 dekabrja 1994 g., Sankt-Peterburg), S. 200 - 204. Sankt-Peterburg.

Jacenko 2001
Jacenko, S. A. [Yatsenko, S. A.] 2001: The Costume of the Yuech-Chihs/Kushans and its Analogies to the East and to the West. In: SRAA 7, S. 73 - 120.

Jagodin 1978
Jagodin, V. N. 1978: Sarmatskij kurgan na Ustjurte. In: KSIA 154, S. 83 - 89.

Jagodin 1982
Jagodin, V. N. 1982: Archeologičeskoe izučenie kurgannych mogil'nikov Kaskažol i Bernijaz na Ustjurte. In: Archeologija Priaral'ja I, S. 39 - 81.

Jagodin 1988
Jagodin, V. N. 1988: Issledovanija na plato Ustjurt. In: AO 1986 g., S. 504.

Jagodin 1990
Jagodin, V. N. 1990: Kurgannyj mogil'nik Děvkesken-4. In: Archeologija Priaral'ja IV, S. 28 - 81.

Jagodin 1999
Jagodin, V. N. 1999: Kurgannyj mogil'nik Džidelibulak-1 na Ustjurte. In: IMKU 30, S. 110 - 122.

Jagodin/Jusupov 1978
Jagodin, V. N./Jusupov, N. Ju. 1978: Razvedki i raskopki pamjatnikov kočebych plemen na Ustjurte. In: AO 1977 g., S. 542.

Jettmar 1966
Jettmar, K. 1966: Mittelasiatische Bestattungsrituale und Tierstil. In: IranAnt 6, S. 6 - 24.

Jettmar 1980
Jettmar, K. 1980: Die frühen Steppenvölker. Der eurasische Tierstil. Entstehung und sozialer Hintergrund (Kunst der Welt). Baden-Baden.

Jettmar 1983
Jettmar, K. 1983: Geschichte der Archäologie in Sibirien und im asiatischen Steppenraum. In: BAVA 5, S. 187 - 226.

Jusupov 1975
Jusupov, Ch. Ju. 1975: Issledovanija kurgannych pamjatnikov vdol' verchnego Uzboja vesnoj 1973 g. In: USA 3, S. 48 - 51.

Jusupov 1978
Jusupov, Ch. Ju. 1978: Novyj pamjatnik drevnich kočevnikov na Uzboe. In: KSIA 154, S. 70 - 76.

Jusupov 1981
Jusupov, Ch. Ju. 1981: Pamjatniki drevnich kočevnikov zauzbojskogo plato (Čolinkyr). In: Kul'tura i iskusstvo drevnego Chorezma, S. 131 - 143. Moskva.

Kadyrbaev 1959
Kadyrbaev, M. K. 1959: Pamjatniki rannich kočevnikov central'nogo Kazachstana. In: TIAEK 7, S. 162 - 203.

Klepikov 2000
Klepikov, V. M. 2000: K probleme vydelenija sarmatskich pamjatnikov III v. do n. ė. In: NAV 3, S. 97 - 106.

Klepikov/Skripkin 2002
Klepikov, V. M./Skripkin, A. S. 2002: Chronologija ranne-sarmatskich pamjatnikov nižnego povolž'ja. In: NAV 5, S. 47 - 81.

Kouznetsov/Lebedynsky
s. Kuznecov/Lebedynsky

Kožomberdiev 1974
Kožomberdiev, I. 1974: Novye dannye mogil'nika Akčij-Karasu. In: AO 1973 g., S. 529 - 530.

Kruglova 1999
Kruglova, N. P. 1999: Analiz količestvennych priznakov dlja klassifikacii rannesarmatskoj keramiki. In: NAV 2, S. 32 - 35.

Kubarev 2002
Kubarev, V. D. 2002: „Savromaty" na Altae. In: AEAE 2 (10), S. 127 - 139.

Kutimov 2002
Kutimov, Ju. G. 2002: Nekotorye aspekty razvitija I absoljutnoj datirovki Tazabag"jabskoj kul'tury južnogo priaral'ja (po materialam mogil'nika Kokča 3). In: Arch. Vesti 9, S. 191 - 199.

Kuznecov/Lebedynsky 1997
Kuznecov, V./Lebedynsky, I. 1997: Les Alains: cava-liers des steppes, seigneurs du Caucase. (Collection des Hesperides) Paris.

Lebedynsky 2002
Lebedynsky, I. 2002: Les Sarmates. Amazones et lanciers cuirassés entre Oural et Danube (VIIe siècle av. J.-C. – VIe siècle apr. J.-C.). o. O.

Lebedynsky 2003
Lebedynsky, I. 2003: Les Nomades. Les peuples no-mades de la steppe des origines aux invasions mongoles (IXe siècle av. J.-C. – XIIIe siècle apr. J.-C.). Paris.

Létolle 2000
Létolle, R. 2000: Histoire de l'Ouzboï, cours fossile de l'Amou Darya: Synthèse et Èlèments nouveaux. In: Studia Iranica 29, S. 195 - 240.

Levi 1994
Levi, M. A. 1994: The Scythians of Herodotus and the Archaeological Evidence. In: Genito, B. (Hrsg.): The Archaeology of the Steppes. Methods and Strategies. Papers from the International Symposium held in Naples 9 – 12 November 1992 (Instituto Universitario Orientale. Dipartimento di Studi Asiatici. Series Minor XLIV), S. 633 - 641. Napoli.

Levina 1992
Levina, L. M. 1992: Pamjatniki džetyasarskoj kul'tury serediny I tysjačeletija do n. ė. - serediny I tysjačeletija n. ė. In: Moškova, M. G. (Hrsg.) 1992: Stepnaja polosa azi-atskoj časti SSSR v skifo-sarmatskoe vremja (Archeologija SSSR), S. 61 - 72. Moskva.

Litvinskij 1976
Litvinskij, B. A. 1976: Problemy ėtničeskoj istorii drev-nej i rannesrednevekovoj Fergany. In: Istorija i kul'tura narodov Srednej Azii, S. 49 - 65.

Litvinskij 1982
Litvinskij, B. A. 1982: Neuere Forschungen zur Archäologie und alten Geschichte Mittelasiens. In: BAVA 4, S. 49 - 64.

Litvinskij 1984
Litvinskij, B. A. 1984: Bronzovye nakonečniki strel iz Tachti-Sangina. In: Meljukova, A. I./Moško-va, M. G./Petrenko, V. G. (Hrsg.): Drevnosti Evrazii v skifo-sarmatskoe vremja, S. 153 - 157. Moskva.

Litvinskij 1984a
Litvinskij, B. A. 1984: Eisenzeitliche Kurgane zwischen Pamir und Aral-See (MAVA 22). München.

Litvinskij 1986
Litvinskij, B. A. 1986: Antike und frühmittelalterliche Grabhügel im westlichen Fergana-Becken, Tadžikistan (MAVA 16). München.

Litvinskij/P'jankov 1966
Litvinskij, B. A./P'jankov, I. V. 1966: Voennoe delo u narodov srednej Azii v VI - IV vv. do n. ė. In: VDI 1966, 3, S. 36 - 52.

Lochovic 1979
Lochovic, V. A. 1979: Podbojno-katakombnye i kol-lektivnye pogrebenija mogil'nika Tumek-Kičidžik. In: Itina, M. A. (Hrsg.): Kočevniki na granicach Chorezma (Trudy chorezmskoj archeologo-etnografičeskoj ėkspedicii XI), S. 134 - 150. Moskva.

94

Lochovic/Chazanov 1979
Lochovic, V. A./Chazanov, A. M. 1979: Podbojnye i katakombnye pogrebenija mogil'nika Tuz-gyr. In: Itina, M. A. (Hrsg.): Kočevniki na granicach Chorezma (Trudy chorezmskoj archeologo-etnografičeskoj ėkspedicii XI), S. 111 - 133. Moskva.

Maksimova et al. 1968
Maksimova, A. G./Merščiev, M. S./Vajnberg, B. I./Levina, L. M. (Hrsg.) 1968: Drevnosti čardary (Archeologičeskie issledovanija v zone čardarinskogo Vodochranilišča). Alma-Ata.

Mandel'štam 1975
Mandel'štam, A. M. 1975: Pamjatniki kočevnikov kušanskogo vremeni v severnoj Baktrii. Trudy tadžikskoj archeologičeskoj ėkspedicii Instituta Archeologii AN SSSR i Instituta Istorii im. „A. Doniša" AN Tadžikskoj SSR VII. Leningrad.

Mandel'štam 1976
Mandel'štam, A. M. 1976: K charakteristike pamjatnikov rannich kočevnikov Zakaspija. In: KSIA 147, S. 21 - 26.

Mandel'štam 1984
Mandel'štam, A. M. 1984: Zametki o sarmatskich čertach v pamjatnikach kočevnikov južnych oblastej Srednej Azii. In: Meljukova, A. I./Moškova, M. G./ Petrenko, V. G. (Hrsg.): Drevnosti Evrazii v skifo-sarmatskoe vremja, S. 173 - 177. Moskva.

Mandel'štam 1992
Mandel'štam, A. M. 1992: Kočevoe naselenie Sredneaziatskogo meždureč'ja v poslednie veka do našej ėry i pervye veka našej ėry. In: Moškova, M. G. (Hrsg.) 1992: Stepnaja polosa aziatskoj časti SSSR v skifo-sarmatskoe vremja (Archeologija SSSR), S. 107 - 115. Moskva.

Mandel'štam/Gorbunova 1992
Mandel'štam, A. M./Gorbunova, N. G. 1992: Obščie svedenija o rannich kočevnikach Srednej Azii i ich gruppirovkach. In: Moškova, M. G. (Hrsg.) 1992: Stepnaja polosa aziatskoj časti SSSR v skifo-sarmatskoe vremja (Archeologija SSSR), S. 13 - 21. Moskva.

Manylov 1990
Manylov, Ju. P. 1990: Raskopki kulkudukskoj kurgannoj gruppy v central'nych Kyzylkumach. In: IMKU 23, S. 46 - 60.

Marčenko et al. 2004
Marčenko, I. I./Moškova, M. G./Raev, B. A. (Hrsg.) 2004: Sarmatskie kul'tury Evrazii: Problemy regional'noj chronologii. Doklady k 5 meždunarodnoj konferencii "Problemy sarmatskoj archeologii I istorii". Krasnodar.

Maruščenko 1959
Maruščenko, A. A. 1959: Kurgannye pogrebenija sarmatskogo vremeni v podgornoj polose južnogo Turkmenistana. In: Trudy Instituta Istorii, Archeologii i Ėtnografii AnTSSR V (Materialy po archeologii Turkmenistana 5), S. 110 - 122.

Matveeva 1997
Matveeva, N. P. 1997: O torgovych svjazjach zapadnoj Sibiri i central'noj Azii v rannem železnom veke. In: RA 1997, 2, S. 63 - 77.

Medvedskaja 1972
Medvedskaja, I. N. 1972: Nekotorye voprosy chronologii bronzovych nakonečnikov strel srednej Azii i Kazachstana. In: SA 1972, 3, S. 76 - 89.

Mei/Shell 2002
Mei, J./Shell, C. 2002: The Iron Age Cultures in Xinjiang and their Steppe Connections. In: Boyle, K./Renfrew, C./ Levine, M. (Hrsg.): Ancient interactions: east and west in Eurasia. (McDonald Institute Monographs), S. 213 - 234. Cambridge.

Meljukova 1989
Meljukova, A. I. (Hrsg.) 1989: Stepi evropejskoj časti SSSR v skifo-sarmatskoe vremja (Archeologija SSSR). Moskva.

Mirbabaev 1984
Mirbabaev, A. K. 1984: Raboty Čorkujskogo otrjada. In: AO 1982 g., S. 497 - 498.

Mordvinceva 2001
Mordvinceva, V. 2001: Sarmatische Phaleren (Archäologie in Eurasien 11). Rahden/Westf.

Moshkova
s. Moškova

Moškova 1962
Moškova, M. G. 1962: Novokumakskij kurgannyj mogil'nik bliz goroda Orska. In: MIA 115, S. 204 - 241.

Moškova 1963
Moškova, M. G. 1963: Pamjatniki prochorovskoj kul'tury (Archeologija SSSR. Svod archeologičeskich istočnikov D 1 - 10). Moskva.

Moškova 1974
Moškova, M. G. 1974: Proischoždenie rannesarmatskoj (prochorovskoj) kul'tury. Moskva.

Moškova 1989
Moškova, M. G. 1989: Kratkij očerk istorii savromato-sarmatskich plemen. In: Meljukova, A. I. (Hrsg.) 1989: Stepi evropejskoj časti SSSR v skifo-sarmatskoe vremja (Archeologija SSSR), S. 153 - 158. Moskva.

Moškova 1989a
Moškova, M. G. 1989: Istorija izučenija savromato-sarmatskich plemen. In: Meljukova, A. I. (Hrsg.) 1989: Stepi evropejskoj časti SSSR v skifo-sarmatskoe vremja (Archeologija SSSR), S. 158 - 164. Moskva.

Moškova 1989b
Moškova, M. G. 1989: Srednesarmatskaja kul'tura. In: Meljukova, A. I. (Hrsg.) 1989: Stepi evropejskoj časti SSSR v skifo-sarmatskoe vremja (Archeologija SSSR), S. 177 - 191. Moskva.

Moškova 1989c
Moškova, M. G. 1989: Pozdnesarmatskaja kul'tura. In: Meljukova, A. I. (Hrsg.) 1989: Stepi evropejskoj časti SSSR v skifo-sarmatskoe vremja (Archeologija SSSR), S. 191 - 202. Moskva.

Moškova 1992
Moškova, M. G. (Hrsg.) 1992: Stepnaja polosa aziatskoj časti SSSR v skifo-sarmatskoe vremja. (Archeologija SSSR). Moskva.

Moškova 1994
Moškova, M. G. (Hrsg.) 1994: Statističeskaja obra-botka pogrebal'nych pamjatnikov aziatskoj sarmatii I: Savromatskaja epocha. Moskva.

Moškova 1995
Moškova, M. G. [Moshkova, M. G.] 1995: A Brief Review of the History of the Sauromatian and Sarmatian Tribes. In: Davis-Kimball, J./Bašilov, V. A./ Jablonskij, L. T. [Davis-Kimball, J./Bashilov, V. A./Yablonsky, L. T.] (Hrsg.): Nomads of the Eurasian Steppes in the Early Iron Age, S. 85 - 89. Berkeley.

Moškova 1995a
Moškova, M. G. [Moshkova, M. G.] 1995: History of the Studies of the Sauromatian and Sarmatian Tribes. In: Davis-Kimball, J./Bašilov, V. A./Jablonskij, L. T. [Davis-Kimball, J./Bashilov, V. A./Yablonsky, L. T.] (Hrsg.): Nomads of the Eurasian Steppes in the Early Iron Age, S. 91 - 96. Berkeley.

Moškova 1995b
Moškova, M. G. [Moshkova, M. G.] 1995: Middle Sarmatian Culture. In: Davis-Kimball, J./Bašilov, V. A./Jablonskij, L. T. [Davis-Kimball, J./Bashilov, V. A./ Yablonsky, L. T.] (Hrsg.): Nomads of the Eurasian Steppes in the Early Iron Age, S. 137 - 147. Berkeley.

Moškova 1995c
Moškova, M. G. [Moshkova, M. G.] 1995: Late Sarmatian Culture. In: Davis-Kimball, J./Bašilov, V. A./Jablon-skij, L. T. [Davis-Kimball, J./Bashilov, V. A./ Yablonsky, L. T.] (Hrsg.): Nomads of the Eurasian Steppes in the Early Iron Age, S. 149 - 160. Berkeley.

Moškova 1997
Moškova, M. G. (Hrsg.) 1997: Statističeskaja obrabot-ka pogrebal'nych pamjatnikov aziatskoj sarmatii II: Rannesarmatskaja kul'tura. Moskva.

Moškova 2000
Moškova, M. G. 2000: Sarmatskaja archeologija v XX veke. In: Goldina, R. D. (Hrsg.): Rossijskaja archeologija: Dostiženija XX i perspektivy XXI vv. Materialy naučnoj konferencii. 75 let so dnja roždenija V. F. Geninga, Iževsk 28 - 30 marta 1999 g., S. 101 - 104. Iževsk.

Nagel 1983
Nagel, W. 1983: Frada, Skuncha und der Saken-Feldzug des Darius I. In: Koch, H./Mackenzie, D. N. (Hrsg.): Kunst, Kultur und Geschichte der Achämenidenzeit und ihr Fortleben (AMI Ergänzungsband 10), S. 169 - 189. Berlin.

Narain 1987
Narain, A. K. 1987: The Sakā Haumavargā and the Ἀμύργιοι: The Problem of their Identity. In: BAI 1, S. 27 - 31.

Nikonov/Ol'chovskij 2000
Nikonov, A. A./Ol'chovskij, V.S. 2000: O priznakach razrušitel'nich sejsmičeskich vozdejstvij na archeologičeskich pamjatnikach zapadnogo Ustjurta. In: Ol'chovskij, V. S. (Hrsg.): Archeologija, Paleoėkologija i Paleodemografija Evrazii, S. 45 - 55. Moskva.

Obel'čenko 1961
Obel'čenko, O. V. 1961: Ljavandakskij mogil'nik. In: IMKU 2, S. 97 - 176.

Obel'čenko 1962
Obel'čenko, O. V. 1962: Mogil'nik Akdžartepe. In: IMKU 3, S. 57 - 70.

Obel'čenko 1967
Obel'čenko, O. V. 1967: Pogrebenie sarmatskogo tipa pod Samarkandom. In: SA 1967, 2, S. 181 - 187.

Obel'čenko 1972
Obel'čenko, O. V. 1972: Agalyksajskie kurgany. In: IMKU 9, S. 56 - 72.

Obel'čenko 1976
Obel'chenko, O. V. 1976: Raskopki kujumazarskogo mogil'nika. In: AO 1975 g., S. 532 - 533.

Obel'čenko 1978
Obel'chenko, O. V. 1978: Meči i kinžaly iz kurganov Sogda. In: SA 1978, 4, S. 115 - 127.

Obel'čenko 1981
Obel'chenko, O. V. 1981: Kurgany drevnego Sogda. Taškent.

Očir-Gorjaeva 1988
Očir-Gorjaeva, M. A. 1988: Savromatskie kul'tury nižnevo Povolž'ja VI - IV vv. do n. ė. In: ADKIN. Leningrad.

Ol'chovskij 1995
Ol'chovskij, V. S. 1995: Issledovanija svjatilišž na Ustjurte. In: AO 1994 g., S. 329 - 330.

Ol'chovskij 1997
Ol'chovskij, V. S. 1997: Issledovanija na zapadnom Ustjurte (Kazachstan). In: AO 1996 g., S. 393 - 394.

Ol'chovskij 1997a
Ol'chovskij, V. S. [Olkhovsky, V.] 1997: Ancient Sanctuary of Ustyurt: Contact and Conflict of Civilizations. In: Science in Russia 1997, 6, S. 66 - 75.

Ol'chovskij 1999
Ol'chovskij, V. S. [Olkhovsky, V.] 1999: Stone Temples of Ustyurt. In: Science in Russia 1999, 4, S. 70 - 77.

Ol'chovskij 2000
Ol'chovskij, V. S. [Olkhovsky, V. S.] 2000: Ancient Sanctuaries of the Aral and Caspian Regions. A Reconstruction of their History. In: Davis-Kimball, J./ Murphy, E. M./Korjakova, L./Jablonskij, L. T. [Davis-Kimball, J./Murphy, E. M./ Koryakova, L./Yablonsky, L. T.] (Hrsg.): Kurgans, Ritual Sites, and Settlements. Eurasian Bronze and Iron Age (BAR International Series 890), S. 33 - 42. Oxford.

Ol'chovskij 2001
Ol'chovskij, V. S. 2001: The Aral-Caspian Subregion in the Late Bronze and Early Iron Age. Migrations and Cultural Exchange. In: Eichmann, R./Parzinger, H. (Hrsg.): Migration und Kulturtransfer. Der Wandel vorder- und zentralasiatischer Kulturen im Umbruch vom 2. zum 1. vorchristlichen Jahrtausend. Akten des internationalen Kolloquiums, Berlin, 23. bis 26. November 1999 (Kolloquien zur Vor- und Frühgeschichte 6), S. 143 - 160. Bonn.

Ol'chovskij 2005
Ol'chovskij, V. S. 2005: Monumental'naja Skul'ptura nasdenija zapadnoj časti evrazijskich stepej ėpochi rannego železa. Moskva.

Ol'chovskij et al. 2000
Ol'chovskij, V.S./Mednikova, M. B./Ovčinikov, I. V./ Ovčinikova, O. I./ Veselovskaja, E. V./Druzina, E. B. 2000: Pogrebenie v glavnoj kul'tovoj konstrukcii svjatilišča Teren : kompleksnoe bioarcheologičeskoe issledovanie. In: Ol'chovskij, V. S. (Hrsg.): Archeologija, Paleoėkologija i Paleodemografija Evrazii, S. 56 - 59. Moskva.

Ol'chovskij/Galkin 1990
Ol'chovskij, V. S./Galkin, L. L. 1990: Kul'tovyj kompleks na Ustjurte. (Predvaritel'noe soobščenie). In: SA 1990, 4, S. 196 - 206.

Ol'chovskij/Galkin 1997
Ol'chovskij, V. S./Galkin, L. L. 1997: K izučeniju pamjatnikov severo-vostočnogo Prikaspija ėpochi rannego železa. In: RA 1997, 4, S. 141 - 156.

Ol'chovskij/Jacenko 2000
Ol'chovskij, V. S./Jacenko, S. A. 2000: O znakach-tamgach iz svjatilišča Bajte III na Ustjurte (predvaritel'noe soobščenie). In: Ol'chovskij, V. S. (Hrsg.): Archeologija, Paleoėkologija i Paleodemografija Evrazii, S. 295 - 315. Moskva.

Ol'chovskij/Samašev 1999
Ol'chovskij, V. S./Samašev, Z. S. 1999: Issledovanija na plato Ustjurt (Kazachstan). In: AO 1997 g., S. 344.

Ol'chovskij/Samašev 2000
Ol'chovskij, V. S./Samašev, Z. S. 2000: Zaveršenie issledovanij svjatilišča Bajte III v zapadnom Kazachstane. In: AO 1998 g., S. 376 - 377.

Olkhovsky
s. Ol'chovskij

Orlovskij 1994
Orlovskij, N. S. [Orlovsky, N. S.] 1994: Climate of Turkmenistan. In: Fet, V./ Atamuradov, K. I. (Hrsg.): Biogeography and Ecology of Turkmenistan (Monographiae Biologicae 72), S. 23 - 48. Dordrecht, Boston, London.

Orlovsky
s. Orlovskij

Parzinger 2003
Parzinger, H. 2003: Grundzüge der Vor- und Frühgeschichte Sodgiens. In: Parzinger, H./Boroffka, N.: Das Zinn der Bronzezeit in Mittelasien I. Die siedlungsarchäologischen Forschungen im Umfeld der Zinnlagerstätten. (Archäologie in Iran und Turan 5), S. 260 - 286. Mainz.

Parzinger/Boroffka 2003
Parzinger, H./Boroffka, N. 2003: Das Zinn der Bronzezeit in Mittelasien I. Die siedlungsarchäologischen Forschungen im Umfeld der Zinnlagerstätten. (Archäologie in Iran und Turan 5). Mainz.

Parzinger et al. 2003
Parzinger, H./Zajbert, V./Nagler, A./Plesakov, A. 2003: Der große Kurgan von Bajkara. Studien zu einem skythischen Heiligtum (Archäologie in Eurasien 16). Mainz.

P'iankov
s. P'jankov

P'jankov 1994
P'jankov, I. V. [P'iankov, I. V.] 1994: The Ethnic History of the Sakas. In: BAI 8 (Litvinskij, B. A./Altman Bromberg, C. [Litvinskii, B. A./Altman Bromberg, C.] (Hrsg.): The Archaeology and Art of Central Asia. Studies from the former Soviet Union.), S. 37 - 46.

Polos'mak 1997
Polos'mak, N. V. 1997: Pazyrykskaja kul'tura. Rekonstrukcija mirovozrenčeskich i mifologičeskich predstavlenij. Avtoreferat. Čeljabinsk.

Pugačenkova 1984
Pugačenkova, G. A. 1984: Raboty Miankal'skoj gruppy. In: AO 1982 g., S. 480 - 482.

Rapin 2001
Rapin, C. (unter Mitarbeit von Isamiddinov, M. und Khasanov, M.) 2001: La tombe d'une princesse nomade à Koktepe près de Samarkand. In: CRAI Janvier - Mars 2001, S. 33 - 92.

Rau 1927
Rau, P. D. 1927: Prähistorische Ausgrabungen auf der Steppenseite des deutschen Wolgagebiets im Jahre 1926. Pokrowsk.

Rau 1927a
Rau, P. D. 1927: Die Hügelgräber römischer Zeit an der unteren Wolga. Pokrowsk.

Rau 1928
Rau, P. D. 1928: Die Hockergräber der Wolga-Steppe. Pokrowsk.

Rau 1929
Rau, P. D. 1929: Die Gräber der frühen Eisenzeit im unteren Wolgagebiet. Studien zur Chronologie der skythischen Pfeilspitze. Pokrowsk.

Rosen et al. 2000
Rosen, A. M./Chang, C./Grigoriev, F. P. 2000: Palaeoenvironments and economy of Iron Age Saka-Wusun agro-pastoralists in southeastern Kazakhstan. In: Antiquity 74, S. 611 - 623.

Rostovtzeff
s. Rostovcev

Rostovcev 1918
Rostovcev, M. I. 1918: Kurgannye nachodki Orenburgskoj oblasti èpochi rannego i pozdnego èllinizma. Petrograd.

Rostovcev 1918a
Rostovcev, M. I. 1918: Èllinstvo i iranstvo na juge Rossii. Petrograd.

Rostovcev 1922
Rostovcev, M. I. [Rostovtzeff, M.] 1922: Iranians and Greeks in South Russia. Oxford.

Rudenko 1953
Rudenko, S. I. 1953: Kul'tura naselenija gornogo Altaja v skifskoe vremja. Moskva, Leningrad.

Samašev et al. 1994
Samašev, Z./Ismagil', R./Žetibaev, Ž. 1994: K izučeniju kul'tur drevnich nomadov aralo-kaspijskich stepej. In: Alekseev, A. Ju./Bokovenko, N. A./Marsadolov, L. S./Semenov, V. A. (Hrsg.): Elitnye Kurgany stepej Evrazii v skifo-sarmatskuju epochu. (Materialy zasedanij „Kruglogo Stola" 22 - 24 dekabrja 1994 g. Sankt-Peterburg), S. 176 - 183. Sankt-Peterburg.

Samašev et al. 2002
Samašev, Z. S./Bazarbaeva, G. A./Žumabekova, G. S. 2002: Die „goldhütenden Greife" des Herodot und die archäologische Kultur der frühen Nomaden im kazachischen Altai. Skythenzeitliche Kurgane von Berel' und Tar Asu. In: EurAnt 8, S. 235 - 276.

Samašev/Ol'chovskij 1996
Samašev, Z. S./Ol'chovskij, V. S. 1996: Stely Dykyltasa. (Zapadnyj Kazachstan). In: VAZK 1, S. 218 - 234.

Sarianidi 1984
Sarianidi, V. I. 1984: Tillya Tepe: The burial of a noble warrior. In: Persica XI, S. 1 - 34.

Sarianidi 1985
Sarianidi, V. I. 1985: Baktrisches Gold – Aus den Ausgrabungen der Nekropole von Tillja-Tepe in Nordafghanistan. Leningrad.

Sarianidi 1986
Sarianidi, V. I. 1986: Die Kunst des alten Afghanistan. Leipzig.

Sarianidi 1989
Sarianidi, V. I. 1989: Chram i nekropol' Tilljatepe. Moskva.

Schiltz 1994
Schiltz, V. 1994: Die Skythen und andere Steppenvölker: 8. Jahrhundert v. Chr. bis 1. Jahrhundert n. Chr. (Universum der Kunst 39). München.

Semencov et al. 1998
Semencov, A. A./Zajceva, G. I./Görsdorf, J./Nagler, A./Parzinger, H./Bokovenko, N. A./Čugunov, K. V./Lebedeva, L. M. [Sementsov, A. A./Zaitseva, G. I./ Görsdorf, J./Nagler, A./Parzinger, H./Bokovenko, N. A./Chugunov, K. V./ Lebedeva, L. M.] 1998: Chronology of the Burial Finds from Scythian Monuments in Southern Siberia and Central Asia. In: Radiocarbon 40, 2, S. 713 - 720.

Sementsov et al.
s. Semencov et al.

Sergackov 1995
Sergackov, I. V. 1995: Novye dannye k chronologii rannesarmatskoj kul'tury. In: RA 1995, 1, S. 148 - 158.

Sergackov 2000
Sergackov, I. V. 2000: O konečnoj date rannesarmatskoj kul'tury. In: NAV 3, S. 113 - 122.

Shishlina
s. Šišlina

Simonenko 2001
Simonenko, A. 2001: Bewaffnung und Kriegswesen der Sarmaten und späten Skythen im nördlichen Schwarzmeergebiet. In: EurAnt 7, S. 187 - 327.

Šišlina et al. 2000
Šišlina, N. I./Aleksandrovskij, A. L./Čičagova, O. A./ van der Plicht, J. [Shishlina, N. I./Alexandrovsky, A. L./ Chichagova, O. A./van der Plicht, J.] 2000: Radiocarbon chronology of the Kalmykia Catacomb culture of the west Eurasian steppe. In: Antiquity 74, S. 793 - 799.

Skripkin 1982
Skripkin, A. S. 1982: Aziatskaja sarmatija vo II - IV vv. (nekotorye problemy issledovanija). In: SA 1982, 2, S. 43 - 56.

Skripkin 1984
Skripkin, A. S. 1984: Nižnee Povolž'e v pervie veka našej éry. Saratov.

Skripkin 1990
Skripkin, A. S. 1990: Aziatskaja Sarmatija. Problemy chronologii i eë istoričeskij aspekt. Saratov.

Skripkin et al. 2002
Skripkin, A. S./Klepikov, V. M./Moškova, M. G. 2002: Ob odnoj popytke modernizacii sarmatskoj periodizacii. In: RA 2002, 1, S. 101 - 112.

Smirnov 1961
Smirnov, K. F. 1961: Vooruženie Savromatov (MIA 101). Moskva.

Smirnov 1964
Smirnov, K. F. 1964: Savromaty. Rannjaja istorija i kul'tura Sarmatov. Moskva.

Smirnov 1973
Smirnov, K. F. 1973: Kuril'nicy i tualetnye sosudiki aziatskoj Sarmatii. In: Krupnova, E. I. (Hrsg.): Kavkaz i vostočnaja Evropa v drevnosti, S. 166 - 179. Moskva.

Smirnov 1976
Smirnov, K. F. 1976: Savromato-sarmatskij zverinyj stil'. In: Meljukova, A. I./ Moškova, M. G. (Hrsg.): Skifo-sibirskij zverinyj stil' v iskusstve narodov Evrazii, S. 74 - 89. Moskva.

Smirnov 1989
Smirnov, K. F. 1989: Savromatskaja i rannesarmatskaja kul'tury. In: Meljukova, A. I. (Hrsg.) 1989: Stepi
evropejskoj časti SSSR v skifo-sarmatskoe vremja
(Archeologija SSSR), S. 165 - 177. Moskva.

Smirnov/Petrenko 1963
Smirnov, K. F./Petrenko, V. G. 1963: Savromaty
povolž'ja i južnogo Priural'ja. (Archeologija SSSR. Svod
archeologičeskich istočnikov, D 1 - 9). Moskva.

Sulimirski 1970
Sulimirski, T. 1970: The Sarmatians (Ancient Peoples and
Places 73). London.

Tairov/Botalov 1996
Tairov, A. D./Botalov, S. G. 1996: Mogil'nik Karsakbas.
In: VAZK 1, S. 164 - 173.

Tolstov 1961
Tolstov, S. P. 1961: Les Scythes de l'Aral et le Khorezm.
In: IranAnt 1, S. 42 - 93.

Tolstov 1961a
Tolstov, S. P. 1961: Priaral'skie Skify i Chorezm (K
istorii zaselenija i osvoenija drevnej del'ty Syr-Dar'i). In:
SĖ 1961, 4, S. 114 - 146.

Tolstov 1963
Tolstov, S. P. 1963: Sredneaziatskie Skify v svete novejších
archeologičeskich otkrytij. In: VDI 1963, 2, S. 23 - 45.

Tolstov et al. 1967
Tolstov, S. P./Itina, M. A./Vinogradov, A. V. 1967:
Chorezmskaja archeologo-ėtnografičeskaja ėkspedicija.
In: AO 1966 g., S. 303 - 307.

Tourovets 2001
Tourovets, A. 2001: Nouvelles propositions et problèmes
relatifs à l'identification des délégations de l'escalier est
de l'Apadana (Persépolis). In: AMIT 33, S. 219 - 256.

Treister
s. Trejster

Trejster 1997
Trejster, M. Ju. [Treister, M. Ju.] 1997: New Discoveries
of the Sarmatian Complexes of the 1st century A. D. A
survey of Publications in VDI. In: ACSS IV, S. 35 - 100.

Trudnovskaja 1979
Trudnovskaja, S. A. 1979: Rannie pogrebenija jugo-
zapadnoj kurgannoj gruppy mogil'nika Tuz-gyr. In: Itina,
M. A. (Hrsg.): Kočevniki na granicach Chorezma (Trudy
chorezmskoj archeologo-etnografičeskoj ėkspedicii XI),
S. 101 - 110. Moskva.

Umanskij 1970
Umanskij, A. P. 1970: Slučajnye nachodki predmetov
skifo-sarmatskogo vremeni v verchnem priob'e. In: SA
1970, 2, S. 169 - 179.

Vajnberg 1973
Vajnberg, B. I. 1973: Mogil'nik Tumek-Kičidžik v
severnoj Turkmenii. In: AO 1972 g., S. 475 - 477.

Vajnberg 1992
Vajnberg, B. I. 1992: Pamjatniki skotovodčeskich plemen
v levoberežnom Chorezme. In: Moškova, M. G. (Hrsg.)
1992: Stepnaja polosa aziatskoj časti SSSR v skifo-
sarmatskoe vremja (Archeologija SSSR), S. 116 - 122.
Moskva.

Vajnberg et al. 1992
Vajnberg, B. V./Gorbunova, N. G./Moškova, M. G. 1992:
Osnovnye problemy v izučenii pamjatnikov drevnich
skotovodov Srednej Azii i Kazachstana. In: Moško-
va, M. G. (Hrsg.) 1992: Stepnaja polosa aziatskoj časti
SSSR v skifo-sarmatskoe vremja (Archeologija SSSR),
S. 21 - 30. Moskva.

Vajnberg/Jusupov 1992
Vajnberg, B. I./Jusupov, Ch. Ju. 1992: Kočevniki
severo-zapadnoj Turkmenii. In: Moškova, M. G. (Hrsg.)
1992: Stepnaja polosa aziatskoj časti SSSR v skifo-
sarmatskoe vremja (Archeologija SSSR), S. 122 - 129.
Moskva.

Vajnberg/Levina 1992
Vajnberg, B. I./Levina, L. M. 1992: Čirikrabatskaja kul'tura
v nizov'jach Syrdar'i. In: Moškova, M. G. (Hrsg.) 1992:
Stepnaja polosa aziatskoj časti SSSR v skifo-sarmatskoe
vremja (Archeologija SSSR), S. 47 - 61. Moskva.

Višnevskaja 1973
Višnevskaja, O. A. 1973: Kul'tura sakskich plemen
nizov'ev Syrdar'i v VII - V vv. do n. ė. po materialam
Ujgaraka (Trudy chorezmskoj archeologo-etnografičeskoj
ėkspedicii VIII). Moskva.

Yablonsky
s. Jablonskij

Yatsenko
s. Jacenko

Zadneprovskij 1992
Zadneprovskij, Ju. A. 1992: Rannie kočevniki Južnogo Kazachstana i Taškentskogo oazisa. In: Moškova, M. G. (Hrsg.) 1992: Stepnaja polosa aziatskoj časti SSSR v skifo-sarmatskoe vremja (Archeologija SSSR), S. 101 - 107. Moskva.

Zadneprovskij 1994
Zadneprovskij, Ju. A. 1994: Jugo-vostočnaja Ėkspansija sarmatov: Pro i contra. In: Skripkin, A. S. (Hrsg.): Problemy istorii i kul'tury Sarmatov. Tezisy dokladov mešdunarodnoj konferencii 13 - 16 sentjabrja 1994 goda Volgograd, S. 55 - 59. Volgograd.

Zaitseva et al.
s. Zajceva et al.

Zajceva et al. 1998
Zajceva, G. I./Possnert, G./Alekseev, A. Ju./Derga-čev, V. A./Semencov, A. A. [Zaitseva, G. I./Possnert, G./Alekseev, A. Ju./Dergachev, V. A./Sementsov, A. A.] 1998: The first [14]C Dating of Monuments in European Scythia. In: Radiocarbon 40, 2, S. 767 - 774.

Železčikov 1995
Železčikov, B. F. 1995: A History of the Study of Sauromatian Archaeological Monuments. In: Genito, B./ Moškova, M. G. (Hrsg.): Statistical Analyses of Burial Customs of the Sauromatian Period in Asian Sarmatia (6. - 4. centuries B. C.), S. 37 - 45. Napoli.

Zuev/Ismagil' 1994
Zuev, V. Ju./Ismagil', R. B. [Zuyev, V. Ju./Ismagi-lov, R. B.] 1994: Ritual Complexes with Statues of Horsemen in the Northwestern Ustyurt. In: Kozincev, A. G./ Masson, V. M./Solovojva, N. F./Zuev, V. Ju. [Kozintsev, A. G./Masson, V. M./ Solovoyva, N. F./Zu-yev, V. Ju.] (Hrsg.): New Archaeological Discoveries in Asiatic Russia and Central Asia, S. 54 - 57. St. Petersburg.

Zuev/Ismagil' 1996
Zuev, V. Ju./Ismagil', R. 1996: Frühsarmatische Steinstelen von Ustjurt und Mangyšlak, West-Kazachstan. In: EurAnt 2, S. 397 - 404.

Zuyev/Ismagilov
s. Zuev/Ismagil'

# Katalog

# Einleitung zum Katalog

Das Kernstück dieser Arbeit ist der nachfolgende Katalog, in den Fundplätze aus dem Arbeitsgebiet aufgenommen wurden, deren Inventar nach Meinung der Ausgräber Fundgut mit sauromatischen oder sarmatischen Analogien bzw. solcher Herkunft enthält.

Der Katalog ist in alphabetischer Reihenfolge der Fundorte gegliedert. Zur einfacheren Handhabung findet sich eine entsprechende Fundortliste mit Seitenzahlen im Inhaltsverzeichnis. Zur Lokalisierung der Fundorte dienen die Karten im Anschluß an den Tafelteil, in die alle Eintragungen entsprechend den Katalognummern aufgenommen wurden.

Im Katalog folgen auf eine möglichst genaue Lagebeschreibung Informationen zu Zeitpunkt und Art der Untersuchung sowie – soweit bekannt – zum Ausgräber. Anschließend wird auf Details des Befundes selbst, wie Grabbau oder Gesamtanlage, im Falle von Gräbern auch auf das Totenritual sowie Geschlecht und Alter der Bestattung eingegangen. Weitere Einzelheiten zu den Befunden, die weder zu Grabbau/Architektur noch zum Totenritual gehören, wurden unter der Rubrik „Sonstiges" aufgenommen. In einem weiteren Abschnitt folgen Details zum Inventar. Dabei wurde neben der Beschreibung der einzelnen Funde auch auf ihre Lage innerhalb der Gesamtanlage eingegangen. Soweit Parallelfunde vom Ausgräber angeführt wurden, erfolgte ebenfalls – meist summarisch – deren Erwähnung. Die Datierung der Komplexe folgt dem chronologischen Ansatz der jeweiligen Bearbeiter und wurde unverändert übernommen. Abschließend wurden noch die jeweiligen für die Aufnahme der Funde in den Katalog genutzten Literaturhinweise angeführt.

Die Informationen im Katalog geben die in den jeweiligen Publikationen genannten Sachverhalte meist vollständig und unkommentiert wieder. So erklärt es sich, daß beispielsweise (so sie zu ermitteln waren) die administrativen Kreise der früheren UdSSR bzw. der modernen mittelasiatischen Staaten bei der Lagebeschreibung übernommen wurden, hierbei aber natürlich der Publikationszeitpunkt für die heutige Lokalisierung zu berücksichtigen ist. Lücken in den Originalpublikationen (beispielsweise zum Datum der Untersuchung oder dem Ausgräber etc.) konnten nicht immer geschlossen werden.

Für die Aufnahme einzelner Befunde in den Katalog war zumeist die Schilderung der Ausgräber zur Interpretation der Fundstücke ausschlaggebend, andere Ansätze und kulturelle Zuordnungen von Einzelstücken konnten i. d. R. nicht berücksichtigt werden[1]. In ihrer Interpretation unklare Einzelstücke wurden nicht aufgenommen[2].

Da es sich zumeist um Grabbefunde handelt, wurde angestrebt, die Inventare für einen besseren Gesamtüberblick möglichst vollständig zu beschreiben und abzubilden, wenngleich die Grabungsberichte dies nicht immer zuließen und natürlich nicht alle Einzelstücke sauromatisch-sarmatischen Charakter haben müssen.

Die vorliegenden Abbildungen wurden aus den Originalpublikationen gescannt und zur optimierten Weiternutzung digital nachbearbeitet. Sie blieben aber zumeist in ihrer Zusammenstellung und Numerierung unverändert. Maßstäbe wurden nur angegeben, wenn sie in der Originalvorlage zu ermitteln waren.

Es wurde bei der Zusammenstellung des Kataloges auf die Aufnahme von Siedlungen verzichtet, in denen lediglich „reiternomadische" Pfeilspitzen gefunden wurden[3], da dies aufgrund der fortschrittlichen Waffentechnologie bzw. kriegerischer Zusammenstöße vielfach der Fall sein kann und daher kein schlüssiges Indiz zur Identifizierung reiternomadischer Befunde – und erst recht keiner sauromatischen und sarmatischen Gruppen – darstellt. Erwähnt werden soll weiterhin auch, daß sich Funde mit sauromatisch-sarmatischem Charakter bis ins Altai-Gebiet nachweisen lassen[4], andererseits aber auch mindestens 20 sarmatische Schwerter in Taxila im Punjab gefunden worden sein sollen[5]. Die vorliegende Zusammenstellung deckt also nur einen begrenzten Raum ab, während sich entsprechendes Fundgut auch weiter nach Osten und Süden verfolgen ließe. Natürlich konnten nur aussagekräftige publizierte Befunde und Funde berücksichtigt werden[6], die in einer umfassenden Literaturrecherche hauptsächlich in Halle und Berlin ermittelt wurden.

Schwierigkeiten ergaben sich dabei, wie bereits eingangs erwähnt, zum einen durch das Fehlen seltener mittelasiatischer Fachpublikationen und Tagungsbände in Deutschland, zum anderen aber auch durch die Charakteristik der vorhandenen Literatur selbst. Meist handelt es sich dabei nur um kurze Vorberichte zu Ausgrabungen von Gräberfeldern in größerem Umfang, die dann aber nur summarisch publiziert wurden. Andererseits gibt es auch umfassende Monographien zu Nekropolen, deren Grabzusammenhänge aus dem Inhalt aber aufgrund unzureichender Gliederung und Zuweisung (trotz Katalogteils) kaum zu erschließen sind[7]. Viele erforschte Nekropolen sind außerdem noch unpubliziert und werden nur zu Vergleichszwecken zitiert, ohne daß hierbei

---

[1]  Zur Problematik in der Interpretation vgl. Jablonskij 1993, S. 16f.

[2]  So beispielsweise der Zufallsfund eines Bronzekessel innerhalb eines Hortes von einem unbekannten Fundort evtl. im Siebenstromland, der seine nächsten Parallelen bei den Sauromaten/Sarmaten finden soll – zur Diskussion dieses Stückes vgl. Bajpakov/Ismagil' 1996, S. 351 f.; Demidenko 1998, S. 203 f.

[3]  Vgl. beispielsweise Litvinskij 1984.

[4]  Kubarev 2002; Umanskij 1970 – zur Bergregion Kirgistans Kožomberdiev 1974.

[5]  Obel'čenko 1978, S. 119.

[6]  So wurde beispielsweise Kurgan A 282 von Karnab nicht aufgenommen, obwohl ein hier gefundener unverzierter und verhältnismäßig uncharakteristischer Knochenlöffel sarmatische Bezüge aufweisen soll – Parzinger/Boroffka 2003, S. 206.

[7]  Z. B. Maksimova et al. 1968.

genaue Informationen zu Befunden und Funden entnommen werden können. Auch Abbildungen fehlen in vielen Fällen, so daß Verf. nur auf die kurzen Beschreibungen der jeweiligen Autoren zurückgreifen konnte. Daneben entbehren die Arbeiten in vielen Fällen genaue Analysen des Grabinventars und/oder eine kulturelle Aussage, so daß solche Befunde nicht zugeordnet werden konnten und in diesen Katalog nicht aufgenommen wurden[8]. So konnte beispielsweise das Gräberfeld von Dévkesken 3 nur einbezogen werden, da im Fundbericht darauf hingewiesen wurde, daß die Funde denen aus Dévkesken 4 ähneln, auf deren sarmatische Analogien andernorts hingewiesen wurde[9].

Eine Auswertung der großen sakischen Gräberfelder hauptsächlich von Ujgarak und Tagisken konnte an dieser Stelle nicht erfolgen, wenngleich sich hier in einigen Gräbern Bezüge zum sauromatisch-sarmatischen Kulturkreis abzeichnen sollen[10]. Dies allein hätte Raum für eine umfangreiche Studie geboten.

---

[8] Beispielsweise im Kurzbericht zum Fundort Kaskažol von Jagodin/ Jusupov 1978, S. 542 – hier war die Aufnahme der einzelnen Kurgane nur durch weitere ausführliche Publikationen möglich.

[9] Jagodin 1988, S. 504.

[10] Beispielsweise sollen zwei Gräber aus Ujgarak sauromatisch-sarmatische Pfeilspitzen enthalten haben – Medvedskaja 1972, S. 80 – allgemein zu diesem Thema auch Itina 1984.

## CHRONOLOGISCHE ÜBERSICHT ZU GRABBAU UND TOTENRITUAL

| Fundort | Kat. Nr. | Datierung | Grabbau | | | | | | Totenritual etc. |
|---|---|---|---|---|---|---|---|---|---|
| | | | Grab | Stein | Dromos | Katakombe | Nische | Sonst. | |
| Karasakbas Kurgan 2 | 26 | 6.-5. Jh. v. Chr. | Grube zentral NO-SW | | | | X | ovaler Kurgan | Einzelbest. Rückenstr. NO-SW |
| Dėvkesken 4 O-Gruppe Kurgan 1 | 16,1 | 1. Hälfte 5. Jh. v. Chr. | Grube zentral | X | X | | | weiße Lehm-schicht | Kollektivbest Rückenstr. W-O |
| Dėvkesken 4 O-Gruppe Kurgan 2 | 16,2 | 1. Hälfte 5. Jh. v. Chr. | Grube zentral O-W | X | | | | Feuer Graben | Kollektivbest Rückenstr. W-O |
| Dėvkesken 4 O-Gruppe Kurgan 4 | 16,3 | 5. Jh. v. Chr. | Grube zentral NO-SW | X | | | | Stufen Schilf | Einzelbest. Rückenstr. SW-NO |
| Dėvkesken 4 W-Gruppe Kurgan 1 | 16,5 | Ende 5. Jh. v. Chr. | Grube NO-SW | X | | | X | | |
| Dėvkesken 4 O-Gruppe Kurgan 5 | 16,4 | 5./Anfang 4. Jh. v. Chr. | Grube O-W | X | | | | | Einzelbest. |
| Kaskažol Kurgan 1 | 27,1 | 5./4. Jh. v. Chr. | runde Kammer zentral | X | | | X | | Mehrere Komplexe |
| Kaskažol Kurgan 3 | 27,2 | 5./4. Jh. v. Chr. | Grube zentral N-S | X | | | | | Doppelbest. Rückenstr. S-N, N-S? |
| Džidelibulak 1 Kurgan 19 | 20,2 | 5.-3. Jh. v. Chr. | Kammer | X | | | | | 2-3 Individuen |
| Džidelibulak 1 Kurgan 2 | 20,1 | 4. Jh. v. Chr. | Grube zentral N-S | X | | | | | Einzelbest. Rückenstr. N-S |

| Fundort | Kat. Nr. | Datierung | Grabbau | | | | | | Totenritual etc. |
|---|---|---|---|---|---|---|---|---|---|
| | | | Grab | Stein | Dromos | Katakombe | Nische | Sonst. | |
| Kaskažol Kurgan 4 | 27,3 | 4. Jh. v. Chr. | Grube oval SSO-NNW | X | | oval, westl. von Grube | | | Einzelbest. Rückenstr. SSO-NNW |
| Agalyk-Saj Kurgan 4 | 1,1 | 4./3. Jh. v. Chr. | Grube zentral N-S | | | | | | |
| Agalyk-Saj Kurgan 9 | 1,3 | 4./3. Jh. v. Chr. | Grube zentral N-S | | | | | Filz Podest | |
| Agalyk-Saj Kurgan 10 | 1,4 | 4./3. Jh. v. Chr. | Grube zentral N-S | | | | | Filz Stufe | |
| Chanaly Kurgan 10 | 9 | 4.-2. Jh. v. Chr. | ovale Kammer | X | | | | ovaler Kurgan | Kollektivbest |
| Čyryšly Kurgan | 14 | 4.-2. Jh. v. Chr. | zentrale Steinkiste | X | | | | senkr. Steinpl. | Kollektivbest |
| Dordul' Kurgan 2 | 17 | 4.-2. Jh. v. Chr. | Kammer rund-oval N-S | X | | | | | Kollektivbest |
| Ljavandak Kurgan beim Meßpunkt | 37,1 | 4.-2. Jh. v. Chr. | | | zentral N-S | | X | Stufen Holz Schilf | Einzelbest. Rückenstr. S-N |
| Kaskažol Kurgan 7 | 27,4 | 3.-2. Jh. v. Chr. | Kammer zentral | X | | | | Stufen Feuer | |
| Kulkuduk Kurgan 2 | 34,1 | 3.-2. Jh. v. Chr. | Grube zentral | | | | | Graben | Einzelbest. Rückenstr. SW-NO |
| Kulkuduk Kurgan 3 | 34,2 | 3.-2. Jh. v. Chr. | Grube | | | | | Graben Asche | Einzelbest. SW-NO |

| Fundort | Kat. Nr. | Datierung | Grabbau | | | | | | Totenritual etc. |
|---|---|---|---|---|---|---|---|---|---|
| | | | Grab | Stein | Dromos | Katakombe | Nische | Sonst. | |
| Kulkuduk Kurgan 4 | 34,3 | 3.-2. Jh. v. Chr. | Grube | | | | X | Graben Schilf | Doppelbest. Rückenstr. SW-NO |
| Kulkuduk Kurgan 5 | 34,4 | 3.-2. Jh. v. Chr. | Grube zentral | | | | X | Graben | Einzelbest. Rückenstr. SW-NO |
| Kulkuduk Kurgan 6 | 34,5 | 3.-2. Jh. v. Chr. | Grube | | | | X | Graben | Einzelbest. Rückenstr. SW-NO |
| Kulkuduk Kurgan 7 | 34,6 | 3.-2. Jh. v. Chr. | Grube langoval | | | | | Graben | Einzelbest. Rückenstr. SW-NO |
| Ljavandak Gruppe 1 Kurgan 1 | 37,2 | 2. Hälfte 2. Jh. v. Chr. | zentrale Grube N-S | | | | X | Stufen Holz | Einzelbest. Rückenstr. S-N |
| Agalyk-Saj Kurgan 5 | 1,2 | 2.-1. Jh. v. Chr. | | | zentral S-N | | X | Filz Stufe | Einzelbest. Rückenstr. S-N |
| Koktepe | 28 | 2.-1. Jh. v. Chr. | Kammer | | X | X | X | in Siedlg. Schilf | Einzelbest. Rückenstr. O-W |
| Ljavandak Gruppe 1 Kurgan 2 | 37,3 | 2.-1. Jh. v. Chr. | | | zentral SW-NO | oval, N-S Lehmziegel | X | Kalk Stufe | Doppelbest. Rückenstr. S-N |
| Chas-Kjariz Kurgan 3 | 10 | 2. Jh. v. Chr.- 2. Jh. n. Chr. | Grube langoval | | | innen mit Lehmziegeln oval | | Graben Feuerst. Brett | Einzelbest. Rückenstr. S-N |
| Orlat Kurgan 2 | 39,1 | 1. Jh. v. Chr. | rechteckige Kammer | | S-N | S-N | | | Doppelbest. NO-SW |

| Fundort | Kat. Nr. | Datierung | Grabbau | | | | | | Totenritual etc. |
|---|---|---|---|---|---|---|---|---|---|
| | | | Grab | Stein | Dromos | Katakombe | Nische | Sonst. | |
| Akdžartepe Kurgan 4 | 3,2 | 1. Jh. v.- 1. Jh. n. Chr. | zentral N-S | | | | | | Einzelbest. Rückenstr. S-N |
| Akdžartepe Kurgan 5 | 3,3 | 1. Jh. v.- 1. Jh. n. Chr. | Grube zentral SSW-NNO | | | | | | Einzelbest. SSW-NNO |
| Tilla Tepe Grab 1 | 44,1 | 50 v. Chr.- 50 n. Chr. | Schacht | | | | | Sarg | Einzelbest. Rückenstr. SW-NO |
| Tilla Tepe Grab 2 | 44,2 | 50 v. Chr.- 50 n. Chr. | Schacht | | | | | Sarg | Einzelbest. Rückenstr. N-S |
| Tilla Tepe Grab 3 | 44,3 | 50 v. Chr.- 50 n. Chr. | Schacht | | | | | Sarg | Einzelbest. Rückenstr. N-S |
| Tilla Tepe Grab 4 | 44,4 | 50 v. Chr.- 50 n. Chr. | Schacht | | | | | Sarg | Einzelbest. Rückenstr. N-S |
| Tilla Tepe Grab 5 | 44,5 | 50 v. Chr.- 50 n. Chr. | Schacht | | | | | Trog | Einzelbest. Rückenstr. W-O |
| Tilla Tepe Grab 6 | 44,6 | 50 v. Chr.- 50 n. Chr. | Schacht | | | | | Sarg | Einzelbest. Rückenstr. W-O |
| Ševčenko Kurgan | 42 | 1. Jh. n. Chr. | Kammer | X | | | | | |
| Akdžartepe Kurgan 2 | 3,1 | 2.-4. Jh. n. Chr. | | | zentral S-N | im N Lehmziegel | | Stufe | Einzelbest. Rückenstr. O-W |

Summarisch aufgenommene Gräberfelder

| Fundort | Kat. Nr. | Datierung | Grabbau | | | | | | Totenritual etc. |
|---|---|---|---|---|---|---|---|---|---|
| | | | Grab | Stein | Dromos | Katakombe | Nische | Sonst. | |
| Žaman-Togaj Nekropole | 48 | 7.-6. Jh. v. Chr.; um die Zeitenwende; 3.-5. Jh. n. Chr. | Grube | | X | X | | | Rückenstr. Kopf im O, NO, SSW |
| Dėvkesken 3 Nekropole | 15 | 5. Jh. v. Chr. | Kammer W-O | X | W-O | | | | |
| Kujumazar Nekropole | 33 | 2. Jh. v. Chr.- 2. Jh. n. Chr. | | | | X | | | Rückenstr. S-N |
| Tumek-Kičidžik Nekropole | 45 | 1. Jh. v. Chr.- 2. Jh. n. Chr. | | | | X | X | | Einzel- Doppel- Kollektivbest Rückenstr. |
| Sarykamyš | 40 | 1. Jh. v. Chr.- 3. Jh. n. Chr. | | | | | | | Rückenstr. Kopf nach W, S oder NO |
| Orlat Nekropole | 39 | 1.-2. Jh. n. Chr. | | | | X | | | |
| Tuz-gyr Nekropole | 46 | 1.-3. Jh. n. Chr. | Grube | | | X | X | | Einzel-, Doppel-, Kollektivbest Rückenstr |
| Langari Chodžiën Nekropole | 36 | sarmatisch | Grube | | | X | | teils mit Sarg | Einzelbest. Kollektivbest Rückenstr. |

# CHRONOLOGISCHE ÜBERSICHT ZUM INVENTAR DER GRÄBER

| Kategorie | | Karasakbas Kurgan 2 | Dêvkesken 4 O-Gruppe Kurgan 1 | Dêvkesken 4 O-Gruppe Kurgan 2 | Dêvkesken 4 O-Gruppe Kurgan 4 | Dêvkesken 4 W-Gruppe Kurgan 1 |
|---|---|---|---|---|---|---|
| Sonstiges | | | Kreide-spuren | Keramik-, Kn-scheibe Kalkstück | | |
| Nahrung | Andere | | R | K; P/R | | |
| | Schaf | X | X | X | X | |
| Schmuck und Tracht | Sonstiges | | | | | |
| | Plättchen | | | | | |
| | Nadel | | | | | |
| | Perle | X | X X | X | | X X |
| | Ring | | X | X | | X |
| | Schnalle | | | | | |
| Toilette | Gefäß | | | X | | |
| | Kamm | | | | | |
| | Spiegel | | | X | | X |
| Kult | Sonstiges | X | | | | |
| | Löffel | | X | | | |
| | Altar/Räuch. | | | | | |
| Gefäße | Sonstiges | | | | | |
| | Metall | | | | | |
| | Holz | | | X | | |
| | Scheibeng. | ? | X X | X X | | |
| | Handgem. | ? | X X | X | ? | X |
| Geräte | Sonstiges | X | X | X | | |
| | Reibst. | | | | | |
| | Schleifst. | | | | X | |
| | Spinnw. | | | | | X |
| | Messer | | X | X | | |
| Pferde-geschirr | | | | | | |
| Waffen | Sonstiges | X | | | | |
| | Köcher | | X | | | |
| | Pfeil | X | X | X | X | |
| | Dolch | X | | | | |
| | Schwert | | X | X | | |
| Datierung | | 6.-5. Jh. v. Chr. | 1. Hälfte 5. Jh. v. Chr. | 1. Hälfte 5. Jh. v. Chr. | 5. Jh. v. Chr. | Ende 5. Jh. v. Chr. |
| Kat. Nr. | | 26 | 16,1 | 16,2 | 16,3 | 16,5 |
| Fundort | | Karasakbas Kurgan 2 | Dêvkesken 4 O-Gruppe Kurgan 1 | Dêvkesken 4 O-Gruppe Kurgan 2 | Dêvkesken 4 O-Gruppe Kurgan 4 | Dêvkesken 4 W-Gruppe Kurgan 1 |

| Fundort | Kat. Nr. | Datierung | Waffen Schwert | Dolch | Pfeil | Köcher | Sonstiges | Pferde-geschirr | Geräte Messer | Spinnw. | Schleifst. | Reibst. | Sonstiges | Gefäße Handgem. | Scheibeng. | Holz | Metall | Sonstiges | Kult Altar/Räuch. | Löffel | Sonstiges | Toilette Spiegel | Kamm | Gefäß | Schmuck und Tracht Schnalle | Ring | Perle | Nadel | Plättchen | Sonstiges | Nahrung Schaf | Andere | Sonstiges |
|---|---|---|---|---|---|---|---|---|---|---|---|---|---|---|---|---|---|---|---|---|---|---|---|---|---|---|---|---|---|---|---|---|---|
| Dēvkesken 4 O-Gruppe Kurgan 5 | 16,4 | 5./Anfang 4. Jh. v. Chr. | X | | X | | | X | ? | | | | | X | | | | | | | | ? | | | | X | X | | | | | R | Kalkspuren |
| Kaskažol Kurgan 1 | 27,1 | 5./4. Jh. v. Chr. | | | X | ? | | | X | | | | | | X | | | | X | | | | | | | | | | | | X | | |
| Kaskažol Kurgan 3 | 27,2 | 5./4. Jh. v. Chr. | | | X | | | | | | | | | | | | | | | | | | | | | | | | | | X | | |
| Dźidelibulak 1, Kurgan 19 | 20,2 | 5.-3. Jh. v. Chr. | | | | | | | | | X | | | X | | | | | | | | | | | | | | | | | | | Keramik-scheibe |
| Dźidelibulak 1, Kurgan 2 | 20,1 | 4. Jh. v. Chr. | | | | | | | | | | | | ? ? | ? ? | | | | | | | | | | X | X | | | | | | | Steinscheibe |
| Kaskažol Kurgan 4 | 27,3 | 4. Jh. v. Chr. | X | | X | | | | | | | | | X X | X X | | | | | | | X | | | | | X | | | | | | Keramik-scheibe |
| Agalyk-Saj Kurgan 4 | 1,1 | 4./3. Jh. v. Chr. | | | | | | | | | | | | X | | | | | | | | | | | | | | | | | X | | dünne Eisenplatte |

| | | Agalyk-Saj Kurgan 9 | Agalyk-Saj Kurgan 10 | Chanaly Kurgan 10 | Čyryšly Kurgan | Dordul' Kurgan 2 | Ljavandak Kurgan beim Meßpunkt | Kaskažol Kurgan 7 |
|---|---|---|---|---|---|---|---|---|
| **Sonstiges** | | | Lederreste | Kalkstein-, Bz-scheibe | | | | |
| **Nahrung** | Andere | | | | X | | | |
| | Schaf | | | X | | | X | X |
| **Schmuck und Tracht** | Sonstiges | | | X | | | | |
| | Plättchen | | | | | | | |
| | Nadel | | | | | | | |
| | Perle | X | | X | X | | | |
| | Ring | | | | | | | X |
| | Schnalle | | | X | | X | | |
| **Toilette** | Gefäß | | | X | | X | | |
| | Kamm | | | | | | | |
| | Spiegel | X | | X | | | | X |
| **Kult** | Sonstiges | | | | | | | |
| | Löffel | | | | | | | |
| | Altar/Räuch. | | | | | | X | |
| **Gefäße** | Sonstiges | | | | | | | |
| | Metall | | | | | | | |
| | Holz | | | | | | | |
| | Scheibeng. | | | X X | | X X | X | X X |
| | Handgem. | | ? | X | ? | X | | ? ? |
| **Geräte** | Sonstiges | | | | X | | | ? ? |
| | Reibst. | | | | | | | X |
| | Schleifst. | | | | X | | | |
| | Spinnw. | | | | | | | |
| | Messer | | | X | | X | X | |
| **Pferde-geschirr** | | | | | | | | |
| **Waffen** | Sonstiges | | | | | | | |
| | Köcher | | | X | X | | | ? |
| | Pfeil | X | X X | X | X X | X | X | X |
| | Dolch | | X X | | X | X | | |
| | Schwert | | X | X | | | X | |
| **Datierung** | | 4./3. Jh. v. Chr. | 4./3. Jh. v. Chr. | 4.-2. Jh. v. Chr. | 4.-2. Jh. v. Chr. | 4.-2. Jh. v. Chr. | 4.-2. Jh. v. Chr. | 3.-2. Jh. v. Chr. |
| **Kat. Nr.** | | 1,3 | 1,4 | 9 | 14 | 17 | 37,1 | 27,4 |

| Fundort | Kat. Nr. | Datierung | Waffen: Schwert | Waffen: Dolch | Waffen: Pfeil | Waffen: Köcher | Waffen: Sonstiges | Pferdegeschirr | Geräte: Messer | Geräte: Spinnw. | Geräte: Schleifst. | Geräte: Reibst. | Geräte: Sonstiges | Gefäße: Handgem. | Gefäße: Scheibeng. | Gefäße: Holz | Gefäße: Metall | Gefäße: Sonstiges | Kult: Altar/Räuch. | Kult: Löffel | Kult: Sonstiges | Toilette: Spiegel | Toilette: Kamm | Toilette: Gefäß | Schmuck: Schnalle | Schmuck: Ring | Schmuck: Perle | Schmuck: Nadel | Schmuck: Plättchen | Schmuck: Sonstiges | Nahrung: Schaf | Nahrung: Andere | Sonstiges |
|---|---|---|---|---|---|---|---|---|---|---|---|---|---|---|---|---|---|---|---|---|---|---|---|---|---|---|---|---|---|---|---|---|---|
| Kulkuduk Kurgan 2 | 34,1 | 3.-2. Jh. v. Chr. | | | | | | | | | | | | ? | ? | | | | | | | X | | | | X | | | | X | X | | |
| Kulkuduk Kurgan 3 | 34,2 | 3.-2. Jh. v. Chr. | | | | | | | | | | | | ? | ? | | | | | | | | | | | | | | | | X | | |
| Kulkuduk Kurgan 4 | 34,3 | 3.-2. Jh. v. Chr. | X | X | X | | X | | | | | | ? | ? | X | X | | | X | | | X | | X | X | X | X | | X | X | X | | Holzreste |
| Kulkuduk Kurgan 5 | 34,4 | 3.-2. Jh. v. Chr. | | | | | | | | | | | | X | X | X | | | | | | | | | | | | | | | X | | |
| Kulkuduk Kurgan 6 | 34,5 | 3.-2. Jh. v. Chr. | | | | | | | X | | | | | ? | ? | | | | | | X | X | | | | X | X | | X | | X | | 2 Holz-gegenstände |
| Kulkuduk Kurgan 7 | 34,6 | 3.-2. Jh. v. Chr. | X | X | X | X | X | | X | | | | X | ? | ? | | | | | | | | | | | | | | | | X | | 2 runde Bz-Gegenstände |
| Ljavandak Gruppe 1 Kurgan 1 | 37,2 | 2. Hälfte 2. Jh. v. Chr. | X | X | X | | | | X | | | | | ? | X | | | | X | | | | | | X | X | | | | | X | | Stoffreste Kalk-, rote Lackspuren |

116

| Sonstiges | | dicke Steinplatte | Marmorscheibe | Kalkbrocken | Ocker bzw. Schwefel | Knochenplatten | |
|---|---|---|---|---|---|---|---|
| **Nahrung** | Andere | | | | X | | |
| | Schaf | | | X | X | | |
| **Schmuck und Tracht** | Sonstiges | X | X | | | | |
| | Plättchen | | X | | | | |
| | Nadel | | | | | | |
| | Perle | | | | | | |
| | Ring | | | | | | |
| | Schnalle | X | | X | | | |
| **Toilette** | Gefäß | | X | | | | |
| | Kamm | | X | | | | |
| | Spiegel | | X | | | | |
| **Kult** | Sonstiges | | | X | | | |
| | Löffel | | | | | | |
| | Altar/Räuch. | | X | | | | |
| **Gefäße** | Sonstiges | | | | X X | | |
| | Metall | | X | | X | | |
| | Holz | | | | | | |
| | Scheibeng. | X | ? | X | ? | ? | |
| | Handgem. | | ? | | ? | ? | |
| **Geräte** | Sonstiges | X | X | X | X | | |
| | Reibst. | | | | X | | |
| | Schleifst. | | | | | | |
| | Spinnw. | | | | | | |
| | Messer | X | X | X | X | X | |
| **Pferdegeschirr** | | | | | Trense | | |
| **Waffen** | Sonstiges | | | | X | ? | |
| | Köcher | X | | | | | |
| | Pfeil | X | | | X | X | |
| | Dolch | | | X | X | X | |
| | Schwert | X | | X | | X | X |
| **Datierung** | | 2.-1. Jh. v. Chr. | 2.-1. Jh. v. Chr. | 2.-1. Jh. v. Chr. | 2. Jh. v. Chr.-2. Jh. n. Chr. | 1. Jh. v. Chr. | 1. Jh. v. Chr.-1. Jh. n. Chr. |
| **Kat. Nr.** | | 1,2 | 28 | 37,3 | 10 | 39,1 | 3,2 |
| **Fundort** | | Agalyk-Saj Kurgan 5 | Koktepe | Ljavandak Gruppe 1 Kurgan 2 | Chas-Kjariz Kurgan 3 | Orlat Kurgan 2 | Akdžartepe Kurgan 4 |

| Fundort | Kat. Nr. | Datierung | Waffen | | | | | Pferdegeschirr | Geräte | | | | | Gefäße | | | | | Kult | | | Toilette | | | Schmuck und Tracht | | | | | | Nahrung | | Sonstiges |
|---|---|---|---|---|---|---|---|---|---|---|---|---|---|---|---|---|---|---|---|---|---|---|---|---|---|---|---|---|---|---|---|---|---|
| | | | Schwert | Dolch | Pfeil | Köcher | Sonstiges | | Messer | Spinnw. | Schleifst. | Reibst. | Sonstiges | Handgem. | Scheibeng. | Holz | Metall | Sonstiges | Altar/Räuch. | Löffel | Sonstiges | Spiegel | Kamm | Gefäß | Schnalle | Ring | Perle | Nadel | Plättchen | Sonstiges | Schaf | Andere | |
| Akdžartepe Kurgan 5 | 3,3 | 1. Jh. v. Chr.-1. Jh. n. Chr. | X | | | | | | | | | | | | | | | | | | | | | | | | | | | | | | |
| Tilla Tepe Grab 1 | 44,1 | 50 v. Chr.-50 n. Chr. | | | | | | | | | | | X | | | | X | | | | | | | X | X | X | | X | X | X | | | |
| Tilla Tepe Grab 2 | 44,2 | 50 v. Chr.-50 n. Chr. | | | | | | | X | | | | X | | | | X | | | | | X | | X | X | X | | X | X | X | | | Gold-röhrchen |
| Tilla Tepe Grab 3 | 44,3 | 50 v. Chr.-50 n. Chr. | | | | | | | | | | | | | X | | X | X | | | X | X | X | X | X | X | | | X | X | | P | Münzen Schuhsohlen |
| Tilla Tepe Grab 4 | 44,4 | 50 v. Chr.-50 n. Chr. | X | X | X | | X | X | | | | | | | | | X | | | | | | | X | X | | X | | X | | | | Röhrchen Klappsessel |
| Tilla Tepe Grab 5 | 44,5 | 50 v. Chr.-50 n. Chr. | | | | | | | | | | | X | | | | X | | | | X | | | X | X | X | X | | X | X | | | Röhrchen Karneolk. |
| Tilla Tepe Grab 6 | 44,6 | 50 v. Chr.-50 n. Chr. | | | | | | | X | | | | X | | X | | X | X | | | | X | | X | X | X | | X | X | X | | | Münzen Zepter |

## Summarisch aufgenommene Gräberfelder

| Kategorie | Merkmal | Ševčenko Kurgan | Akdžartepe Kurgan 2 |
|---|---|---|---|
| Fundort | | Ševčenko Kurgan | Akdžartepe Kurgan 2 |
| Kat. Nr. | | 42 | 3,1 |
| Datierung | | 1. Jh. n. Chr. | 2.-4. Jh. n. Chr. |
| Waffen | Schwert | | X |
| | Dolch | | |
| | Pfeil | X | |
| | Köcher | | |
| | Sonstiges | | |
| Pferdegeschirr | | | |
| Geräte | Messer | | |
| | Spinnw. | | |
| | Schleifst. | | |
| | Reibst. | | X |
| | Sonstiges | | |
| Gefäße | Handgem. | X | |
| | Scheibeng. | | X |
| | Holz | | |
| | Metall | | |
| | Sonstiges | | |
| Kult | Altar/Räuch. | X | |
| | Löffel | | |
| | Sonstiges | | |
| Toilette | Spiegel | | |
| | Kamm | | |
| | Gefäß | | |
| Schmuck und Tracht | Schnalle | | |
| | Ring | | |
| | Perle | | |
| | Nadel | | |
| | Plättchen | | |
| | Sonstiges | | |
| Nahrung | Schaf | | |
| | Andere | | |
| Sonstiges | | | |

| Kategorie | Merkmal | Žaman-Togaj Nekropole |
|---|---|---|
| Fundort | | Žaman-Togaj Nekropole |
| Kat. Nr. | | 48 |
| Datierung | | 7.-6. Jh. v. Chr.; Zeitenwnd.; 3.-5. Jh. n. Chr. |
| Waffen | Schwert | X |
| | Dolch | X X |
| | Pfeil | X |
| | Köcher | |
| | Sonstiges | |
| Pferdegeschirr | | |
| Geräte | Messer | X |
| | Spinnw. | |
| | Schleifst. | X |
| | Reibst. | |
| | Sonstiges | |
| Gefäße | Handgem. | ? |
| | Scheibeng. | ? |
| | Holz | |
| | Metall | |
| | Sonstiges | |
| Kult | Altar/Räuch. | |
| | Löffel | |
| | Sonstiges | |
| Toilette | Spiegel | |
| | Kamm | |
| | Gefäß | |
| Schmuck und Tracht | Schnalle | X |
| | Ring | |
| | Perle | X |
| | Nadel | |
| | Plättchen | |
| | Sonstiges | |
| Nahrung | Schaf | |
| | Andere | |
| Sonstiges | | |

| Fundort | Kat. Nr. | Datierung | Waffen: Schwert | Waffen: Dolch | Waffen: Pfeil | Waffen: Köcher | Waffen: Sonstiges | Pferdegeschirr | Geräte: Messer | Geräte: Spinnw. | Geräte: Schleifst. | Geräte: Reibst. | Geräte: Sonstiges | Gefäße: Handgem. | Gefäße: Scheibeng. | Gefäße: Holz | Gefäße: Metall | Gefäße: Sonstiges | Kult: Altar/Räuch. | Kult: Löffel | Kult: Sonstiges | Toilette: Spiegel | Toilette: Kamm | Toilette: Gefäß | Schmuck und Tracht: Schnalle | Ring | Perle | Nadel | Plättchen | Sonstiges | Nahrung: Schaf | Andere | Sonstiges |
|---|---|---|---|---|---|---|---|---|---|---|---|---|---|---|---|---|---|---|---|---|---|---|---|---|---|---|---|---|---|---|---|---|---|
| Kujumazar Nekropole | 33 | 2. Jh. v. Chr.-2. Jh. n. Chr. | X |  | X |  |  |  | X |  |  |  |  | ? | ? |  |  |  |  |  |  | X |  |  | X |  | X |  |  |  | X |  | runde Sandsteinplatten |
| Tumek-Kičidžik Nekropole | 45 | 1. Jh. v. Chr.-2. Jh. n. Chr. | X | X | X |  | X |  | X |  |  |  |  | ? | ? |  |  |  | X |  | X | X |  |  | X | X | X |  |  |  |  |  |  |
| Sarykamyš Nekropole | 40 | 1. Jh. v. Chr.-3. Jh. n. Chr. |  |  |  |  |  |  |  |  |  |  | X | X |  |  |  |  |  |  |  |  |  |  |  |  |  |  |  |  |  |  |  |
| Orlat Nekropole | 39 | 1.-2. Jh. n. Chr | X | X | X |  |  |  | X |  |  |  |  |  |  |  |  |  |  |  |  |  |  |  |  |  |  |  | X | X |  |  |  |
| Tuz-gyr Nekropole | 46 | 1.-3. Jh. n. Chr. | X | X | X |  | X |  | X |  |  |  | X | X | X |  |  | X | X |  |  | X |  |  | X |  | X |  |  |  |  |  |  |
| Langari Chodžiën Nekropole | 36 | sarmatisch | X |  |  |  | X | X | X |  |  |  |  | X | X |  |  |  |  |  | X | X |  |  |  | X | X |  |  |  |  |  |  |

120

## KAT.-NR. 1

*Fundort:* **Agalyk-Saj** (Uzbekistan)

*Lage:* 12 km südwestl. von Samarkand, 0,5 - 0,7 km westl. des Ufers des Flusses Agalyk-Saj, unterhalb einiger Bergrücken im Steppengürtel an einer alten Straße *(vgl. Karten 1 und 3)*

*Untersuchung:* 1965-1967

*Ausgräber:* O. V. Obel'čenko

*Befund:* Nekropole

*Anlage/Architektur:* insgesamt ca. 20 Kurgane einzeln oder in kleinen Gruppen – kleine Kette von 8 Kurganen längs des Flusses (ausgegraben: Kurgane 1, 2, 4, 5, 6) im Abstand von 40-50 m zueinander, die sich von S nach N erstreckt – H der Kurgane 1,0 - 2,5 m, Dm der Aufschüttungen 20 - 30 m – 4 weitere Kurgane (ausgegraben: Kurgane 8 - 10) 1 km weiter im W – Aufschüttungen aus grobkörnigem rötlichem Sand

*Sonstiges:* vgl. Beschreibungen der einzelnen Kurgane *(Kat.-Nr. 1,1-4)*

*Literatur:* Obel'čenko 1967; Obel'čenko 1972; Obel'čenko 1981

## KAT.-NR. 1,1

*Befund:* **Agalyk-Saj** (Uzbekistan); Nekropole, Kurgan 4

*Anlage/Architektur:* Kurgan – Aufschüttung uneben mit Einsenkungen, im Profil nachgerutschte Schicht sichtbar, H 2,0 m, Dm 26,0 m – zentral darunter Grabgrube, Längsachse N-S orientiert, L 2,6 m, B 1,3 m, T 2,4 m

*Lage/Orientierung/Geschlecht des Toten:* nur geringe Reste von Menschenknochen

*Funde:* Scherben eines groben, dickwandigen Gefäßes aus rötlich gebranntem Ton mit hellgrauer Engobe auf der Außenseite – Fragment einer dünnen Eisenscheibe – Knochen des Vorderteils eines Schafes

*Lage im Befund:* Funde in der Grubenverfüllung

*Datierung:* 4./3. Jh. v. Chr.

*Literatur:* Obel'čenko 1972

## Kat.-Nr. 1,2

*Befund:* **Agalyk-Saj** (Uzbekistan); Nekropole, Kurgan 5

*Anlage/Architektur:* Kurgan – Aufschüttung, H 1,5 m, Dm 20,0 m – zentral darunter Dromos, Längsachse S-N orientiert, L 4,0 m, B 1,8 m (S) -2 m (N), T 3,7 m, südl. Ende abgerundet, nördl. Abschluß rechteckig – am südl. Ende in T 2 m bis Höhe alte Obfl. Stufe, L 1,5 m – längs der Westwand auf gleicher Höhe Absatz, B 0,2 m – sonstige Seitenwände des Dromos steil abfallend, Boden eben – entlang der O-Wand auf ganzer Länge halbrunde Nische – Dromos in rötliche, kompakte Sandschicht, Nische in hellgelbe Lehmschicht gegraben – Boden der Nische auf selber Höhe wie Boden des Dromos, L 2,5 m, B 1,5 m, H 0,6 m *(vgl. Taf. 1,A)*

*Lage/Orientierung/Geschlecht des Toten:* Einzelbest. in der Katakombe auf Filzunterlage, ausgestreckt auf dem Rücken liegend, Kopf im S – Knochen schlecht erhalten, Becken- und Handknochen sowie Rippen fehlten, einige Wirbel lagen bei der Schädeldecke, andere Teile des Schädels nicht vorhanden, von den unteren Extremitäten waren nur die Knochen vom Knie abwärts erhalten, sie befanden sich in ungestörter Lage *(vgl. Taf. 1,B)*

*Sonstiges:* Lage im südl. Abschnitt der Nekropole – im Altertum beraubt

*Funde:* rot engobierte Wandscherbe – grau engobierter dicker Henkel – dicke marmorartige Steinplatte – Eisenschwert *(Taf. 2,A,1)*, schlecht erhalten, zweischneidig, mit kurzer, gerader Parierstange und rundem Knauf, abgebrochene Spitze, linsenförmiger Querschnitt, L gesamt 1,05 m, Reste der Holzscheide mit roten Farbspuren erhalten – 8 Stielpfeilspitzen aus Eisen *(Taf. 2,A,2)*, dreiflüglig, mittlere Größe, 2 Typen: mit weitgespreizten oder engen Flügeln – zwei Eisenschnallen *(Taf. 2,A,4)* mit flachem Ring, Dm 6,5 bzw. 7,5 cm, am Größeren Reste eines Niets zur Anbringung an den Gürtel erhalten – Eisenhaken *(Taf. 2,A,3)*, L 9 cm – Bohrer *(Taf. 2,A,5)* mit abgebrochenem Griff – Dorn einer Bronzeschnalle *(2,A,6)* mit spachtelförmigem Ende – halbkugeliger Knochenknopf *(Taf. 2,A,7)* mit verkratzten konzentrischen Einritzungen auf der flachen Seite – Eisenmesser *(Taf. 2,A,8)*, sichelförmig mit kurzem Griff, Reste der Holzscheide auf der Klinge erhalten – Krug *(Taf. 2,B)*, hellbraun, scheibengedreht, außen grau engobiert, mit flachem, leicht gerilltem Henkel, H 22 cm, Dm Rand 7,5 cm *(vgl. Taf. 2)*

*Lage im Befund:* in der Aufschüttung Menschenknochen und eine rot engobierte Wandscherbe – grau engobierter

Henkel auf Höhe der alten Obfl. (T 1,5 m) im Dromos
– marmorartige Steinplatte am südl. Ende des Dromos
– Eisenschwert mit Griff zum Gürtel neben linkem
Unterschenkel, Spitze links des rechten Unterschenkels,
zum Fuß weisend – Pfeilspitzen rechts des rechten
Unterschenkels mit Spitzen zu den Füßen – Eisenschnallen,
Eisenhaken und Bohrer rechts des Skeletts – Dorn der
Schnalle bei den Schädelresten, daneben Knopf und
Eisenmesser – Krug umgekippt beim Kopf, nahe der S-
Wand liegend *(vgl. Taf. 1,B)*

*Parallelfunde:* Grabbau und Ausrichtung der Best. sowie
Inventar mit Parallelen im sarmatischen Bereich, Keramik
lokal

*Datierung:* 2. - 1. Jh. v. Chr.

*Literatur:* Obel'čenko 1967; Obel'čenko 1972; Obel'čenko
1981

### KAT.-NR. 1,3

*Befund:* **Agalyk-Saj** (Uzbekistan); Nekropole, Kurgan 9

*Anlage/Architektur:* Kurgan – Aufschüttung, Dm 16,0 m,
H 1,5 m, darin Reste von Nachbestattungen ohne Beigaben
mit sehr schlecht erhaltenen Knochen – Grabgrube zentral unter der Aufschüttung, leicht nach S verschoben,
Längsachse S-N orientiert, Grube im N und S abgerundet,
im O und W gerade, L 3,0 m, B 1,1 m, T von der alten
Obfl. 2,1 m – Podest entlang der Längswand, B 0,25 m,
H 0,75 m über dem Boden – auf dem Boden der Grabgrube
bräunliche Reste einer Filzunterlage *(vgl. Taf. 3,A)*

*Lage/Orientierung/Geschlecht des Toten:* Knochener-
haltung sehr schlecht, Knochenmehl und kleine Fragmente
in gesamter Verfüllung der Grabgrube, Bruchstücke der
Gesichtsknochen im südl. Teil der Grube

*Funde:* Pfeilspitzen aus Eisen – Spiegel aus Bronze
*(Taf. 3,C)* mit Knochengriff, Spiegelfläche glatt, Dm
23 cm, Rückseite mit konzentrischen Wülsten, an der Seite
Bronzefortsatz (L 10 cm) zur Anbringung der Handhabe,
Knochengriff am unteren Ende mit einer Bleiplatte überzogen, L 4 cm – Schmuckfragment *(Taf. 3,B)* aus zylind-
rischer jaspisartiger Steinperle, L 1,5 cm, Dm 0,5 cm, an
den Enden mit Blattgold gefaßt, darauf außen Borte mit
Tannenzweigmuster und innen Zickzackmuster
*(vgl. Taf. 3,B-C)*

*Lage im Befund:* Pfeilspitzen im südl. Teil der Grabgrube
– fast an der O-Wand Spiegel – Schmuck im nördl. Teil der
Grube

*Parallelfunde:* Grabbau ähnelt dem der Prochorovka-
Kultur

*Datierung:* 4./3. Jh. v. Chr.

*Literatur:* Obel'čenko 1972; Obel'čenko 1981

### KAT.-NR. 1,4

*Befund:* **Agalyk-Saj** (Uzbekistan); Nekropole, Kurgan
10

*Anlage/Architektur:* Kurgan – Aufschüttung aus grobem
Sand mit Erde, H 2,0 m, Dm 20,0 m – Nachbestattungen
ohne Beigaben – Grabgrube zentral unter der Aufschüttung,
im Grundriß rechteckig mit abgerundeten Ecken und senkrechten Wänden, Längsachse S-N orientiert, L 3,2 m,
B 1,6 m, T ab alter Obfl. 3,0 m – am S-Ende bei T 2,4 m
Stufe mit B 1 m – Boden wohl mit Filz bedeckt

*Lage/Orientierung/Geschlecht des Toten:* im SW-Sektor
menschl. Langknochen, westl. davon Schädelfragmente
und weitere Langknochen, die zu Nachbestattungen gehörten, von Hauptbest. nur Knochenmehl und kleine
Knochenfragmente erhalten, die den Boden der Grube be-
deckten, Schädelfragment an der N-Wand

*Funde:* Fragmente von Eisenschwertern *(Taf. 4,A,1-2)* mit
zweischneidiger flacher Klinge, Antennenknauf und langer
gerader Parierstange, Reste der hölzernen Scheiden, ein
Exemplar vollständig erhalten (L 0,6 m, B Klinge 4 cm),
vom zweiten nur der Knauf und mehrere kleine Fragmente
der Klinge vorhanden (B Klinge 5 cm) – langer, schmaler
Dolch *(Taf. 4,A,3)*, stilettartig, L 56 cm, Griff ohne Knauf
und Parierstange, im Schnitt rechteckig, Klinge im Schnitt
linsenförmig, B 2,5 cm – ca. 20 eiserne Pfeilspitzen
*(Taf. 4,A,4)*, dreiflüglig, mit Stiel, L des Kopfs 3,5 - 4 cm,
zusammenkorrodiert, mit Lederresten – Fragment eines
Griffs eines groben Gefäßes aus rotgebranntem Ton, im
Schnitt oval, außen mit hellgrauer Engobe
*(vgl. Taf. 4,A)*

*Lage im Befund:* Funde im N-Abschnitt der Grabgrube
auf gleicher Höhe

*Parallelfunde:* Schwerter und Pfeilspitzen mit
Analogien zur Prochorovka-Kultur

*Sonstiges:* alle Funde im Zuge der Beraubung zerbrochen

*Datierung:* 4./3. Jh. v. Chr.

*Literatur:* Obel'čenko 1972; Obel'čenko 1978; Obel'čenko
1981

## KAT.-NR. 2

*Fundort:* **Ajuk** (Kazachstan)

*Lage:* Ustjurt-Plateau, 14 km westsüdwestl. von Taučik *(vgl. Karten 1 und 2)*

*Befund:* „Heiligtum"

*Anlage/Architektur:* „Heiligtum" vom „Typ Bajte" – Kurgan – Opfertisch

*Sonstiges:* nicht ausgegraben, nur prospektiert

*Funde:* anthropomorphe Stele

*Datierung:* sarmatische Zeit

*Literatur:* Genito et al. 2000; Ol'chovskij 2005

## KAT.-NR. 3

*Fundort:* **Akdžartepe** (Pajaryk raj., Samarkand obl., Uzbekistan)

*Lage:* in der Pridargomsker Steppe, 12 km östl. von Čilek *(vgl. Karten 1 und 3)*

*Untersuchung:* Survey 1956, Ausgrabung 1959

*Ausgräber:* O. V. Obel'čenko

*Befund:* Nekropole mit 9 Kurganen

*Anlage/Architektur:* Kurgane liegen ungeordnet eng nebeneinander auf einer kleinen Anhöhe, Nekropole ursprünglich wohl größer, zumindest im O sind flache Reste weiterer Aufschüttungen erkennbar, ein einzelner hoher Kurgan (über 2 m) im S auf einer Anhöhe, H der übrigen Grabhügel 0,5 - 0,7 m, Dm 7 - 22 m, die meisten Kurgane wurden beraubt (Trichter)

*Sonstiges:* Details vgl. Beschreibungen der einzelnen Kurgane *(Kat.-Nr. 3,1-3)*

*Literatur:* Obel'čenko 1962; Obel'čenko 1981

### KAT.-NR. 3,1

*Befund:* **Akdžartepe** (Pajaryk raj., Samarkand obl., Uzbekistan); Gräberfeld, Kurgan 2

*Anlage/Architektur:* Kurgan – Aufschüttung aus Löß, H 1,0 m, Dm 14,0 m – zentral darunter Dromos, im Planum rechteckig, Längsachse S-N orientiert, mit kleiner Abweichung nach O, B am S-Ende 1,5 m, am N-Ende beim Eingang zur Katakombe 1,8 m – im Dromos an drei Seiten bei einer T von 1,5 - 2 m (S-N) Stufe mit H ca. 0,4 m, Boden des Dromos leicht geneigt mit 2 Stufen am S-Ende und einer dritten am Eingang zur Katakombe – Katakombe im Grundriß unregelmäßig oval, L 2,5 m, B 1,2 m, Boden ca. 0,2 m tiefer als der des Dromos – Verfüllung (verstürzte Decke) mit Resten von Lehmziegeln

*Lage/Orientierung/Geschlecht des Toten:* Einzelbest. an der O-Wand der Katakombe und auf der letzten Stufe beim Eingang, nur Beine unterhalb der Kniegelenke in ursprünglicher Lage längs der N-Wand, Füße im W, Best. wohl ausgestreckt auf dem Rücken liegend, Kopf im O, Knochen verworfen und teilweise zerstört

*Funde:* Fragmente eines eisernen Schwertes, doppelschneidig, Parierstange und Knauf fehlen, L ca. 75 cm, ursprünglich wohl in Holzscheide (Reste an der Klinge) – Fragment eines Reibsteins – weiteres Reibsteinfragment aus grauem Sandstein – Krug mit Flachboden, flachem, breitem Henkel, spitzem Rand und kurzem Hals, auf der Schulter eingeritztes Zickzack-Ornament, scheibengedreht, aus gelb gebranntem Ton, außen rot engobiert, Engobe teilweise abgeblättert, H 19 cm, Dm Boden 11 cm *(vgl. Taf. 5,A)*

*Lage im Befund:* Funde an der O-Wand der Katakombe – Fragment eines Reibsteins an der N-Wand im östl. Bereich

*Parallelfunde:* Schwert mit sarmatischen Analogien der ersten Jh. n. Chr.

*Datierung:* 2. - 4. Jh. n. Chr.

*Literatur:* Obel'čenko 1962

### KAT.-NR. 3,2

*Befund:* **Akdžartepe** (Pajaryk raj., Samarkand obl., Uzbekistan); Gräberfeld, Kurgan 4

*Anlage/Architektur:* Kurgan – Aufschüttung aus Löß, H 1,1 m, Dm 18,0 m – zentral darunter Grabgrube ohne Anzeichen für Verschluß, im Grundriß rechteckig, leicht verbreitert und abgerundet am N-Ende, Längsachse der Grube N-S orientiert, L 2,5 m, B 1,3 m (Mitte), T 2,3 m, mit vertikal abfallenden Seiten – Boden eben, schwach nach S ansteigend

*Lage/Orientierung/Geschlecht des Toten:* Einzelbest., ausgestreckt auf dem Rücken liegend, Kopf im S, Beine unterhalb des Beckens fehlten weitgehend, linke Schulter leicht verschoben, Kopf nach links gedreht und zerdrückt, Wirbelsäule etwas verrutscht *(vgl. Taf. 6,A)*

*Funde:* Schwert aus Eisen *(Taf. 6,B)* mit zerbrochener Parierstange und halbkugelförmigem Knauf *(vgl. Taf. 6,B)*

*Lage im Befund:* Griff des Schwertes rechts am Oberschenkel

*Sonstiges:* Orientierung entspricht der von sarmatischen Gräbern, Schwert mit sauromatischen Analogien

*Datierung:* 1. Jh. v. Chr. - 1. Jh. n. Chr; Schwert: 2. Hälfte 5. - 4. Jh. v. Chr.

*Literatur:* Obel'čenko 1962; Obel'čenko 1978

## KAT.-NR. 3,3

*Befund:* **Akdžartepe** (Pajaryk raj., Samarkand obl., Uzbekistan); Gräberfeld, Kurgan 5

*Anlage/Architektur:* Kurgan – Aufschüttung aus Löß, H 0,75 m, Dm 16,0 m – fast zentral darunter Grabgrube mit senkrechten Wänden, Schmalseiten leicht abgeschrägt, im Grundriß rechteckig, T 2,25 m, L 2,2 m, B 1 m, Längsachse SSW-NNO orientiert, Boden leicht von S nach N abfallend

*Lage/Orientierung/Geschlecht des Toten:* Einzelbest. – Schädelreste im südl. Teil, nördl. davon Wirbel, Rippen und Steißbein, im nördl. Teil Beinknochen, weitere Knochen teils in der Verfüllung der Grube – Kopf der Best. wohl im SSW, nach der Längsachse ausgerichtet

*Funde:* Zweischneidiges Schwert aus Eisen ohne Parierstange und Knauf, L ca. 75 cm *(vgl. Taf. 7,A)*

*Lage im Befund:* Schwert rechts des Os sacrum, fast an der O-Wand der Grabgrube

*Parallelfunde:* Schwert mit sarmatischen Analogien der ersten Jh. n. Chr.

*Sonstiges:* Orientierung entspricht der von sarmatischen Gräbern

*Datierung:* 1. Jh. v. Chr. - 1. Jh. n. Chr.

*Literatur:* Obel'čenko 1962

## KAT.-NR. 4

*Fundort:* **Ak-Šukur** (Kazachstan)

*Lage:* Ustjurt-Plateau *(vgl. Karten 1 und 2)*

*Befund:* „Heiligtum"

*Anlage/Architektur:* „Heiligtum" vom „Typ Bajte"

*Sonstiges:* nicht ausgegraben, nur prospektiert

*Funde:* anthropomorphe Stele

*Datierung:* sarmatische Zeit

*Literatur:* Genito et al. 2000

## KAT.-NR. 5

*Fundort:* **Ak-Ujuk** (Kazachstan)

*Lage:* Ustjurt-Plateau, 8 km westl. des Brunnens Bessynyrau (früher Kzyl-Kuju, Bohrloch 39) *(vgl. Karten 1 und 2)*

*Befund:* „Heiligtum"

*Anlage/Architektur:* „Heiligtum" vom „Typ Bajte" – Kurgan, H ca. 2,5 m – Steinkonstr.

*Sonstiges:* nicht ausgegraben, nur prospektiert

*Funde:* ca. 10 Fragmente von Stelen

*Datierung:* sarmatische Zeit

*Literatur:* Genito et al. 2000

## KAT.-NR. 6

*Fundort:* **Bajte I** (Mangistau obl., Kazachstan)

*Lage:* Ustjurt-Plateau *(vgl. Karten 1 und 2)*

*Untersuchung:* Wolga-Ural-Expedition, Institut für Archäologie der AdW der UdSSR, 1983 - 1988; Ustjurt Abteilung des Institutes für Archäologie der Russischen AdW und Westkazachische Expedition des Instituts für Archäologie der Kazachischen Nationalen AdW, 1994

*Befund:* „Heiligtum" mit verschiedenen Opferstellen, mind. 30 Stelen, 4 Kurgane, 15 runde Steinkonstr. *(vgl. Taf. 8,A)*

*Anlage/Architektur:* Hauptkomplex: runde Steinkonstruktion, umgeben von weitem, flachem Graben; Kurgan 2 mit zwei parallel liegenden, rechteckigen Grabkammern, ca.

1,5 m voneinander entfernt, Größe ca. 3,05 x 1,95 m und 3,2 x 2,6 m, mit Steinabdeckung, Längsachse OSO-WNW orientiert; Steinkonstr.: Dm 0,5 - 1,3 m *(vgl. Taf. 8,B,1; 9,A)*

*Sonstiges:* über 20 weitere „Heiligtümer" in diesem Gebiet bekannt, jedoch außer Bajte III *(vgl. Kat.-Nr. 7)*, Teren *(vgl. Kat.-Nr. 43)* und Karamunke *(vgl. Kat.-Nr. 24)* keine weiteren ergraben, Hauptkomplex während der Nutzung nicht als Grab genutzt, Kurgane beraubt

*Funde:* Steinstelen *(Taf. 9,A)* aus Kalkstein, meist stehender Krieger, rechter Arm am Körper ausgestreckt, linker vor dem Bauch liegend, meist mit Schwert, Dolch, Helm und Halsreif dargestellt *(vgl. Farbphotographie in Ol'chovskij 1997a);* Kurgan 2: Fragment eines Altärchens aus Sandstein *(Taf. 8,B,2)* – Bronzepfeilspitze *(Taf. 8,B,3)* *(vgl. Taf. 8,B,2-3)*

*Parallelfunde:* auf Stelen abgebildete Waffen vom Prochorovka-Typ

*Datierung:* Stelen: 4. - 2. Jh. v. Chr.; Kurgan 2: Ende 5. - 4. Jh. v. Chr.

*Literatur:* Galkin 1986; Galkin 1987; Genito et al. 2000; Ol'chovskij 1995; Ol'chovskij 1997a; Ol'chovskij 2001; Ol'chovskij/Galkin 1990; Ol'chovskij/Galkin 1997

---

## KAT.-NR. 7

*Fundort:* **Bajte III** (Mangistau obl., Kazachstan)

*Lage:* westl. Ustjurt-Plateau, 40 km nordöstl. von Saj-Utes, ca. 6 km südl. von Bajte I *(vgl. Karten 1 und 2)*

*Untersuchung:* Wolga-Ural-Expedition, Institut für Archäologie der AdW der UdSSR, 1983 - 1988; Ustjurt Abteilung des Institutes für Archäologie der Russischen AdW und Westkazachische Expedition des Instituts für Archäologie der Kazachischen Nationalen AdW, 1988 - 1996; Italienisch-französisch-russisches Gemeinschaftsprojekt, 1997 - 1998

*Befund:* „Heiligtum" (Fläche ca. 40 000 m²), 4 Kurgane unterschiedlicher Größe (bis Dm 35 m, H 4,0 m), mehrere Flachgräber, Opfertische, über 60 Steinkonstruktionen *(vgl. Taf. 9,B; 10,A; 11,B)*

*Anlage/Architektur:* Hauptkomplex: monumentale zweigeschossige, runde Steinkonstruktion (Dm 19 m, H urspr. 6 - 7 m) mit Tamga-Zeichen auf den Steinwänden – zentral vier kreuzförmig angelegte Kammern und ein Steinaltar – in einer Kammer Steintreppe – Böden mit Steinen ausge-

legt. Zugehörig: Steinstelen – Kurgane *(vgl. Taf. 10,A-11,B* und Photographien bei Genito et al. 2000, Abb. 6-7 sowie bei Nikonov/Ol'chovskij 2000, Abb. 2-5 und (in Farbe!) bei Ol'chovskij 1997a und 1999)

*Funde:* anthropomorphe Steinstelen *(Taf. 12,B; 13,B-14,B)*, meist stehender Krieger, rechter Arm am Körper ausgestreckt, linker vor dem Bauch liegend, meist mit Schwert, Dolch, Helm und Halsreif dargestellt, aber auch einfache Stelen mit Tamgas *(Taf. 13,A)* – Tierknochen – Fragmente von Opfertischen aus Kalkstein *(Taf. 12,A)*, rechteckig mit abgerundeten Ecken und leicht eingezogenen Seitenwänden, Größe max. 125 x 105 x 91 cm, in Ecken runde Bohrungen, Dm max. 10 cm – Grabbeigaben: Eisendolche, Spiegel und Bronzepfeilspitzen *(vgl. Taf. 12,A-14,B)*

*Parallelfunde:* Tamgas, Grabbeigaben und dargestellte Waffen mit sarmatischen Analogien

*Sonstiges:* auf Stelen abgebildete Waffen vom Prochorovka-Typ

*Datierung:* Stelen: 4. - 2. Jh. v. Chr.; Hauptkomplex: 3. - 1. Jh. v. Chr.

*Literatur:* Antipina/Ol'chovskij 2000; Galkin 1986; Galkin 1987; Genito et al. 2000; Nikonov/Ol'chovskij 2000; Ol'chovskij 1995; Ol'chovskij 1997; Ol'chov-skij 1997a; Ol'chovskij 1999; Ol'chovskij 2000; Ol'chovskij 2001; Ol'chovskij 2005; Ol'chovskij/Galkin 1990; Ol'chovskij/ Galkin 1997; Ol'chovskij/Jacenko 2000; Ol'chovskij/ Samašev 1999; Ol'chovskij/Samašev 2000

---

## KAT.-NR. 8

*Fundort:* **Besogiz** (Kazachstan)

*Lage:* Ustjurt-Plateau, 18 km östl. von Šestoj Raz'ezd *(vgl. Karten 1 und 2)*

*Befund:* „Heiligtum"

*Anlage/Architektur:* „Heiligtum" vom „Typ Bajte" – Kurgan – Opferstelle – Opfertischfragment

*Sonstiges:* nicht ausgegraben, nur prospektiert

*Funde:* 1 - 2 Stelen

*Datierung:* sarmatische Zeit

*Literatur:* Genito et al. 2000

## KAT.-NR. 9

*Fundort:* **Chanaly** Kurgan 10 (Turkmenistan)

*Lage:* auf Plateau Čolinkyr am mittleren Uzboj, westl. von Dordul' *(vgl. Karten 1-3)*

*Untersuchung:* Chorezmische Archäologisch - Ethnographische Expedition des Instituts für Ethnographie der AdW der UdSSR, 1976 - 1977

*Befund:* Kurgan-Nekropole, Kurgan 10

*Anlage/Architektur:* Kurgan – Aufschüttung von länglich-ovaler Form, N-S-orientiert – ungewöhnliche Steinkonstruktion mit „schwalbenschwanzförmigem Ende" im S – darunter ovale Grabkammer mit gerader NO-Wand, verkleidet mit aufrecht stehenden Steinplatten, die 5 - 10 cm in den anstehenden Boden eingegraben waren, Größe 5 x 3 m, L NO-Wand 2 m, erhaltene H der Wand 1,1 m, D ca. 1m – an W-Wand späterer Einbau einer rechteckigen Steinkammer *(vgl. Taf. 15,A)*

*Lage/Orientierung/Geschlecht des Toten:* 15 Best. (Kinder und Erwachsene), in späterer Kammer mehrere Knochen und 3 Schädel

*Funde:* Keramik *(Taf. 15,B,2)* mit abgerundetem Rand, scheibengedreht – weitere Keramikfragmente, scheibengedreht und handgemacht – grünliche Kalksteinscheibe *(Taf. 15,B,1)* unbestimmter Verwendung – dreiflüglige bronzene Pfeilspitzen *(Taf. 16,A,5-16)* mit eingezogener Tülle – 7 dreiflüglige Pfeilspitzen *(Taf. 16,A,17-23)* aus Eisen mit langem Stiel – eiserner Köcherhaken *(Taf. 16,A,28)* – runde eiserne Schnalle *(Taf. 16,A,25)*, Dorn nach außen gedreht und ankorrodiert – Fragment einer weiteren Schnalle aus Eisen *(Taf. 16,A,26;* abgebildet ist mind. Dm) – Eisenmesser *(Taf. 16,A,24)* – Fragmente eines eisernen Schwertes (L 10 und 20 cm) – bronzener Spiegel *(Taf. 15,B,3)* – runde Bronzescheibe *(Taf. 15,B,4)*, auf einer Seite mit konzentrischen Leisten verziert – Reste von Bronzedraht – einige Perlen unterschiedlicher Form aus grünem Stein – Schafsknochen *(vgl. Taf. 15,B-16,A)*

*Datierung:* 4. - 2. Jh. v. Chr.

*Literatur:* Jusupov 1981

## KAT.-NR. 10

*Fundort:* **Chas-Kjariz** Kurgan 3 (Turkmenistan)

*Lage:* im Vorland des Kopet Dag, nahe Aschabat *(vgl. Karten 1 und 3)*

*Untersuchung:* Sektor für Archäologie und Ethnografie der AdW Turkmenistans, Dezember 1953

*Befund:* Nekropole, Kurgan 3

*Anlage/Architektur:* Kurgan – runde Erdaufschüttung, H 1,4 m, Dm über 30 m – ursprünglich von Graben umgeben, Dm nur ca. 19,0 m – im SW-Sektor in T 30 cm Erdaushub, erstreckt sich von SSW nach NNO – dazwischen bei T 1,65 m 5 langovale Grabgruben – nordöstl. bei T 0,5 m große Feuerstelle (3,65 x 1,5 x 0,05 m) – 2 m südl. rundliche Schicht aus Schotter, Dm ca. 1,0 m – Bestattung ohne Beigaben unter der W-Hälfte der Aufschüttung – Grabgrube des Kurgans (L 2,6 m, B 1,3 m, T 6,1 m, verjüngt sich nach unten, mit hackenartigem Werkzeug (Arbeitskante ca. 8 cm breit) in den Boden gehauen – Verfüllung mit Schotter durchsetzt – erste Stufe bei T 5 m an der N-Wand, B 85 cm – zweite Stufe bei T 5,9 m, B 25 cm – ab T 4,8 m Lehmziegelversturz vom Eingang der Katakombe, quadratische Lehmziegel (Seitenlänge 38-41 cm, D 11 - 12 cm) – große Katakombe entlang der Längsachse der Grabgrube, B 2,58 m, T 3,25 m, H 2,4 m, ursprüngliche Form nur schwer rekonstruierbar, Katakombeninnenraum „gemauert", Grundriß wohl oval, Decke gewölbt, Eingang trapezförmig, B 1,1-1,5 m, H 1,2 m, ursprüngliche Größe 3,25 x 2,0 x 1,65 m *(vgl. Taf. 17,A)*

*Lage/Orientierung/Geschlecht des Toten:* Best. in der Katakombe längs der W-Wand – ausgestreckt auf dem Rücken liegend – Kopf im S, mit leichter Verschiebung nach W – männlich – vollständig mit einem Holzbrett bedeckt – auf dem Boden unter dem Skelett Kalkschicht, D max. 15 cm

*Sonstiges:* Gräberfeld, Kurgane in kleiner Kette angeordnet

*Funde:* Kupferkessel *(Taf. 18,A,1)*, mit leicht nach innen gewölbtem Flachboden, Henkel im Schnitt abgerundet trapezförmig, H 23 cm, Dm oben ca. 40 cm – rottoniger Krug *(Taf. 18,A,2)* mit roter Engobe, H ca. 23,5 cm, Hals poliert, Henkel im Schnitt rund – große Flasche *(Taf. 18,A,5-6)*, rottonig, asymmetrisch, dunkel engobiert, mit konzentrischen Streifen auf dem Rücken, Henkel bereits alt entfernt, innen brauner Bodensatz, evtl. von Wein – Krug *(Taf. 18,A,4)*, rottonig, H ca. 45 cm, Henkel im Schnitt rund – Steingefäß *(Taf. 18,A,7-8)* mit zoomorphen Handhaben, H ca. 6,5 cm, auf innerer Obfl. Reste von Fasern – Flasche *(Taf. 18,A,6)*, bläulichgrün glasiert, H ca. 16 cm, Henkel im Schnitt flachkonvex – Eisenreste, wohl von einem Messer und einer Trense mit Ösen am Ende – Reibschale *(Taf. 19,A,1)* aus Sandstein, auf Rücken Längsrinne, Größe 44 x 22 cm – 8 Stielpfeilspitzen *(Taf. 19,A,2)* aus Eisen, dreiflüglig, Größe 3,5-5 cm – langer Säbel *(Taf. 19,A,3)* aus Eisen, schmale Klinge, B ca. 4 cm, L ca. 1,0 m, L Griff ca. 17 cm – großer Eisenring – Dolch *(Taf. 19,A,4)*, L ca. 23 cm, Klinge im Schnitt linsenförmig, daran

Holzreste – Kupfergerät (scheibenförmige Zwinge zur Holzreparatur?) – Rippen von Schaf/Ziege – Ocker- oder Schwefelstück
*(vgl. Taf. 18-19)*

*Lage im Befund:* Kupferkessel, Krug, Flasche längs der O-Wand – Krug *(Taf. 18,A,4)* neben Flasche – Steingefäß an S-Wand – weitere Flasche *(Taf. 18,A,3)*, Ockerstück und Eisenreste am Kopf – Reibschale an W-Wand, nahe dem Eingang, auf Rippen von Schaf/Ziege – Pfeilspitzen zwischen Reibschale und linkem Fuß der Best. – Säbel entlang der linken Seite – Eisenring am linken Handgelenk – Dolch bei rechter Hüfte – Kupfergerät oberhalb des Dolches am rechten Beckenknochen

*Parallelfunde:* Bezüge zur sarmatischen Kultur in Grabbau, Totenritual und Beigaben

*Sonstiges:* Holzreste an Säbel, Dolch und Pfeilspitzen mit roten Farbspuren

*Datierung:* 2. Jh. v. Chr. - 2. Jh. n. Chr.

*Literatur:* Maruščenko 1959

## KAT.-NR. 11

*Fundort:* **Četvërtyj Raz'ezd** (Kazachstan)

*Lage:* Ustjurt-Plateau, 6 km wsw von Kamennyj *(vgl. Karten 1 und 2)*

*Befund:* „Heiligtum"

*Anlage/Architektur:* „Heiligtum" vom „Typ Bajte" – zerstörter Kurgan (?)

*Sonstiges:* nicht ausgegraben, nur prospektiert

*Funde:* anthropomorphe Stele

*Datierung:* sarmatische Zeit

*Literatur:* Genito et al. 2000

## KAT.-NR. 12

*Fundort:* **Četvërtyj Raz'ezd 1** (Kazachstan)

*Lage:* 5 km südl. von Četvërtyj Raz'ezd *(vgl. Karten 1 und 2)*

*Befund:* Stele bei Heiligtum

*Funde:* Unterteil einer Kalksteinstele, rechte Hand am Körper erkennbar, linke Hand vor dem Bauch, Gürtel mit waagerecht daran hängendem Schwert vom Prochorovka-Typ, Dolch am rechten Bein, an der linken Körperseite ein mit senkrechten Rillen verzierter Köcher mit Pfeilen, Beine leicht gespreizt, an der Unterseite gerader Dorn, wohl für eine zugehörige Basis, H 55,5 cm, B 45,5 cm, D 13 cm
*(vgl. Taf. 20,A)*

*Parallelfunde:* dargestellte Realia (besonders Schwert- und Dolchtypen) sind frühsarmatischen Typs

*Sonstiges:* heute im Ethnographischen Museum Mangyšlak

*Datierung:* 5. - 2. Jh. v. Chr.

*Literatur:* Zuev/Ismagil' 1996

## KAT.-NR. 13

*Fundort:* **Četvërtyj Raz'ezd 2** (Kazachstan)

*Lage:* 10 km südöstl. von Četvërtyj Raz'ezd und der Eisenbahnlinie Aktau-Aktyrau *(vgl. Karten 1 und 2)*

*Befund:* 3 Stelen

*Funde:* Stele 1 *(Taf. 20,B,1)*: Mittelfragment einer Kalksteinstele, Gürtel mit Gürtelhaken auf der Vorderseite, daran waagerecht mit zwei Riemen befestigtes Schwert vom Prochorovka-Typ, dessen Scheide sich zum Ende hin verbreitert, am linken Bein Köcher, verziert mit senkrechten Rillen, am rechten Bein Dolch mit antennenförmigem Knauf, Beine leicht gespreizt, H 67 cm, B 42,5 cm, D 15,5 cm; Stele 2 *(Taf. 20,B,2)*: Kalksteinstele, linker Arm liegt vor dem Körper, an der linken Körperseite Köcher mit Bogen, auf der Vorderseite waagerecht Schwert vom Prochorovka-Typ, Schwertscheide verbreitert sich am Ende einseitig, Beine leicht gespreizt, H 101 cm, B 45 cm, D 23 cm; Stele 3 *(Taf. 21,A)*: Kalksteinstele, rechter Arm am Körper ausgestreckt, linker liegt vor dem Bauch, Brustmuskeln durch zwei Wölbungen angedeutet, breiter Gürtel nur auf der Vorderseite ausgearbeitet, daran mit zwei Riemen Schwert vom Prochorovka-Typ waagerecht befestigt, an der linken Seite der Stele Bogen im Köcher, H 97 cm, B 50 cm, D 19 cm
*(vgl. Taf. 20,B-21,A)*

*Parallelfunde:* dargestellte Realia (besonders Schwert- und Dolchtypen) frühsarmatischen Typs

*Sonstiges:* heute im Ethnographischen Museum Mangyšlak

*Datierung:* 5. - 2. Jh. v. Chr.

*Literatur:* Zuev/Ismagil' 1996

---

## KAT.-NR. 14

*Fundort:* Čyryšly (auch Čaryšly, Turkmenistan)

*Lage:* am oberen Uzboj, zwischen den Brunnen Čyryšly und Davali, 25 km südl. des Brunnens Čyryšly und ca. 200 m westl. eines mittelalterlichen turkmenischen Friedhofs *(vgl. Karten 1-3)*

*Untersuchung:* Sektor für alte und mittelalterliche Archäologie des Instituts für Geschichte „Š. Batyrov" der AdW Turkmenistans, 1973

*Befund:* 2 Kurgane, der östliche ausgegraben

*Anlage/Architektur:* Kurgan – rundliche Aufschüttung mit unklaren Grenzen und steiniger Obfl., Dm 8,0 m, H 0,3 - 0,4 m – darunter im Zentrum runde Steinkiste, Dm innen 4,0 m, verkleidet mit 4 -6 vertikal stehenden Steinplatten, H 0,46 - 0,6 m, D Wand ca. 1,0 m – Kammer mit zwei kleinen Zwischenwänden geteilt, in einer Hälfte Kinderskelett – im mittleren Teil der Kammer an den Stirnseiten zwei in den festen anstehenden Boden eingegrabene Steinplatten sowie in der südl. Hälfte Trümmer einer weiteren Platte, durch schlechte Erhaltung und Zersplitterung der Platten ist unklar, ob sie die Kammer teilten oder als Stütze beim Verschließen dienten

*Lage/Orientierung/Geschlecht des Toten:* Knochen in der gesamten Grabkammer verstreut, Reste ergeben anhand der Schädel max. 10 Individuen

*Funde:* Fragmente der Wandung eines groben, rötlich-cremefarbenen Gefäßes, kreisförmig angeordnet, mit Resten von Getreide – eiserner Akinakes *(Taf. 22,A,1)* mit gerader Parierstange und Antennenknauf – weiterer gleichartiger Akinakes *(Taf. 22,A,3),* in 2 Stücke zerbrochen – Griff eines weiteren Akinakes *(Taf. 22,A,2)* – dreiflüglige Bronzepfeilspitzen *(Taf.22,A,5)* mit eingezogener Tülle – dreiflüglige Stielpfeilspitze aus Eisen *(Taf. 22,A,4)* – möglicherweise bronzener Köcherhaken *(Taf. 22,A,10)* – zwei Schleifsteine *(Taf. 22,A,7-8)* aus grauem Sandstein – stabförmiges Eisengerät *(Taf. 22,A,6)* mit rundem Querschnitt, wohl Ahle oder Pfriem – längliche Perle *(Taf. 22,A,9)* aus Glaspaste
*(vgl. Taf. 22,A)*

*Lage im Befund:* Gefäß mit Getreide auf dem Boden nahe der SO-Zwischenwand, Akinakes zentral zwischen den Knochen

*Parallelfunde:* Akinakes charakteristisch für sarmatische Best. im Wolgagebiet und in W-Kazachstan

*Datierung:* 4. - 2. Jh. v. Chr.

*Literatur:* Jusupov 1975

---

## KAT.-NR. 15

*Fundort:* **Dėvkesken 3** (Uzbekistan)

*Lage:* nahe Dėvkesken, Ustjurt-Plateau, nahe Ibrachimša *(vgl. Karten 1-3)*

*Untersuchung:* Dėvkeskener Abteilung der Karakalpakischen Filiale der AdW Uzbekistans, 1986

*Befund:* Gräberfeld, Kurgan

*Anlage/Architektur:* Kurganaufschüttung über ringförmiger Steinpackung – darunter Grabkammer mit Dromos – Kammer W-O orientiert

*Parallelfunde:* vergleichbare Kurgane in Nekropole Dėvkesken 4 (Grabung 1985, *vgl. Kat.-Nr. 16)* datieren ins 5 Jh. v. Chr.

*Sonstiges:* Kurgan beraubt

*Literatur:* Jagodin 1988

---

## KAT.-NR. 16

*Fundort:* **Dėvkesken 4** (Uzbekistan)

*Lage:* 4,5 km östl. von Dėvkesken auf leichtem Abhang, Ustjurt-Plateau *(vgl. Karten 1-3)*

*Untersuchung:* Karakalpakische Filiale der AdW Uzbekistans, 1985

*Befund:* Kurgangräberfeld: O- und W-Gruppe

*Anlage/Architektur:* Kurgane in „Reihe" über ca. 800 m auf leichtem Abhang angeordnet, dieser mit tiefen Erosionsrinnen – Gräberfeld mit 10 Kurganen, die sich topographisch in O- und W-Gruppe gliedern: O-Gruppe: 6 Kurgane, angeordnet über ca. 300 m im Abstand von ca. 15 - 35 m zueinander, nur Kurgan 1 liegt 125 m westl. von Kurgan 6 – W-Gruppe: 4 Kurgane, ca. 310 m westl. von Kurgan 1 der O-Gruppe, Kurgane 1-3 in einer „Reihe" angeordnet, Kurgan 4 etwas abseits, Kurgane 3 und 4 auf Anhöhe *(vgl. Taf. 23,A)*

*Sonstiges:* Einzelheiten vgl. Beschreibungen der jeweiligen Kurgane *(Kat.-Nr. 16,1-5)*

*Funde:* in Umgebung Funde rottoniger, scheibengedrehter Keramikscherben, teilweise mit leuchtend roter Engobe auf der Außenseite sowie einige handgemachte Fragmente

*Datierung:* vgl. Beschreibungen der einzelnen Kurgane *(Kat.-Nr. 16,1-5)*

*Literatur:* Jagodin 1990

### KAT.-NR. 16,1

*Befund:* **Dêvkesken 4** (Uzbekistan); O-Gruppe/Kurgan 1

*Anlage/Architektur:* Kurgan – Aufschüttung (Dm 17-18 m, H 0,8-1,0 m) teils aus kleinen Steinen, Konturen unklar, schwache Senkung im O-Teil wohl Spur eines Raubschachtes, auf H der alten Obfl. Schicht aus grünem Lehm – unter der Aufschüttung unregelmäßige rundliche „Steinmauer" aus großen, unbearbeiteten Kalksteinplatten, Lage in der W-Hälfte nahezu horizontal, im O überwiegend geneigt – im O Konzentration kleiner Bruchstücke von Steinplatten, diese markiert Dromos – Dromos mündet in O-Wand – zentral unter Aufschüttung, auf H der alten Obfl. Grabgrube, fast rechteckig mit abgerundeten Ecken, schwach gewölbten Stirnseiten, L max. 2,6 m, B 1,0-1,5 m, verfüllt mit Sand – im SO-Teil wohl Störung durch Raubschacht (grüne Schicht zerstört, fast völliges Fehlen der Steinlage) – in Grabgrube mehrlagig Bestattungen – Ausgrabung in drei Schichten, wovon die oberen beiden zusammengehören und durch Beraubung gestört sind:
Schicht 1: In S-Wand zwei kleine Gruben ungeklärter Funktion
Schicht 2: Kalkstein-Anhäufung bot teilweise Schutz vor Beraubung (hier bessere Erhaltung!), Anlage einer „Nische" für die Beine der Best. in N-Wand
Schicht 3: auf Boden der Grabgrube auf einer Schicht weißen, harten Lehms, Best. hier mit hellgrünem Lehm überzogen – wohl mehrmalige Nutzung der Grabkammer über Dromos, dabei bei jeder neuen Bestattung Grabgrube ausgebessert *(vgl. Taf. 23,B)*

*Lage/Orientierung/Geschlecht des Toten:* Schicht 1: In O-Hälfte der Grabgrube verworfene Skelettreste (Extremitäten, Rippen, Wirbel und Beckenknochen) zweier Individuen
Schicht 2: W-Bereich: Langknochen, Wirbel, Schulter- und Beckenknochen, Unterkiefer von einem Individuum; O-Bereich: teilweise *in situ* erhaltenes Skelett, oberer Teil

zerstört (SW-Hälfte der Grube), unterer Teil ganz erhalten: auf dem Rücken liegend, Kopf im W. Da Schichten 1 und 2 zusammengehörig: 2 Bestattungen in zeitlichem Abstand, die erste mit verworfenen Knochen, die zweite teilweise *in situ* erhalten – beide männl., Alter: 50 - 60 bzw. 45 - 50 Jahre
Schicht 3: drei Skelette (Best. 3-5), alle ausgestreckt auf dem Rücken, Kopf im W, Zeitstellung zueinander leider nicht eindeutig zu klären, da sich der Ausgräber hierin widerspricht (Jagodin 1990, S. 34: Skelette gleichzeitig niedergelegt; dagegen S. 35: zu verschiedenen Zeiten), anhand der Publikation erscheint eine gleichzeitige Niederlegung aber wahrscheinlicher – Best. 3: an N-Wand der Grube, Gesicht schaut nach links, weibl., 35 - 40 Jahre alt – Best. 4: rechts von Best. 3, teilweise gestört, nicht erhalten waren die Hälfte der Beckenknochen sowie der unterer Teil des Brustkorbes, männl., 20 - 25 Jahre alt – Best. 5: linkes Bein lag auf rechtem Bein von Best. 4, Beckenknochen, Unterarme und Oberschenkel des linken Beins fehlten vollständig, männl., ca. 20 Jahre alt *(vgl. Taf. 24,A)*

*Sonstiges:* größter Kurgan, Lage in der Mitte des Gräberfeldes, teilweise beraubt

*Funde:* Schicht 1: handgemachtes Gefäß *(Taf. 26,B,7)*, asymmetrische Form, Flachboden, auf langsam rotierender Töpferscheibe gefertigt, Ton schlecht geschlämmt und grob gemagert, Bruch schwarz, Oberfläche uneben, Dm Mündung 12,5 cm, Dm Boden 13,5 cm, H 18 - 18,5 cm, WS 1,3 - 1,5 cm, D Boden 0,4 - 1,5 cm, fragmentiert, es gehörte wohl zu einer frühen Best. und wurde später bei einer weiteren zerschlagen – Bronzepfeilspitze, dreiflüglig, massiv, mit gerundetem Kopf und Schaft, L 3,5 cm, B max. 1,2 cm, Dm Schaft 0,8 cm
Schicht 2: Kalkstein-Anhäufung, unter dem teils erhaltenen Skelett dunkelbraune Schicht (wohl pflanzliche Unterlage) sowie Kalkspuren – handgemachter birnenförmiger Topf *(Taf. 26,B,8)* mit flachem Standboden, Wandung leicht nach außen geschwungen, leicht trichterförmige Mündung, Wandstärke nimmt zum Boden hin zu, Ton grob gemagert, schwach gebrannt, Scherben im Bruch schwarz, Oberfläche grünlich-braun, geglättet, außen zahlreiche Rußflecken, Dm Boden 11 cm, Dm Bauch max. 14 cm, Dm Mündung 10 cm, WS oben 0,6 cm, unten 1,3 cm, D Boden 1,1 cm – unbestimmbares Eisenfragment – Langknochen vom Schaf ohne Hufe – Rippen vom Rind (ganze Rinder-Seite) – Eisenmesser – Fragment eines eisernen Schwertes *(Taf. 25,A,1)*, nur Klinge erhalten, diese von gestreckt-dreieckiger Form, im Schnitt rhombisch, Längsrippe auf beiden Seiten – Knochenring *(Taf. 25,A,13)* aus tierischem Röhrenknochen, Oberfläche gut poliert, ellipsoide Form, Dm 1,1-1,4 cm, L 0,9 cm
Schicht 3: runder Bronze-Armreifen *(Taf. 25,A,7)* mit stumpfen, nicht geschlossenen Enden, aus zusammengebogenem Bronzestab mit ovalem Querschnitt,

Dm 6,0 - 6,6 cm, D 0,4 - 0,6 cm – Köcher-Haken aus Eisen *(Taf. 25,A,5)* aus Eisenstab mit rechteckigem Querschnitt, auf der Innenseite vertikal durchgehende Öse, L 8,5 cm – Glasperle *(Taf. 25,A,11)* – Reste eines Armreifs *(Taf. 25,A,6)* aus zusammengebogenem, wohl geschlossenem Bronzestab mit rundem Querschnitt, Dm 6,5-7,0 cm, D 0,4-0,6 cm – Eisenschwert *(Taf. 25,A,2)* mit schmetterlingsförmiger Parierstange und pilzförmigem Griff, Klinge im Schnitt linsenförmig (bikonvex), verjüngt sich allmählich nach unten, Griff im Schnitt rechteckig, B Klinge ca. 4 cm, L gesamt 46 - 48 cm, oxidierte Holzreste an großem Abschnitt der Klinge erhalten – Eisenmesser *(Taf. 25,A,3)* mit langer, schmaler, schwach gebogener Klinge, kein klarer Übergang zum Griff erkennbar, Querschnitt rund bis oval, aus einem Stück gegossen, L gesamt 23 cm, L Griff 12 cm – zwei Perlen *(Taf. 25,A,9-10)* aus Glaspaste mit je drei Buckeln, teils abgebrochen, jetzt elfenbeinfarbig, eine *(Taf. 25,A,9)* lag am Ende des Schwertes, Durchbohrung zylindrisch, ursprünglich himmelblau, Dm 1,4 cm, D 0,9 cm, Dm Durchbohrung 0,5 cm, die zweite *(Taf. 25,A,10)* mit konischer Durchbohrung, Dm 1,4 cm, Dm Durchbohrung 0,7 cm an einer und 0,5 cm an der anderen Seite, L der Buckel 0,5 - 0,7 cm – eiserne Pfeilspitze *(Taf. 25,A,14)* – 33 bronzene Pfeilspitzen *(Taf. 26,A)*, versintert, dreiflüglig oder dreikantig: 14 dreiflüglige Stücke mit massivem, gewölbtem, rundem *(Taf. 26,A,1-3.6-7.13-14)*, abgerundet dreieckigem *(Taf. 26,A,8-12)* oder sechseckigem *(Taf. 26,A,4-5)* Kopf, Flügel spitz mit Dorn, 5 Exemplare *(Taf. 26,A,1-2.4-5.7)* haben am Schaft Gußfehler, 6 Exemplare *(Taf. 26,A,7-11.13)* zeigen auf dem Schaft Gußnähte, der Schaft selbst ist sechskantig, rund oder abgerundet dreieckig, bei 5 Stücken *(Taf. 26,A,8-12)* noch Reste des hölzernen Pfeilschafts durch korrodiertes Metall erhalten, L 2,6 cm, B max. 0,8 - 1,9 cm, Dm Schaft 0,7 - 0,8 cm, Dm Schaftloch 0,5 - 0,6 cm – 8 Stück *(Taf. 26,A,23.25.27-32)* mit gewölbtem Kopf, Flügel länger als Schaft, davon 3 Stück *(Taf. 26,A,25.28.32)* mit Gußfehlern am Schaft, L 2,5 - 3,2 cm, B 1,2 - 1,2 cm, Dm Schaft 0,6 - 0,8 cm, Dm Schaftloch 0,5 - 0,6 cm – dreikantige Spitzen: 2 Stück *(Taf. 26,A,20-21)* mit gewölbtem Kopf, vorspringendem rundem Schaft und abgesetztem Dorn, ein Exemplar ist kurz und klein *(Taf. 26,A,20)*, hat an einer Kante eine Gußblase und Holzreste, L 1,7 cm, B 0,8 cm, Dm Schaft 0,7 cm, Dm Schaftloch 0,5 cm, das zweite *(Taf. 26,A,21)* ist größer, L 3 cm, B 1 cm, Dm Schaft 0,8 cm, Dm Schaftloch 0,5 cm – 5 Stück *(Taf. 26,A,15-19)* mit massivem, dreikantigem Kopf, vom Schaft abgesetzt, spitz zulaufend, 2 Exemplare *(Taf. 26,A,16-17)* mit Gußfehlern, 4 Exemplare mit Holzresten, L 2,5 - 3 cm, B 0,9 - 1,3 cm, Dm Schaft 0,8 - 1 cm, Dm Schaftloch 0,5 - 0,7 cm – ein Stück *(Taf. 26,A,22)* mit massivem, dreikantigem Kopf, Basis des Kopfes mit glattem Abschluß – ein Stück *(Taf. 26,A,24)* mit gewölbter Form und dreikantiger Spitze, die den Schaft umfaßt, mit Dorn, Holzresten, Gußfehler, L 2,8 cm, B 1,1 cm, Dm Schaft 0,7 cm, Dm Schaftloch 0,5 cm – zwei Stück *(Taf. 26,A,26.33)* mit eingebettetem, sechskantigem Schaft, gewölbt, mit

Dorn, kurzen Kanten, massiver Rippe, unterschiedliche Proportionen: eine *(Taf. 26,A,33)*: L 2,8 cm, B 1,1 cm, Dm Schaft 0,7 cm, Dm Schaftloch 0,5 cm; die zweite: L 2 cm, B 1 cm, Dm Schaft 0,7 cm, Dm Schaftloch 0,5 cm – Knochenlöffel *(Taf. 25,A,8)* mit zoomorphem Griff (Raubvogelkopf mit stark gebogenem Schnabel, darunter Spirallocke mit durchgehender Durchbohrung im Zentrum, rundes Auge durch eingravierte Linie), Darstellung nur auf „Schauseite", L 12,7 cm, Oberfläche gut poliert, urspr. wohl zusammen mit Bronze-Pfeilspitzen im Köcher – 6 Gefäße *(Taf. 26,B,1-6)*, scheibengedreht, mit Standböden (Gefäß *Taf. 26,B,4* etwas unregelmäßig), teils gut gemagerter (fein mineralisch) und gut geschlämmter Ton *(Taf. 26,B,1-4)*, teils grob mineralisch gemagert und schlecht geschlämmt *(Taf. 26,B,5-6)*, Oberfläche teils mit horizontalen Rillen *(Taf. 26,B,1-2.4)*, teilweise leuchtend rote Engobe *(Taf. 26,B,1-4* innen gelblich, außen rötlich-braun)*, auf Böden teils Spuren der Töpferscheibe *(Taf. 26,B,1-2)*, zwei Gefäße auf langsam drehender Scheibe gefertigt *(Taf. 26,B,5-6)*, Bruch rötlich-orange *(Taf. 26,B,1-4)*, schwarz mit rötlicher Mitte *(Taf. 26,B,5)* bis schwarz-braun *(Taf. 26,B,6)*: Schale *(Taf. 26,B,1)*, Rand leicht nach innen gebogen, Dm Mündung 16 cm, Dm Boden 5,8 cm, H 5,6 cm, WS 0,7 - 0,8 cm, D Boden 1,8 - 1,9 cm – Schale *(Taf. 26,B,2)*, leicht asymmetrisch, Dm Mündung 18,5 cm, Dm Boden 8 cm, H 6 cm, WS 0,6 - 1,0 cm, D Boden max. 0,7 cm – Topf *(Taf. 26,B,3)* mit Hals, Dm Mündung 17,3 cm, Dm Boden 9 cm, Dm max. 20 cm, H 16,4 cm, H Hals 4,2 cm, WS 0,6 - 1,4 cm, D Boden 1,4 cm – dosenförmiges Gefäß *(Taf. 26,B,4)* mit verdicktem Rand, Boden separat gefertigt, Dm Mündung 15 cm, Dm Boden 20 cm, Dm max. 22,5 cm, H 30 cm, WS 1,1 - 1,3 cm, D Boden 1,3 - 1,5 cm – Topf *(Taf. 26,B,5)*, asymmetrisch, fast bikonisch, Oberfläche rot bis grünlichbraun, Dm Mündung 13 cm, Dm Boden 10,5 - 11 cm, Dm max. 21 cm, Dm Hals 14 - 14,5 cm, H ca. 20 cm, H Hals 2 cm – Topf *(Taf. 26,B,6)*, leicht asymmetrisch, Oberfläche fleckig, grünlich-braubis braun, Dm Mündung 14,5 cm, Dm Boden 14 cm, H ca. 20 cm, WS 0,6 - 1,8 cm, D Boden 2,0 - 2,2 cm – Steinstößel *(Taf. 25,A,4)* dick und flach, trapezoide Form, aus dunkelbraunem Sandstein – Rinderrippen und Schafsknochen
*(vgl. Taf. 25,A-26,B)*

***Lage im Befund:*** Schicht 1: im Dromos zwischen Steinen Schichten 1/2: Gefäß *(Taf. 26,B,8)*, Eisenfragment sowie Schafsknochen zwischen den Skelettresten im W, Gefäß lag auf der Seite – Rinderrippen im O links des Skeletts, an N-Wand der Grabkammer, dazwischen Eisenmesser
Schicht 3: Bronze-Armreifen *(Taf. 25,A,7)* an Handgelenken von Best. 3 – Köcherhaken *(Taf. 25,A,5)* am Oberarm von Best. 3 – Glasperle *(Taf. 25,A,11)* an der Wirbelsäule von Best. 3 – Bronze-Armreif *(Taf. 25,A,6)* am rechten Handgelenk von Best. 4 – Eisenschwert *(Taf. 25,A,2)*, Eisenmesser *(Taf. 25,A,3)*, 2 Perlen *(Taf. 25,A,9-10)*, eine am Ende, die andere an der Parierstange des Schwerts,

eiserne Pfeilspitze *(Taf. 25,A,14)* an westl. Stirnseite der Grabkammer – Knochenlöffel *(Taf. 25,A,8)* in vertikaler Lage und Bronze-Pfeilspitzen an S-Wand der Grabkammer, neben rechter Schulter von Best. 5 – scheibengedrehte Gefäße *(Taf. 26,B,1-6)* unter den Beinen der Best. an O-Wand, in einem davon Steinstößel – Rinderrippen und Schafsknochen zwischen S-Wand und rechtem Bein von Best. 5 *(vgl. Taf. 24,A)*

*Parallelfunde:* identischer Köcherhaken aus Kurgan 15, Best. 2 von Novokumak (Moškova 1962, S. 218, 223, Abb. 11,11; zitiert nach Jagodin 1990, S. 41), sauromatische Parallelen aus dem Samara-Ural-Gebiet, Feinkeramik mit Analogien in der Dingil'džinsker Stufe der archaischen Kultur des alten Chorezm

*Datierung:* 1. Hälfte 5. Jh. v. Chr.

*Literatur:* Jagodin 1990

### KAT.-NR. 16,2

*Befund:* **Dēvkesken 4** (Uzbekistan); O-Gruppe/Kurgan 2

*Anlage/Architektur:* Kurgan – niedrige Aufschüttung *(Taf. 27,A)*, schwache Senke an der Kuppe, Dm ca. 14,0 m, H max. 0,6 m, ursprüngliche Größe: Dm 10,0 - 11,0 m, auf Oberfläche viele große Bruchstücke von Kalksteinen mit Feuerspuren – unter der Aufschüttung unregelmäßig kreisförmige Steinmauer aus Kalksteinplatten und Reste einer Schicht grünen Lehms, die sich an die Hauptgrabkammer zieht und in ihrer Lage mit dem Steinkreis übereinstimmt – an der südl. Peripherie Graben (B max. 1,5 m, T max. 0,4 m), der sich ursprünglich um die Aufschüttung zog – auf Höhe der alten Obfl. (kenntlich durch Schicht vom Aushub der Grabkammer) in Grenzen des Steinkreises kompakte, durchgängige Brandschicht aus Asche, halbverkohlten Reisig- und Holzbalkenresten (zentral besonders mächtig, Boden darunter durch Feuer rot, Knochen der ersten Grabschicht teilweise verbrannt) – Eingang zur Grabgrube im SO-Sektor der Aufschüttung – zentral die Hauptgrabgrube, groß, fast rechteckig mit abgerundeten Ecken und schwach gewölbten Wänden, Längsachse O-W orientiert, max. Größe 3,0 x 1,4 m, T ab alter Obfl. 1,4 m, Grube mehrschichtig mit Bestattungen belegt – Brand- und erste Grabschicht zeigen Störungen durch Grabräuber – Grabschichten schlecht erhalten, da spätere Bestattungen bereits vorhandene störten, deshalb genaue Zuweisung des Inventars zu einzelnen Bestattungen kaum möglich – Ausgrabung der Grabgrube in 4 Schichten Nebenbestattung *(Taf. 32,A)* im SO-Sektor der Aufschüttung, stört den Steinkreis, einfache Grabgrube, verschlossen mit 2-3 Schichten horizontal gelegter, großer Kalksteinplatten und ausgelegt mit Schilf, Grabgrube lang-trapezförmig mit abgerundeten Ecken, Längsachse NO-SW orientiert, Grube verengt sich merklich nach unten, Größe max. 1,4 x 0,6 m oben und 1,2 x 0,45 m unten, T 0,95 m, Schilfboden mit gesamtem Grab verbrannt, Kalksteine und umgebender Boden mit Brandspuren. Steinkreis *(Taf. 32,B)* aus vertikalen Kalksteinen, südl. des Kurgans, Dm ca. 1,25 m, auf dem Boden Vertiefung von 30 cm, verfüllt, auf Boden Kalkhorizont, keine Funde *(vgl. Taf. 27,A; 32,A-B)*

*Lage/Orientierung/Geschlecht des Toten:* mind. 13 Individuen (anhand Anzahl der Schädel)
Schicht 1: verworfene Menschen- und Tierknochen, 5 Schädel, einer davon aus einer tieferen Schicht verlagert, ein weiterer eines Kindes mit starken Brandspuren
Schicht 2: 4 Schädel, eine Best. ausgestreckt auf dem Rücken liegend, Beine leicht gegrätscht, W-O orientiert, nicht vollständig erhalten
Schicht 3: 2 Schädel, Best. ausgestreckt auf dem Rücken liegend, Beine an den Knien etwas erhoben, Kopf im W, nur teilweise erhalten
Schicht 4: Best. auf dem Grubenboden, alle drei Skelette (Best. 3 - 5) teilweise verlagert, nicht gleichzeitig bestattet, ausgestreckt auf dem Rücken, Kopf im W – Best. 3: an der S-Wand der Grube, männl., 35 - 40 Jahre alt – Best. 4: in der Mitte, männl., 45 - 50 Jahre alt – Best. 5: liegt auf Best. 4, Kind; Nebenbestattung: Kinderbest. ausgestreckt auf dem Rücken liegend, Kopf im SW, am Schädel Spuren einer pathologischen Veränderung
*(vgl. Taf. 28,A; 32,A)*

*Sonstiges:* östlichster Kurgan der Nekropole

*Funde:* Schicht 1: Schüssel *(Taf. 30,A,4)* mit Flachboden, scheibengedreht, Obfl. mit horizontalen Rillen, innen und außen rot engobiert, Dm Mündung 16,5 cm, Dm Boden 7,5 cm, H 11 cm, WS 0,5 - 1,4 cm, D Boden 1 cm – Schale *(Taf. 30,A,3)* mit Flachboden, scheibengedreht, Obfl. mit horizontalen Rillen, rote kompakte Engobe, aus feinem, leicht mineralisch gemagertem Ton, Scherben im Bruch rötlich-orange, Dm Mündung 22 cm, Dm Boden 7,2 cm, H 8,5 cm, WS 0,5 - 0,6 cm, D Boden 0,5 - 1 cm – zweihenklige Kanne *(Taf. 30,A,1)* mit kleinem Flachboden, scheibengedreht, Hals und Mündung eng, eiförmiger Körper, Randlippe im Schnitt fast dreieckig, 2 Henkel mit rundem Querschnitt, aus gut geschlämmtem Ton mit mineralischer Magerung, Bruch gleichmäßig rot, weißliche Engobe, Dm Mündung 5 cm, Dm Boden 8 cm, WS 0,5 - 0,6 cm, D Boden 0,3 cm – handgemachtes Gefäß *(Taf. 31,A,5)* mit Tülle und Rundboden, Tülle unterhalb des Halses, aus einem Stück gefertigt, Scherben im Bruch schwarz, Obfl. rötlich-braun, geglättet, Verzierung mit unregelmäßiger Wellenlinie, H 12,2 - 12,4 cm, Dm Mündung 8,5 cm, Dm max. 10,3 cm, Dm Tülle 2,2 cm, WS 0,6 cm, D Boden 1 cm – handgemachte Kanne *(Taf. 31,A,1)* mit Flachboden, Boden und Wand recht dick, leicht unregelmäßige Form, Ton schlecht geschlämmt und grob gemagert, Scherben im Bruch schwarz, Obfl. mit Slip, H 13 cm, Dm Mündung 9 cm, Dm Boden ca. 8 cm, Dm max. 11,2 cm,

WS 0,7 - 1,3 cm, D Boden 1 - 1,2 cm – handgemachte Kanne *(Taf. 31,A,3)* mit Flachboden, unregelmäßige grobe Form, leicht bikonisch, aus schlecht geschlämmtem, grob gemagertem Ton, Scherben im Bruch rot mit schwarzem Kern, Obfl. mit unregelmäßiger Farbe, H 20 - 21 cm, Dm Mündung ca. 15 cm, Dm Boden ca. 12 cm, Dm max. 19 cm, D Boden 1,5 - 1,6 cm – Miniaturgefäß *(Taf. 30,A,5)*, bikonisch mit Flachboden, Boden und Wand sehr dick, scheibengedreht, aus gut geschlämmtem Ton, rote Engobe, Scherben im Bruch rot, Dm Mündung 3,3 cm, Dm Boden 4,5 cm, Dm max. 9,5 cm, H 6,5 cm, WS 0,5 cm, D Boden 1,1 cm – Bronzespiegel *(Taf. 29,A,1)* mit großer kreisförmiger Platte und flachem, langen Griff, nach unten leicht verbreitert, am Rand der Platte leichte Wulst, diese im Schnitt dreieckig, kleine Durchbohrungen zentral und am Rand, Handhabe abgebrochen, etwas dicker als die Spiegelfläche, Spiegel mit Griff aus einem Guß, Dm 16,8 cm, L Griff 11,2 cm – 10 Bronzepfeilspitzen – zwei unbestimmbare Eisenfragmente, davon eines *(Taf. 29,A,9)* evtl. Rasiermesser mit gebogenem Rücken und stumpfem Ende, im Schnitt tropfenförmig, Übergang zum Griff noch erhalten, L 7 cm, B 1,7 cm – Abdruck eines Holzgefäßes *(Taf. 29,A,8)* mit eingraviertem Netzmuster auf der Oberfläche – Holzreste – Tierknochen von Schaf (Schädel) und Kamel

Schicht 2: Eisenmesser *(Taf. 29,A,3)* mit kurzem flachem Griff und schmaler Klinge, verjüngt sich gleichmäßig zur Spitze, Rücken leicht gebogen, gleichmäßiger Übergang zum Griff, beides mit gleicher Breite, Klinge und Griff nur im Schnitt zu unterscheiden: Klinge keilförmig, der Griff lang-rechteckig, auf dem Griff zwei Eisenniete für die Befestigung der Griffschale (Holzspuren), aus einem Stück geschmiedet, schlecht erhalten, L gesamt 18 cm, L Griff 3,5 cm, L Klinge 14,5 cm, B 2,3 cm – weiteres Messer *(Taf. 29,A,4)*, Lage im Grab nicht genau zu lokalisieren, Form analog zu oben beschriebenem, lediglich andere Abmessungen: L 19 cm, L Griff 4 - 4,5 cm, L Klinge 15 - 15,5 cm, B 4 cm – Bronzepfeilspitzen – hohes Gefäß *(Taf. 30,A,2)* mit leicht eingezogenem Flachboden und niedrigem Hals, verdicktem rundlichem Rand, scheibengedreht, auf der äußeren Obfl. leichte horizontale Rillen, aus gut geschlämmtem, mineralisch gemagertem Ton, weiße Kalkklümpchen auf der Obfl. erkennbar, Scherben im Bruch rötlich, hart gebrannt, H 36 cm, Dm Mündung 11,3 cm, Dm Hals 9 cm, Dm max. 22,5 cm, Dm Boden 16,5 cm, WS 0,6 - 0,8 cm, D Boden 1,5 cm – handgemachtes Gefäß *(Taf. 31,A,4)* mit leicht eingezogenem Flachboden, asymmetrische und unregelmäßige Form, Scherben im Bruch schwarz, Obfl. mit Slip, Rußflecken und Einritzungen, Dm Mündung 13 cm, Dm Boden 13,5 cm, Dm max. 18 cm, H 22 cm – handgemachtes Gefäß *(Taf. 31,A,2)* mit Flachboden, grob und leicht asymmetrisch, Wand und Boden recht dick, Scherben im Bruch schwarz, Obfl. in Farbe ungleichmäßig, Dm Mündung 12 cm, Dm Boden 9 cm, Dm max. 14 cm, H 12,5 - 13 cm, WS 0,7 - 1,3 cm, D Boden 1 cm – handgemachtes Gefäß *(Taf. 31,A,6)* mit Rundboden, regelmäßige Form, Wandung recht dick, Obfl. geglättet, im unteren Teil rußig, Scherben

im Bruch schwarz, Dm Mündung 9,8 cm, Dm max. 10,4 cm, H 10,5 cm, WS 0,9 - 1 cm – Tierknochen von Pferd oder Rind und Schaf (Rippen, Vorderfüße ohne Hufe, Gelenke, Schulter)

Schicht 3: Schafsknochen (Wirbel, Schulter mit Gelenken) – Rippen von Rind oder Pferd

Schicht 4: Eisenschwert *(Taf. 29,A,2)*, schwer, massiv, unvollständig erhalten, es fehlen Teile vom Griff und der untere Teil der Klinge, diese im Schnitt rhombisch, mit parallelen Kanten und Mittelrippe, verjüngt sich allmählich nach unten, Parierstange schmetterlingsförmig, das Ende biegt leicht nach oben, Griff im Schnitt rechteckig, verbreitert sich etwas nach unten, Knauf doppelt volutenförmig mit zentralen Durchbohrungen, L gesamt mind. 65 cm, B max. 5 - 7 cm, Reste der Scheide, hauptsächlich aus Holz, Spuren durch Oxidation erhalten – Bronzearmreif *(Taf. 29,A,6)* oval, mit offenen Enden, aus Bronzestab gebogen, dieser im Schnitt segmentförmig, max. Größe 5,2 x 4,7 cm, D des Bronzestabes 0,4 cm – zwei Perlen aus Glaspaste, eine *(Taf. 29,A,10)* scheibenförmig, weiß, Dm 0,3 cm, D 0,15 cm, die zweite *(Taf. 29,A,11)* röllchenförmig, stumpfes Weiß mit Tüpfeln, Dm 0,14 cm, D 0,7 cm, Dm Loch 0,8 cm – Tierknochen vom Schaf – Keramikscheibe *(Taf. 29,A,5)*, rauhe Obfl., Durchbohrung aus Zentrum verschoben, hergestellt aus scheibengedrehtem Gefäß aus gut geschlämmtem und mineralisch gemagertem Ton, Oberfläche rot engobiert auf hellem, gelblichem Grund, Dm 4 - 4,3 cm, D 0,6 - 0,8 cm, Dm Loch 0,7 cm, Gewicht 13,2 g – Knochen von Pferd (Rind/Kamel?) und Schaf – Knochenscheibe *(Taf. 29,A,7)*, Lage im Grab nicht zu klären, aus abgesägtem Röhrenknochen, auf einer Seite abgeschliffen, zentrale Durchbohrung (nutzt Markkanal), Dm 0,27 cm, H 0,08 - 0,1 cm – Bronzepfeilspitzen *(Taf. 29,B)*, schließen an die bei O-Gruppe / Kurgan 1 erwähnten an.

Nebenbestattung: handgemachtes Gefäß *(Taf. 32,A,1)* mit Spitzboden, Verzierung mit doppelter, unregelmäßiger Reihe von vertikalen, zickzackförmigen Einstichen (Stempel), Ton schlecht geschlämmt und mineralisch gemagert, Scherben im Bruch schwarz, Dm Mündung 17,5 cm, Dm max. 21 cm, H 16,5 cm, WS 0,7 - 1,1 cm, D Boden 1,1 - 1,2 cm – Knochen von Schaf (Hinterteil, Läufe) und Vogel *(vgl. Taf. 29,A-32,A)*

***Lage im Befund:*** Vielzahl länglicher Kalkklumpen in allen Schichten, besonders am Übergang von Schicht 2 zu Schicht 3

Schicht 1: Grabinventar in der Mitte der Knochen, dies war meist nicht die ursprüngliche Lage – Schüssel *(Taf. 30,A,4)* in NO-Ecke, teilweise mit Gelenkknochen eines Kamels, auf der Seite liegend – Schale *(Taf. 30,A,3)* in ursprünglicher Lage – in SO-Ecke Kanne *(Taf. 30,A,1)* und handgemachtes Ausgußgefäß *(Taf. 31,A,5)* – handgemachte Gefäße *(Taf. 31,A,1.3)* auf der Seite liegend – Pfeilspitzen an der Grenze der Schicht – Holzreste und Holzgefäß zwischen Tierknochen

Schicht 2: nur teilweise gestört – Gefäße teilweise *(Taf. 30,A,2; 31,4)* in ursprünglicher Lage – Vorderbeine

vom Schaf bei der Bestattung, dabei auch Eisenmesser *(Taf. 29,A,3)*
Schicht 3: Tierknochen im Westteil der Grube
Schicht 4: Eisenschwert *(Taf. 29,A,2)* und Perlen bei Best. 3 – an den Beinen Schafsknochen – Bronzearmreif an rechter Hand – Keramikscheibe beim rechten Oberschenkel von Best. 4 – bei den Köpfen der Best. Pferde- und Schafsknochen
Nebenbestattung: Gefäß lag auf der Seite, links des Kindes – Schafsknochen unter dem Gefäß und am linken Unterarm – am rechten Oberschenkel der Best. Vogel- und Schafsknochen
*(vgl. Taf. 28,A; 32,A)*

**Parallelfunde:** Keramik mit Parallelen zu Chorezm, den südl. Stadtkulturen und der sauromatischen Welt, Inventar ähnelt sonst dem sauromatischen Inventar des Transural-Gebietes

**Sonstiges:** Tierknochen fraglich, da nicht zoologisch bestimmt – Lage eines Messers *(Taf. 29,A,4)* und der Knochenscheibe *(Taf. 29,A,7)* im Grab unklar

**Datierung:** 1. Hälfte 5. Jh. v. Chr.

**Literatur:** Jagodin 1990

### KAT.-NR. 16,3

**Befund: Dévkesken 4** (Uzbekistan); O-Gruppe/Kurgan 4

**Anlage/Architektur:** Kurgan – Aufschüttung niedrig und abgerutscht, Obfl. mit Steinen bedeckt, heutiger Dm ca. 13,0 m, H max. 0,5 m, Aufschüttung wurde auf alte Obfl. aufgebracht – um Grabgrube herum deren Aushub aus weichem, graugrünem Lehm, überdeckt von großen, unsauber gelegten und unbearbeiteten Kalksteinplatten – diese im Zentrum gestört (Raubtrichter) – hier Verfüllung mit lockerem sandigem Lehm und Kalksteinplatten – Grabgrube zentral unter Aufschüttung, fast rechteckig (2,6 x 1,5 m) mit abgerundeten Ecken und leicht gewölbten Wänden, Längsachse NO-SW orientiert, verengt sich nach unten und bildet dabei Stufen – Grube im unteren Teil mit grünlichem Lehm verfüllt – auf mittlerer Höhe Reste einer Schilfabdeckung *(vgl. Taf. 33,A)*

**Lage/Orientierung/Geschlecht des Toten:** auf Boden der Grabgrube eine Best., oberer Teil durch Beraubung gestört (Schädel fand sich bei Beckenknochen), Lage gestreckt auf dem Rücken, Kopf im SW *(vgl. Taf. 33,A)*

**Funde:** Gefäß *(Taf. 33,B,1)* mit „Wackelboden", sehr grob gearbeitet, Boden und Wandung relativ dick, Ton schlecht geschlämmt und grob mineralisch gemagert, Obfl. unregelmäßig, Boden und Wandung mit wenigen kleinen Löchern, Dm Mündung 15 cm, Dm max. 20 cm, H 21 cm, WS 0,8 - 1,3 cm, D Boden 3 cm – Schleifstein *(Taf. 33,B,3)*

aus feinkörnigem, hellgrauem Sandstein, zigarrenförmig, im Schnitt rund, unterer Teil abgebrochen, oberes Ende mit konischem Bohrer von beiden Seiten durchlocht, L 8,5 cm, Dm max. 2 cm, Dm Durchbohrung 0,4 - 0,7 cm – Pfeilspitze *(Taf. 33,B,2)*, gewölbt, mit rundem Schaft, der von den drei Flügeln umfaßt wird, im Schnitt rhombisch – Schafsknochen
*(vgl. Taf. 33,B)*

**Lage im Befund:** Gefäß *(Taf. 33,B,1)* stand neben dem linken Fuß des Bestatteten – Schleifstein *(Taf. 33,B,3)* an der linken Seite – rechts (Lage wohl verschoben) die Pfeilspitze *(Taf. 33,B,2)* – Schafsknochen bei den Füßen *(vgl. Taf. 33,A)*

**Datierung:** 5. Jh. v. Chr.

**Literatur:** Jagodin 1990

### KAT.-NR. 16,4

**Befund: Dévkesken 4** (Uzbekistan); O-Gruppe/Kurgan 5

**Anlage/Architektur:** Kurgan – Aufschüttung aus sandigem Lehm, stark abgerutscht, Obfl. steinig, Dm heute 13,0 m, Reste des Aushubs der Grabgrube (grau-braun) und Einschlüsse grünen Lehms – horizontale Steinplatten, zentral geneigt oder vertikal durch Raubtrichter, bilden so den Grubenrand – Grabgrube fast rechteckig (2,75 x 1,55 m), mit abgerundeten Ecken, Längsachse O-W orientiert, Wände leicht gewölbt, Grube verengt sich nach unten, T ab alter Obfl. ca. 0,75 m – Verfüllung mit kalkhaltigem, sandigem sowie grünem Lehm, Kalkstein und Kalk *(vgl. Taf. 34,A)*

**Lage/Orientierung/Geschlecht des Toten:** Reste einer Best. *(vgl. Taf. 34,A)*

**Funde:** Fragmente eines eisernen Schwertes – Scherben eines handgemachten, ornamentierten Gefäßes *(Taf. 34,B,1)*, evtl. birnenförmig, Verzierung parabelförmig aus ein bis zwei dünnen Linien, Dm Mündung ca. 12 cm, Dm Hals 10,5 cm, Dm max. ca. 15,5 cm, WS 0,6 - 0,7 cm – Fragment einer Bronzepfeilspitze *(Taf. 34,B,2)*, dreiflüglig, mit Tülle – Schläfen- oder Ohrring *(Taf. 34,B,3)* aus Bronze, mit überlappenden stumpfen Enden, oval, Größe 2,1 x 1,8 cm, gefertigt aus Bronzestab, B 0,4 cm, D 0,2 cm – Fragmente eines Bronzegerätes, evtl. Spiegel – Fragment eines Eisengerätes, im Schnitt rechteckig, evtl. Griff eines Messers – Rinderknochen (Wirbel, Beine ohne Hufe, wohl eine ganze Rinderhälfte)
*(vgl. Taf. 34,B)*

**Lage im Befund:** *(vgl. Taf. 34,A)*

**Sonstiges:** Grabinventar völlig verworfen

*Datierung:* 5./Anfang 4. Jh. v. Chr.

*Literatur:* Jagodin 1990

KAT.-NR. 16,5

*Befund:* **Dĕvkesken 4** (Uzbekistan); W-Gruppe/Kurgan 1

*Anlage/Architektur:* Kurgan – kleine Aufschüttung auf natürlicher Erhebung direkt auf alter Obfl. (kalkhaltige Schicht), H max. 0,4 m, Dm ca. 8 m, steinige Oberfläche, in der Mitte dichte Packung zerbrochener Kalksteinplatten, Dm ca. 4 m – zentraler Bereich frei von Steinen (Raubtrichter), Dm ca. 2 m – Grabgrube fast rechteckig (2,2 x 0,9 m) mit abgerundeten Ecken und leicht gewölbten Wänden, T ca. 0,8 m, Längsachse NO-SW orientiert, an SW-Wand auf Bodenhöhe Grube leicht verbreitert (Nische), im oberen Teil der Verfüllung nachgesackte Kalksteinplatten *(vgl. Taf. 35,A)*

*Lage/Orientierung/Geschlecht des Toten:* Skelettreste völlig verworfen *(vgl. Taf. 35,A)*

*Sonstiges:* Kurgan beraubt

*Funde:* handgemachtes Gefäß *(Taf. 36,A,1)* mit Tülle und leicht eingezogenem Flachboden, Ton schlecht geschlämmt und grob mineralisch gemagert, Scherben im Bruch schwarz, Obfl. grünlich-braun bzw. rötlich-braun mit vielen Rußflecken, Dm Boden 11,1 cm, Dm Mündung 19,2 cm, Dm Hals 16 cm, H 19,8 - 20 cm, H Hals 1,7 - 1,8 cm, WS 0,8 - 1 cm, D Boden 1,3 - 1,5 cm – kugliges, rundbodiges Gefäß *(Taf. 36,A,2)*, handgemacht aus mineralisch gemagertem Ton, Scherben im Bruch schwarz, Obfl. grünlich-braun mit Rußflecken, Dm Mündung ca. 15,5 cm, Dm Hals 9,6 - 9,8 cm, H 14 cm, H Hals 2 cm – Spiegel *(Taf. 36,A,3)* aus Bronze, in einem Stück gegossen, flache Spiegelfläche mit länglicher, flacher Handhabe, Griff dünner als Scheibe, verengt sich nach unten hin, am Ende leicht breiter und abgerundet, Dm Scheibe 16 cm, L Griff 11 cm, D Scheibe 3 cm – drei Tonperlen *(Taf. 36,A,4-6)*, evtl. Spinn-wirtel, breit bikonisch, konisch bzw. tonnenförmig, aus schlecht geschlämmten, stark und grob gemagertem Ton, Obfl. geglättet, gelblich-grau, Stücke im Bruch schwarz – Bronze-Armreif *(Taf. 36,A,7)*, fragmentiert, Enden offen und abgerundet, aus Bronzestab gebogen, dieser im Schnitt oval, Obfl. vertikal gerippt, Dm 6,3 - 6,5 cm, D 0,3 - 0,4 cm – 3 Perlen *(Taf. 36,A,8-10)* aus Glaspaste, zwei davon sechseckig prismatisch, längs durchbohrt, blaß grün, eine *(Taf. 36,A,8)* L 1 cm, D 0,6 cm, Dm Durchbohrung 0,1 cm, die andere *(Taf. 36,A,9)* L 1,4 cm, B 0,9 cm, Dm Durchbohrung 0,2 cm, die dritte *(Taf. 36,A,10)* mit drei Buckeln, graubraun, irisierend, ursprüngliche Farbe unklar *(vgl. Taf. 36,A)*

*Lage im Befund:* Inventar befand sich teilweise in Nische *(vgl. Taf. 35,A)*

*Datierung:* Ende 5. Jh. v. Chr.

*Literatur:* Jagodin 1990

KAT.-NR. 17

*Fundort:* **Dordul'** Kurgan 2 (Turkmenistan)

*Lage:* am oberen Uzboj, zwischen den Brunnen Čyryšly und Davali *(vgl. Karten 1-3)*

*Untersuchung:* Sektor für alte und mittelalterliche Archäologie des Instituts für Geschichte „Š. Batyrov" der AdW Turkmenistans, 1973

*Befund:* Gräberfeld, Kurgan

*Anlage/Architektur:* Kurgan – Aufschüttung rundlich bis leicht oval, etwas N-S gestreckt, Dm 6,0 m, H 0,5 m – Grabkammer rundlich, N-S gestreckt, innerer Dm 3,8 x 2,9 m, innen verkleidet mit vertikal stehenden Steinplatten, H Platten 0,6 - 0,7 m, D Wand ca. 1m

*Lage/Orientierung/Geschlecht des Toten:* 10 menschl. Skelette im Inneren der Grabkammer verworfen, Knochen schlecht erhalten

*Sonstiges:* Kurgan im Aufbau wie die anderen der Nekropole

*Funde:* rottoniger Topf *(Taf. 42,A,1)*, scheibengedreht, mit Flachboden, niedrigem Körper, engem Hals und fast geradem Rand – Fragment eines rottonigen, scheibengedrehten Miniaturgefäßes *(Taf. 42,A,3)* – drei vollständig erhaltene handgemachte Gefäße sowie Fragmente eines weiteren *(Taf. 42,A,2.4-6)* – Pfeilspitzen aus Bronze und Eisen – eiserne Dolche und Messer – bronzene Gürtelschnallen *(vgl. Taf. 42,A)*

*Lage im Befund:* Topf *(Taf. 42,A,1)* im Zentrum der Grabkammer

*Parallelfunde:* alle Funde finden Analogien im Material des 4.-2. Jh. v. Chr. aus dem Wolga-Ural-Gebiet

*Datierung:* 4. - 2. Jh. v. Chr.

*Literatur:* Jusupov 1975

## Kat.-Nr. 18

*Fundort:* **Dykyltas** (auch Dikiltas, Tjubkaragansk raj., Mangistau obl., Kazachstan)

*Lage:* 30 km östl. von Fort Ševčenko, 5 km südl. vom Ufer des Kaspischen Meeres *(vgl. Karten 1 und 2)*

*Untersuchung:* Westkazachische Expedition des Instituts für Archäologie der AdW Kazachstans, 1992 - 1993; Italienisch-französisch-russisches Gemeinschaftsprojekt, 1997 - 1998

*Befund:* „Heiligtum" mit Herdstellen, Opferstellen, Kurganen, etc.

*Anlage/Architektur:* Komplex aus zentraler Anlage (Objekt 1) – Kurganreihe – Herdstellen – Stelen: Zentrale Anlage: 3 Grabkammern mit annähernd rechteckigem Grundriß (ca. 7,45 x 5,05 m), die dritte wurde später angelegt, Wände der Innenaufteilung aus aufrecht gestellten Steinplatten – 4 kleine „Gedenkgruben" – Dromos, SSW-NNO orientiert – umgeben von runder Befestigung mit 11,0 m Dm aus massiven weißen Kalksteinblöcken und -platten unterschiedlicher Größe – Raum zwischen Steinkreis und zentraler Anlage ist schuppenpanzerartig mit Muschelkalkstein gefüllt, die Oberfläche des Panzers fällt nach außen hin ab – im S und O hat der Steinkreis zwei halbkreisförmige Vorsprünge, dort starke Feuerspuren – Böden gepflastert mit flachen oder leicht gewölbten, abgerundet rechteckigen oder seltener segmentförmigen Platten – zentral vertikal aufgestellte "Obeliskplatte". Außerhalb halbkreisförmige „Kurganreihe" (als „Schnurrbart" bezeichnet), Dm 0,8 - 1,2 m, diese typisch für Tasmola-Kultur Zentralkazachstans – im südl. Bereich zwischen den Kurganen 4 - 5 Herdstellen mit Ascheresten – Hauptstele befindet sich ca. 46 m ssw der zentralen Anlage, H gesamt 2,4 m, sichtbare H 2,0 m, im oberen Teil Tierkopf (?), auf breiter S-Seite im oberen Teil trapezförmige, eckige Fläche mit zwei ausgearbeiteten Halbkreisen – nördl. der Stele im Fundament in T 0,2 m Fragmente eines rundbodigen handgemachten Gefäßes – Stele wohl sekundär verwendeter Hirschstein der späten Bronzezeit.
Ein etwas abseits liegender Kurgan besaß eine Steinkiste aus aufrecht stehenden Steinplatten und einen Steinkreis *(vgl. Taf. 37,A-38,A)*

*Lage/Orientierung/Geschlecht des Toten:* in den drei Grabkammern verteilte Skelettreste von 25 - 30 Individuen unterschiedlichen Geschlechts und Alters, wohl ausgestreckt auf dem Rücken liegend, N-S orientiert *(vgl. Taf. 37,A)*

*Sonstiges:* in den 4 „Gedenkgruben" Reste des Totenmahles, Kurgane wohl mit sakraler Bedeutung

*Funde:* 10 Keramikgefäße unterschiedlicher Form und Größe – viele Scherben – kleine Reibgefäße aus Stein – Reibsteine – Eisenmesser – Schnallen – Stielpfeilspitzen – Räuchergefäße – Amulette; in den Gruben Knochen von Schaf/Ziege und Rind – Pferdezähne – Keramikfragmente – Reste von Stein- und Metallgegenständen; bei den „Kurganen" Keramikfragmente – Tierknochen – Asche Mehrere Steinstelen *(Taf. 38,B-41,C)* aus lokalem Muschelkalkstein, fast alle fragmentiert und liegend vorgefunden, trotzdem ursprünglicher Aufstellungsort rekonstruierbar *(Taf. 38,A)*, Obfl. geglättet, teilweise mit Keramik vergesellschaftet (Stele 1 mit rundbodigem sarmatischem Gefäß), teils mit Tamgas (Stelen *Taf. 38,C; 41,C*), Ritzungen, oder umlaufenden Linien (Stelen *Taf. 39,B; 41,A*) auf den Stelen – Stele 1 *(Taf. 38,B)*: 40 m ssw der Grabanlage, H 2,4 m, B 55 - 65 cm, D 20 - 27 cm – Stele 2 *(Taf. 38,C)*: 155 m südl. des Grabes, Tamga, Größe 1,04 x 0,3 m (oben) und 0,37 x 0,25 m (unten) – Stele 3 *(Taf. 39,A)*: 310 m ssw der Grabanlage, Größe 1,04 x 0,42 x 0,17 - 0,23 m – Stele 4 *(Taf. 39,B)*: 225 m sö des Grabes, Größe 1,72 x 0,36-0,3 x 0,2 m – Stele 5 *(Taf. 39,C)*: 70 m sö des Grabes, Größe 1,1 x 0,37 x 0,23 m – Stele 6 *(Taf. 40,A)*: 175 m sö der Hauptanlage, L 1,9 m, B 0,35 - 0,39 m, D 0,17 - 0,2 m – Stele 7 *(Taf. 40,B)*: 300 m ssö des Grabes, L 2,03 m, B 0,4 - 0,55 m, D 0,07 - 0,19 m – Stele 8 *(Taf. 41,A)*: 390 m sö der Grabanlage, Größe 0,71 x 0,27 (oben)-0,35 (unten) x 0,2 m, auf Höhe von 0,47 m von unten tiefe umlaufende Linie, B 2 - 4 cm, T bis 1,5 cm – Stele 9 *(Taf. 41,B)*: in ursprünglicher Lage gefunden, 1100 m onö des Grabes, H 1,38 m, B 0,45 m, D 0,26 m – Stele 10 *(Taf. 41,C)*: 1050 m onö der Grabanlage, ursprüngliche L 1,85 m, B 0,47 m, D 0,22 - 0,27 m; im abseits liegenden Kurgan Objekte, die sich mit denen sauromatischer Komplexe vergleichen lassen
*(vgl. Taf. 38,B-41,C)*

*Parallelfunde:* Bezüge zum Süduralgebiet (Dromos, S-Orientierung der Skelette, Teile des Inventars), zu Zentralkazachstan (Anordnung der Kurgane, Gedenkgruben) und zu Chorezm (Inventar), Stelen mit Parallelen im „kimmerischen" und skythischen Bereich

*Datierung:* Hauptanlage: 4. Jh. v. Chr. - 3. Jh. n. Chr. (cal. $C_{14}$: 240 ± 40 n. Chr., Knochenmaterial); abseits liegender Kurgan: 5. - 4. Jh. v. Chr.; Stelen: 5. - 4. Jh. v. Chr.

*Literatur:* Genito et al. 2000; Ol'chovskij 2001; Ol'chovskij 2005; Samašev et al. 1994; Samašev/Ol'chovskij 1996

## KAT.-NR. 19

*Fundort:* **Džanak II** Befund 1 (Turkmenistan)

*Lage:* nahe des Ostufers des Kara-Bogaz-Gol *(vgl. Karten 1-3)*

*Untersuchung:* Chorezmische Archäologisch - Ethnographische Expedition des Instituts für Ethnographie der AdW der UdSSR

*Befund:* Gräberfeld aus 12 kleineren Befunden

*Anlage/Architektur:* rundl. Mauer aus kleinen Steinplatten, Dm 2,0 - 4,0 m – innen und außen Kontur sorgfältig gesetzt – Best. auf Höhe der alten Obfl. *(vgl. Taf. 42,B)*

*Lage/Orientierung/Geschlecht des Toten:* aufgrund eines kleinen Innenraumes und der Anordnung einzelner Knochen wurden die Toten wohl in Hocklage bestattet, evtl. nach N orientiert

*Sonstiges:* Ansprache nicht eindeutig (wahrscheinlich Grab)

*Funde:* nur wenige Funde: steinerne „Schüssel" *(Taf. 42,B,1)* mit winkliger Kerbverzierung auf der Außenseite – Randscherbe *(Taf. 42,B,2)* eines scheibengedrehten Gefäßes – 4 dreiflüglige Pfeilspitzen aus Bronze *(Taf. 42,B,3-6)* mit stielartigem Schaft oder eingezogener Tülle – Reste des Endstückes eines Eisenmessers *(Taf. 42,B,7)* – kleine scheibenförmige Steinperle *(Taf. 42,B,8)* – Schafsknochen *(vgl. Taf. 42,B)*

*Parallelfunde:* Pfeilspitzen mit Analogien zum Transural- und Wolga-Gebiet

*Datierung:* 5. - 3. Jh. v. Chr. (aufgrund der Pfeilspitzen)

*Literatur:* Mandel'štam 1976

## KAT.-NR. 20

*Fundort:* **Džidelibulak 1** (Uzbekistan)

*Lage:* nördl. Bereich des uzbekischen Ustjurt-Plateaus, auf O-Spitze des Plateaus über dem Aralsee, 2 km nördl. der eponymen Quelle *(vgl. Karten 1 und 2)*

*Untersuchung:* Archäologische Ustjurt-Expedition des Instituts für Geschichte, Sprache und Literatur der Karakalpakischen Filiale der AdW Uzbekistans, 1972 (Kartographie) und 1984 (Ausgrabung)

*Befund:* Kurgan-Nekropole

*Anlage/Architektur:* Kurgane in 6 Gruppen entlang des Plateau-Randes auf einer Länge von ca. 3,7 km in der Nähe mehrerer Quellen *(vgl. Taf. 43,A)*

*Sonstiges:* vgl. Beschreibungen der einzelnen Kurgane *(Kat.-Nr. 20,1-2)*

*Funde:* auf dem Areal Funde handgemachter und scheibengedrehter rottoniger Keramik

*Literatur:* Jagodin 1999

## KAT.-NR. 20,1

*Befund:* **Džidelibulak 1** (Uzbekistan), Kurgan 2

*Anlage/Architektur:* Kurgan – Steinpanzer aus Kalksteinplatten auf alter Obfl., Dm ca. 6,5 m, H max. 0,6 m – darunter Grabgrube, leicht nach NW aus dem Zentrum verschoben, rechteckig mit abgerundeten Ecken, Größe 2,1 x 0,8 m, T 0,8 m, Längsachse N-S orientiert *(vgl. Taf. 44,A)*

*Lage/Orientierung/Geschlecht des Toten:* Best. ausgestreckt auf dem Rücken liegend, Kopf im N, Beine urspr. evtl. angezogen, im Laufe der Zeit dann aber auseinandergekippt, Arme längs des Körpers *(vgl. Taf. 44,A)*

*Funde:* Armreif *(Taf. 44,B,2)* aus Bronze, oval mit stumpfen Enden, im Querschnitt rund, Dm 6,3 - 7,3 cm, D 0,4 cm – Steinscheibe *(Taf. 44,B,1)* aus feinem grauem Sandstein, kuglige Form, unten abgeplattet, zylindrische Durchbohrung, Dm 5,2 cm, D 2,9 cm, Dm Durchbohrung 2 cm – Gürtelschnalle *(Taf. 44,B,3)*, B-förmig, bimetallisch, Rahmen aus Bronze, Größe 1,3 - 1,8 cm, Dorn aus Eisen, im Schnitt rund, schlecht erhalten – Gefäßfragmente *(vgl. Taf. 44,B)*

*Lage im Befund:* Armreif am rechten Handgelenk – Steinscheibe im südl. Teil der Grube – Gürtelschnalle im Bereich des rechten Beines – Gefäßscherbe rechts des Kopfes – in der Verfüllung der Grabgrube Scherben und Holzkohle *(vgl. Taf. 44,A)*

*Datierung:* 4. Jh. v. Chr.

*Literatur:* Jagodin 1999

## KAT.-NR. 20,2

*Befund:* **Džidelibulak 1** (Uzbekistan), Kurgan 19

*Anlage/Architektur:* Kurgan – Aufschüttung Dm ca. 12,0 m, H ca. 1,0 m – zentral runder Steinpanzer aus

Kalksteinplatten (Dm 5,0 - 6,0 m) – darunter auf alter Obfl. Grabkammer, Dm 2,7 - 2,8 m, Rand mit vertikal stehende Steinplatten abgeschlossen – Verfüllung: feiner Sand *(vgl. Taf. 45,A)*

***Lage/Orientierung/Geschlecht des Toten:*** 2 - 3 Individuen (Schädel), Knochen verworfen und fragmentiert

***Sonstiges:*** einzelner Hügel ganz im N der Nekropole, Lage auf einer Erhebung, beraubt

***Funde:*** handgemachtes Gefäß *(Taf. 45,B,3)*, klein, mit einem Henkel (Henkeltasse?) und Flachboden, unregelmäßige grobe Form, aus stark mineralisch gemagertem Ton, Scherben im Bruch schwarz, Obfl. grob geglättet, bräunlich-rot mit Rußflecken, Dm Mündung 7,5 - 7,7 cm, H 6,2 cm, WS 0,6 - 0,8 cm – Keramikscheibe *(Taf. 45,B,1)*, flach, leicht konkav gewölbt, zentrale zylindrische Durchbohrung, Dm Durchbohrung 0,8 cm, D 0,7 - 0,9 cm, aus scheibengedrehtem, rottonigen Gefäß, schwach ge-magert, mit Slip und weißer oder gelblicher Engobe, Dm 4,3 cm – Schleifstein *(Taf. 45,B,2)* aus feinem, dunkelgrauem Sandstein, nahezu rechteckige Form, nach unten leicht verjüngt, Querschnitt ändert sich von rechteckig bis oval, am oberen Ende schräge Durchbohrung, L 7,5 cm, B max. 1,7 cm, D max. 1,1 cm, Dm Durchbohrung 0,5 cm – Schafsknochen (Vorderteil ohne Kopf) *(vgl. Taf. 45,B)*

***Lage im Befund:*** Gefäß im O-Bereich – Schleifstein und Keramikscheibe im W – Schafsknochen konzentriert im südl. Teil der Kammer, aber vereinzelt auch in Kammer verstreut *(vgl. Taf. 45,A)*

***Parallelfunde:*** Parallelen in Chorezm und in der Prochorovka-Kultur im südl. Transural

***Datierung:*** 5. - 3. Jh. v. Chr.

***Literatur:*** Jagodin 1999

---

## KAT.-NR. 21

***Fundort:*** **Eŝky** (Ustjurt, Kazachstan)

***Lage:*** nahe Bajte I-III, bei der Nekropole Eŝky *(vgl. Karten 1 und 2)*

***Untersuchung:*** entdeckt in den 1980/1990er Jahren

***Ausgräber:*** entdeckt vom Lehrer Nigmatullaev

***Befund:*** Stele bei Kurgan-Nekropole

***Funde:*** Stelenfragment aus Kalkstein, Kopf und Beine fehlen, rechter Arm am Körper ausgestreckt, linker Arm

vor dem Bauch liegend, Vorderseite mit Gürtel und Gürtelhaken, am rechten Bein Dolch vom Prochorovka-Typ, am linken Bein Köcher mit Bogen, am Rücken deutet Vertiefung die Wirbelsäule an, H 68 cm, B 52 cm, D 51 cm *(vgl. Taf. 46,A)*

***Parallelfunde:*** dargestellte Realia (besonders Schwert- und Dolchtypen) frühsarmatischen Typs

***Sonstiges:*** heute im Kreismuseum Eralievo, Schule 1

***Datierung:*** 5. - 2. Jh. v. Chr.

***Literatur:*** Zuev/Ismagil' 1996

---

## KAT.-NR. 22

***Fundort:*** **Fundplatz Kilometer 309** (Kazachstan)

***Lage:*** Ustjurt-Plateau, 2 km südl. von Sed'moj Raz'ezd *(vgl. Karten 1 und 2)*

***Befund:*** „Heiligtum"

***Anlage/Architektur:*** „Heiligtum" vom „Typ Bajte" – kurganförmige Aufschüttung – „Gedenkanlage"

***Sonstiges:*** nicht ausgegraben, nur prospektiert

***Funde:*** Fragmente von 1 - 2 anthropomorphen Stelen

***Datierung:*** sarmatische Zeit

***Literatur:*** Genito et al. 2000

---

## KAT.-NR. 23

***Fundort:*** **Gek-Dag II** Befund 2 (Turkmenistan)

***Lage:*** Nahe dem Brunnen Košoba, südl. des Kara-Bogaz-Gol am unteren Uzboj *(vgl. Karten 1-3)*

***Untersuchung:*** Chorezmische Archäologisch-Ethnographische Expedition des Instituts für Ethnographie der AdW der UdSSR

***Befund:*** Nekropole, Befund 2

***Anlage/Architektur:*** runde, sauber gesetzte Steinkonstruktion aus flachen Bruchsteinplatten: zwei kreisförmigen Mauern, deren Zwischenraum mit kleinen Steinen verfüllt ist *(vgl. Taf. 46,B,Schnitt 2)* – im Inneren runde bis ovale Freifläche, die aber durch Versturz verfüllt wurde,

Dm 6,4 m, H max. 0,45 m – auf Höhe der alten Obfl. Schwemmschicht *(vgl. Taf. 46,B)*

***Lage/Orientierung/Geschlecht des Toten:*** im Inneren größere Menge fragmentierter Menschenknochen, die von mind. 12 Erwachsenen und Kindern stammen *(vgl. Taf. 46,B)*

***Sonstiges:*** funktionale Ansprache nicht eindeutig (wahrscheinlich Grab)

***Funde:*** 12 handgemachte Gefäße *(Taf. 47,A,1-11)* mit Rundboden, von denen 3 nicht archäologisch vollständig zu rekonstruieren waren, unterteilt in topfartige Gefäße mit einziehendem Hals *(Taf. 47,A,1-3.5-6)*, hohe Schüsseln *(Taf. 47,A,4.8.10)* und Henkeltopf mit massivem Henkel im oberen Teil unterhalb des Randes *(Taf. 47,A,11)* – 7 dreiflüglige Pfeilspitzen *(Taf. 47,A,18-24)* aus Bronze mit eingezogener Tülle oder vorspringendem Schaft – Fragment einer rechteckigen Bronzeplatte *(Taf. 47,A,14)* mit runder Durchbohrung – Bronzefragment *(Taf. 47,A,15)* mit rundem Querschnitt, wohl von einem Bronzearmreif – Fragmente zweier eiserner Messer *(Taf. 47,A,16-17)* mit starken Gebrauchsspuren (abgeschliffen) – runde Scheibe *(Taf. 47,A,13)* aus Scherbe eines scheibengedrehten Gefäßes, mit runder Durchbohrung – Fragment eines flachen Steingegenstandes *(Taf. 47,A,12)* mit rundem Loch – ovaler, flacher Stein mit kaum abgeriebener Mulde *(Taf. 47,A,25)* evtl. zur Farbherstellung *(vgl. Taf. 47,A)*

***Lage im Befund:*** keine Funde auf Höhe der alten Obfl. *(vgl. Taf. 46,B)*

***Parallelfunde:*** Pfeilspitzen mit Analogien zu Stücken des Transural und Wolga-Gebietes – Steingerät aus sakischen Bestattungen des Aral-Gebietes und Zentral-Kazachstans bekannt

***Datierung:*** 5. - 3. Jh. v. Chr. (aufgrund der Pfeilspitzen)

***Literatur:*** Mandel'štam 1976

---

## Kat.-Nr. 24

***Fundort:*** **Karamunke** (Kazachstan)

***Lage:*** Ustjurt-Plateau, 10,5 km südwestl. von Kamennyj *(vgl. Karten 1 und 2)*

***Befund:*** „Heiligtum"

***Anlage/Architektur:*** „Heiligtum" vom „Typ Bajte" mit einfacher ringförmiger Kultanlage, 2 Opfertischen,

Opferstellen (vgl. Photographien bei Nikonov/Ol'chovskij 2000, Abb. 6; 7)

***Funde:*** Fragmente von etwa 18 Stelen

***Datierung:*** sarmatische Zeit

***Literatur:*** Genito et al. 2000; Nikonov/Ol'chovskij 2000; Ol'chovskij 1999; Ol'chovskij 2005

---

## Kat.-Nr. 25

***Fundort:*** **Karaoba 2** (Kazachstan)

***Lage:*** Ustjurt-Plateau, 39 km östl. von Kamennyj *(vgl. Karten 1 und 2)*

***Befund:*** „Heiligtum"

***Anlage/Architektur:*** „Heiligtum" vom „Typ Bajte" – zwei Kurgane – Steinkonstr.

***Sonstiges:*** nicht ausgegraben, nur prospektiert

***Funde:*** Fragmente von 1 - 2 Stelen

***Datierung:*** sarmatische Zeit

***Literatur:*** Genito et al. 2000

---

## Kat.-Nr. 26

***Fundort:*** **Karasakbas** Kurgan 2 (Akšiganak raj., Turgaj obl., Kazachstan)

***Lage:*** Turgaj-Plateau, zwischen den Flüssen Ul'kajak und Turgaj, 15 km südwestl. von Akšiganak *(vgl. Karten 1 und 2)*

***Untersuchung:*** Expedition der Universität Čeljabinsk 1985 in Vorbereitung des Kanals Ob'-Aralsee

***Befund:*** Gräberfeld mit 18 Kurganen, davon zwei ergraben, beschrieben ist ausschließlich Kurgan 2 am südöstl. Ende der Nekropole *(vgl. Taf. 48,A)*

***Anlage/Architektur:*** Kurgan – mauerartige Aufschüttung aus weißlichem Lehm mit Steinen mittlerer Größe (Dm außen 5,0 - 5,2 m, Dm innen 2,25 - 3,0 m, H max. 0,25 m), ovaler Grundriß, Längsachse N-S orientiert – zentral darunter annähernd rechteckige Grabkammer (2,05 x 0,8 x 2,0 m ab alter Obfl.), vergrößert sich leicht zum Boden, NW-Ecke leicht vorspringend (bildet am Boden eine kleine Nische), NO-SW orientiert – Verfüllung mit Steinen *(vgl. Taf. 48,B)*

*Lage/Orientierung/Geschlecht des Toten:* entlang der SO-Wand ausgestreckt auf dem Rücken liegend, Kopf im NO, Arme leicht angewinkelt am Körper, wahrscheinlich männl. *(vgl. Taf. 48,B)*

*Sonstiges:* „Kriegergrab"

*Funde:* Köcher mit Pfeilen: 35 Bronzepfeilspitzen *(Taf. 49,A,1)* mit dreikantigem, dreikantig-dreiflügligem oder dreiflügligem Kopf und eingezogener oder vorstehender Tülle, teilweise Schaftreste aus Holz erhalten; Stielpfeilspitze aus Knochen *(Taf. 49,A,3)* mit dreikantigem Kopf – Bogen: Holzreste erhalten, im Querschnitt oval – eiserner Akinakes *(Taf. 49,A,6)*, sehr schlecht erhalten, Griff (B ca. 3,5 cm) im Schnitt oval, verbreitert sich nach oben, Knauf fehlt, Parierstange aus zwei zusammengeschweißten Platten, annähernd herzförmig, Klinge (B ca. 3,5 cm, D ca. 2 cm) im Schnitt rhombisch, L gesamt ca. 33 cm, L Klinge 22 cm – Eberhauer *(Taf. 49,A,5)* – flachbodiges Gefäß *(Taf. 49,A,7)* mit röhrenförmigem Ausguß, Rand abgerundet und nach außen umgeschlagen, auf dem Hals ovale Eindrücke, H 21,7 - 22,3 cm, Dm Rand 13,4 - 13,8 cm, Dm Hals 18 - 18,5 cm, Dm Boden 9,7 - 10,2 cm, Dm Tülle außen 3 cm, innen 2 cm – Knochenspatel *(Taf. 49,A,4)* – Perle *(Taf. 49,A,2)*, flach abgerundet, aus blauer Glaspaste mit 3 ringförmigen, weißen Verzierungen – zwei „Opferkomplexe" aus Schafsknochen *(vgl. Taf. 49,A)*

*Lage im Befund:* Gefäß rechts neben Kopf – Akinakes quer über rechtem Oberschenkel, nach links geneigt – darunter Eberhauer über dem linken Oberschenkel – Bogen unter dem Kopf, quer zur Längsachse der Grabgrube – dort auch Knochenspatel – Köcher neben Bogen, nahe der NO-Wand der Grube – Pfeile parallel zum Bogen mit Spitzen nach NW – Schafsknochen (Vorderbeine mit Schulterblatt) an rechter Seite unter den Pfeilspitzen und Bogenresten – weitere große Menge Schafsknochen (von mind. 3 Tieren) rechts der Beine der Best. – Glasperle in der Verfüllung knapp über dem Boden *(vgl. Taf. 48,B)*

*Parallelfunde:* Totenritual und Inventar mit sauromatisch-sarmatischen Parallelen

*Sonstiges:* ungewöhnliche Lage von Köcher und Bogen

*Datierung:* 6. - 5. Jh. v. Chr. anhand des Inventars

*Literatur:* Chabdulina 1987 ; Tairov/Botalov 1996

---

## KAT.-NR. 27

*Fundort:* **Kaskažol** (Uzbekistan)

*Lage:* 45 km NW von Šumanaj (Zentrum der Region Karakalpakstan); am Höhenzug Kaskažol auf O-Spitze des Ustjurt-Plateaus, der Ebene des Amu-darja-Deltas zugewandt *(vgl. Karten 1-3)*

*Untersuchung:* Archäologische Abteilung des Instituts für Geschichte, Sprache und Literatur der Karakalpakischen Filiale der AdW Uzbekistans, 1975 und 1977

*Befund:* Nekropole mit 9 Kurganen

*Anlage/Architektur:* vgl. Beschreibungen der einzelnen Kurgane *(Kat.-Nr. 27,1-4)*

*Lage/Orientierung/Geschlecht des Toten:* vgl. Beschreibungen der einzelnen Kurgane *(Kat.-Nr. 27,1-4)*

*Funde:* vgl. Beschreibungen der einzelnen Kurgane *(Kat.-Nr. 27,1-4)*

*Datierung:* vgl. Beschreibungen der einzelnen Kurgane *(Kat.-Nr. 27,1-4)*

*Literatur:* Jagodin 1978; Jagodin 1982; Jagodin/Jusupov 1978

### KAT.-NR. 27,1

*Befund:* **Kaskažol** (Uzbekistan), Kurgan 1

*Anlage/Architektur:* Kurgan – Aufschüttung mit kompakter Schotterschicht, H max. 0,75 m, Dm 12,0 - 14,0 m – darunter Steinkreis auf alter Obfl., Dm ca. 11,0 m – im Zentrum runde Grabkammer, Dm ca. 5,5 m, Innenwand sorgfältig gesetzt, Außenwand unregelmäßig – in der N-Wand große Nische (T max. 1,5 m, B max. 1,8 m), – Verfüllung mit Sand und Schotter sowie größeren Steinplatten – in der Grabkammer auf Höhe der alten Obfl. mehrere Best., zusammengefaßt zu 3 Komplexen (Best. 1-3) – Best. 1 in westl. Hälfte der Grabkammer, unter Skelettresten dünne (5 - 6 cm) sandige Schicht – Best. 2 im südl. Teil der Grabkammer, abgetrennt durch annähernd rechteckige Mauer aus vertikal stehenden Steinplatten, Größe 1,9 x 1,2 m, H 0,57 - 0,75 m, Längsachse O-W orientiert – Best. 3 im nördl. Teil der Grabkammer, auch hier dünne Sandschicht unter den Skeletten – im S-Teil stören Nachbestattungen (Best. 4) den Steinkreis *(vgl. Taf. 50,A)*

*Lage/Orientierung/Geschlecht des Toten:* Best. 1: verstreut liegende Knochen zweier Individuen (Frau/ Jugendlicher und erwachsener Mann) – Best. 2: zwei Individuen, nicht gleichzeitig bestattet, bei Nachbestattung wurde das erste Skelett gestört: Skelett 1: im S, ausgestreckt auf dem Rücken liegend, Kopf ursprünglich im W, Schädel fand sich jedoch bei Ausgrabung auf Brust; Skelett 2: ausgestreckt auf dem Rücken liegend, Kopf im W – Best. 3: Skelette bei Beraubung verworfen, aber Beckenknochen und untere Extremitäten liegen teilweise noch *in situ*, rekonstruierbare Lage: ausgestreckt auf Rücken, Kopf im W – Nachbestattungen (Best. 4) in Ossuarien *(vgl. Taf. 50,A)*

*Sonstiges:* Kurgan beraubt

*Funde:* Best. 1: krugartiges Gefäß *(Taf. 51,A,1)* mit hakenförmigem Rand und unregelmäßigem Flachboden, scheibengedreht, Obfl. horizontal kanneliert, ziegel- bis dunkelrote Engobe, Dm Hals 10 cm, Dm max. 21,2 cm, Dm Boden 18,4 cm, H 30 cm, WS 0,8 cm, aus gut gemagertem Ton mit seltenen Kalkeinschlüssen – 296 Perlen aus durchsichtiger, blauer Glaspaste, Dm 0,2 - 0,3 cm, Dm Durchbohrung 0,05-0,09 cm – 6 größere Perlen meist aus tauber Glaspaste in verschiedenen Arten: ringförmige Perle *(Taf. 51,A,5)* mit weißer Kreisverzierung, Dm 0,13 cm, B 0,8 cm, Dm Durchbohrung 0,6 cm; annähernd kugelförmige Perle *(Taf. 51,A,9)*, grün, mit Verzierung aus großen blau eingefaßten weißen Kreisen und blauem Mittelpunkt, Dm 2,2 cm, Dm Durchbohrung 0,5 cm; Perle mit „Wellenrand" *(Taf. 51,A,8)* und spiralförmigem Ornament in weiß und schwarz mit dunkelbraunem Übergang, Dm 2,8 cm, B 1,3 cm, Dm Durchbohrung 0,05 cm; ringförmige Perle *(Taf. 51,A,7)* mit irisierender, dunkelgrauer Obfl. mit dunklen Flecken, war ursprünglich wohl dunkelblau, fast schwarz, Dm 1,8 cm, D 0,7 - 1 cm, Dm Durchbohrung 0,5 cm; skaraboide Perle *(Taf. 51,A,6)*, konvex und oval, aus halbdurchsichtigem Achat, Farbe variiert von terrakotta über milchig-weiß bis gelblich-rot mit braunen Flecken, Größe 3,3 x 1,95 cm, D 1,55 cm, Dm Durchbohrung 0,1 cm; runde Perle *(Taf. 51,A,4)* aus halbdurchsichtigem Achat, flach konvex , Farbe dunkelorange bis milchig-weiß, Dm 2,2 cm, D 0,6 cm, Dm Durchbohrung 0,07 - 0,09 cm – 2 Knochenperlen, wohl vom Köcher, zylindrisch und gerippt, Größe der einen *(Taf. 51,A,10)*: L 1,9 cm, Dm 1,9 cm; Größe der anderen *(Taf. 51,A,11)*: L 1,2 cm, Dm 2,0 cm.
Best. 2: Bronzepfeilspitzen *(Taf. 51,B,1-19)* mit Schaft, dreiflüglig oder dreikantig mit abgerundetem oder dreieckigem Kopf – Messerfragment *(Taf. 51,B,20)* aus Eisen mit abgerundetem Rücken, im Schnitt tropfenförmig.
Best. 3: 9 Bronzepfeilspitzen *(Taf. 52,A,5-13)*, dreiflüglig oder dreikantig – Bronzeblech *(Taf. 52,A,4)*, konkav gewölbt, rund, mit massiver Öse innen, leicht asymmetrisch, dezentrale Durchbohrung (Dm 2,9 - 3,0 cm), massiv gegossen, evtl. zum Zaumzeug gehörig – Keramikscherbe *(Taf. 52,A,1)*, wohl zu einem scheibengedrehten Krug gehörig, mit abgeflachtem Rand, rotbraune Engobe außen, rote innen, im Bruch rot, Dm Hals 10,5 cm – 2 Riemenaufsätze

*(Taf. 52,A,2-3)*, evtl. zum Zaumzeug gehörig, massiv aus Bronze gegossen, kegelstumpfförmig, Größe des einen *(Taf. 52,A,3)*: H 1,3 cm, Dm unten 2,2 cm, oben 1,1 cm; Größe des anderen *(Taf. 52,A,2)*: H 1,6 cm, Dm unten 2,6 cm, oben 1,3 cm, dieser mit Rand am unteren Ende.
Funde aus der Kurganaufschüttung: 3 Bronzepfeilspitzen *(Taf. 52,B,1-3)* – Fragment eines Altärchens *(Taf. 52,B,4)* abgerundet mit Flachboden, mit Ritzornament, aus feinkörnigem grauem Sandstein *(vgl. Taf. 51,A-52,B)*

*Lage im Befund:* Best. 1: Gefäß in Aufschüttung über Best. auf Seite liegend, fragmentiert, Perlen unter den Skeletten
Best. 2: 6 Pfeilspitzen unter Skelett 1, 10 Pfeilspitzen sowie das Messerfragment zwischen den Knochen, 3 Pfeilspitzen in Verfüllung über den Toten
Best. 3: 6 Pfeilspitzen und Bronzeblech in der Nische im NW, Keramikscherben und 3 Pfeilspitzen bei Beinen, in der Aufschüttung Fragmente rottoniger scheibengedrehter Keramik *(vgl. Taf. 50,A)*

*Parallelfunde:* Chorezmische (Keramik) und sauromatisch-sarmatische Analogien (Perlen, Pfeilspitzen)

*Sonstiges:* Funde teilweise unter Skeletten, dies ermöglicht Zuweisung

*Datierung:* 5./4. Jh. v. Chr.

*Literatur:* Jagodin 1982

## KAT.-NR. 27,2

*Befund:* **Kaskažol** (Uzbekistan), Kurgan 3

*Anlage/Architektur:* Kurgan – niedrige, stark abgerutschte Aufschüttung auf alter Obfl. aus schotterigem Sand, darüber dünne Schicht (5 - 6 cm) feinen Sandes, bis auf Zentrum Obfl. mit Schotter und großen Steinplatten bedeckt, Dm ca. 12,0 m, H 0,3 - 0,4 m – unter der Aufschüttung auf alter Obfl. Steinkreis aus unbearbeiteten Kalksteinstücken, Dm ca. 8,0 m – zentral Grabgrube mit schlecht erhaltenem Rand aus Kalksteinplatten, rechteckig mit abgerundeten Ecken und Stirnseiten, Größe 2,56 x 1,58 m, Längsachse N-S orientiert, mit leichter Abweichung nach W – um die Grabgrube kleiner Wall vom Aushub – Verfüllung der Grube aus schottrigem Sand mit Kalksteinbrocken – Reste einer Doppelbest. *(vgl. Taf. 53,A)*

*Lage/Orientierung/Geschlecht des Toten:* Skelettreste in T 70 cm, ursprünglich ausgestreckt auf dem Rücken liegend, Kopf im S, darüber (T 55 cm) an der O-Wand der Grube Schädel ohne Unterkiefer, weiterer Schädel in der N-Hälfte der Grube: wohl Doppelbest. *(vgl. Taf. 53,A)*

**Funde:** 2 Pfeilspitzen *(Taf. 53,B,1-2)*, dreikantig und drei-flüglig, mit Schaft, aus Bronze gegossen – Schulterblatt vom Schaf
*(vgl. Taf. 53,B)*

**Lage im Befund:** Pfeilspitzen in der Mitte der O- bzw. W-Wand der Grabgrube, eine davon in Beckenknochen steckend – Schafschulterblatt im südl. Teil der Grabgrube
*(vgl. Taf. 53,A)*

**Parallelfunde:** Grabbau und Fleischbeigabe (Schaf) typisch für Prochorovka-Kultur

**Datierung:** 5./4. Jh. v. Chr.

**Literatur:** Jagodin 1982

### Kat.-Nr. 27,3

**Befund: Kaskažol** (Uzbekistan), Kurgan 4

**Anlage/Architektur:** Kurgan – Erdaufschüttung stark verstürzt und gestört, H höchstens 0,4 m, Dm ca. 15,0 m – im Zentrum zwei Kreise aus Steinplatten (außen: Dm ca. 14 m, B 1,5 m; innen: Dm ca. 4,5 m, B ca. 0,7 - 0,8 m) – unter innerem Steinkreis Grabgrube mit Katakombe – Eingangsgrube oval, Längsachse SSO-NNW orientiert, größte Ausdehnung 2,7 x 1,25 m, T ca. 1,6 m – Eingang zur Katakombe in westl. Längsseite, mit vertikal stehenden großen Steinplatten in 1 - 2 Reihen verschlossen – Katakombe oval, größte Ausdehnung 2,8 x 1,5 m, T ca. 0,5 m, Boden liegt tiefer als der der Eingangsgrube, Decke verstürzt, Wölbung der Katakombe ungefähr zentral im inneren Steinkreis – Verfüllung mit großen Kalksteinbruchstücken *(vgl. Taf. 54,A-B)*

**Lage/Orientierung/Geschlecht des Toten:** Körpergrab, Knochen stark verworfen, wohl Rückenstrecker entlang der westl. Längsachse, Kopf SSO *(vgl. Taf. 54,B)*

**Funde:** Fragmente handgemachter und scheibengedrehter Keramik (Gefäßformen nicht rekonstruierbar, handgemachte Ware grob gemagert, Bruch schwarz; scheibengedrehte Ware fein gemagert, dünnwandig) – fragmentierter Bronze-Spiegel *(Taf. 55,A,2)*, aus einem Stück gegossen, mit flacher, runder Scheibe, wohl mit Randwulst, außen glatt und umlaufend ornamentiert, innen gravierte konzentrische Kreise (Tannenzweig-Motiv und Punktmuster), zentrale Darstellung: nach rechts schreitender entenartiger Vogel, Dm 14,3 cm, D 0,3 (Rand) - 0,2 cm (Mitte), Handhabe mit rechteckigem Querschnitt, verjüngt sich nach unten, abgebrochen – fragmentiertes Eisen-Schwert *(Taf. 55,A,3)* mit massivem Griff, im Schnitt wohl rechteckig, und schmaler Parierstange, schmale Klinge verjüngt sich regelmäßig vom Heft abwärts, rhombischer Querschnitt, L ca. 1,06 m – 9 Bronze-Pfeilspitzen *(Taf. 55,A,1)*, dreiflüglig mit „gewölbter" Spitze und kurzem Schaft,

L 3,1-3,7 cm, gegossen (auf einigen Schäften Gußnaht sichtbar), im Schaft teilweise Reste hölzerner Pfeilschäfte – 6 Perlen *(Taf. 55,A,5)* aus Glaspaste, nicht transparent, 2 Typen: 3 gestreifte Perlen, Dm 1,4 - 1,6 cm, Dm Loch 0,4 cm, dunkel-kastanienbraun mit lederbraunen Streifen und 3 Perlen mit „Augen", Dm 1,4 - 1,8 cm, Dm Loch 0,6 - 0,8 cm, dunkelblau, fast schwarz und himmelblau mit weißen „Augen" und dunkler „Pupille" – durchlochte Keramikscheibe *(Taf. 55,A,4)*, flach, rund, aus Wandscherbe eines rottonigen, scheibengedrehten Gefäßes, Dm 3 cm, Dm Bohrung 0,6 cm
*(vgl. Taf. 55,A)*

**Lage im Befund:** Schwertbruchstücke entlang der westl. Längsachse und im zentralen Bereich, Pfeilspitzen am Fuß des Toten, Perlen im Beckenbereich und im Eingangsbereich der Katakombe, Keramikscheibe und Scherben des scheibengedrehten Gefäßes zentral in der Kammer *(vgl. Taf. 54,B)*

**Parallelfunde:** Grabanlage, Bestattungsritus und Inventar ähneln Kurganen der Prochorovka-Kultur des südl. Vorural-Gebietes

**Sonstiges:** Kurgan teilweise beraubt, Spiegel und Schwert evtl. absichtlich zerbrochen

**Datierung:** 4 Jh. v. Chr., anhand der Parallelen von Grabbau und Inventar

**Literatur:** Jagodin 1978; Jagodin/Jusupov 1978

### Kat.-Nr. 27,4

**Befund: Kaskažol** (Uzbekistan), Kurgan 7

**Anlage/Architektur:** Kurgan – Aufschüttung flach und stark abgerutscht, annähernd rund, in Mitte Senke, Obfl. schottrig und mit Kalksteinplatten bedeckt, Dm 16,0 - 18,0 m, H 0,8 - 1,0 m – darunter annähernd runde Konstruktion aus Steinplatten in qualitätvollem Trockenmauerwerk auf alter Obfl., Größe 9,5 x 8,7 m – zentral darin fast quadratische Grabkammer, Seitenlänge 4,2-4,3 m, entlang der NO- und SW-Seite kleine Stufe: H über Boden 0,16 - 0,2 m (NO) und 0,3 - 0,35 m (SW), B 0,3 - 0,6 m, die sich von der SW-Seite über die Ecke bis 1,5 m längs der SO-Seite zieht – in NW-Seite Durchgang, L 2,8 m, B 0,8 - 0,85 m – Kammer verfüllt mit lockerem braunen Sand, darin kleine Tonklümpchen und Kalksteinsplitter, auf Boden rötliche Hitzespuren *(vgl. Taf. 56,A)*

**Lage/Orientierung/Geschlecht des Toten:** Best. auf alter Obfl., völlig verworfen, Knochen (Schädel, Unterkiefer, Schulter, Rippen, Wirbel) konzentrieren sich auf NW-Seite der Kammer und Bereich vor dem Durchgang *(vgl. Taf. 56,A)*

*Funde:* Gefäß *(Taf. 57,A,1)* mit Flachboden, Löcher entlang eines Sprungs zeigen Reparaturversuche, Dm Mündung 13 cm, Dm Hals 11,5 cm, Dm max. 21 cm, Dm Boden 14, 3 cm, H 14,5 cm, WS 0,8 - 0,9 cm – Keramikfragment *(Taf. 57,A,9)*, Randstück, scheibengedreht, aus gut gemagertem Ton, mit massivem Rand, darunter Rillen, Grundfarbe ziegelrot, darüber rotbraune Engobe, Dm 10 cm, D 0,4 cm – Eisenobjekt *(Taf. 57,A,2)*, gebogen, im Schnitt tropfenförmig, evtl. Köcherhaken – Fragmente zweier Reibsteine, das eine *(Taf. 57,A,5)* aus zartrosa-grauem kleinkörnigem Sandstein, innen gebogen, außen flach, das andere *(Taf. 57,A,4)* aus hellbraunem feinkörnigem Sandstein, wohl Läuferstein – 2 Pfeilspitzen *(Taf. 57,A,6-7)* aus Bronze, mit Schaft, dreiflüglig – Spiegelfragment *(Taf. 57,A,3)* aus Bronze, flache Scheibe mit leicht eckigem Rand, Verzierung durch konzentrische Linien, eine bildet einen leichten Wulst, rek. Dm 15 cm, D 0,1 cm, am Wulst 0,4 cm – kleiner Bronzering *(Taf. 57,A,8)*, Ohr- oder Schläfenring, mit überlappenden, stumpfen Enden, aus rundem Bronzestab gebogen – Schafsknochen *(vgl. Taf. 57,A)*

*Lage im Befund:* Funde konzentrieren sich auf NW-Seite der Kammer und Bereich vor dem Durchgang – in Aufschüttung Fragmente rottoniger scheibengedrehter Keramik *(vgl. Taf. 56,A)*

*Parallelfunde:* Pfeilspitzen und Bronzeringe mit sauromatisch-sarmatischen und mittelasiatischen Parallelen

*Datierung:* 3. - 2. Jh. v. Chr.

*Literatur:* Jagodin 1982

---

## KAT.-NR. 28

*Fundort:* **Koktepe** (Uzbekistan)

*Lage:* nördl. von Samarkand *(vgl. Karten 1 und 3)*

*Befund:* Siedlungshügel mit Bestattung

*Anlage/Architektur:* Grabbau in eisenzeitliche Plattform eingetieft, T 6,4 m unter moderner Obfl. – Dromos, 1,8 m x 5,4 m – nördl. anschließende Grabkammer, trapezförmig, L 3,6 m, B 2,4 - 3,2 m – zwei seitliche halbrunde Nischen im O und W – „Katakombe" mit Best., auf Boden Reste von Schilfmatten *(vgl. Taf. 58,A-59,B)*

*Lage/Orientierung/Geschlecht des Toten:* in „Katakombe", ausgestreckt auf dem Rücken liegend, Kopf im O, Frau, 42 - 45 Jahre alt *(vgl. Taf. 59,A; 60,A)*

*Sonstiges: vgl. auch Photographien bei Rapin 2001*

*Funde:* O-Nische: Schale *(Taf. 60,B,1)*, H 22 cm, Dm 41 cm – zwei Krüge *(Taf. 60,B,2-3)*, klein: H 22 cm, Dm max. 19 cm, groß: H 40 cm, Dm max. 34 cm – Flasche *(Taf. 60,B,4)*, L max. 44 cm, Dm 39 cm – eiserner Räucherständer *(Taf. 61,A,6)*, dreifüßig, H 30 cm, Dm 11 cm; W-Nische: Bronzekessel *(Taf. 61,A,5)* alt repariert, H 31,2 cm, Dm max. 26 cm
Grab: 345 runde Aufnähplättchen – drei goldene Riemenendplättchen *(Taf. 61,B,19-21)*, rechteckig – Nietknöpfe aus Türkis, 1,8 - 2,2 x 1,15 - 1,2 cm – drei rechteckige Goldplättchen *(Taf. 61,B,16-18)* vom Besatz eines Kopfschmucks, ursprünglich auf rotem Gewebe befestigt, 4,5 x 10 - 12 cm – Stoffbeutel, bestickt – Knochenkamm *(Taf. 61,B,15)* mit Pferdeprotomen, rote Farbspuren, L 9,5 cm – chinesischer Spiegel *(Taf. 61,B,14)* mit feiner ornamentaler Verzierung, Dm 18,6 cm – zwei Eisenmesser *(Taf. 61,B,11-12)* mit Ringknauf, L max. 17,5 cm – Eisenpfriem *(Taf. 61,B,13)*, L 10 cm – Marmorscheibe mit Ornament *(Taf. 61,B,10)*; Kammerboden: Silberschälchen *(Taf. 61,B,7)*, Dm 10,2 cm, H 4,8 cm – rundes Räuchergefäß aus Keramik *(Taf. 61,B,8)*, H 5,4 cm, Dm 7 - 7,2 cm *(vgl. Taf. 60,B-61,B)*

*Lage im Befund:* O-Nische: 4 Keramikgefäße, Räucherständer nahe dem Eingang; W-Nische: Kessel
Grab: Aufnähplättchen an Säumen der Kleidung – Riemenendplättchen, Silberobjekt und Goldplättchen am Kopf – Kamm neben rechtem Knie in Stoffbeutel – dort auch Spiegel, ebenfalls in Stoffbehältnis – Eisenmesser und Marmorscheibe neben linkem Unterschenkel; Kammerboden: Silberschälchen und Räuchergefäß *(vgl. Taf. 60,A)*

*Parallelfunde:* Bezüge zum nomadischen Steppenraum sowie zu lokalen seßhaften Kulturen und dem chinesischen Gebiet

*Sonstiges: vgl. auch Photographien bei Rapin 2001*

*Datierung:* 2. - 1. Jh. v. Chr.

*Literatur:* Rapin 2001

---

## KAT.-NR. 29

*Fundort:* **Konaj** (auch Kunajoba, Kazachstan)

*Lage:* Ustjurt-Plateau, 33 km südwestl. von Šestoj Raz'ezd *(vgl. Karten 1 und 2)*

*Befund:* „Heiligtum"

*Anlage/Architektur:* „Heiligtum" vom „Typ Bajte" – Kurgan

*Sonstiges:* nicht ausgegraben, nur prospektiert

*Funde:* anthropomorphe Stele *(vgl. Taf. 62,A)*

*Datierung:* sarmatische Zeit

*Literatur:* Genito et al. 2000; Ol'chovskij 2005

## Kat.-Nr. 30

*Fundort:* **Kondybaj** (Kazachstan)

*Lage:* aus Umgebung von Kondybaj *(vgl. Karten 1 und 2)*

*Untersuchung:* gefunden in den 1960/1970er Jahren

*Ausgräber:* entdeckt durch den früheren Direktor des Ethnographischen Museums Mangyšlak (Fort Ševčenko)

*Befund:* Stele

*Funde:* vollständig erhaltene Stele aus Kalkstein: stehender Mann mit breiten, eckigen Schultern, schmaler Taille und leicht gespreizten Beinen, Kopf oval, fast rund, Gesicht umrahmt von Wulst (Haare/Kopfbedeckung?), linsenförmige Augen mit wulstförmigen Brauen, Nase gerade, schmal und leicht gekrümmt, schmaler Mund mit Schnurbart, Halskragen mit vier Facetten, Brustmuskulatur durch zwei kleine Wölbungen angedeutet, rechter Arm gerade neben dem Körper, daran breiter, facettierter Armreif, linker Arm vor dem Bauch liegend, Gürtel mit Verzierungen (links Rhomben, rechts liegende, ineinander verschachtelte Dreiecke) und Gürtelhaken, rechts ein Dolch vom Prochorovka-Typ mit sichelförmigem Knauf und gerader Parierstange, Scheide unten am Bein, oben am Gürtel befestigt, unterhalb der Taille annähernd waagerecht am Gürtel Schwert vom Prochorovka-Typ mit verziertem Griff, Scheiden von Dolch und Schwert wohl mit breiten, dreieckigen Enden, am linken Oberschenkel Köcher mit Pfeil und Bogen, hängt wohl an einem Riemen über der Schulter, H 1,6 m sichtbar (geschätzte H 1,9-2,0 m), Unterteil in Boden des Ausstellungsraumes eingelassen, B 0,66 m, D 0,18 m
*(vgl. Taf. 62,B)*

*Parallelfunde:* dargestellte Realia (besonders Schwert- und Dolchtypen) frühsarmatischen Typs

*Sonstiges:* heute im Ethnographischen Museum Mangyšlak

*Datierung:* 5. - 2. Jh. v. Chr.

*Literatur:* Zuev/Ismagil' 1994; Zuev/Ismagil' 1996; (Adžigaleev 1994 – zitiert nach Zuev/Ismagil' 1996)

## Kat.-Nr. 31

*Fundort:* **Kosuak** (Kazachstan)

*Lage:* Ustjurt-Plateau, 14,5 km östl. des Brunnens Otajbergen *(vgl. Karten 1 und 2)*

*Befund:* „Heiligtum"

*Anlage/Architektur:* „Heiligtum" vom „Typ Bajte" – zwei Kurgane – Steinkonstr.

*Sonstiges:* nicht ausgegraben, nur prospektiert

*Funde:* Fragmente von Stelen

*Datierung:* sarmatische Zeit

*Literatur:* Genito et al. 2000

## Kat.-Nr. 32

*Fundort:* **Kos-Uik** (Kazachstan)

*Lage:* Ustjurt-Plateau, 10 km südl. von Tuščykuduk *(vgl. Karten 1 und 2)*

*Befund:* „Heiligtum"

*Anlage/Architektur:* „Heiligtum" vom „Typ Bajte" – zwei Kurgane

*Sonstiges:* nicht ausgegraben, nur prospektiert

*Funde:* anthropomorphe Stele

*Datierung:* sarmatische Zeit

*Literatur:* Genito et al. 2000

## Kat.-Nr. 33

*Fundort:* **Kujumazar** (Uzbekistan)

*Lage:* südl. der Bahnstation Kujumazar, 30 km nordöstl. von Buchara *(vgl. Karten 1 und 3)*

*Untersuchung:* Wissenschaftliche Expedition des Labors für Konservierung und Restauration, 1975

*Befund:* Gräberfeld mit 14 ausgegrabenen Kurganen

*Anlage/Architektur:* 13 Kurgane mit Katakomben, diese an der N-Wand der Grabgrube

*Lage/Orientierung/Geschlecht des Toten:* Lage ausgestreckt, Kopf im S

*Funde:* Keramik (Schüsseln, Pokale, Flaschen) – Bronzespiegel mit zentraler konischer Wölbung und Griffbefestigung aus Holz oder Knochen – Schwerter und Messer aus Eisen – Perlen aus Glaspaste und Karneol; in zwei Frauengräbern kleine, abgerundete Sandsteinplatten – in einem davon außerdem zweischneidiges Schwert mit kurzer gerader Parierstange und trichterförmigem Knauf aus Bronze – Bronzeschnalle mit Dorn – dreiflüglige Pfeilspitzen aus Eisen

*Parallelfunde:* Sandsteinplatten bekannt als Opfergerät in sarmatischen Best.

*Datierung:* 2. Jh. v. Chr. - 2. Jh. n. Chr.

*Literatur:* Obel'čenko 1976

---

## KAT.-NR. 34

*Fundort:* **Kulkuduk** (Učkuduk raj., Samarkand obl., Uzbekistan)

*Lage:* 4 km südwestl. von Kulkuduk, auf flacher Kuppe einer Anhöhe *(vgl. Karten 1 und 3)*

*Untersuchung:* Učkuduker Archäologische Abteilung des Instituts für Archäologie der AdW Uzbekistans, 1985

*Befund:* Nekropole mit 7 Kurganen

*Anlage/Architektur:* Kurgane 2 - 5 liegen 45 m südl. von Kurgan 1 und bilden eine kleine Kette von 57,5 m Länge

*Funde:* Frauenbest. mit Toilettegegenständen – Männerbest. mit Waffen – vgl. Beschreibungen der einzelnen Kurgane *(Kat.-Nr. 34,1-6)*

*Lage im Befund:* Schafsknochen im Kopfbereich (Ausnahme Kurgan 3, dort an den Füßen) – Holzgefäße am Kopfende – vgl. Beschreibungen der einzelnen Kurgane *(Kat.-Nr. 34,1-6)*

*Datierung:* vgl. Beschreibungen der einzelnen Kurgane *(Kat.-Nr. 34,1-6)*

*Literatur:* Manylov 1990

### KAT.-NR. 34,1

*Befund:* **Kulkuduk** (Učkuduk raj., Samarkand obl., Uzbekistan); Kurgan 2

*Anlage/Architektur:* Kurgan – Aufschüttung, Dm 10,0 m, H 0,3 m – umgeben von vorgelagertem Graben, B 3,0 m – zentrale, rechteckige Grabgrube, Größe 2,02 x 0,75 m, T 1,6 m

*Lage/Orientierung/Geschlecht des Toten:* Best. auf Boden der Grabgrube ausgestreckt auf dem Rücken liegend, Kopf im SW

*Funde:* Ohrringe *(Taf. 63,A,1-2)*, L ca. 5,1 cm – Armreifen *(Taf. 63,A,4-5)* aus rundem Bronzestab Dm 5,5 - 6,7 cm – Bronzespiegel *(Taf. 63,A,3)* mit verdicktem Rand und leicht gewölbtem Zentrum, Griff im Schnitt rechteckig, L 3,0 cm, Dm 9,9 - 10,1 cm – Gefäß *(Taf. 63,A,6)* mit Flachboden, weißlich-grünliche Engobe – Schafsknochen *(vgl. Taf. 63,A)*

*Lage im Befund:* Ohrring neben dem Schädel – drei Armreifen über den linken Armknochen gezogen – 6 weitere Bronzereifen in der südl. Ecke der Grube – Bronzespiegel unter dem rechten Schlüsselbein – Gefäß stehend in der SW-Ecke der Grabgrube – Schafsknochen längs der südl. Wand

*Parallelfunde:* Inventar und Bestattungssitte mit sarmatischen Parallelen

*Sonstiges:* Spuren von Schilf und Holz

*Datierung:* 3. - 2. Jh. v. Chr.

*Literatur:* Manylov 1990

### KAT.-NR. 34,2

*Befund:* **Kulkuduk** (Učkuduk raj., Samarkand obl., Uzbekistan), Kurgan 3 (13 m östl. von Kurgan 2)

*Anlage/Architektur:* Kurgan – Aufschüttung, Dm 8,0 m, H 0,4 m – umgeben von Graben, B ca. 2 m – rechteckige Grabgrube mit abgerundeten Ecken, 2,9 x 0,88 m, T 1,45 m – über Best. Sandschicht eingestreut und darauf schwarze Ascheschicht

*Lage/Orientierung/Geschlecht des Toten:* Best. auf Boden der Grabgrube im anatomischen Verband, Kopf im SW

*Funde:* 2 ungebrannte Gefäße, Dm 26 cm, Obfl. außen und innen hellrot bemalt – hochhalsiges Gefäß *(Taf. 63,B,11)*

mit Flachboden, am Hals mehrfach profiliert, schwarz engobiert, H 37,0 cm, Dm max. 27,3 cm, Dm Boden 16 cm – Bronzespiegel *(Taf. 63,B,1)*, Griff mit Knochenring und halbrundem Bronzeknauf *(Taf. 63,B,2-3)*, breiter, verdickter Rand, Griff im Schnitt rechteckig, L 4,6 cm, Dm 12,4 cm – profilierter Knochenring mit Verdickung, Dm 3 cm – zwölfkantiger Bronzeknauf, mit Vogelaufsatz, H ca. 4,6 cm, Dm ca. 3,2 cm – sechs Fingerringe *(Taf. 63,B,7-8)* – Eisenmesser mit Scheide *(Taf. 63,B,9-10)* und ringförmigem Knauf – Bronzeöse für Ohrring (?) – Ohrring *(Taf. 63,B,5)* mit Achat in Goldfassung, amphorenförmig – zwei Eisenklammern – Karneolperle – Achatanhänger *(Taf. 63,B,4)* – Miniaturgefäß *(Taf. 63,B,6)* – Schafsknochen *(vgl. Taf. 63,B)*

*Lage im Befund:* 2 ungebrannte Gefäße am Kopfende – hochhalsiges Gefäß an Beinen – daneben und darunter Schafsknochen – Bronzespiegel unter der Leistengegend – sechs Fingerringe nahe den Fingern der rechten Hand – Eisenmesser mit Scheide zwischen den Fingerknochen der rechten Hand und den Rippen – Bronzeöse und Ohrring rechts im Bereich des Nackens – Eisenklammern unter dem Knie des linken Beins – Karneolperle unter rechtem Knie – Achatanhänger bei Halswirbeln – Miniaturgefäß zwischen den Knien

*Parallelfunde:* Inventar und Bestattungssitte mit sarmatischen Parallelen

*Datierung:* 3. - 2. Jh. v. Chr.

*Literatur:* Manylov 1990

## Kat.-Nr. 34,3

*Befund:* **Kulkuduk** (Učkuduk raj., Samarkand obl., Uzbekistan), Kurgan 4 (16,5 m von Kurgan 3 entfernt)

*Anlage/Architektur:* Kurgan – Aufschüttung, Dm 9,0 m, H 0,38 m – umgebender Graben, B 3,0 m – Grabgrube mit geraden Wänden, 2,4 x 0,8 m, T 2,5 m – in NW-Wand rechteckige Nische, 2,64 x 1,0 m, H max. 0,9 m, Boden 5-10 cm tiefer als der der Grabgrube – Schilfspuren

*Lage/Orientierung/Geschlecht des Toten:* 2 Best. in der Nische, ausgestreckt mit Kopf im SW liegend, Best. 1 mit ausgestreckten Armen, Best. 2 mit Unterarmen in der Leistengegend

*Funde:* Gefäß *(Taf. 64,A,13)* – viereckiges Altärchen *(Taf. 64,A,12)* mit Resten verbrannter Zweige – Flasche *(Taf. 64,A,14)*, scheibengedreht, dunkelbraun engobiert, Dm 21 cm, B Körper 16 cm – Holzgefäß – Bronzeniete als Verzierung eines Gürtels, mit dem der Köcher befestigt war – zugehörig sieben Eisenpfeilspitzen *(Taf. 64,A,1)* – zwei Bronzeschnallen *(Taf. 64,A,6-7)* zur Befestigung an

einem Riemen – Schwertspitze aus Eisen – Langschwert mit zweischneidiger Klinge aus Eisen, Schwert evtl. absichtlich zerbrochen, B Klinge 4,2 cm – Bronzeniete mit breitem Kopf als Gürtelschmuck – zweiteilige Bronzeschnalle *(Taf. 64,A,8)* – sechs runde Bronzeschnallen *(Taf. 64,A,2-5)* mit vorspringenden Dornen, Dm ca. 2,5 - 2,9 cm – Goldgegenstand *(Taf. 64,A,11)* mit Türkis-Inkrustation, H 2,3 cm, Dm 0,5 - 0,7 cm – Dolch, L 30 cm – sechs dreiflüglige Stielpfeilspitzen aus Eisen – mehrere knöcherne Bogenverstärkungen *(Taf. 64,A,9-10* zeigt die am Kopf aufgefundenen) – Holzreste – stark korrodierte Eisenobjekte – Schafsknochen *(vgl. Taf. 64,A)*

*Lage im Befund:* 2 Gefäße am Kopfende, in einem davon Altärchen – außerdem dort Holzgefäß und Schafsknochen – bei Best. 1 Bronzeniete an der linken Hüfte – sieben Eisenpfeilspitzen neben dem Knie des linken Beines, Spitzen zum Fuß weisend – zwei Bronzeschnallen zwischen den Füßen – Schwertreste zwischen den Hüftknochen – bei Best. 2 Langschwert auf der linken Brust, Fragment davon lag zwischen den Beinen – Bronzeniete zusammen mit Bronzeschnalle auf der Best. – sechs Bronzeschnallen sowie Goldgegenstand in der Fußgegend – Dolch bei rechter Schulter – sechs Eisenpfeilspitzen östl. des Schädels mit Spitzen zur SW-Wand – zwei knöcherne Bogenverstärkungen am Kopf, zwei weitere neben Fingerknochen – dabei auch Holzreste – Eisengeräte zwischen den Best. – Schilfspuren entlang der Nischenwände

*Parallelfunde:* Inventar und Bestattungssitte mit sarmatischen Parallelen

*Datierung:* 3. - 2. Jh. v. Chr.

*Literatur:* Manylov 1990

## Kat.-Nr. 34,4

*Befund:* **Kulkuduk** (Učkuduk raj., Samarkand obl., Uzbekistan), Kurgan 5 (15 m östl. von Kurgan 4)

*Anlage/Architektur:* Kurgan – Aufschüttung aus Erde und Schotter, H 17,0 cm – umgebender Graben, Dm 6,0 m, B 2,0 m – zentrale Grabgrube, Größe 3,0 x 0,9 m, T 1,64 m – ovale Nische in der NW-Wand, L 3,0 m, B 0,82 m, H ca. 0,6 m, Boden der Nische ca. 5-7 cm tiefer als der der Grabkammer, Nische mit vertikal stehenden Platten von 1,5 x 0,8 m 0,4 - 0,7 x 0,8 m und 1 x 0,7 m verschlossen

*Lage/Orientierung/Geschlecht des Toten:* Best. in der Nische ausgestreckt auf dem Rücken liegend, Kopf im SW

*Funde:* Holzgefäß, Dm 15 - 17 cm, mit 4 Bronzeplatten, die doppelt um den Rand gelegt waren – handgemachtes

Gefäß *(Taf. 64,B,3)* – Kanne *(Taf. 64,B,1)* aus gut gemagertem Ton, grau-braun (Körper) bis ziegelrot engobiert, H 25,3 cm, Dm Boden ca. 11 cm – Flasche *(Taf. 64,B,2)*, scheibengedreht, weißlich engobiert – 96 Goldbleche, doppelt durchlocht – Schafsknochen (vgl. Taf. 64,B)

*Lage im Befund:* Holzgefäß am Kopfende – handgemachtes Gefäß nahe den Fingerknochen der rechten Hand – Kanne und Flasche an den Beinen – Goldbleche längs der Armknochen – Schafsknochen in der S-Ecke

*Parallelfunde:* Inventar und Bestattungssitte mit sarmatischen Parallelen

*Datierung:* 3. - 2. Jh. v. Chr.

*Literatur:* Manylov 1990

### KAT.-NR. 34,5

*Befund:* **Kulkuduk** (Učkuduk raj., Samarkand obl., Uzbekistan), Kurgan 6

*Anlage/Architektur:* Kurgan – Aufschüttung, H 0,4 m, Dm 10,0 m – umgebender Graben, B 4 m – Grabgrube 2,6 x 0,72 m, T 1,6 m – Nische in der NW-Wand, Größe ca. 2,7 x 0,8 m, T 1,8 m, verschlossen mit vertikal stehenden Steinplatten von 0,76 x 0,7 m; 0,44 x 0,7 m; 0,54 x 0,8 m, teils verstürzt, Reste von Tonmörtel

*Lage/Orientierung/Geschlecht des Toten:* Best. in der Nische ausgestreckt auf dem Rücken liegend, Kopf im SW, linker Arm angewinkelt, Hand im Beckenbereich

*Funde:* Bronzespiegel *(Taf. 65,A,1)*, im Zentrum und am Rand gewölbt, L Griff 3,3 cm, Dm 11,5 cm, D min. 0,7 cm, D Zentrum 1,5 cm – zwei Ohrringe *(Taf. 65,A,5)* aus Bronze – zwei Armbänder aus Glasperlen, davon einer aus 13 stark irisierenden Perlen, der zweite aus neun Perlen – Messer mit Scheide *(Taf. 65,A,2-3)* und ringförmigem Knauf, bedeckt mit rot gefärbtem Holz und mit Garn umwickelt, Scheide aus zwei Teilen, mit Netzornament und roten Farbspuren – Glöckchen *(Taf. 65,A,4)* aus Bronze – sechs Fingerringe aus Bronze, einer mit der Darstellung eines Fabelwesens – Eisenring – zwei Holzgegenstände, dünn mit Kalk bestrichen und rot bemalt, B jeweils ca. 10 cm, Abstand zwischen ihnen 6 cm – Topf *(Taf. 65,A,7)* mit Flachboden, weißlich-grünliche Engobe – Eisenmesser – Gefäß *(Taf. 65,A,6)*, weißlich engobiert, scheibengedreht – Schafsknochen
*(vgl. Taf. 65,A)*

*Lage im Befund:* Bronzespiegel neben dem Kopf, eingehüllt in Stoff – Ohrringe neben den Halsknochen – Armreifen aus Glasperlen um linkes (13 Perlen) und rechtes Handgelenk – Messer, Scheide, Bronzeglöckchen,

Fingerringe und Eisenring (die Ringe in Stoff gehüllt) am Knie des linken Beines – zwei Holzgegenstände längs des rechten Beines – Topf in der NO-Ecke der Nische – Eisenmesser, Kanne und Schafsknochen am Kopfende

*Parallelfunde:* Inventar und Bestattungssitte mit sarmatischen Parallelen

*Datierung:* 3. - 2. Jh. v. Chr.

*Literatur:* Manylov 1990

### KAT.-NR. 34,6

*Fundort:* **Kulkuduk** (Učkuduk raj., Samarkand obl., Uzbekistan), Kurgan 7 (20 m westl. von Kurgan 6)

*Anlage/Architektur:* Kurgan – Aufschüttung, Dm 8,0 m, H 0,35 m – umgebender Graben, B 5,0 m – Grabgrube, gestreckt oval, B 0,65 - 0,82 m, vergrößert sich nach unten (am Boden 0,76 - 0,9 x 2,88 m), T 1,9 m, verschlossen mit Steinplatten von 0,48 - 0,55 x 0,75 - 0,85 m

*Lage/Orientierung/Geschlecht des Toten:* Best. ausgestreckt auf dem Rücken liegend, Kopf im SW, Elle und Speiche des rechten Arms waren verworfen

*Funde:* Schwertgriff mit gerader Parierstange – Klingenfragmente *(Taf. 65,B,6)*, Schwert evtl. absichtlich zerbrochen, Knauf fehlt, Klinge zweischneidig, Holzreste der Scheide, teils hellrot gefärbt, L gesamt 85 cm, B Klinge 4,3 cm, L Griff 13,3 cm, L Parierstange 9,8 cm, B Parierstange 2,3 cm – vier Eisenmesser *(Taf. 65,B,8-11)* mit geradem Rücken und kleinem Griff, L 9,1-15,2 cm – Köcherhaken aus Eisen – sechs Gürtelaufsätze aus Knochen *(Taf. 65,B,12-13)* – zwei runde Bronzegegenstände – Bogen aus Holz mit Verstärkungen an Enden und in der Mitte – 15 Stielpfeilspitzen *(Taf. 65,B,1-5)* aus Eisen, dreiflüglig – Dolch *(Taf. 65,B,7)*, L 24,2 cm, B Klinge max. 4,6 cm – Krug *(Taf. 65,B,14)*, Engobe nicht erhalten, H 30,5 cm – Schafsknochen
*(vgl. Taf. 65,B)*

*Lage im Befund:* Schwertgriff auf Unterarmknochen des rechten Arms, Klinge auf Rippen und im Beckenbereich – Eisenmesser, Haken und Spitze an Hüftknochen des linken Beines – unter der Best. Knochenaufsätze – runde Bronzegegenstände am Knie und neben Tibia und Fibula des linken Beines – Bogen längs der SO-Wand – Eisenpfeilspitzen neben den rechten Beinknochen, mit Spitzen zu den Füßen weisend – Dolch im unteren Teil des rechten Beines – Krug und Schafsknochen am Kopfende

*Parallelfunde:* Inventar und Bestattungssitte mit sarmatischen Parallelen

*Datierung:* 3. - 2. Jh. v. Chr.

*Literatur:* Manylov 1990

---

## KAT.-NR. 35

*Fundort:* **Kyzyl uik** (Kazachstan)

*Lage:* am Nordrand des Ustjurt-Plateaus, an der Grenze der obl. Aktjubinsk, Mangystau und Aktyrau, ca. 300 km ostsüdöstl. von Akkiiztogaj *(vgl. Karten 1 und 2)*

*Untersuchung:* Westkazachische Expedition des Instituts für Archäologie der Kazachischen Nationalen AdW

*Befund:* „Heiligtum"

*Anlage/Architektur:* „Heiligtum" vom „Typ Bajte" – kurganartige Aufschüttung, H 5 - 6 m – runde Kultanlage

*Sonstiges:* nicht ausgegraben, nur prospektiert

*Funde:* Fragmente von min. 3 anthropomorphen Stelen *(vgl. Taf. 66,A-B)*

*Datierung:* sarmatische Zeit

*Literatur:* Genito et al. 2000

---

## KAT.-NR. 36

*Fundort:* **Langari Chodžiën** (Čorku Isfara raj., Leninabad obl., Tadžikistan)

*Lage:* im Norden der Region *(vgl. Karten 1 und 3)*

*Untersuchung:* Institut für Geschichte der AdW Tadžikistans, 1982

*Befund:* Gräberfeld

*Anlage/Architektur:* 19 Befunde unterschiedlicher Art und Datierung, meist Grabgruben mit Katakomben, darin Kollektiv- oder Einzelbest. in einem Holzsarg oder im Schacht

*Lage/Orientierung/Geschlecht des Toten:* Best. in Katakombe, Sarg oder Schacht nach O, einzelne auch nach S orientiert, ausgestreckt auf dem Rücken liegend

*Sonstiges:* viele Gräber beraubt

*Funde:* sarmatische Spiegel – Gefäße – Messer – Schwerter – Äxte – Pferdegeschirr – Spiegel anderer Typen – Bronzearmreifen mit zoomorphen Enden – Schläfen- und Fingerringe – Perlen aus verschiedenen Edelsteinen, Glas etc. – Amulette – anthropomorphe Plättchen

*Parallelfunde:* Parallelen zu westl. Fergana

*Datierung:* sarmatisch

*Literatur:* Mirbabaev 1984

---

## KAT.-NR. 37

*Fundort:* **Ljavandak** (Uzbekistan)

*Lage:* 17 km südöstl. von Kujumazar, 3 km südl. vom Dorf Ljavandak, nahe der alten Siedlung Chodža-Adžuvandi Tepe *(vgl. Karten 1 und 3)*

*Untersuchung:* 1952 - 1953

*Ausgräber:* O. V. Obel'čenko, V. A. Šiškin

*Befund:* Kurgan-Nekropole

*Anlage/Architektur:* Gräberfelder, die in mehreren Gruppen um das gleichnamige Dorf gruppiert sind, dabei liegt die 1. Gruppe (6 Kurgane) ca. 800 m nordöstl. des Dorfes, die 2. Gruppe (14 Kurgane) 1200 m östl. und die 3. Gruppe südl. dieser Kurgane

*Lage/Orientierung/Geschlecht des Toten:* vgl. Beschreibungen der einzelnen Kurgane *(Kat.-Nr. 37,1-3)*

*Funde:* vgl. Beschreibungen der einzelnen Kurgane *(Kat.-Nr. 37,1-3)*

*Lage im Befund:* vgl. Beschreibungen der einzelnen Kurgane *(Kat.-Nr. 37,1-3)*

*Datierung:* vgl. Beschreibungen der einzelnen Kurgane *(Kat.-Nr. 37,1-3)*

*Literatur:* Obel'čenko 1961

---

## KAT.-NR. 37,1

*Befund:* **Ljavandak** (Uzbekistan), sog. Kurgan beim Meßpunkt

*Anlage/Architektur:* Kurgan – Aufschüttung aus Sand mit Kieseln und Kalkbröckchen, Dm 10,5 m, H 1,12 m, im unteren Teil schotterige und kalkhaltige Schicht – zentral darunter rechteckiger Dromos, Längsachse N-S orientiert, leicht nach W verschoben, L 3,38 m, B 1,12 m, T 2,10 m – in N-Wand bei T 1,25 m auf Höhe der alten Obfl. Stufe auf ganzer Breite – in T 10-12 cm darunter längs der O-Wand zweite Stufe, die bis 1 m vor die S-Wand verläuft, S-Ende schräg abgeschnitten, B 60 cm – Nische mit Eingang auf ganzer Länge der W- und S-Wand des Dromos, L 2,62 m, B (Mitte) 0,75 m, B (S) 0,60 m, Decke verstürzt, H rek. max. 0,5 m *(vgl. Taf. 67,A)*

*Lage/Orientierung/Geschlecht des Toten:* Best. ausgestreckt auf dem Rücken auf Holzunterlage liegend (braune Spuren unter dem Skelett), Kopf zerdrückt im S, einzelne Knochen leicht verschoben *(vgl. Taf. 67,A-B)*

*Sonstiges:* beide Stufen sowie Boden des Dromos und Nischeneingang in der W-Wand mit dicker Schicht vergangenen Schilfs bedeckt

*Funde:* Schwert aus Eisen *(Taf. 68,A,1)*, Spitze zum Fuß weisend, Klinge zweischneidig, im Schnitt linsenförmig, mit gerader Parierstange und rundem Knauf, L 1,0 m, ursprünglich in Holzscheide, Griff im Schnitt rechteckig, mit Holz umlegt – zwei Stielpfeilspitzen aus Eisen, dreiflüglig – Eisenmesser – Pokal *(Taf. 68,A,2)* aus rotgebranntem, mineralisch gemagertem Ton, mit Fuß, scheibengedreht, untere Hälfte mit roter Farbe, stellenweise poliert, H 16 cm, Dm Rand 15 cm, Dm Boden 5 cm – grob handgemachtes Räuchergefäß *(Taf. 68,A,4)* aus grau gebranntem Ton, Längsseiten in der Mitte leicht eingedrückt, abgebrochene Handhabe an einer kurzen Seite, L 6,5 cm, B 5 cm, H 2,8 cm – Krug *(Taf. 68,A,3)* mit Handhabe, Flachboden, rottonig, rot engobiert und poliert, unterer Teil mit Gips überzogen, H 36 cm, Dm Rand 9,5 cm, Dm Boden 17 cm – Knochen eines Vorderlaufs vom Schaf *(vgl. Taf. 68,A)*

*Lage im Befund:* Schwert an linker Seite der Best. auf Hand- und Unterarmknochen – Pfeilspitzen östl. des rechten Beckenknochens – Messer und Schafsknochen an S-Wand der Nische – östl. davon Pokal – daneben Räuchergefäß und Krug *(vgl. Taf. 67,B)*

*Parallelfunde:* sarmatische Bezüge in Grabbau, Totenritual und bei den Beigaben

*Datierung:* 4. - 2. Jh. v. Chr.

*Literatur:* Obel'čenko 1961

### KAT.-NR. 37,2

*Befund:* **Ljavandak** (Uzbekistan), Gruppe 1, Kurgan 1

*Anlage/Architektur:* Kurgan – Aufschüttung aus Sand und Kieseln, mit Kalkbrocken versetzt, Dm 13,5 m, H 1,2 m, im unteren Teil lockere Kalkschicht – zentrale Grabkammer, rechteckig, Längsachse N-S orientiert, L 3,3 m, B 1,21 m, T 2,1 m – längs der O-Wand und Teilen der N-Wand leicht schräge Stufe, H 80 cm, B 60 cm – in T 90 cm ab alter Obfl. in der W-Wand bogenförmige Nische, Längsachse parallel zu der der Grabgrube, L 2,3 m, B 1,1 m, Decke eingestürzt, H rek. max. 0,5 m, auf Boden Holzreste als bräunliche Schicht, darauf Best.

*Lage/Orientierung/Geschlecht des Toten:* Best. auf dem Rücken liegend – Kopf im S – Beine am Knie eingebeugt – rechte Hand kaum, linke stärker abgewinkelt – Wirbelsäule etwas gekrümmt – Kopf verschoben, auf der linken Schulter – Unterkiefer auf Halswirbel liegend – Stoffreste unter dem Skelett

*Sonstiges:* kompakte Schicht von Schilfresten

*Funde:* Scherben rottoniger Keramik – Eisenschwert *(Taf. 68,B,5)* mit gerader kurzer Parierstange, Klinge zweischneidig, im Schnitt linsenförmig, L 75 cm, Griff im Schnitt rechteckig, überzogen mit Holz, L 14 cm, am Ende Spuren von Schrift, B Klinge und Griff 4,5 cm – Reste einer Holzscheide – Eisenschnalle, rund im Schnitt, mit beweglichem Dorn, Dm 4,5 cm – Eisenring, im Schnitt rund, Dm 3,5 cm – Knochenschnalle, rechteckig, schlecht erhalten, in allen vier Ecken kleine Durchbohrungen zur Befestigung am Riemen, an einem Ende rechteckiges Loch zum Durchziehen des Riemens sowie ein Eisenknopf als Verschluß, L 8,0 cm, B 4,0 cm – Dolch *(Taf. 68,B,4)* aus Eisen mit Ringknauf und bogenförmiger Parierstange, im Schnitt linsenförmig, L 30 cm, B Klinge 3,0 cm, Dm Ringknauf 3,0 cm, urspr. in Holzscheide, im unteren Teil Stoffrest – Stielpfeilspitzen aus Eisen *(Taf. 68,B,3)*, dreiflüglig, unterschiedliche Größe, aber ein Typ – Knochenfragment, L 9,5 cm – Eisenmesser, L 12,5 cm – Räuchergefäß *(Taf. 68,B,2)* aus grauem gebrannten Ton, grob handgemacht, rechteckig mit abgerundeten Ecken, Längsseiten in der Mitte eingedrückt, Flachboden, innen Holzkohle- und Aschereste, L 6,0 cm, B 4,0 cm, H 2,0 cm – Krug *(Taf. 68,B,1)* mit Flachboden und Henkel, profilierter Rand, aus braun gebranntem Ton, Obfl. außen poliert, leichte Kannelur auf der Schulter, scheibengedreht, H 36 cm, Dm Rand 10,5 cm, Dm Boden 15 cm – Schafsknochen (Vorderläufe und Schulterblatt) – Stoffreste – Kalkspuren – rote Lackspuren, schlecht erhalten *(vgl. Taf. 68,B)*

*Lage im Befund:* rottonige Scherben in der Aufschüttung – Schwert links des Skeletts (Ellenbogen bis Knie) – Schnalle an der Innenseite etwas unterhalb des Ellenbogens – Ring an linker Seite, nahe des Beckens – Knochenschnalle auf den Wirbeln im Beckenbereich – Dolch unter Fingerknochen der rechten Hand, Spitze unter rechtem Knie – Pfeilspitzen rechts des rechten Handgelenks – zwischen Pfeilspitzen und Handgelenk Knochenfragment – Schafsknochen und Eisenmesser am Kopf – östl. davon Räuchergefäß – weiter östl. Krug – Stoffreste unter Best. – Kalkspuren auf Inventar und Best. – Lackspuren rechts bei der Schulter

*Parallelfunde:* sarmatische Bezüge in Grabbau, Totenritual und bei den Beigaben

*Datierung:* 2. Hälfte 2. Jh. v. Chr.

*Literatur:* Obel'čenko 1961

### KAT.-NR. 37,3

*Befund:* **Ljavandak** (Uzbekistan), Gruppe 1, Kurgan 2

*Anlage/Architektur:* Kurgan – Aufschüttung aus Sand und Kies, Dm 12,0 m, H 1,5 m, im unteren Bereich Schicht aus weißem Kalk – zentral darunter rechteckiger Dromos mit abgerundeten Ecken, Längsachse nach SW orientiert, verfüllt mit Sand und Kalk, L 3,3 m, B 1,35 m, T 2,65 m – bei T 2,1 m an der O-Wand Stufe, N- und S-Ende quer abgeschnitten – unten an der W-Wand auf ganzer Länge kleine Nische, B 30 cm – ovale Katakombe in der S-Wand des Dromos, Längsachse N-S orientiert, mit leichter Abweichung nach W, L 2,22 m, B max. 1,96 m – Decke verstürzt, im Versturz Kalkklumpen – Eingang mit 9 Lehmziegeln verschlossen, Größe 60 x 30 x 9 cm

*Lage/Orientierung/Geschlecht des Toten:* Best. 1 im östl. Teil der Katakombe gegenüber dem Eingang auf dem Rücken liegend, Kopf im S, entlang der Längsachse der Katakombe; Best. 2 rechts daneben, Langknochen der Beine zum Eingang orientiert, andere Knochen nach S *(vgl. Taf. 69,A)*

*Sonstiges:* im SW-Sektor der Aufschüttung Ossuarium, auf Boden der Grabgrube und auf der Stufe dicke Schicht von vergangenem Schilf

*Funde:* Astragal eines Schafes mit runder Durchbohrung – Holzreste mit Rostspuren
Best. 1: Eisenschwerter *(Taf. 69,B,1-2)* mit zweischneidige Klinge, im Schnitt linsenförmig, L gesamt 85,0 cm, B Klinge und Parierstange 4,0 cm, am Ende des Griffs Stift zur Befestigung der hölzernen Griffschale – Reste der Holzscheide – Eisenschnalle *(Taf. 69,B,7)* mit langem beweglichem Dorn, an einem Ende halb-, am anderen dreiviertelrund, Dorn schaufelförmig, im Schnitt rechteckig, L 8,5 cm – Eisenring, Dm 5 cm, weiteres Exemplar etwas kleiner – Eisenmesser *(Taf. 69,B,3)* mit breiter Klinge, L Klinge 12,5 cm, B 2,0 cm – Eisenschnalle *(Taf. 69,B,6)* wie vorherige, nur etwas größer – rechteckige, scheibenförmige Eisenschnalle, Durchbohrungen an allen vier Ecken zur Befestigung am Riemen, rechteckiges Loch und Knopf als Verschluß, L 8,0 cm, B 4,5 cm – Eisendolch *(Taf. 69,B,5)* ohne Parierstange, Knauf mit abgerundeter Scheibe, Ende abgebrochen, Klinge im Schnitt linsenförmig, Griff im Schnitt rechteckig, L 29,0 cm, B 4,0 cm,

Griff mit Holz ummantelt, Holzscheide halb mit Kupfer- oder Bronzenägeln mit halbrundem Kopf besetzt, rote Farbspuren – korrodierte Eisenfragmente – Vorderläufe mit Schulterblatt vom Schaf;
Best. 2: Pokal, scheibengedreht, aus rot gebranntem Ton, Obfl. außen poliert – Flasche *(Taf. 69,B,4)* aus braun gebranntem Ton, bräunlich graue Engobe, verziert mit konzentrischen Kreisen, H 24 cm, Dm Rand 8,0 cm – Kalkbrocken
*(vgl. Taf. 69,B)*

*Lage im Befund:* Schafsastragal in Verfüllung des Dromos – in der Nische Holzreste
Best. 1: Schwert längs der Best. auf dem linken Arm, Spitze zu den Füßen – Schnalle unter den linken Handknochen – Eisenring an der rechten Seite des linken Arms – zweiter Ring weiter unten, fast am Becken – Schafsknochen und Messer links neben dem linken Oberarm – weitere Eisenschnalle beim rechten Ellenbogen – rechteckige Schnalle im Beckenbereich – Dolch neben dem rechten Oberschenkel, Spitze weist zu den Füßen – Eisenfragmente rechts vom Dolch
Best. 2: Kalkstück nahe dem Kopf – Pokal bei W-Wand, daneben Flasche
*(vgl. Taf. 69,A)*

*Parallelfunde:* sarmatische Bezüge in Grabbau, Totenritual und bei den Beigaben

*Datierung:* 2. - 1. Jh. v. Chr.

*Literatur:* Obel'čenko 1961

### KAT.-NR. 38

*Fundort:* **Munke-Uik** (Kazachstan)

*Lage:* Ustjurt-Plateau, 17,5 km südwestl. von Kamennyj *(vgl. Karten 1 und 2)*

*Befund:* „Heiligtum"

*Anlage/Architektur:* „Heiligtum" vom „Typ Bajte" – Kurgan – Opferstelle

*Sonstiges:* nicht ausgegraben, nur prospektiert

*Funde:* 1 - 2 Stelen

*Datierung:* sarmatische Zeit

*Literatur:* Genito et al. 2000

## KAT.-NR. 39

*Fundort:* **Orlat** (Uzbekistan)

*Lage:* Sogdien, 50 km nordwestl. von Samarkand, nördl. von Akdar'i, auf Flußterrasse über dem Saganak, gegenüber der Siedlung Kurgantepe *(vgl. Karten 1 und 3)*

*Untersuchung:* Kunsthistorische Expedition des Instituts für Kunstgeschichte des Kulturministeriums Uzbekistans, 1981 - 1982

*Befund:* 10 Kurgane

*Anlage/Architektur:* Kurgane mit Katakomben

*Sonstiges*: Kurgane beraubt

*Funde:* eiserne, dreikantige Pfeilspitzen – Langschwert – Dolch – verschiedene Messer – drei kleine goldene Schmuckteile – goldene Fäden mit Resten vergangenen Gewebes – Knochenplatten

*Sonstiges:* „sarmatoides" Material

*Datierung:* 1. - 2. Jh. n. Chr.

*Literatur:* Pugačenkova 1984

### KAT.-NR. 39,1

*Befund:* **Orlat** (Uzbekistan), Kurgan 2

*Anlage/Architektur:* Kurgan – Dromos und Katakombe S-N orientiert, mit leichter Abweichung nach W – fast rechteckige Grabkammer *(vgl. Taf. 70,A)*

*Lage/Orientierung/Geschlecht des Toten:* Doppelbest., Mann und Frau, Knochen verschoben, evtl. Mann mit Kopf im NO, Frau im W; Pugačenkova rekonstruiert genannte Lage, Il'jasov/Ruzanov weisen allerdings unter Bezug auf den Grabplan *(Taf. 70,A)*, der erkennen läßt, daß die Knochen stark verworfen sind, darauf hin, daß die wahrscheinlichste Rekonstruktion der Lage der Verstorbenen längs der Achse der Katakombe (Köpfe im N, leicht nach W verschoben) ist *(vgl. Taf. 70,A)*

*Sonstiges:* im Dromos zwei Tierskelette vor dem Kammereingang

*Funde:* zwei große (13,5 x 11,0 cm, *Taf. 71,A*) und drei kleine Knochenplatten (6,0 x 5,0 cm, *Taf. 72,A*) mit eingravierten Szenen (auf den großen Platten: Kriegs- bzw. Jagdszene, auf den kleinen: zwei kämpfende Krieger, zwei kämpfende Kamele, Greifendarstellung), Durchbohrungen

an den Platten (4 bzw. 5 auf den großen, 4 auf den kleinen), Rostspuren – langes, zweischneidiges Eisenschwert – dreikantige Stielpfeilspitzen – Messer – Dolch mit Nephriteingefaßtem Griff – Keramik
*(vgl. Taf. 70,B-72,A)*

*Sonstiges:* Knochenplatten in Ikonographie, Datierung (variiert je nach Bearbeiter vom 2. Jh. v. Chr. bis zum 5. Jh. n. Chr.) und funktioneller Ansprache (Gürtel, Köcherbeschlag, Rüstung, etc.) nicht unumstritten

*Datierung:* 1. Jh. v. Chr. aufgrund der Knochenplatten (nach Pugačenkova 1984)

*Literatur:* Il'jasov/Ruzanov 1997/1998; Pugačenkova 1984

## KAT.-NR. 40

*Fundort:* **Sarykamyš** (Kazachstan)

*Lage:* nördl. Mangyšlak-Plateau, am Mertvy Kultuk (ausgetrockneter Arm des Kaspischen Meeres), nahe der spätbronzezeitlichen Siedlung von Sarykamyš *(vgl. Karten 1 und 2)*

*Befund:* Kurgan-Nekropole

*Lage/Orientierung/Geschlecht des Toten:* Rückenstrecker, Kopf im W, S oder NO

*Funde:* handgeformte Keramik, „Haushaltsgegenstände"

*Sonstiges:* Inventar typisch für sarmatische Bestattungen

*Datierung:* 1. Jh. v. Chr. - 3. Jh. n. Chr.

*Literatur*: Ol'chovskij 2001

## KAT.-NR. 41

*Fundort:* **Sed'moj Raz'ezd** (Kazachstan)

*Lage:* Ustjurt-Plateau, 19,5 km östl. von Saj-Utes *(vgl. Karten 1 und 2)*

*Befund:* „Heiligtum"

*Anlage/Architektur:* „Heiligtum" vom „Typ Bajte" – Kurgan, H max. 4 m

*Sonstiges:* nicht ausgegraben, nur prospektiert

*Funde:* Fragmente von 3 - 4 Stelen

*Datierung:* sarmatische Zeit

*Literatur:* Genito et al. 2000

## KAT.-NR. 42

*Fundort:* **Ševčenko** (auch Aktau, Kazachstan)

*Lage:* am Kap Melovoj beim Ort Ševčenko, Mangyšlak-Plateau *(vgl. Karten 1 und 2)*

*Untersuchung:* Wolga-Ural-Expedition, Institut für Archäologie der AdW der UdSSR, 1981

*Befund:* Kurgan

*Anlage/Architektur:* Kurgan – Aufschüttung (Dm 9,0 m, H ca. 1,0 m) – Grabkammer aus Steinplatten

*Sonstiges:* Kurgan am Rand einer spätbronze-/früheisenzeitlichen Siedlung

*Funde:* Dreiflüglige Pfeilspitzen – Opferaltärchen aus Stein – Fragmente handgemachter Keramik

*Sonstiges:* Kurgan bereits im Altertum beraubt

*Datierung:* 1. Jh. n. Chr., sarmatisch

*Literatur:* Galkin 1983

## KAT.-NR. 43

*Fundort:* **Teren** (Kazachstan)

*Lage:* Ustjurt-Plateau *(vgl. Karten 1 und 2)*

*Untersuchung:* Ustjurt Abteilung des Institutes für Archäologie der Russischen AdW und Westkazachische Expedition des Instituts für Archäologie der Kazachischen Nationalen AdW, 1994 - 1995; Italienisch-französisch-russisches Gemeinschaftsprojekt, 1997 - 1998

*Befund:* „Heiligtum" – 8 bis 9 Stelenfragmente – Opferbereiche

*Anlage/Architektur:* Hauptkomplex: runde konzentrische Anlage aus 2 Steinmauern, B 0,8 - 1 m, H urspr. min. 1,4 m – umgeben von weitem und flachem Graben – dabei Katakombengräber und Steinstelen – nach Hauptnutzung Anlage eines Grabes mit ovaler Eingangsgrube, parallel

dazu Nische im zentralen Bereich, Eingang verschlossen mit Steinplatten *(vgl. Taf. 73,A-74,A sowie Photographie bei Ol'chovskij et al. 2000 und Ol'chovskij 1997a)*

*Lage/Orientierung/Geschlecht des Toten:* Best. männl., 20 - 24 Jahre alt

*Sonstiges:* Hauptkomplex während der Nutzung nicht als Grab gebraucht, Skelett zeigt pathologische Merkmale eines Reiters (wohl sog. „Reiterfacette")

*Funde:* Steinstelen: meist stehender Krieger, rechter Arm am Körper ausgestreckt, linker vor dem Bauch liegend, meist mit Schwert, Dolch, Helm und Halsreif dargestellt Best.: Eisenschwert – Pfeilspitzen – Bronze- und Eisengeräte – Keramik – Spiegel (?) – Perlen – Pferdeknochen, etc.

*Lage im Befund:* Inventar der Best. nicht *in situ*, sondern zusammen „auf einem Haufen" gefunden

*Parallelfunde:* Inventar der Best. mit sarmatischen Analogien

*Sonstiges:* auf Stelen abgebildete Waffen vom Prochorovka-Typ

*Datierung:* Stelen: 4. - 2. Jh. v. Chr.; Hauptkomplex: 3. - 2. Jh. v. Chr.; Grab: 2. - 1. Jh. v. Chr.

*Literatur:* Genito et al. 2000; Ol'chovskij 1997a; Ol'chovskij 1999; Ol'chovskij 2000; Ol'chovskij 2001; Ol'chovskij 2005; Ol'chovskij et al. 2000

## KAT.-NR. 44

*Fundort:* **Tilla-Tepe** (Provinz Janzjan, Afghanistan)

*Lage:* ca. 3 km östl. der Stadt Šibergan an den Nordhängen des Hindukuš zwischen Amu-darja-Ebene und O-Grenze der Karakum *(vgl. Karte 1)*

*Untersuchung:* Afghanisch-sowjetische Expedition 1969, 1971, 1977 - 1979

*Ausgräber:* V. I. Sarianidi

*Befund:* bronzezeitliche Tellsiedlung mit Tempel und später darin eingetieften Gräbern

*Anlage/Architektur:* Tellsiedlung, H 3 - 4 m, Dm ca. 100 m mit tempelartigem Monumentalbau (1. Hälfte 1. Jt. v. Chr.) – darin eingetieft min. 7 Gräber (davon 6 ergraben) *(vgl. Taf. 75,A)*

*Lage/Orientierung/Geschlecht des Toten:* Skelette allgemein schlecht erhalten, Einzelheiten vgl. Beschreibungen der einzelnen Kurgane *(Kat.-Nr. 44,1-6)*

*Funde:* vgl. Beschreibungen der einzelnen Kurgane *(Kat.-Nr. 44,1-6)* für detaillierte Informationen s. auch die umfangreiche Sekundärliteratur zum Thema sowie den Fundkatalog bei Sarianidi 1985

*Lage im Befund:* vgl. Beschreibungen der einzelnen Kurgane *(Kat.-Nr. 44,1-6)*

*Parallelfunde:* Funde mit vielfältigen kulturellen Bezügen, u. a. auch zum sarmatischen Kulturkreis

*Sonstiges:* vgl. *Photographien der Fundstücke bei Sarianidi 1985*

*Datierung:* Mitte 1. Jh. v. Chr. - Mitte 1. Jh. n. Chr. (Münzfunde)

*Literatur:* Jacenko 2001; Sarianidi 1984; Sarianidi 1985; Sarianidi 1986; Sarianidi 1989

### Kat.-Nr. 44,1

*Befund:* **Tilla-Tepe** (Provinz Janzjan, Afghanistan), „Gräberfeld", Grab 1

*Anlage/Architektur:* senkrechter, rechteckiger Grabschacht, L 2,5 m, B 1,3 m, T 2 m, an der Westböschung hinter der Wehrmauer – darin Holzsarg, mit 6 Eisenbügeln (je 2 an Kopf- und Fußende sowie auf Höhe der Handgelenke) und Nägeln zusammengehalten *(vgl. Taf. 76,A)*

*Lage/Orientierung/Geschlecht des Toten:* im Sarg ausgestreckt auf dem Rücken liegend, Kopf im N, Frau, ca. 25 - 35 Jahre alt

*Sonstiges:* Grabanlage bei Ausgrabung beschädigt

*Funde:* Goldplättchen verschiedener Form und unterschiedlicher Verzierung als Besatz der Kleidung, darunter sieben Goldplatten mit Motiv „Mann mit Delphin" – zwei goldene Schnallen – Pektoral – goldbekrönte Nadel mit herabhängenden Perlen und Plättchen – kahnförmiger Ohrring aus Gold mit Granulation – feingliedrige Kette (?) mit Verschluß aus zwei Ösen – Fingerring aus Gold mit einfachem Ornament (Kreis mit zwei mandelförmigen Ornamenten) – Reste von Goldstickerei – Puderdose aus Elfenbein, gefüllt mit weißem Pulver – Flechtkörbchen mit schwarzen (zum Schwärzen der Augen), weißen und hellrosa mineralischen Stücken – Silberschachtel mit Deckel, dieser mit fein graviertem floralem Ornament geschmückt – Stäbchen aus Bein mit spitzen Enden – Zange

mit Holzgriff – trommelförmiger Goldgegenstand mit Einlagen aus Türkis, Granat und Perlmutt

*Lage im Befund:* Ohrring im Bereich des rechten Ohres – Schnallen auf dem Nacken – Kette um den Hals gelegt – Goldplättchen größtenteils zwischen Schultern und Hüften – Goldstickerei unter dem Skelett – Fingerring am kleinen Finger der linken Hand – Silberschachtel, Eisenpinzette, Stäbchen und Zange im Flechtkorb *(vgl. Taf. 76,A)*

*Parallelfunde:* vgl. *Sarianidi 1985*

*Sonstiges:* verschiedene Rekonstruktionen der Tracht anhand der Lage der Aufnähplättchen möglich *(vgl. Taf. 76,B)*

*Datierung:* Mitte 1. Jh. v. Chr. - Mitte 1. Jh. n. Chr. (Münzfunde)

*Literatur:* Jacenko 2001; Sarianidi 1985; Sarianidi 1986; Sarianidi 1989

### Kat.-Nr. 44,2

*Befund:* **Tilla-Tepe** (Provinz Janzjan, Afghanistan), „Gräberfeld", Grab 2

*Anlage/Architektur:* Grabgrube, L 3 m, B 1,6 m, T 2 m, hinter nördl Wehrmauer des Tempels – dünne Schicht von dunkelbraunem Holzmulm, bogenförmig vom oberen Grubenrand bis direkt über den Sarg (Holzabdeckung) – Sarg mit Eisenbügeln auf Holzfüßchen, L 2,2 m, B 0,65 m, H max. mit Füßchen 40 - 50 cm, leicht nach O verschoben, um Sarg Tuch, evtl. mit Nägeln befestigt *(vgl. Taf. 77,A)*

*Lage/Orientierung/Geschlecht des Toten:* im Sarg ausgestreckt auf dem Rücken liegend, Kopf im N, Frau, 30 - 40 Jahre alt

*Funde:* Schmuckplättchen verschiedener Form als Aufnäher (darunter aber auch Pastefischchen, Fußmodelle aus Gold und Stein, Handmodell, Axtmodell) – Tiara – zwei Bronzenadeln mit Goldbekrönung (Scheibe mit kegelförmigem Ansatz, zentral ein Türkis, darum Golddrähtchen mit Perlen und Goldgranalien, weitere Drähte mit Scheiben und Perlen herabhängend) – Goldband – zwei Goldgehänge mit Darstellung eines Herrschers mit Drachen („Herr der Tiere", *Taf. 80,A*) – Kette aus Gold- und Elfenbeinperlen – Brosche, sog. „Kuschanische Aphrodite" *(Taf. 79,A)* – zwei verschließbare Schnallen, wahrscheinlich Mantelschließen, mit spiegelbildlicher Darstellung eines Amor auf Delphin *(Taf. 79,B,1)* – chinesischer Silberspiegel – zwei offene Armreifen mit plastisch ausgearbeiteten Enden (Antilopen, *Taf. 79,B,2*) – Fingerring (rechts) mit ovalem Türkisplättchen und darauf eingravierter Darstellung einer sitzenden Frau mit

Schild in der Hand – zwei Fingerringe, einer mit großem, erhabenem, ovalem Granat/Almandin und weiteren Einsätzen aus Halbedelstein, der zweite mit graviertem Goldschildchen (Frauenfigur mit Athene-Beischrift, *Taf. 79,B,3*) – zwei offene Beinspangen mit verdickten Enden – Silbergefäß – Flechtkörbchen mit 6 durchbrochenen, rosettenförmigen Goldkreisen – Spitzhammer aus Eisen – zwei Messer sibirischer Provenienz – Goldröhrchen
*(vgl. Taf. 79,A-80,A)*

*Lage im Befund:* Bronzenadeln im Schläfenbereich – Goldband zwischen den Schläfen ums Kinn gelegt – Goldgehänge auf beiden Seiten neben dem Schädel – Kette um den Hals – Brosche und Mantelschließen auf der Brust – dort auch Spiegel – Armreifen im Bereich der Arme – Siegel- und ein Fingerring an der linken Hand – weiterer Fingerring an der rechten Hand – Beinspangen bei den Füßen – dort auch Silbergefäß und Flechtkörbchen mit Spitzhammer und Messern – Goldröhrchen in der Nähe der rechten Hand *(vgl. Taf. 77,A)*

*Parallelfunde: vgl. Sarianidi 1985*

*Sonstiges:* verschiedene Rekonstruktionen der Tracht anhand der Lage der Aufnähplättchen möglich *(vgl. Taf. 78,A)*

*Datierung:* Mitte 1. Jh. v. Chr. - Mitte 1. Jh. n. Chr. (Münzfunde)

*Literatur:* Jacenko 2001; Sarianidi 1985; Sarianidi 1986; Sarianidi 1989

## KAT.-NR. 44,3

*Befund:* **Tilla-Tepe** (Provinz Janzjan, Afghanistan), „Gräberfeld", Grab 3

*Anlage/Architektur:* Best. fast genau auf der Hügelspitze, eingelassen in die Trennwand zwischen dem Neun- und dem Vier-Säulen-Saal – senkrechte Grabgrube, L 2,6 m, B 1,5 m, T ca. 2 m – Holzmulmschicht (wie in Grab 2) deutet auf Holzüberdeckung der Grube, die wohl oben mit braunem und unten mit schwarzem Leder bezogen war, letzterer Überzug sicher mit aufgenähten Goldplättchen geschmückt – auf dem Boden Reste einer Bastmatte – darauf Holzsarg mit Füßchen, L 2 m, B 0,65 m, H 40 - 50 cm, verstärkt mit Eisenbändern und Eisenstreifen *(vgl. Taf. 80,B; 81,A)*

*Lage/Orientierung/Geschlecht des Toten:* im Sarg ausgestreckt auf dem Rücken liegend, Kopf wohl im N, Frau, 18 - 25 Jahre alt

*Sonstiges:* durch Kleinsäuger verworfen, deshalb Lage der Plättchen und Beigaben nur mangelhaft rek.

*Funde:* Goldaufnähplättchen verschiedener Ausprägung, hier mit angelöteten Ösen anstelle von einfachen Durchbohrungen – Goldgefäß – Krone aus Goldbändern, fünfteilig – kleine Anhänger mit Darstellung von Löwenköpfen, bzw. Fünfpaßrosette – Grivna (Hals- und Brustschmuck) mit darin enthaltener Halskette aus verschiedenen Perlen – zwei Goldverschlüsse der Kleidung mit spiegelbildlicher Kriegerdarstellung *(Taf. 82,B)* – chinesischer Silberspiegel der Han-Zeit mit umlaufender Inschrift – Haarnadeln aus Silber mit goldener Reliefbekrönung – halbmondförmige Platte mit herabhängenden Goldplättchen – ein Kopfgehänge mit Darstellung zweier symmetrischer Pferdeprotome *(Taf. 82,A)* – Kinnband aus Gold – Fingerring aus Gold, ornamentiert – Armreifen mit offenen, verdickten Enden – Beinreifen mit offenen, verdickten Enden – parthische Silbermünze des Mithridates II. – Schnallen mit Darstellungen von Eroten auf Delphinen *(Taf. 83,A)* – einfache, mandelförmige Goldschnallen, am Rand fein granuliert – weiteres Schnallenpaar, leierförmig, nur mit Ösen – Schuhsohlen aus Gold – zwei Paar Schuhschnallen – vier Medaillons mit Brustbild einer menschl. Figur – Silbergefäß – weitere Edelmetallgefäße (u.a. Goldpyxis) – römische Münze des Tiberius – drei Keramikgefäße – zwei weitere Fingerringe, einer mit Darstellung eines Menschen am Altar – Spiegel mit Elfenbeingriff – Fayencegefäß – rundes Elfenbeingefäß, ornamentiert – indischer Elfenbeinkamm mit gravierter Darstellung – Goldanhänger mit beschrifteter Darstellung der Athene – Intaglio mit Darstellung eines indischen Buckelstiers *(vgl. Taf. 82,A-83,A)*

*Lage im Befund:* Kopf der Best. lag in Goldgefäß und war mit Krone geschmückt – auf Gefäßboden Anhänger – Grivna um den Hals, darin Halskette enthalten – darunter Verschlüsse der Kleider und Spiegel – Haarnadeln im Kopfbereich – Reifen um Arme und Beine – Silbermünze im Beckenbereich, lag evtl. urspr. in der Faust der Toten – Schuhsohlen und Silbergefäß neben den Füßen – neben dem Sarg Metallgefäße, Münze des Tiberius, Keramik, Fingerring, Spiegel, Fayence- und Elfenbeingefäß, Kamm, etc. *(vgl. Taf. 80,B)*

*Parallelfunde: vgl. Sarianidi 1985*

*Sonstiges:* Funde zumeist nicht *in situ* (durch Kleinsäuger verschleppt), verschiedene Rekonstruktionen der Tracht anhand der Lage der verbliebenen Aufnähplättchen möglich *(vgl. Taf. 81,B)*

*Datierung:* Mitte 1. Jh. v. Chr. - Mitte 1. Jh. n. Chr. (Münzfunde)

*Literatur:* Jacenko 2001; Sarianidi 1985; Sarianidi 1986; Sarianidi 1989

**Befund:** **Tilla-Tepe** (Provinz Janzjan, Afghanistan), „Gräberfeld", Grab 4

**Anlage/Architektur:** in die Mauerkrone des ehemaligen Tempels eingelassen – rechteckige Grabgrube mit leicht abgerundeten Ecken, L 2,7 m, B 1,3 m, T 1,8 m, oben durch Holzkonstruktion mit Flechtmatte abgedeckt – in Grube Sarg mit Füßchen und Eisenbügel und -streifen, L 2,2 m, B 0,7 m, H (über Boden) 15 cm, Sarg innen und außen mit rotem Leder ausgelegt bzw. überzogen, darauf aufgenähte Goldplättchen sowie weiße und schwarze florale Bemalung – im oberen nördl. Bereich bei T 30 - 40 cm Pferdeknochen *(vgl. Taf. 83,B)*

**Lage/Orientierung/Geschlecht des Toten:** im Sarg ausgestreckt auf dem Rücken liegend, Kopf im N, Mann, ca. 30 Jahre alt, sehr groß (fast 2 m Körperhöhe)

**Sonstiges:** Grab bei Ausgrabung spät erkannt und deshalb leicht beschädigt

**Funde:** Schädel- und Extremitätenknochen vom Pferd – verschiedene Goldaufnähplättchen – Goldphiale mit griechischer Inschrift (Massenangabe der Phiale) – Baummodell aus Gold und Statuette in Steinbockform, urspr. wohl Diadem/Krone, wobei die Einzelteile sekundär genutzt waren – zwei goldene Kinnbänder – Pektoral aus verflochtenen Golddrähten mit Kamee – Gürtel aus geflochtenen Golddrähten, verbunden mit neun Spangen, darauf Darstellung einer Frau, die auf einem Löwen reitet – zwei Schuhschnallen mit Darstellung eines Mannes in einem von Drachen gezogenen Wagen *(Taf. 84,B)* – rechteckige gravierte Platten mit Pantherdarstellungen – goldene Beinspangen in Form türkisinkrustierter Fünfpaßrosetten – indische Goldmünze – Glasintaglio mit Darstellung dreier Krieger – sechs Riemenverteiler mit Darstellungen eingerollter Tiere und Plättchen, reliefiert, die zum Pferdezaumzeug gehörten – zwei bogenförmige Goldplatten, eine mit der Darstellung einer Antilope, die von einem Panther gerissen wird, die andere mit einem Pferd und zwei Raubtieren, evtl. auch zum Pferdezaum gehörig – Langschwert – Eisendolch mit Goldgriff in Goldscheide *(Taf. 85,A)* – Dolch mit Elfenbeingriff, ebenfalls in Goldscheide mit 4 Laschen *(Taf. 85,B)*, auf der Rückseite der Scheide zusätzliches Lederfutteral mit zwei kleinen Dolchen mit Elfenbeingriffen – beide Scheiden mit Tierkampf-Darstellungen und Türkisinkrustationen – zwei Goldröhrchen mit Bekrönung und bogenförmigen Plättchen – Klappsessel aus Eisen, mit Leder bezogen – zwei Bögen – zwei Köcher mit Goldbeschlägen, einer mit silbernem, graviertem, becherartigem Deckel, darin Eisenpfeilspitzen
*(vgl. Taf. 84,B-85,B)*

**Lage im Befund:** Pferdeknochen in ca. 30 - 40 cm T, oberhalb der Grabgrube, nördl. der Best. – Kopf auf Kissen

in Phiale liegend, dabei Baummodell und Statuette – Kinnbänder im Nackenbereich – Pektoral um den Hals gelegt – Gürtel auf Höhe der Taille – Schuhschnallen zwischen den Füßen – Beinspangen auf den Knöcheln – in diesem Bereich auch Goldmünze und Reste des Pferdezaums – Schwert und Eisendolch links des Körpers – Dolch mit Elfenbeingriff rechts – bogenförmige Goldplatte zwischen Hüfte und Dolch – Glasintaglio unter der linken Hand – außerhalb des Sargs am Kopfende Klappsessel, Bögen und Köcher
*(vgl. Taf. 83,B)*

**Parallelfunde:** besonders Waffen mit sarmatischen Parallelfunden, *vgl. auch Sarianidi 1985*

**Sonstiges:** verschiedene Rekonstruktionen der Tracht anhand der Lage der Aufnähplättchen möglich *(vgl. Taf. 84,A)*

**Datierung:** Mitte 1. Jh. v. Chr. - Mitte 1. Jh. n. Chr. (Münzfunde)

**Literatur:** Jacenko 2001; Sarianidi 1984; Sarianidi 1985; Sarianidi 1986; Sarianidi 1989

### Kat.-Nr. 44,5

**Befund:** **Tilla-Tepe** (Provinz Janzjan, Afghanistan), "Gräberfeld", Grab 5

**Anlage/Architektur:** in die Backsteinmauer der achämenidischen Befestigung im Nordteil des Hügels eingetieft – rechteckige Grabgrube, L 2,05 - 2,1 m, B 0,8 m – Reste von Holzmulm – in der Grube Holztrog, L 2 m, B 0,65 m, urspr. wohl in Tuch gehüllt, das mit Silberplättchen in Form von Weinlaub geschmückt war *(vgl. Taf. 86,A)*

**Lage/Orientierung/Geschlecht des Toten:** im Holztrog, ausgestreckt auf dem Rücken liegend, Kopf im W, Frau, 15 - 20 Jahre alt

**Funde:** Goldband – Ohrclips mit Türkiseinlagen – Aufnähhalskette – Armreif mit Steineinlage – Halsschmuck – Goldreifen – Spiegel – Röhrchen aus Silber, darin Holzreste (Zepter) – Flechtkörbchen – kleines Silbergefäß – Eisenhaken – Karneolkügelchen – verschiedene Anhänger – Intaglio mit Greifendarstellung – Silberplättchen mit Nike-Darstellung – großes Silbergefäß – Stickperlen (anstelle der Aufnähplättchen) – Gewebereste mit Gold- und Perlenstickerei – Bronzeglöckchen

**Lage im Befund:** Goldband um Unterkiefer – Ohrclips im Kopfbereich – Halskette auf der Brust – Reifen um linkes Handgelenk und Fußknöchel – Spiegel neben der rechten Hüfte – Silberröhrchen parallel zum rechten Oberarm – Flechtkörbchen am rechten Handgelenk

– darin Silbergefäß und Eisenhaken – Karneolkügelchen, Anhänger, Intaglio und Silberplättchen am Kopfende – Silbergefäß am Fußende – Stickperlen *(vgl. Taf. 86,A)*

*Parallelfunde: vgl. Sarianidi 1985*

*Sonstiges:* vergleichsweise schlichtes Grab, verschiedene Rekonstruktionen der Tracht anhand der Lage der Aufnähplättchen möglich *(vgl. Taf. 86,B)*

*Datierung:* Mitte 1. Jh. v. Chr. - Mitte 1. Jh. n. Chr. (Münzfunde)

*Literatur:* Jacenko 2001; Sarianidi 1985; Sarianidi 1986; Sarianidi 1989

### KAT.-NR. 44,6

*Befund:* **Tilla-Tepe** (Provinz Janzjan, Afghanistan), „Gräberfeld", Grab 6

*Anlage/Architektur:* im westl. umführenden Gang des alten Tempels – Grabgrube, oben L 3 m, B 2,5 m, T 2 m, in T 1 m Verkleinerung in der L um 0,5 m und in der B um 0,3 m – auf diesem Absatz Holzabdeckung – in der Grube Sarg mit Eisenbügeln, L 2,0 m, B 0,5 m, H 0,4 m, auf Ziegelböcken stehend, wohl kein Sargdeckel, in Tuch gewickelt *(vgl. Taf. 87,A)*

*Lage/Orientierung/Geschlecht des Toten:* im Sarg ausgestreckt auf dem Rücken liegend, Kopf im W, Frau, 25 - 30 Jahre alt

*Funde:* verschiedene Aufnähplättchen – kleines Silbergefäß – Krone aus sechs Palmetten auf Goldband, daran Blüten befestigt, oberer Abschluß durch je zwei Vögel, daran zwei Gehänge mit Darstellungen einer Göttin von Tieren umgeben *(Taf. 89,B)* – parthische Silbermünze – Ohrclips in Gestalt geflügelter Eroten – zwei identische Haarnadeln – Goldband – Halskette aus zehn großen Hohlperlen und verzierten Verschlußgliedern – sog. „Baktrische Aphrodite" *(Taf. 89,A)* – Verschlußpaar mit Darstellung eines Liebespaares, das auf einem Fabeltier reitet *(Taf. 88,B)* – Zepter aus Gold – parthische Goldmünze – Siegelring aus Gold mit Einlage aus einem kirschroten Stein (Granat?) mit Menschenkopf – offene Armreifen, die in Löwenköpfen enden – zwei chinesische Spiegel, darauf mineralische Stückchen, einer mit Elfenbeingriff – großes Silbergefäß – Flechtkorb – kleines Keramikgefäß – Messer und Zangen aus Eisen – drei Glasgefäße, diese sollen Kosmetika enthalten haben *(vgl. Taf. 88,B-89,B)*

*Lage im Befund:* Kopf mit Krone in kleinem Silbergefäß – Silbermünze im Mund – Haarnadeln an den Schläfen

– Unterkiefer von Goldband umrahmt – „Baktrische Aphrodite" auf der Brust – Verschlußpaar unter dem Hals – Kette um den Hals – Zepter in der rechten Hand – in der linken Münze – Siegelring am Mittelfinger – Armreifen um Handgelenke – Spiegel auf der Brust und an den Füßen (Elfenbeingriff) – dort auch Silbergefäß – außerhalb des Sarges, am Kopfende, Flechtkorb – darin Keramikgefäß sowie Messer und Zangen – dabei stehend Glasgefäße *(vgl. Taf. 87,A)*

*Parallelfunde: vgl. Sarianidi 1985*

*Sonstiges:* verschiedene Rekonstruktionen der Tracht anhand der Lage der Aufnähplättchen möglich *(vgl. Taf. 88,A)*

*Datierung:* Mitte 1. Jh. v. Chr. - Mitte 1. Jh. n. Chr. (Münzfunde)

*Literatur:* Jacenko 2001; Sarianidi 1985; Sarianidi 1986; Sarianidi 1989

---

### KAT.-NR. 45

*Fundort:* **Tumek-Kičidžik** (Turkmenistan)

*Lage:* im westl. Teil des alten Amu-Darja Deltas, 15 km nordwestl. der Festung Šach-Senem *(vgl. Karten 1-3)*

*Untersuchung:* Prisarykamyš-Abteilung der Chorez-mischen Expedition der AdW der UdSSR, 1972 und 1974

*Befund:* Nekropole mit Kurganen und Flachgräbern unterschiedlicher Zeitstellung

*Anlage/Architektur:* 56 Kurgane mit Katakomben- und Nischengräbern, davon über 40 ergraben – angeordnet als kleine Kette von NW nach SO

*Lage/Orientierung/Geschlecht des Toten:* Einzel-, Doppel- und Kollektivbest., Rückenstrecker

*Funde:* Dolche mit gerader Parierstange und Ringknauf – Schwerter – eiserne Messer – eiserne Stielpfeilspitzen – Bronzespiegel mit Wulst und eisernen Handhaben – Statuettenfragmente – Kupferstempel – Perlen aus Glaspaste – bronzene Schläfenringe – Schafsknochen, etc. *(vgl. Taf. 90,A-92,A)*

*Parallelfunde:* Inventare mit starken sarmatischen Analogien

*Sonstiges:* generell wenig Beigaben in den Gräbern, Inventare sehr unvollständig abgebildet

*Datierung:* 1. Jh. v. Chr. - 2. Jh. n. Chr.

*Literatur:* Lochovic 1979; Vajnberg 1973

---

## KAT.-NR. 46

*Fundort:* **Tuz-gyr** (Uzbekistan)

*Lage:* Chorezm, Prisarykamyš-Delta, 100 km südwestl. von Kunja-Urgenč *(vgl. Karten 1-3)*

*Untersuchung:* Chorezmische Expedition des Instituts für Ethnographie der AdW der UdSSR, 1965 - 1966

*Ausgräber:* V. A. Lochovic

*Befund:* Nekropole mit ca. 250 Kurganen in mehreren Gruppen oder kleinen Ketten, davon mind. 50 Gräber ausgegraben *(vgl. Taf. 93,A)*

*Anlage/Architektur:* Kurgane – Grabgruben hauptsächlich mit Katakomben oder Nischen, aber auch einfache Grabgruben

*Lage/Orientierung/Geschlecht des Toten:* ausgestreckt auf dem Rücken liegend, Einzel-, Doppel- oder Kollektivbest.

*Funde:* eiserne Dolche, Schwerter und Messer, Pfeilspitzen, Keramik, Spiegel, Gürtelschließen, Perlen, etc. *(vgl. Taf. 93,B-96,B)*

*Parallelfunde:* Material mit Bezügen zur sako-massagetischen, chorezmischen und sarmatischen Kultur

*Sonstiges:* Inventare sehr unvollständig abgebildet

*Datierung:* 1. - 3. Jh. n. Chr.

*Literatur:* Lochovic/Chasanov 1979; Tolstov et al. 1967; Trudnovskaja 1979

---

## KAT.-NR. 47

*Fundort:* **Uik** (Kazachstan)

*Lage:* Ustjurt-Plateau, 55 km südöstl. von Sarykum *(vgl. Karten 1 und 2)*

*Befund:* „Heiligtum"

*Anlage/Architektur:* „Heiligtum" vom „Typ Bajte" – Kurgan

*Sonstiges:* nicht ausgegraben, nur prospektiert

*Funde:* Fragmente von 3 - 4 Stelen

*Datierung:* sarmatische Zeit

*Literatur:* Genito et al. 2000

---

## KAT.-NR. 48

*Fundort:* **Žaman-Togaj** (Kazachstan)

*Lage:* am rechten Ufer des Syr-darja, 23 km von Aktobe *(vgl. Karten 1 und 3)*

*Befund:* Gräberfeld

*Anlage/Architektur:* Kurgan-Nekropole mit 22 Kurganen in 3 kleinen Gruppen, Dm 5 - 20 m, H 0,05 - 2 m – 9 Kurgane ergraben – Gräber mit Katakombe und Dromos – einfache Erdgruben

*Lage/Orientierung/Geschlecht des Toten:* ausgestreckt auf dem Rücken liegend, Kopf im O, NO oder SSW

*Funde:* Keramik – Pfeilspitzen aus Bronze – Messer – Schwerter – Akinakes – Gürtelschnallen – Perlen – Schleifsteine, etc.

*Parallelfunde:* sarmatische und sakische Analogien im Fundgut

*Datierung:* 4 Datierungsgruppen: 1) Bronzezeit (10. - 8. Jh. v. Chr.); 2) 7. - 6. Jh. v. Chr; 3) Zeitenwende; 4) 3. - 5. Jh. n. Chr.

*Literatur:* Maksimova et al. 1968

---

## KAT.-NR. 49

*Fundort:* **Žyngyldy** (Kazachstan)

*Lage:* Ustjurt-Plateau, 10 - 11 km südwestl. von Žyngyldy *(vgl. Karten 1 und 2)*

*Befund:* „Heiligtum"

*Anlage/Architektur:* „Heiligtum" vom „Typ Bajte" – Kurgan

*Sonstiges:* nicht ausgegraben, nur prospektiert

*Funde:* Reste von 1 - 2 Stelen

*Datierung:* sarmatische Zeit

*Literatur:* Genito et al. 2000

---

## KAT.-NR. 50

*Fundort:* **Unbekannt** (Ustjurt)

*Befund:* Stele

*Funde:* Fragment einer Kalksteinstele, Kopf und Beine fehlen, stehender Mann, rechter Arm am Körper ausgestreckt, linker vor dem Bauch liegend, am rechten Bein Dolch vom Prochorovka-Typ, am linken Köcher mit Bogen, am Rücken horizontale Linie, davon führen senkrechte Linien nach oben und unten (evtl. Sattelbindung), Beine leicht gespreizt, H 90 cm, B 50 cm, D 25 cm *(vgl. Taf. 97,A)*

*Parallelfunde:* dargestellte Realia (besonders Schwert- und Dolchtypen) sind frühsarmatischen Typs

*Sonstiges:* heute im Ethnographischen Museum Mangyšlak

*Datierung:* 5. - 2. Jh. v. Chr.

*Literatur:* Zuev/Ismagil' 1996

# TAFELN UND KARTEN

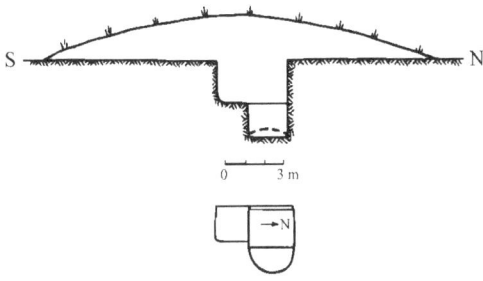

**A. Agalyk-Saj, Kurgan 5. Plan (nach Obel'čenko 1967, Abb. 1).**

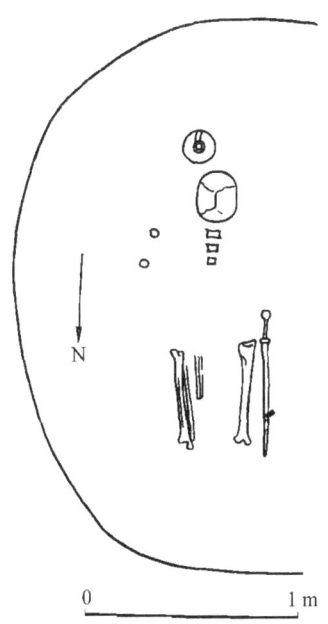

**B. Agalyk-Saj, Kurgan 5. Planum der Grabgrube
(nach Obel'čenko 1967, Abb. 2).**

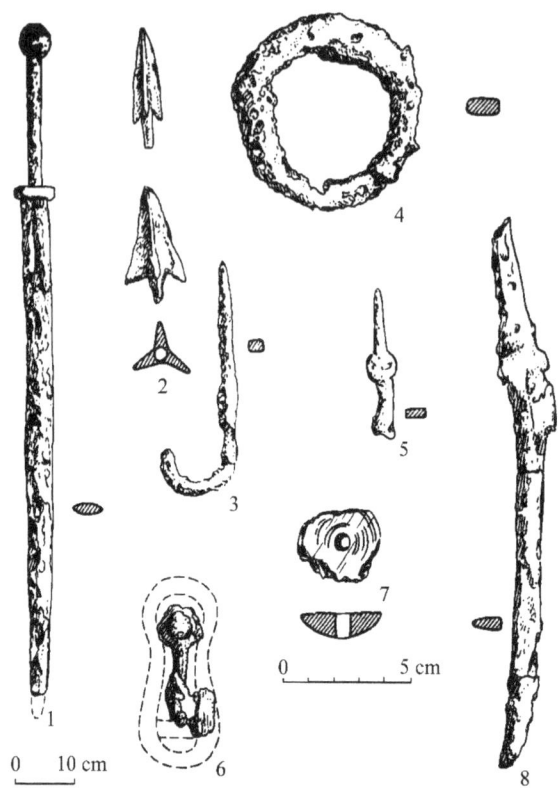

**A. Agalyk-Saj, Kurgan 5. Inventar (nach Obel'čenko 1967, Abb. 3).**

**B. Agalyk-Saj, Kurgan 5. Keramik (nach Obel'čenko 1967, Abb. 4, ohne Maßstab).**

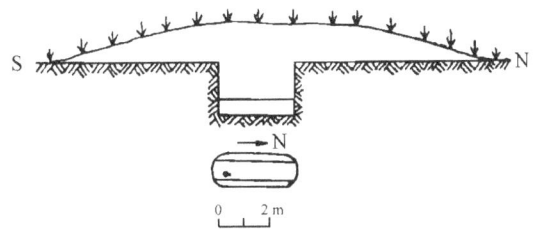

A. Agalyk-Saj, Kurgan 9. Plan (nach Obel'čenko 1972, Abb. 3).

B. Agalyk-Saj, Kurgan 9. Schmuck (nach Obel'čenko 1972, Abb. 5 –
dort in der Bildunterschrift irrtümlich Kurgan 10 zugewiesen, ohne Maßstab).

C. Agalyk-Saj, Kurgan 9. Spiegel (nach Obel'čenko 1972, Abb. 4, ohne Maßstab).

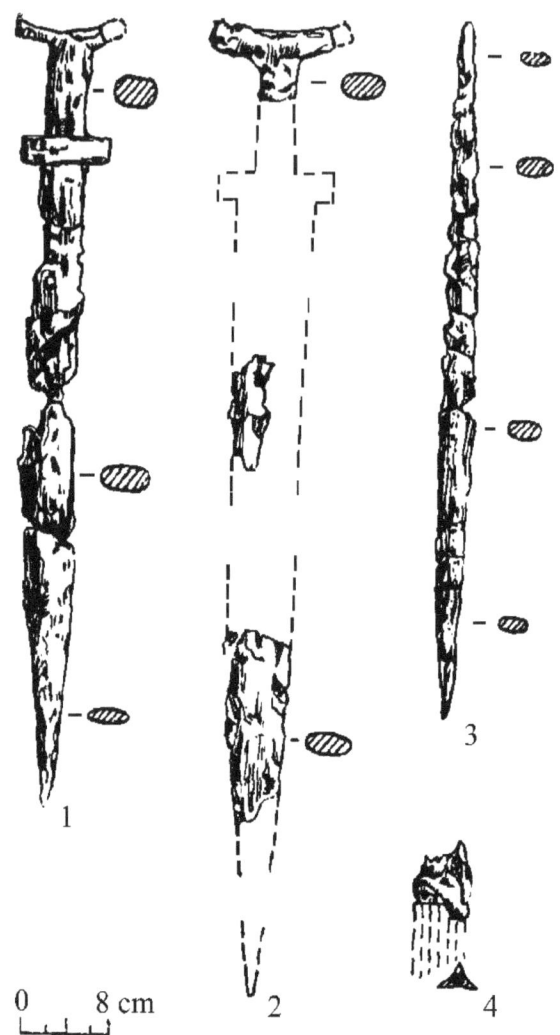

**A. Agalyk-Saj, Kurgan 10. Inventar (nach Obel'čenko 1972, Abb. 1).**

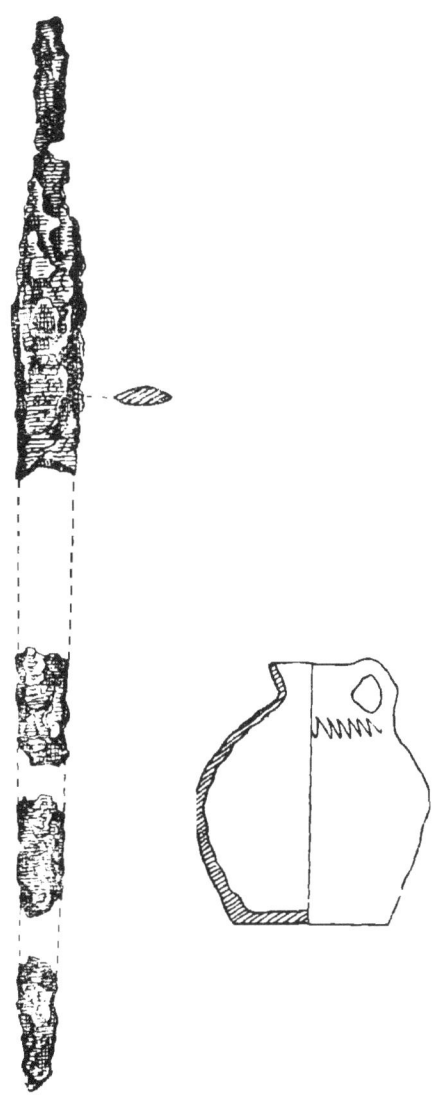

**A. Akdžartepe, Kurgan 2. Inventar (nach Obel'čenko 1962, Abb. 4; 5, ohne Maßstab).**

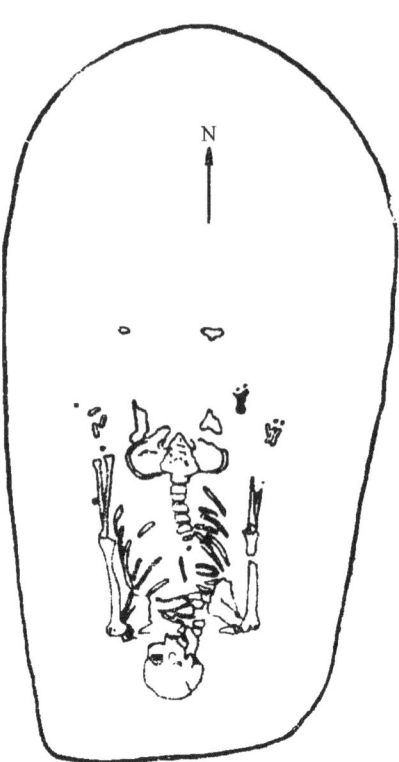

**A. Akdžartepe, Kurgan 4. Planum der Grabgrube (nach Obel'čenko 1962, Abb. 3, ohne Maßstab).**

**B. Akdžartepe, Kurgan 4. Inventar (nach Obel'čenko 1962, Abb. 4, ohne Maßstab).**

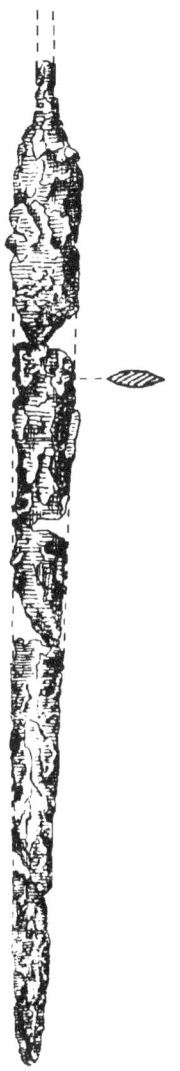

**A. Akdžartepe, Kurgan 5. Inventar (nach Obel'čenko 1962, Abb. 4, ohne Maßstab).**

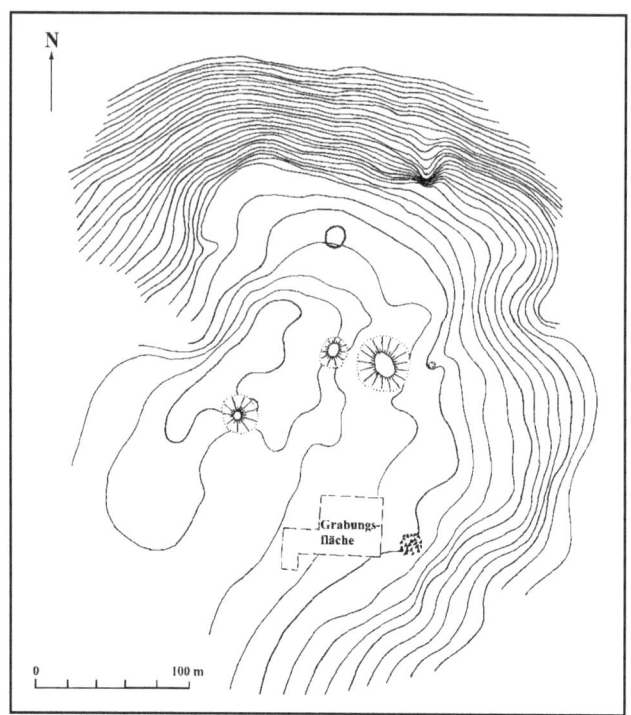

A. Bajte I. Übersichtsplan (nach Ol'chovskij/Galkin 1990, Abb. 2).

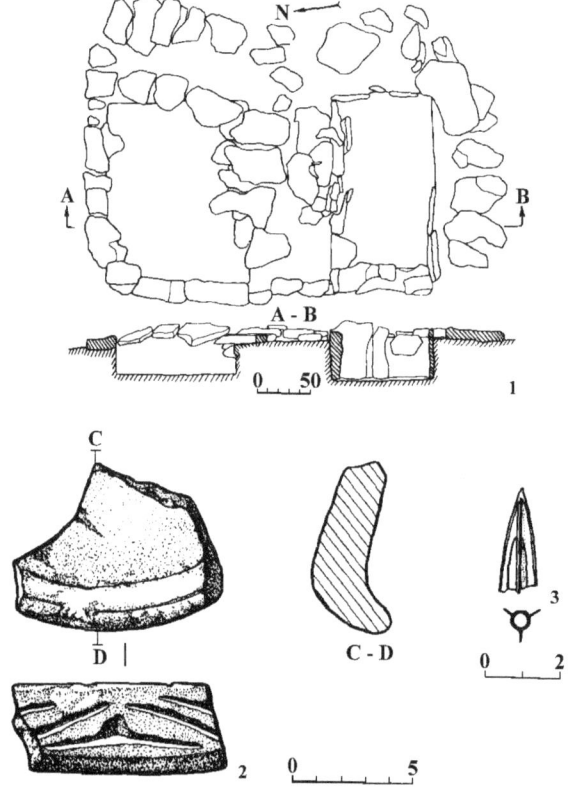

B. Bajte I, Kurgan 2. Plan und Inventar (nach Ol'chovskij/Galkin 1990, Abb. 3).

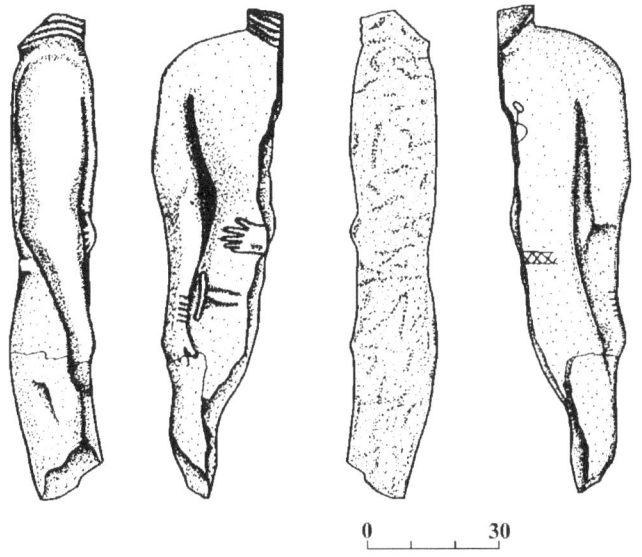

A. Bajte I. Stele (nach Ol'chovskij/Galkin 1990, Abb. 6,a).

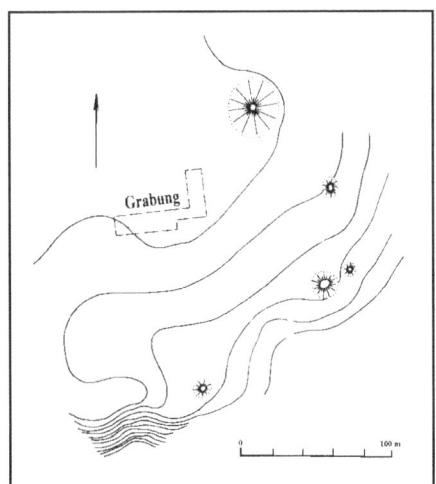

B. Bajte III. Übersichtsplan (nach Ol'chovskij/Galkin 1990, Abb. 4).

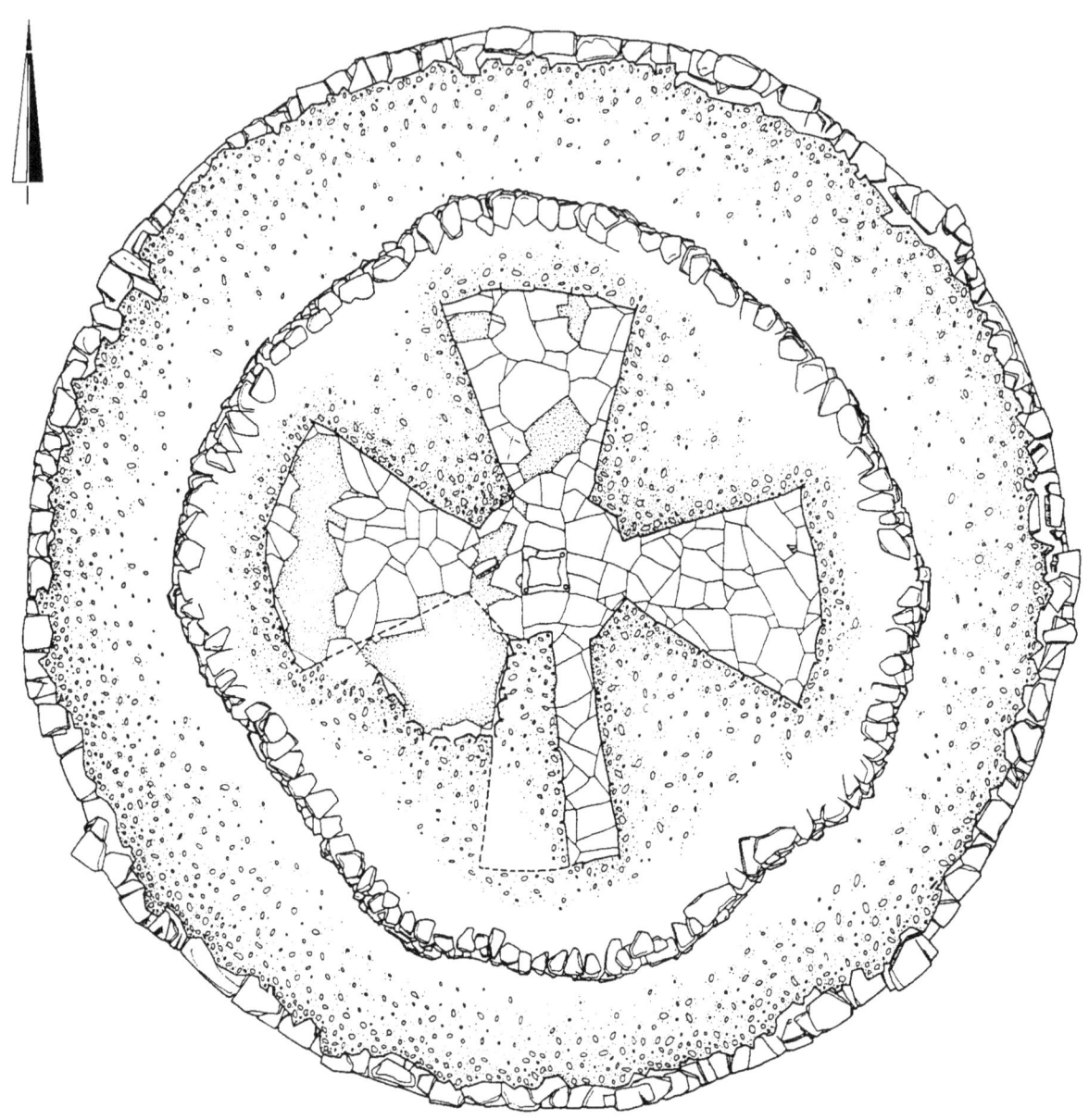

**A. Bajte III. Steinkonstruktion - M 1:180 (nach Ol'chovskij 2001, Abb. 12).**

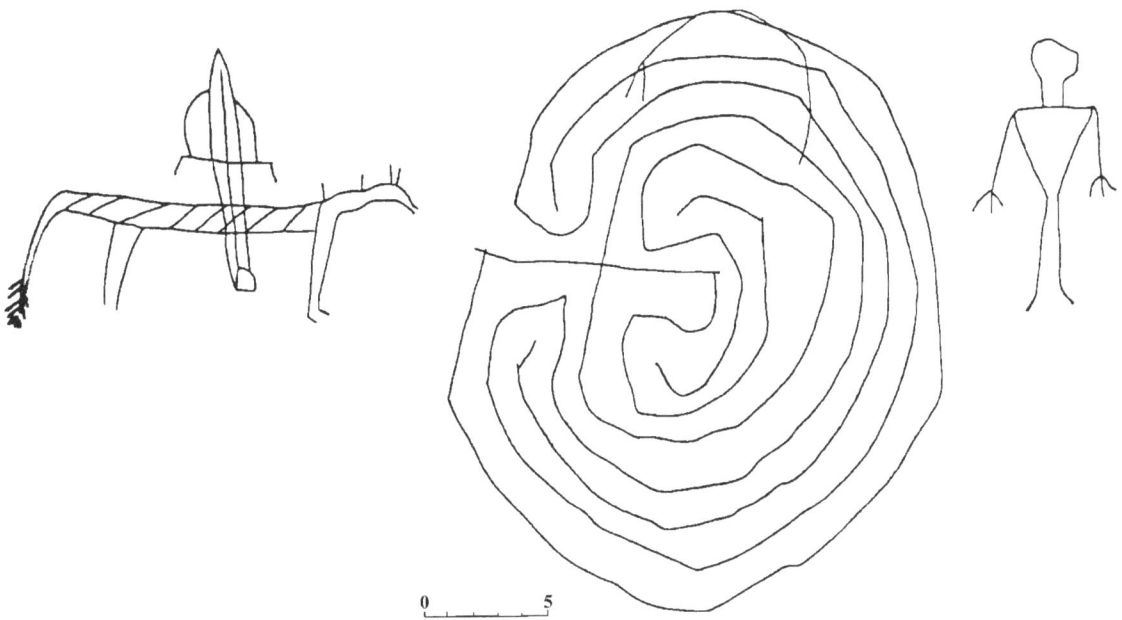

0    5

**A. Bajte III. Petroglyphen auf der Steinkonstruktion (nach Genito et al. 2000, Abb. 8).**

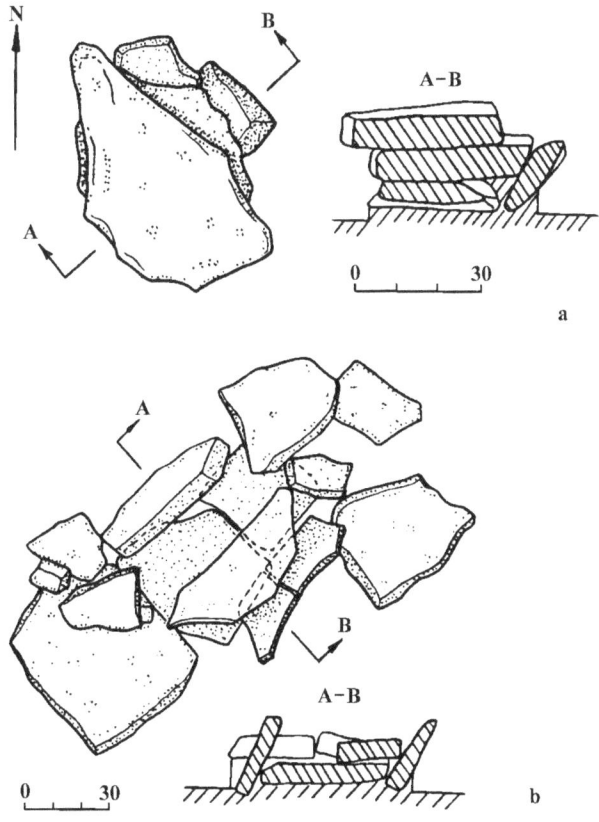

**B. Bajte III. Opferanlagen. a - KS-42; b - KV-21
(nach Nikonov/Ol'chovskij 2000, Abb. 8).**

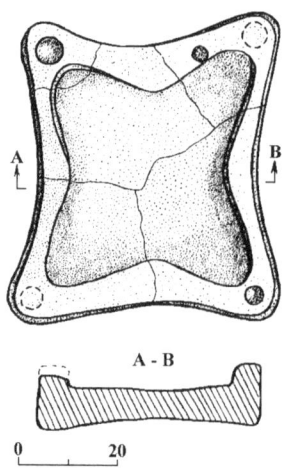

A. Bajte III. Opfertisch (nach Ol'chovskij/Galkin 1990, Abb. 5).

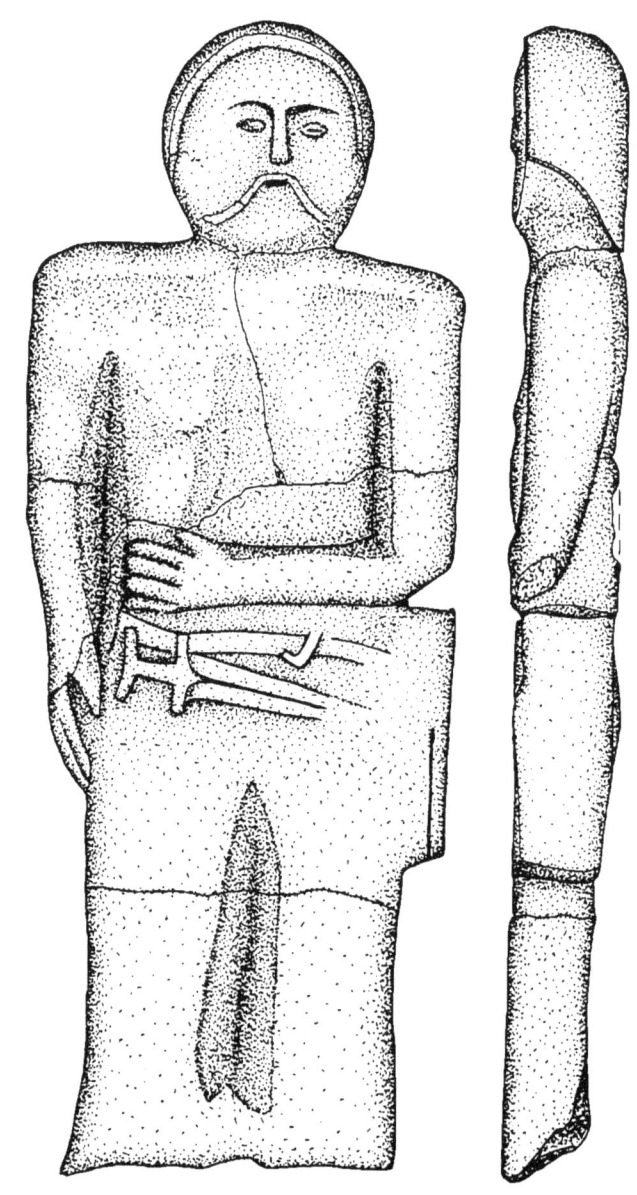

**B. Bajte III. Stele - M 1:6 (nach Ol'chovskij 2001, Abb. 13, ohne Maßstab).**

A - B

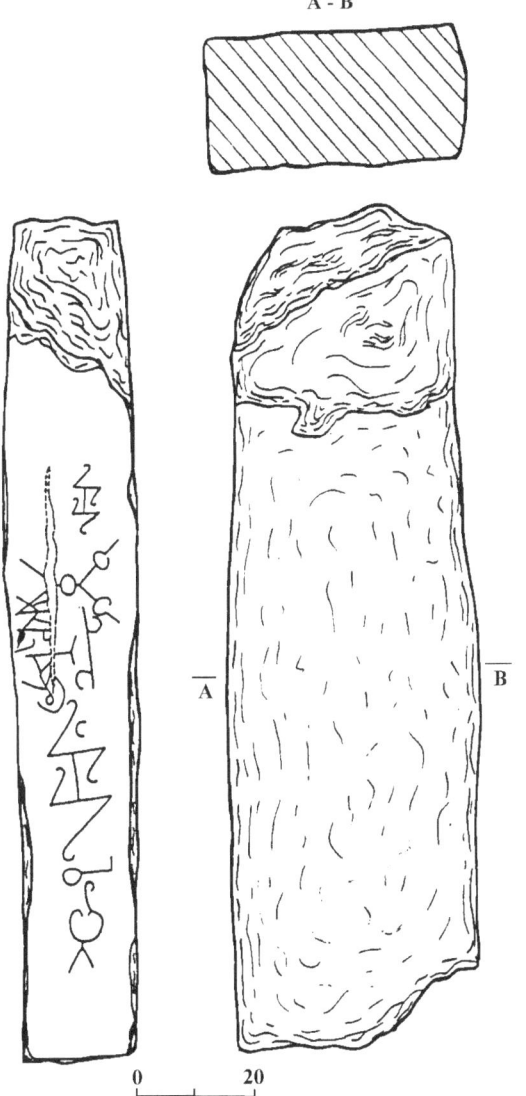

A. Bajte III. Stele mit Tamgas (nach Ol'chovskij/Jacenko 2000, Abb. 3).

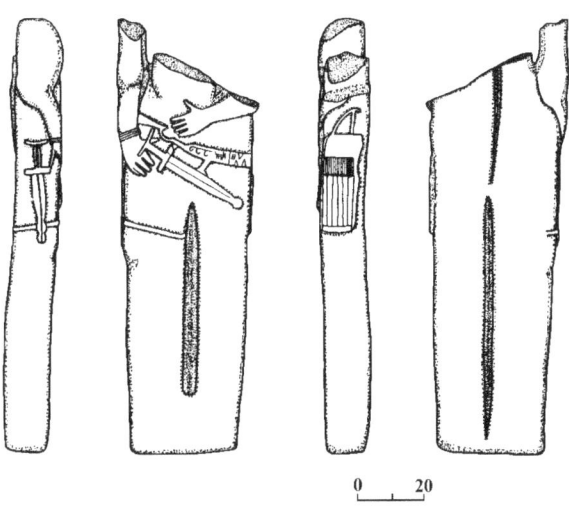

B. Bajte III. Stele (nach Ol'chovskij/Galkin 1990, Abb. 6,b).

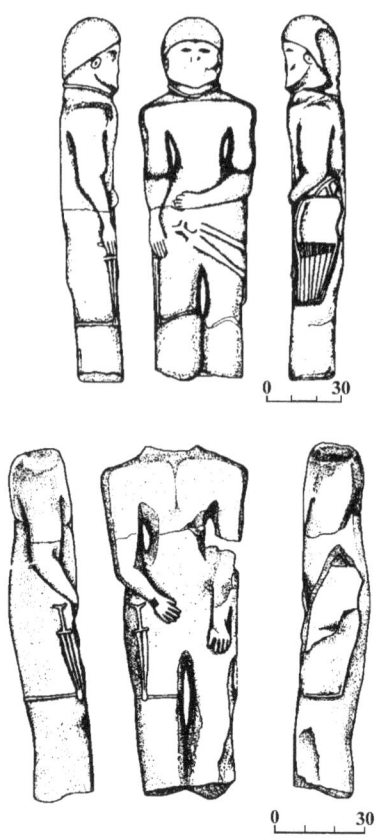

**A. Bajte III. Stelen (nach Ol'chovskij/Galkin 1990, Abb. 7).**

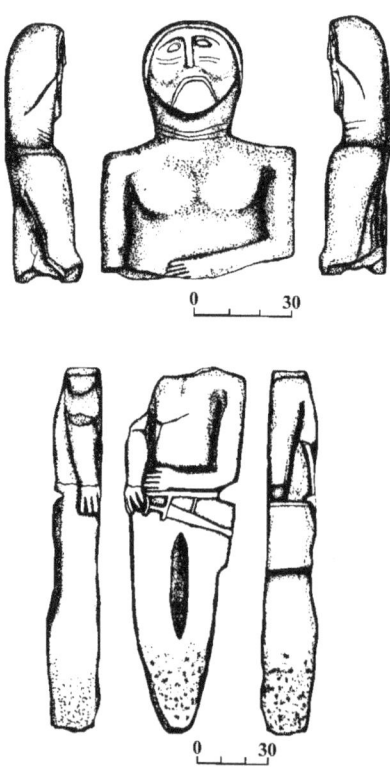

**B. Bajte III. Stelen (nach Ol'chovskij/Galkin 1990, Abb. 8).**

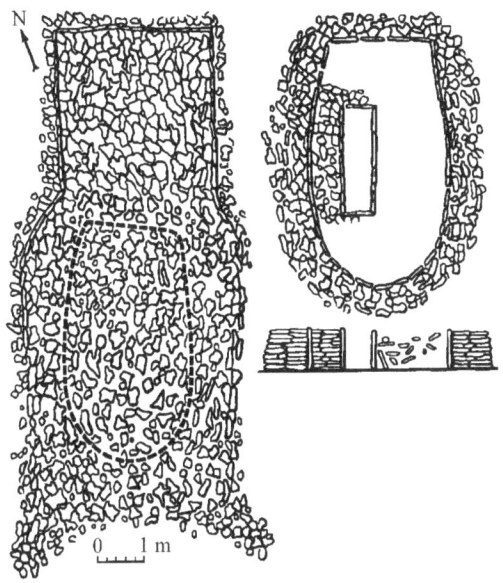

A. Chanaly, Kurgan 10. Planum und Profil (nach Jusupov 1981, Abb. 29).

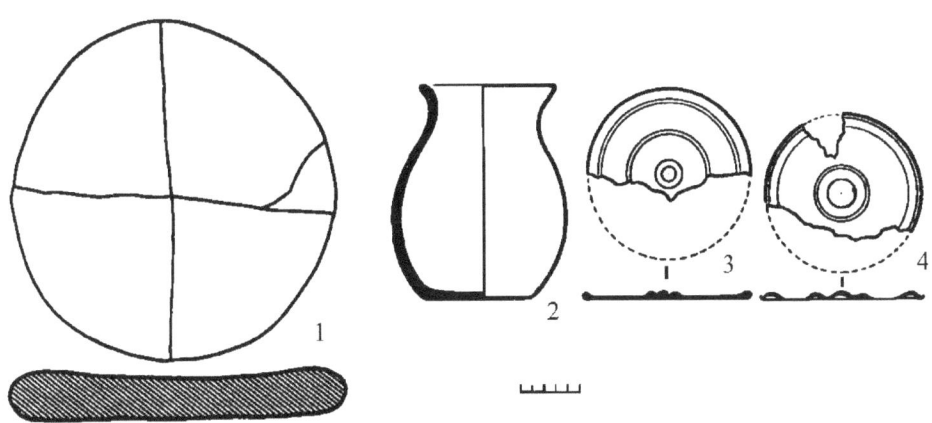

B. Chanaly, Kurgan 10. Inventar (nach Jusupov 1981, Abb. 29).

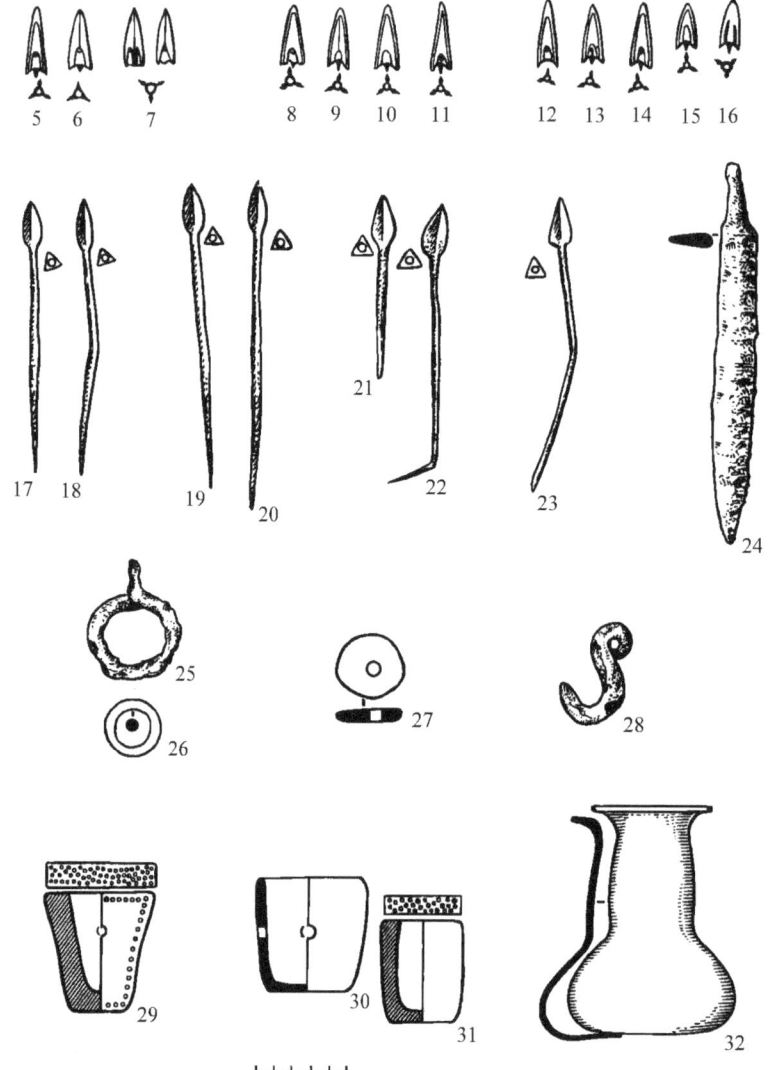

A. Chanaly, Kurgan 10. Inventar (nach Jusupov 1981, Abb. 29).

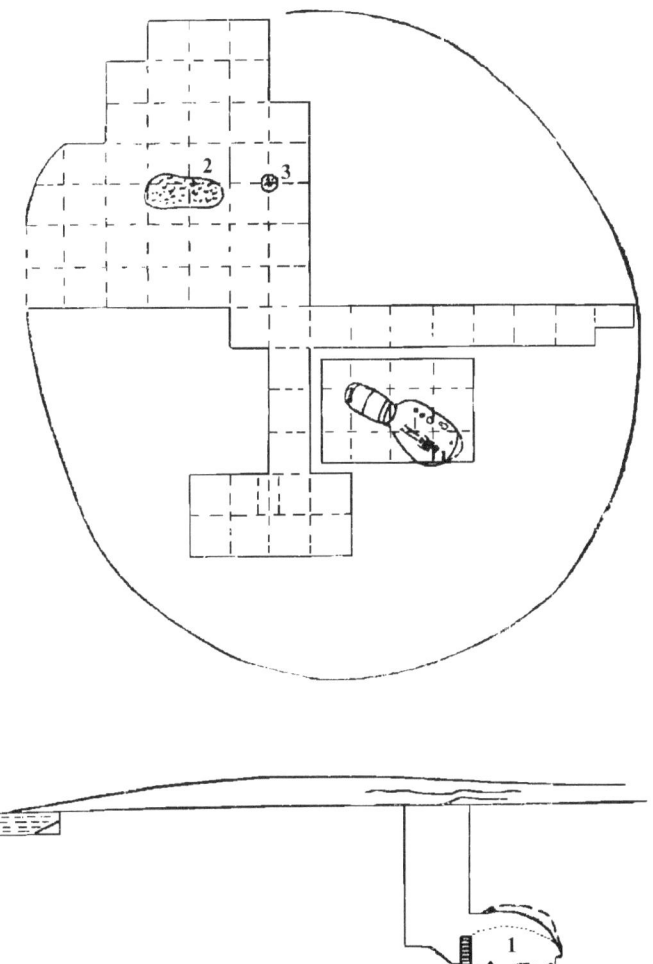

**A. Chas-Kjariz, Kurgan 3. Plan (nach Maruščenko 1959, Abb. 4, ohne Maßstab).**
1 - Katakombe mit Bestattung, 2 - Feuerstelle, 3 - Schotterstelle.

A. Chas-Kjariz, Kurgan 3. 1 - Kupferkessel, 2-6 - Keramik, 7-8 - Steingefäß
(nach Maruščenko 1959, Abb. 5; 6, ohne Maßstab).

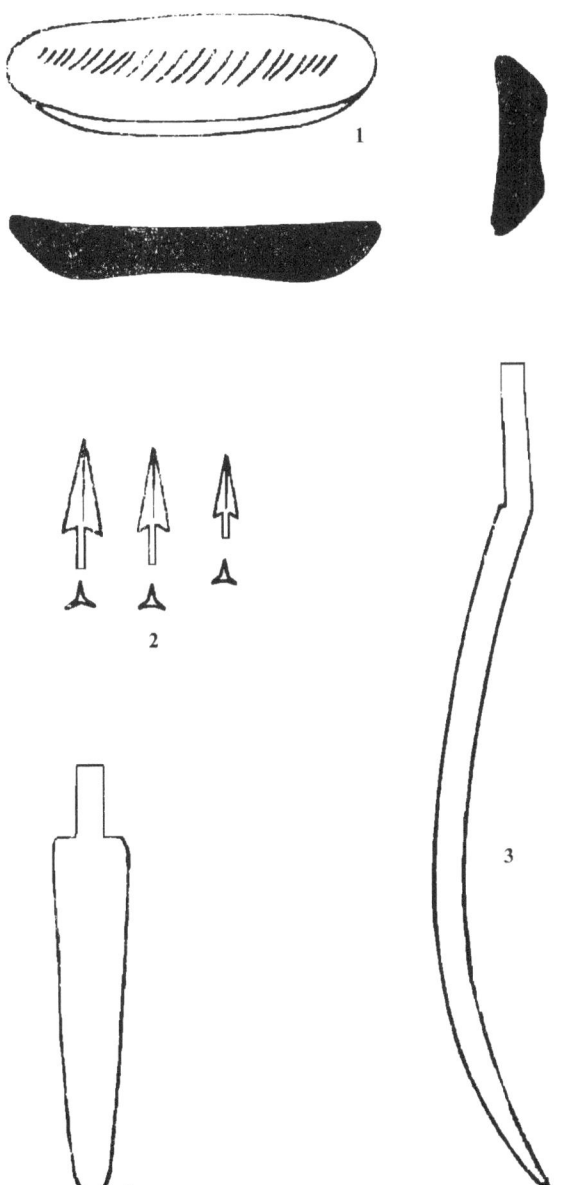

**A. Chas-Kjariz, Kurgan 3. Inventar (nach Maruščenko 1959, Abb. 7, ohne Maßstab).**

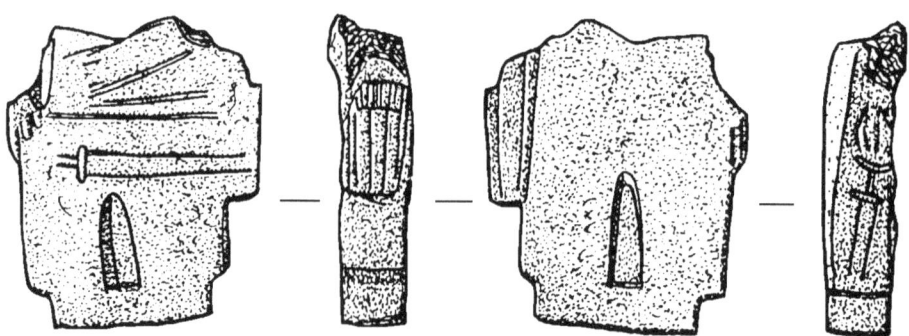

A. Četvërtyj Raz'ezd 1. Stele (nach Zuev/Ismagil' 1996, Abb. 2,4, ohne Maßstab).

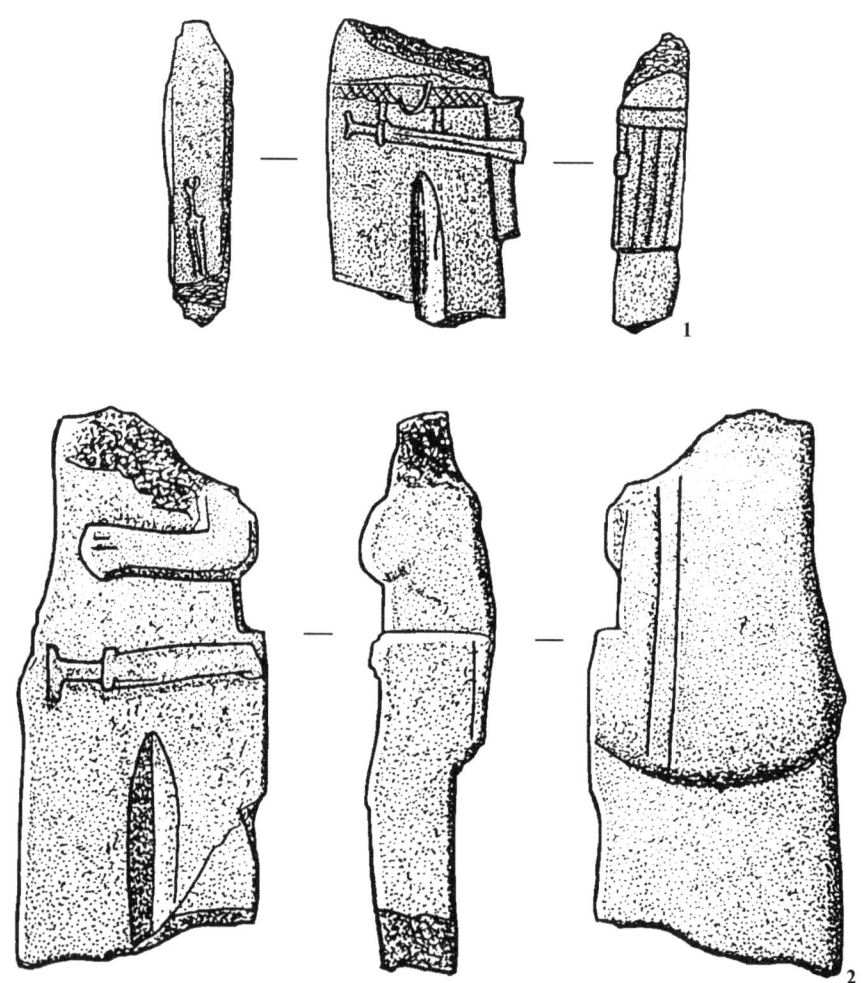

B. Četvërtyj Raz'ezd 2. Stelen (nach Zuev/Ismagil' 1996, Abb. 2,5; 3,6, ohne Maßstab).

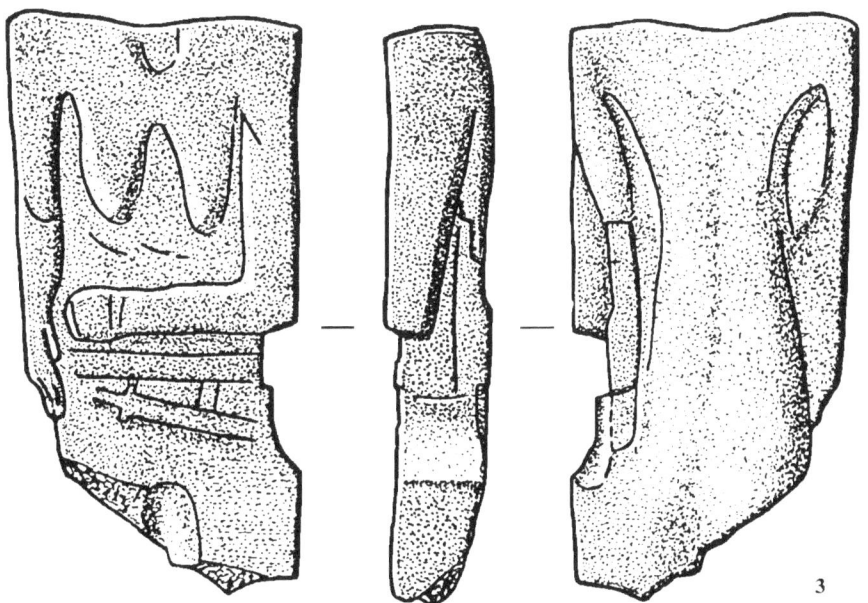

A. Četvërtyj Raz'ezd 2. Stele (nach Zuev/Ismagil' 1996, Abb. 3,7, ohne Maßstab).

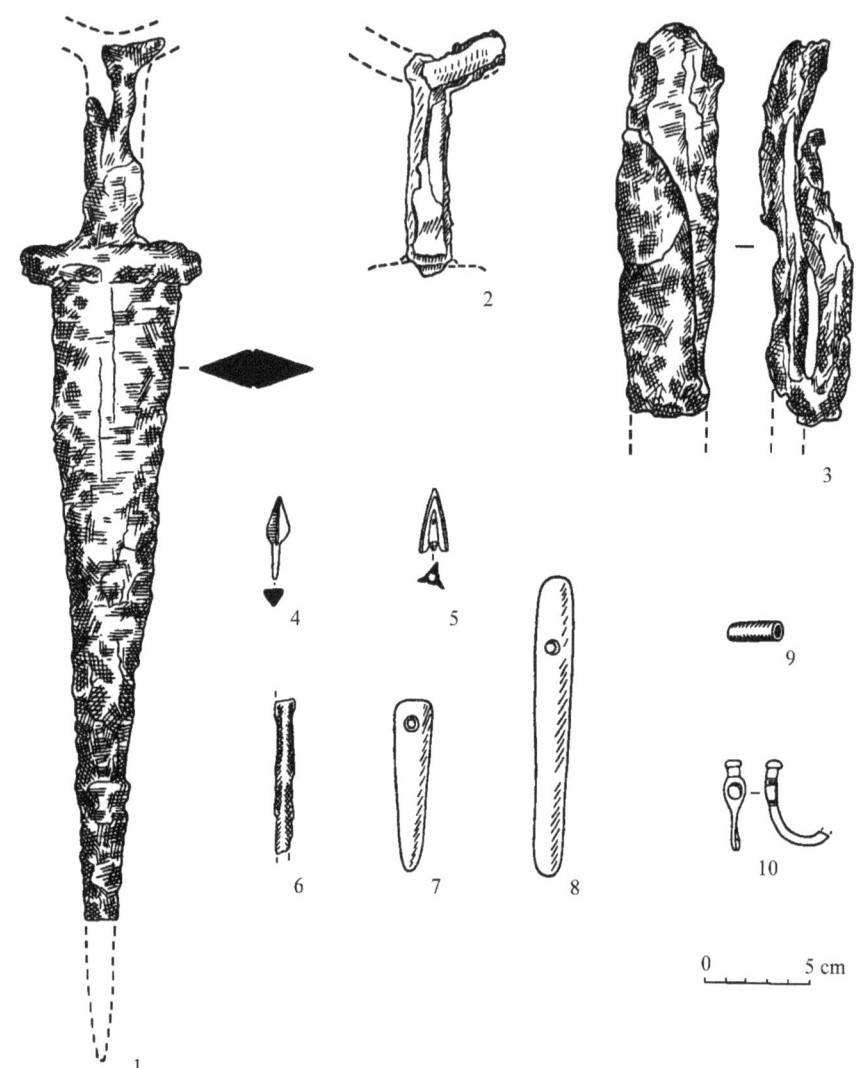

**A. Čyryšly, Kurgan. Inventar (nach Jusupov 1975, Abb. 21).**

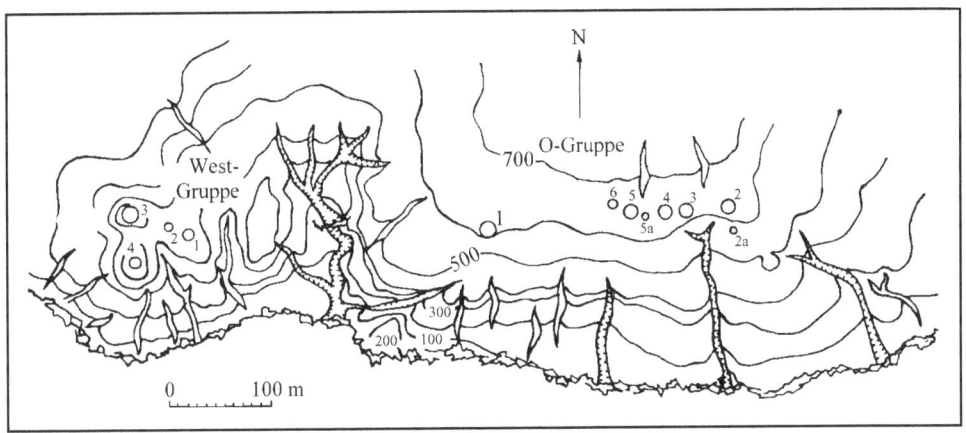

**A. Dėvkesken 4. Topographischer Übersichtsplan des Gräberfeldes
(nach Jagodin 1990, Abb. 1).**

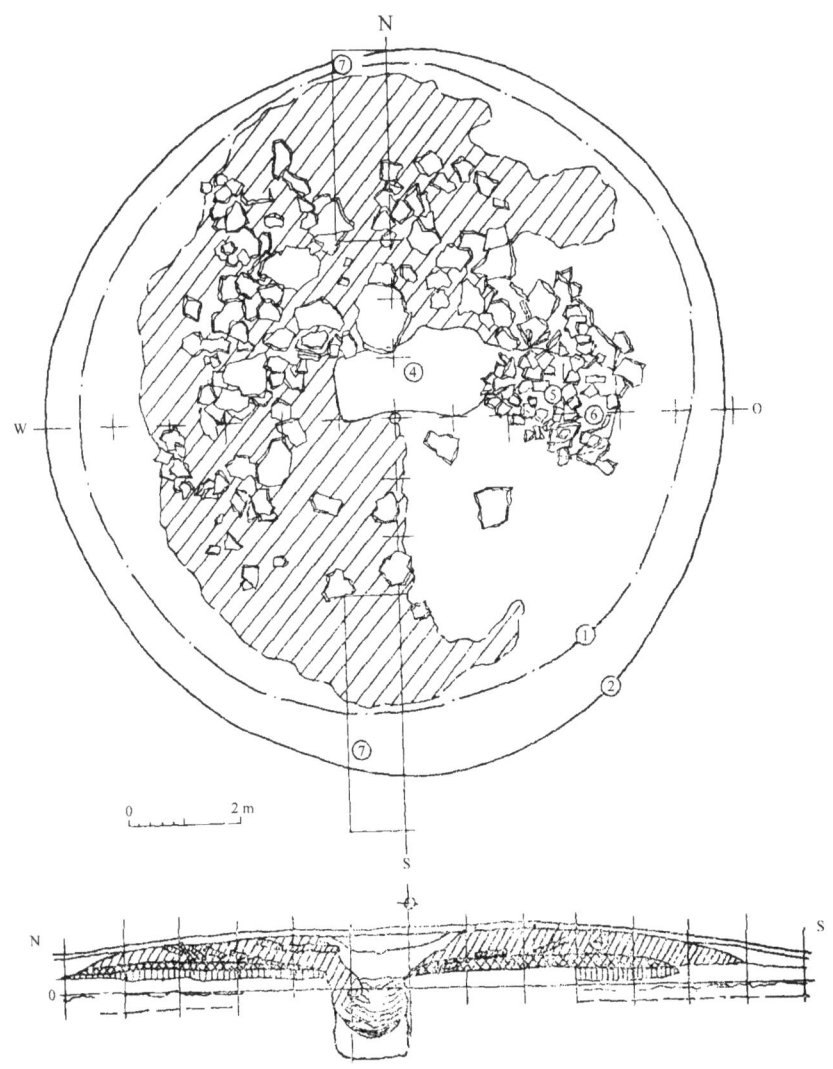

**B. Dėvkesken 4, Ostgruppe, Kurgan 1. Plan und Profil (nach Jagodin 1990, Abb. 2).**
1 - ursprüngliche Form der Aufschüttung; 2 - heutiger Umriß; 3 - grüne Lehmschicht;
4 - Grabkammer; 5 - Dromos; 6 - Steinplatte; 7 - Schnitt.

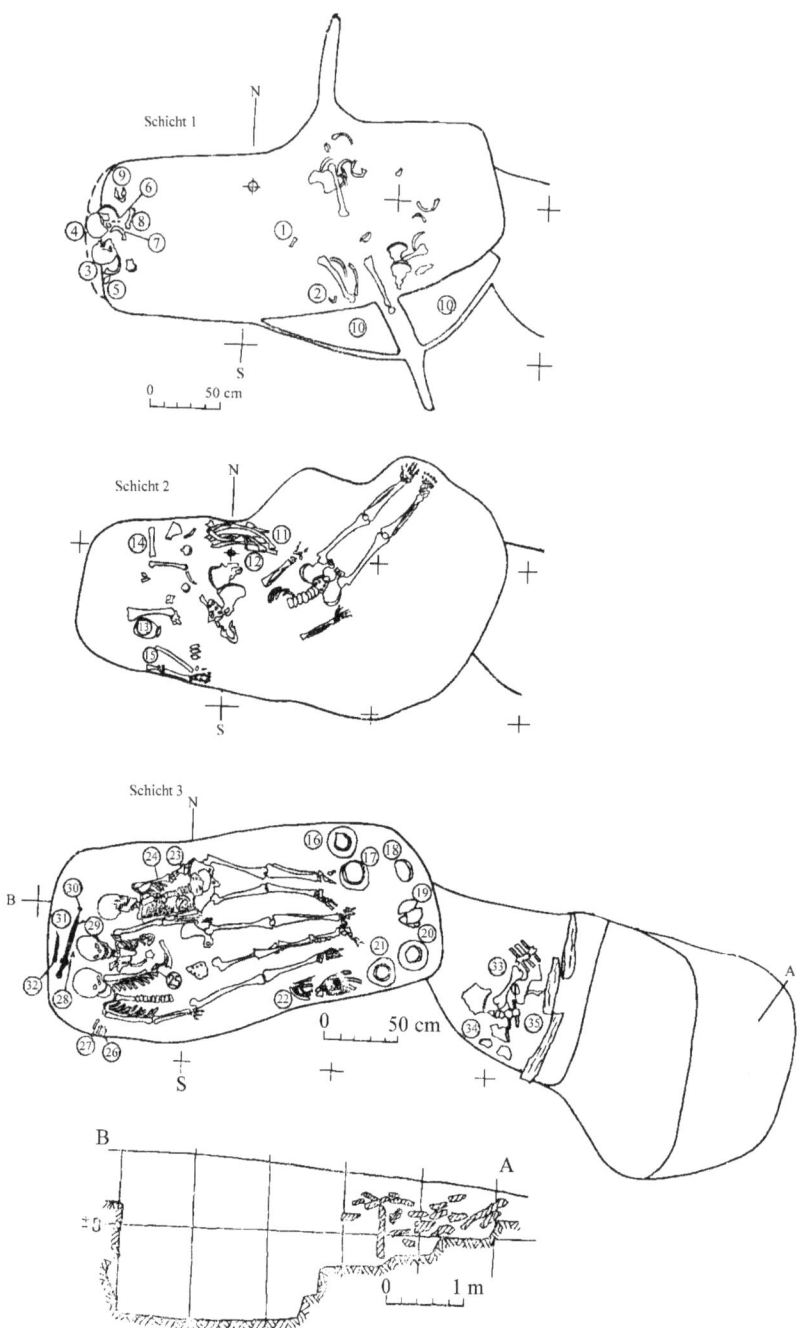

**A. Dêvkesken 4, Ostgruppe, Kurgan 1. Schichten der Grabkammer
(nach Jagodin 1990, Abb. 3).**
1 - Schwertfragment; 2 - Bronzegerätfragment; 3 - Schädel; 4 - Schädel; 5 -
Schwertfragmente; 6 - Eisengerätfragment; 7 - Knochengerät; 8 - Schafsknochen;
9 - Unterkiefer; 10 - Kalksteinkonzentration; 11 - Rippen von Rind oder Pferd; 12 - Eisen-
messerfragment; 13 - Gefäß; 14 - Schafsknochen und Messer; 15 - Eisengerät-
Fragment; 16-21 - Gefäßbeigaben; 22 - Tierknochen; 23 - Bronzearmreifen; 24 - Eisenhaken;
25 - Fragment Bronzearmreif; 26 - Pfeilspitzen (Köcher); 27 - Pferdeknochen; 28 - Perle
mit Buckeln; 29 - Eisenpfeilspitze; 30 - Perle; 31 - Eisenschwert; 32 - Fragment Eisenschwert; 33 - Knochen von Rind oder Pferd; 34 - Gefäßfragment; 35 - Verschlußplatten.

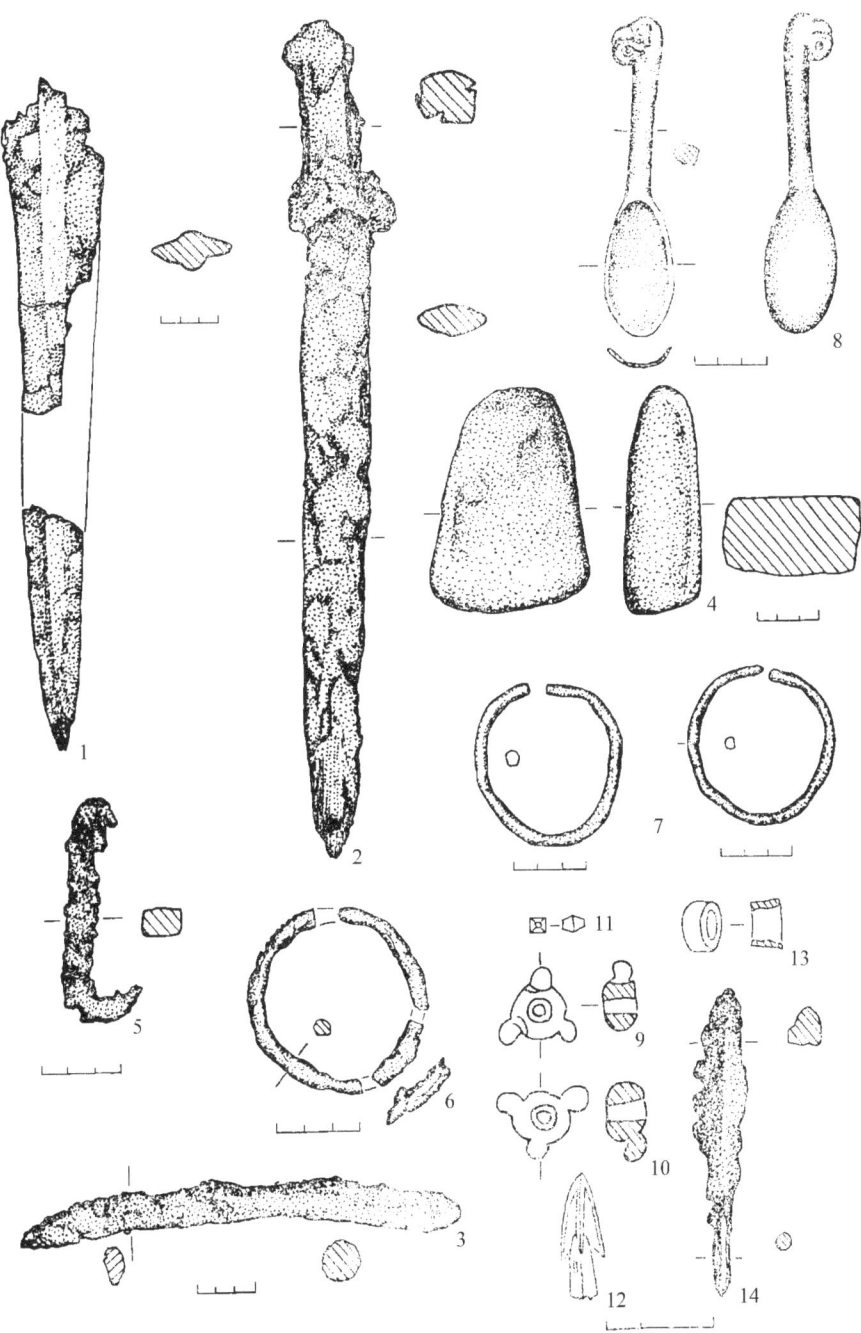

A. Dēvkesken 4, Ostgruppe, Kurgan 1. Inventar (nach Jagodin 1990, Abb. 4).

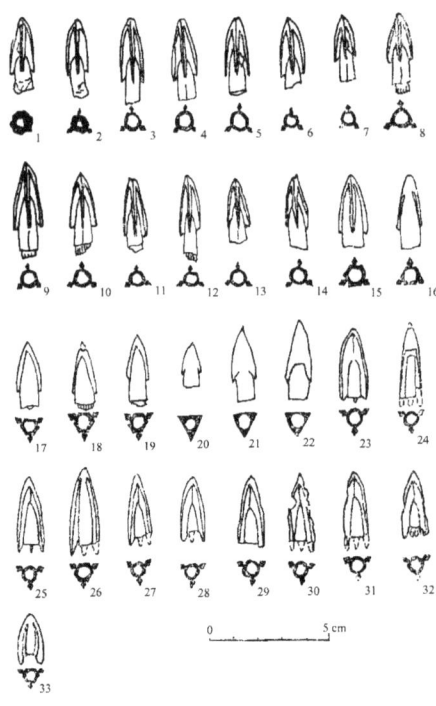

A. Dėvkesken 4, Ostgruppe, Kurgan 1. Pfeilspitzen (nach Jagodin 1990, Abb. 5).

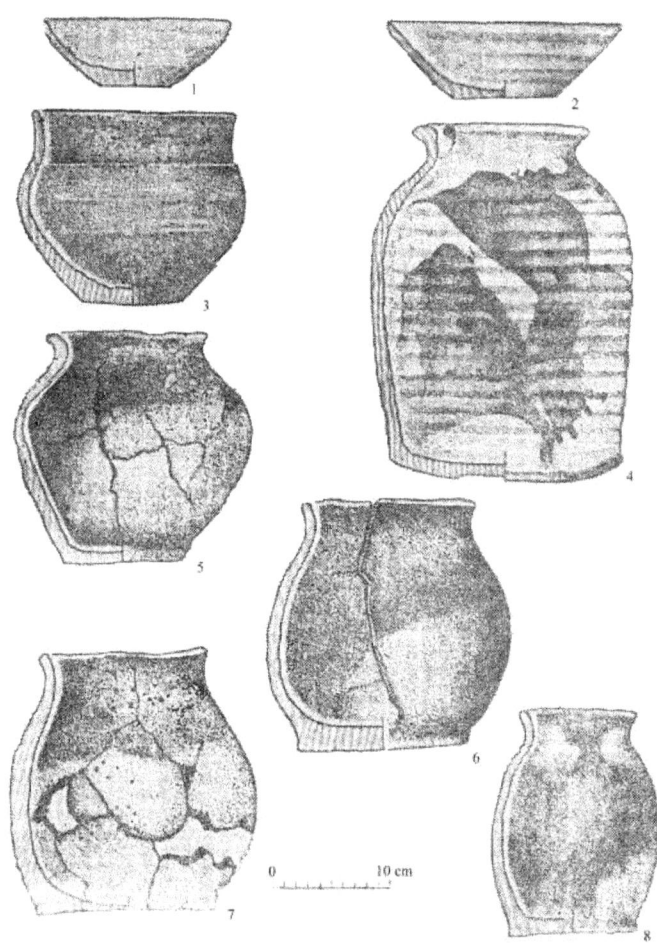

B. Dėvkesken 4, Ostgruppe, Kurgan 1. Keramik (nach Jagodin 1990, Abb. 6).

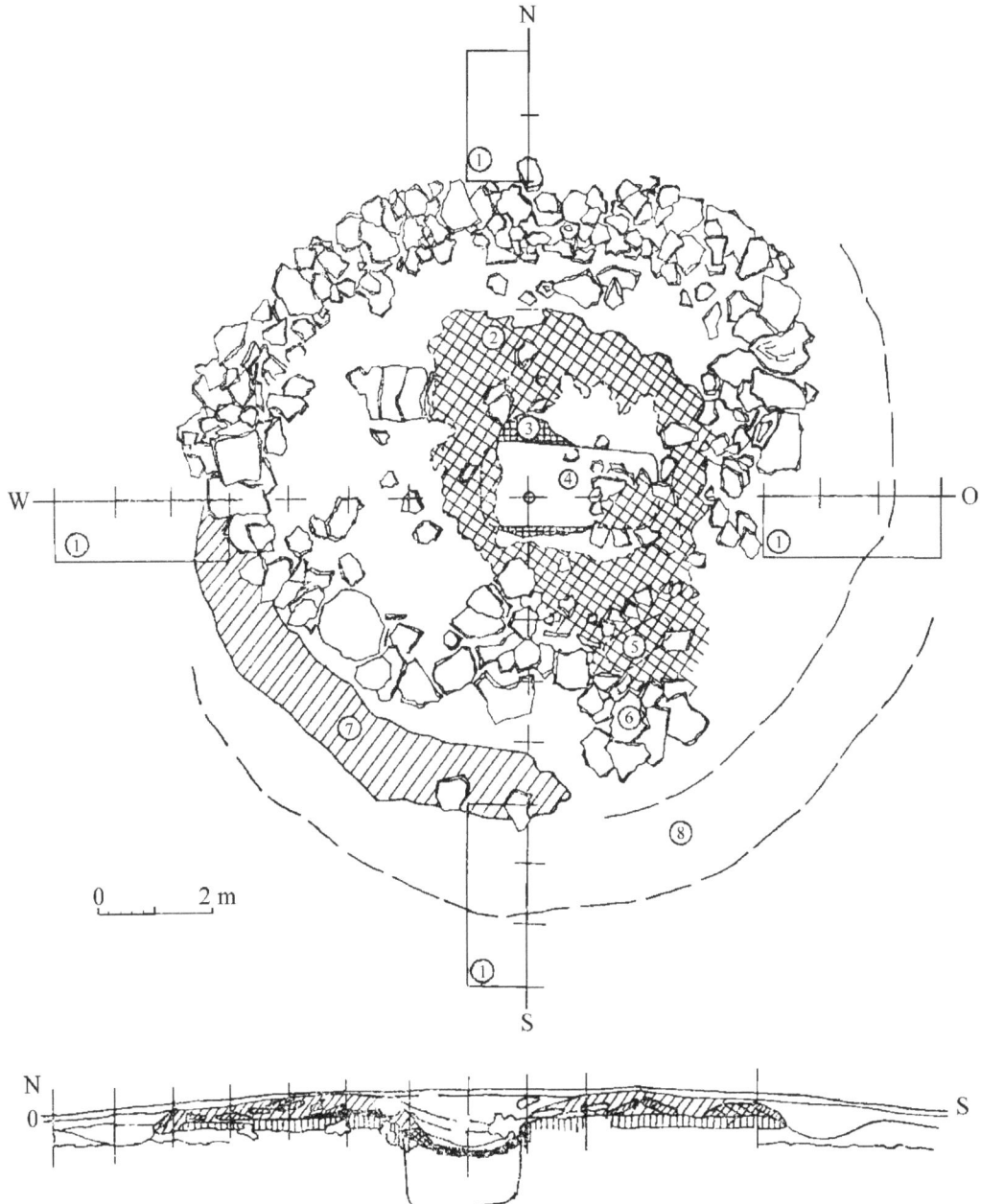

**A. Dėvkesken 4, Ostgruppe, Kurgan 2. Plan und Profil (nach Jagodin 1990, Abb. 7).**
1 - Schnitte; 2 - Brandschicht; 3 - Boden mit Brandspuren; 4 - graue Lehmschicht;
5 - Nebengrabgrube; 6 - Kalksteinplatten; 7 - grüne Lehmschicht; 8 - Graben.

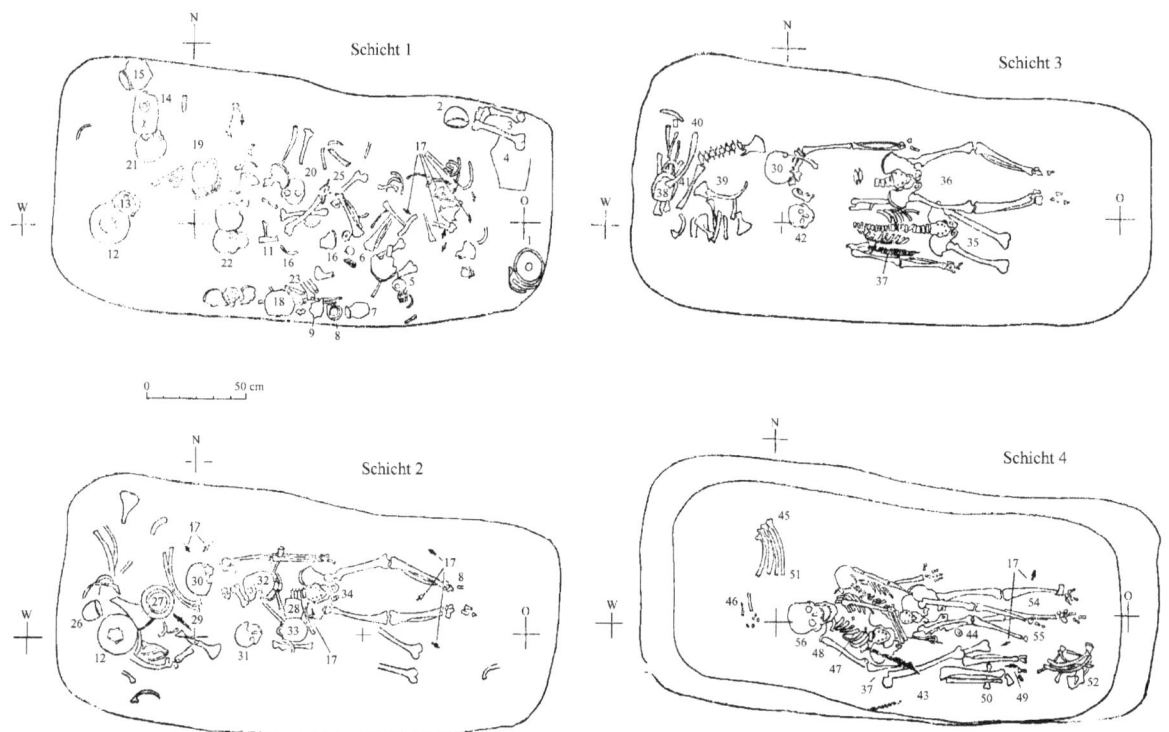

**A. Dēvkesken 4, Ostgruppe, Kurgan 2. Schichten der Grabgrube
(nach Jagodin 1990, Abb. 8).**

1-2 - Keramik; 3 - Extremitätenknochen vom Kamel; 4 - Kalksteinplatte; 5 - Keramik;
6 - Eisengerätfragment; 7 - Keramik; 8 - Keramik; 9 - Schafsknochen; 10 - Bronzespiegel;
11 - Spiegelgriff; 12-15 - Keramik; 16 - Eisenringfragment; 17 - Bronzepfeilspitzen;
18-22 - Schädel; 23 - Abdruck von Holzgefäß; 25 - Holzobjekt; 26-28 - Keramik;
29 - Eisenmesser; 30-33 - Schädelreste; 34 - Best. 1; 35 - Best. 2; 36 - Best. 1; 37 - Eisenschwert; 38 - Schädel; 39 - Schafsknochen; 40 - Knochen Rind/Pferd/Kamel?; 41 - Fisch-
gräten; 42 - Schädel; 43 - Bronzearmreif; 44 - Keramikperle; 45 - Rippen Rind/Pferd;
46 - Schafsknochen; 48 - Perle; 49 - Eisengerät-Fragment; 50 - Schafsknochen;
51 - Kreuzbein vom Schaf; 52 - Schafsknochen; 53 - Eisengerätfragment (Schwert?);
54 - Skelett 4; 55 - Skelett 5; 56 - Skelett 3 (47 nicht erläutert - Anm. d. Verf.).

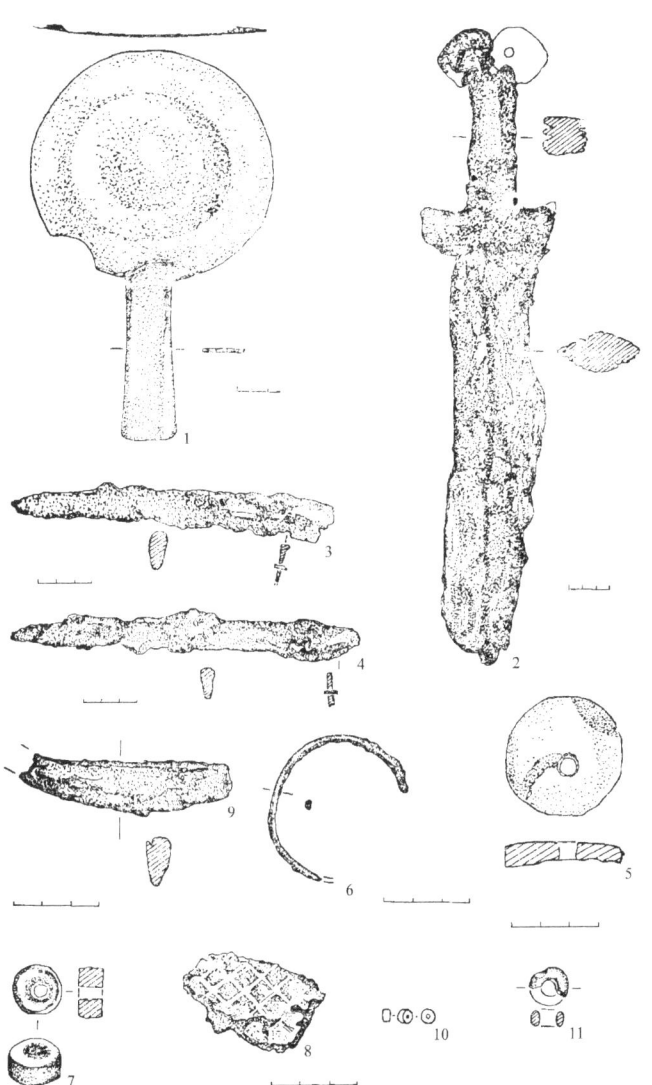

A. Dėvkesken 4, Ostgruppe, Kurgan 2. Inventar (nach Jagodin 1990, Abb. 9).

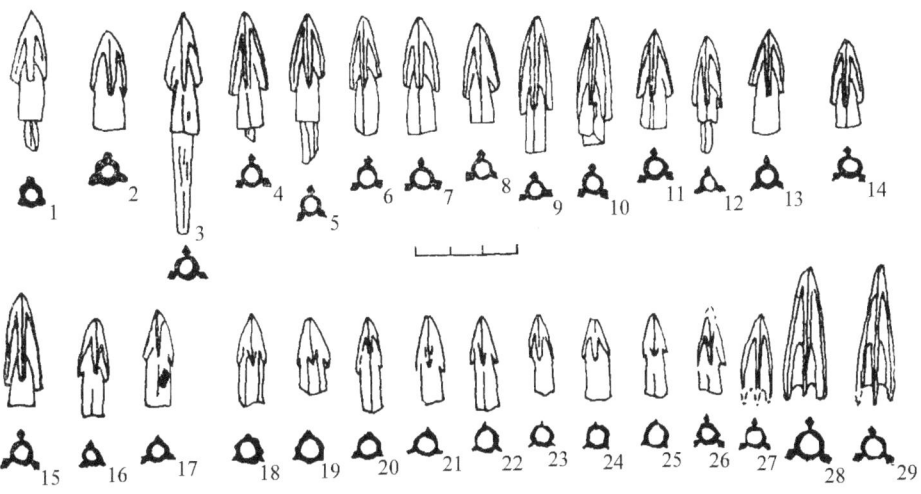

B. Dėvkesken 4, Ostgruppe, Kurgan 2. Pfeilspitzen (nach Jagodin 1990, Abb. 10).

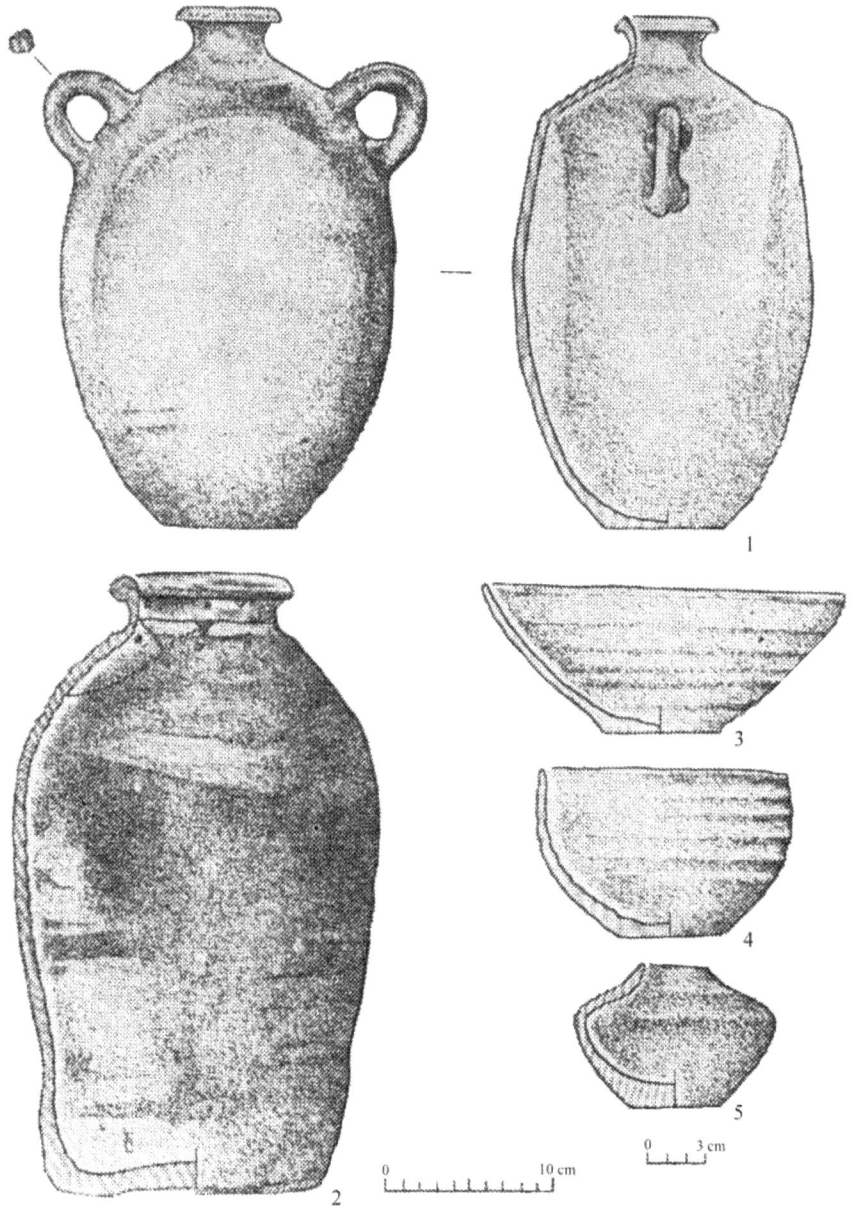

A. Dévkesken 4, Ostgruppe, Kurgan 2. Scheibengedrehte Keramik
(nach Jagodin 1990, Abb. 11).

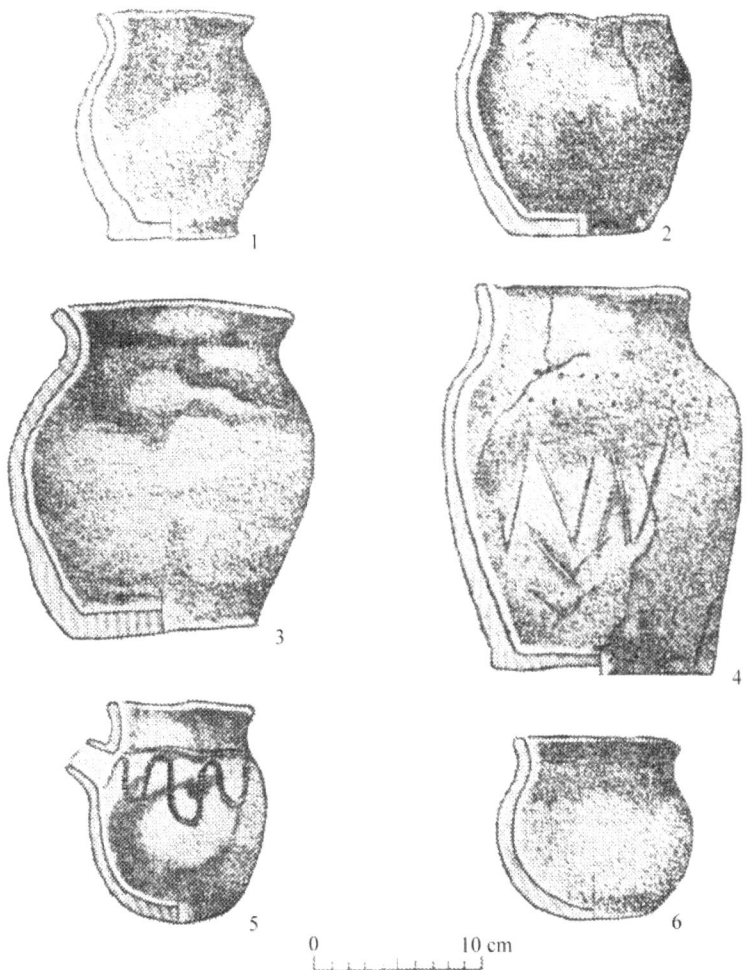

**A. Dėvkesken 4, Ostgruppe, Kurgan 2. Handgemachte Keramik
(nach Jagodin 1990, Abb. 12).**

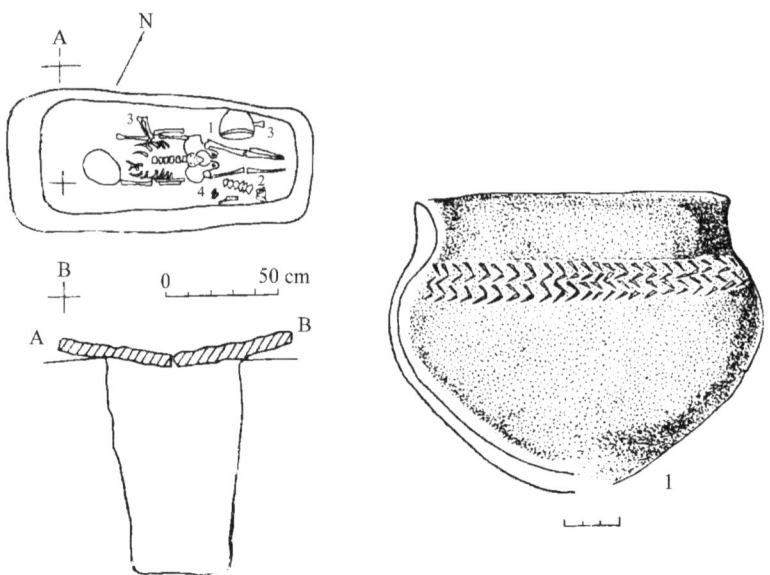

**A. Dẻvkesken 4, Ostgruppe, Kurgan 2, Nebenbestattung. Plan, Schnitt, Inventar (nach Jagodin 1990, Abb. 13).**
1 - Keramik; 2 - Schafsknochen; 3 - abgetrennte Schafsknochen; 4 - Vogelknochen.

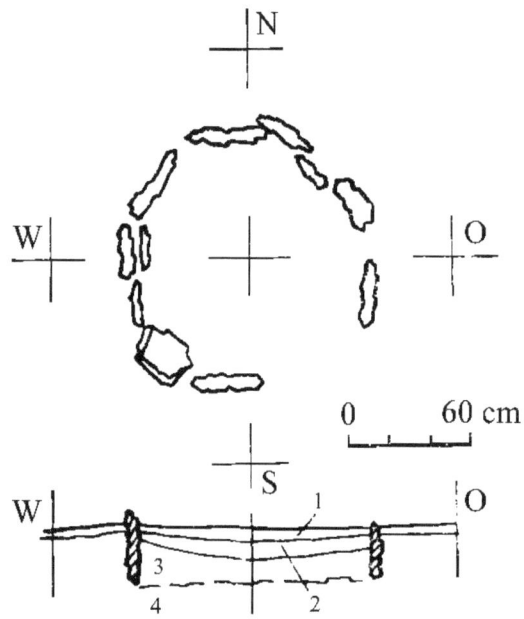

**B. Dẻvkesken 4, Ostgruppe, Kurgan 2. Steinkreis (nach Jagodin 1990, Abb. 14).**

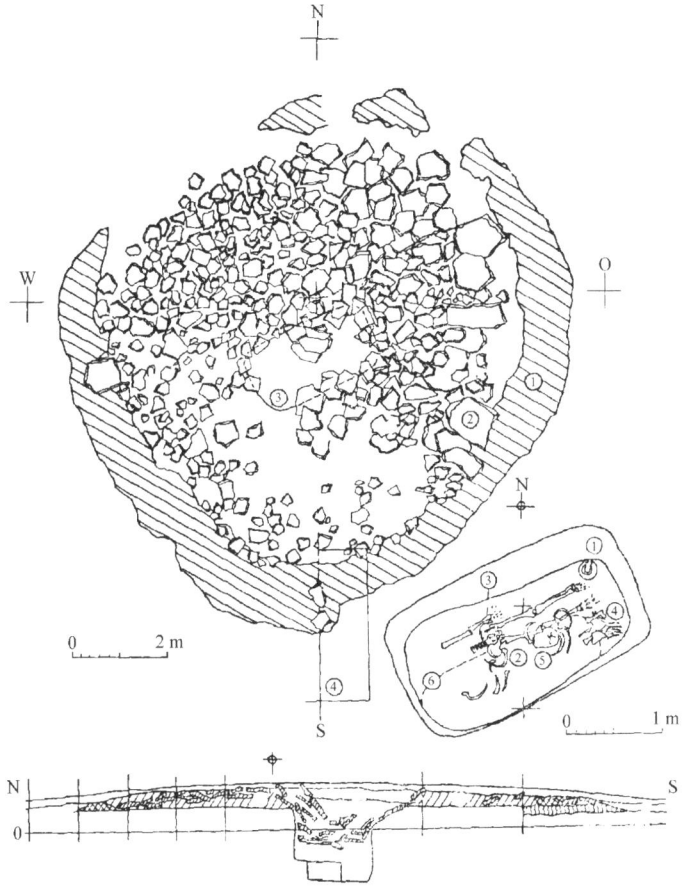

**A. Dėvkesken 4, Ostgruppe, Kurgan 4. Plan, Profil und Planum der Grabkammer (nach Jagodin 1990, Abb. 17).**
Plan des Kurgans: 1 - Aushub; 2 - Kalksteinplatten; 3 - Grabkammer; 4 - Schnitt. Plan der
Grabkammer: 1 - Keramik; 2 - Pfeilspitze; 3 - Schleifstein; 4 - Schafsknochen; 5 - Schädel.

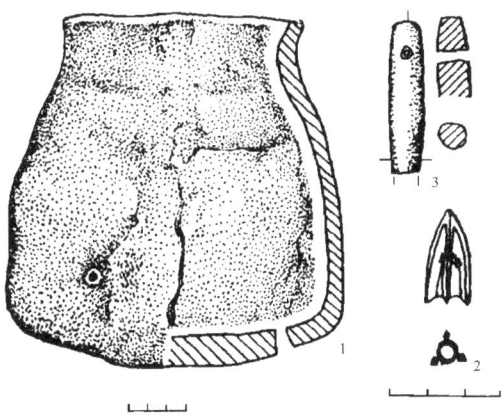

**B. Dėvkesken 4, Ostgruppe, Kurgan 4. Inventar (nach Jagodin 1990, Abb. 18).**

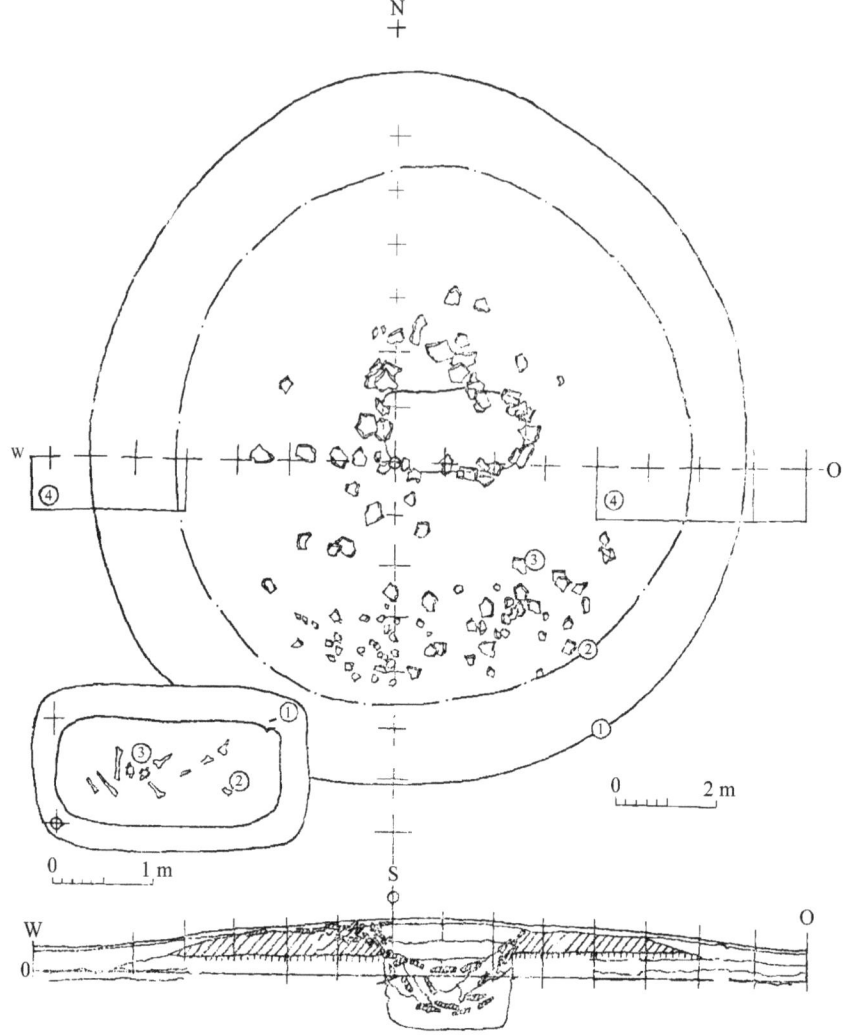

**A. Dĕvkesken 4, Ostgruppe, Kurgan 5. Plan, Profil und Planum der Grabkammer (nach Jagodin 1990, Abb. 19).**
Plan des Kurgans: 1 - heutiger Umriß; 2 - ursprünglicher Umriß; 3 - Steinplatten;
4 - Schnitt. Plan der Grabkammer: 1 - Eisenschwertfragment; 2 - Rinderastragale;
3 - verworfene Tier- und Menschenknochen.

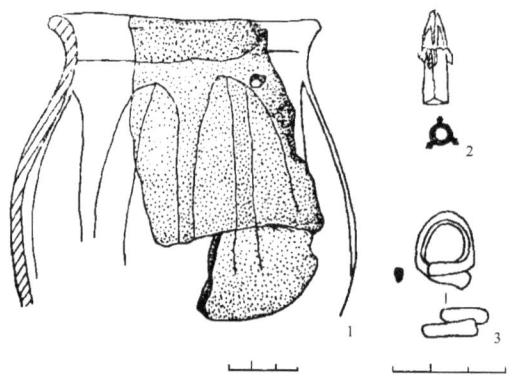

**B. Dĕvkesken 4, Ostgruppe, Kurgan 5. Inventar (nach Jagodin 1990, Abb. 20).**

TAFEL 35

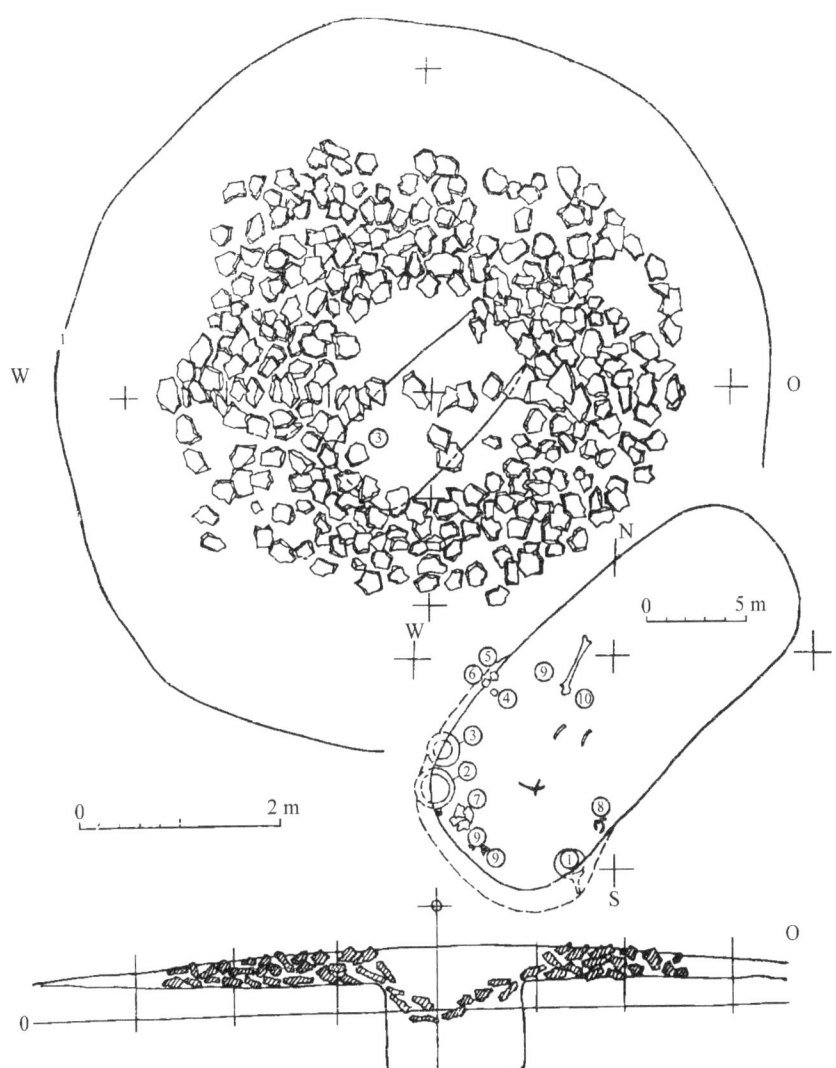

**A. Dêvkesken 4, Westgruppe, Kurgan 1. Plan, Profil und Planum der Grabkammer
(nach Jagodin 1990, Abb. 22).**
Plan des Kurgans: 1 - Umriß Aufschüttung; 2 - Kalksteinplatten; 3 - Grabkammer. Plan der
Grabkammer: 1 - Bronzespiegel; 2 - Gefäß mit Tülle; 3 - Keramik; 4-6 - Tonperlen;
7 - Schädelfragment; 8 - Bronzearmreif, 9 - Perlen.

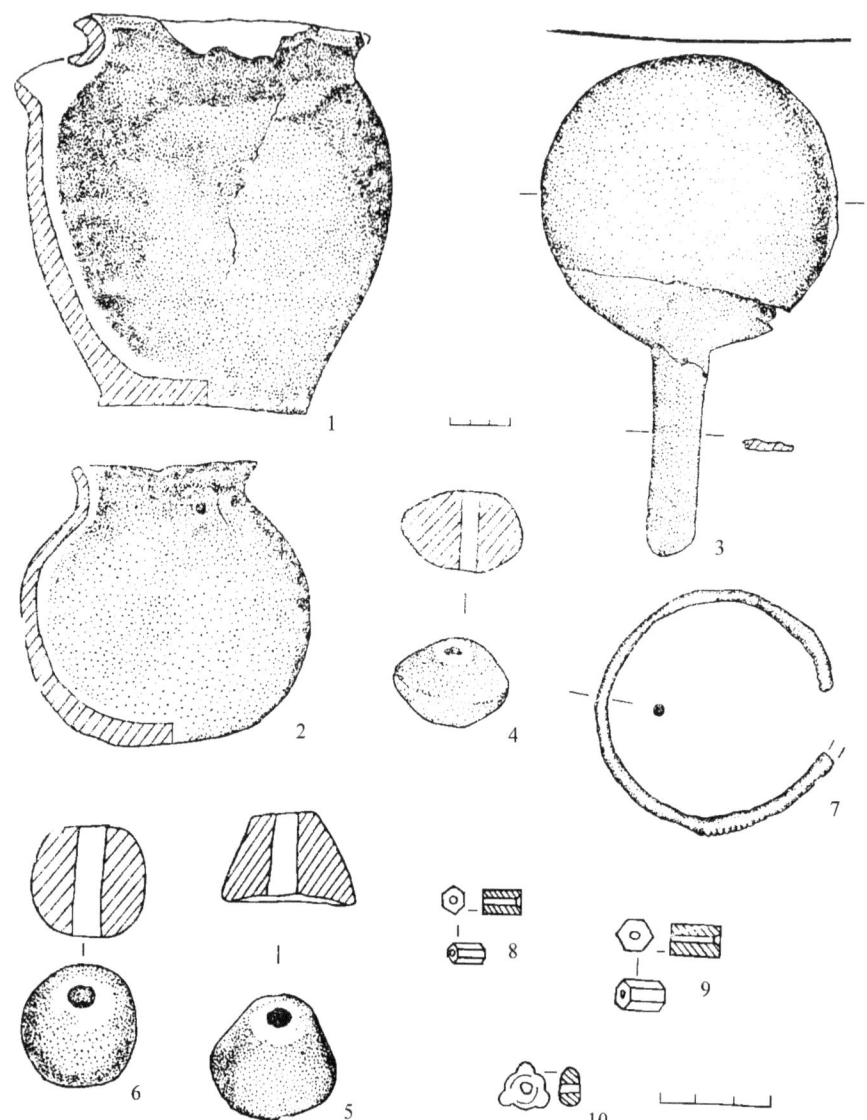

**A. Dêvkesken 4, Westgruppe, Kurgan 1. Inventar (nach Jagodin 1990, Abb. 23).**

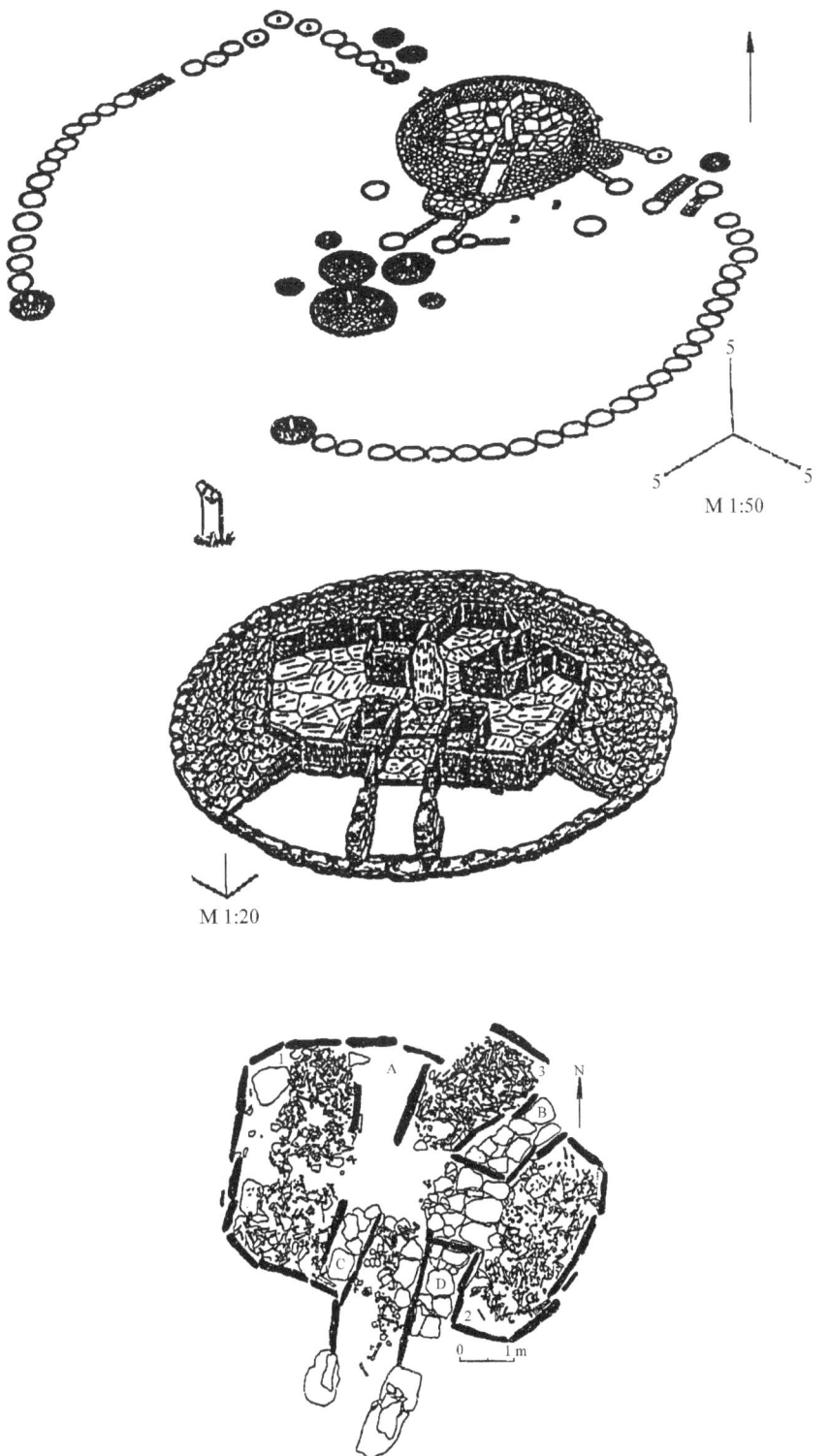

M 1:50

M 1:20

**A. Dykyltas, „Heiligtum". Rekonstruktion und Plan der zentralen Anlage (nach Samašev et al. 1994, Abb. 1; 2).**
1-3 - Grabkammern; A-D - „Gedenkgruben".

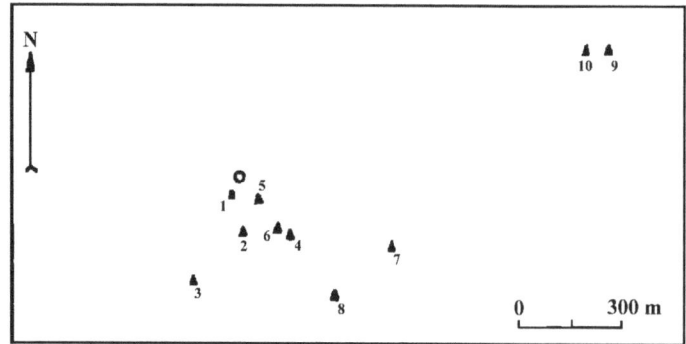

**A. Dykyltas, „Heiligtum". Lage der Stelen (nach Samašev/Ol'chovskij 1996, Abb. 1,a).**

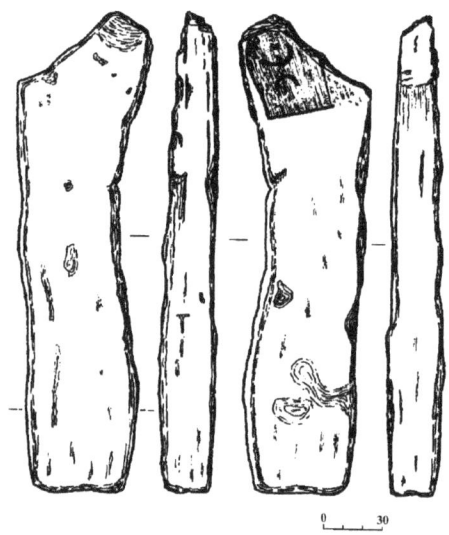

**B. Dykyltas, „Heiligtum". Stele 1 (nach Samašev/Ol'chovskij 1996, Abb. 1,b).**

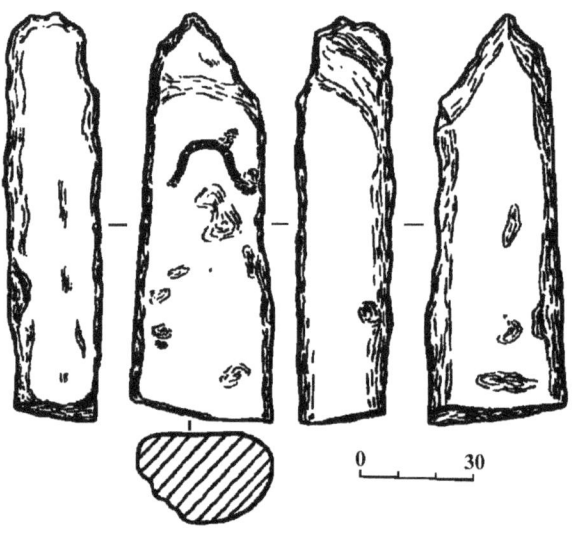

**C. Dykyltas, „Heiligtum". Stele 2 (nach Samašev/Ol'chovskij 1996, Abb. 2,a).**

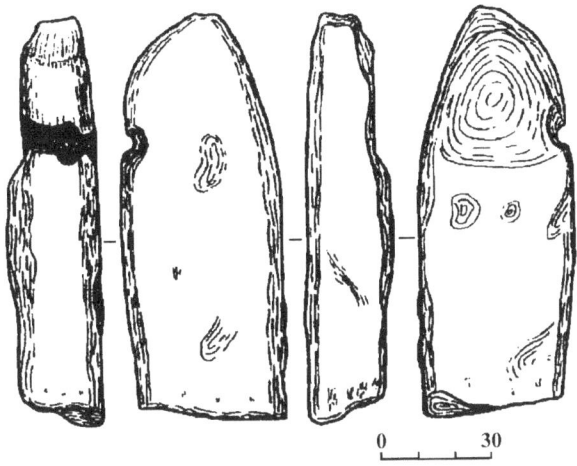

A. Dykyltas, „Heiligtum". Stele 3 (nach Samašev/Ol'chovskij 1996, Abb. 3,a).

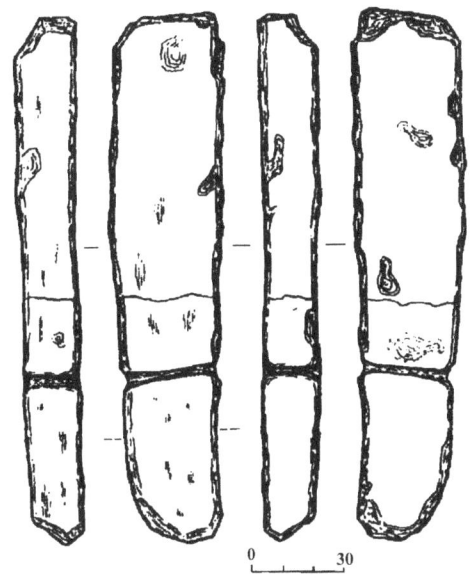

B. Dykyltas, „Heiligtum". Stele 4 (nach Samašev/Ol'chovskij 1996, Abb. 2,b).

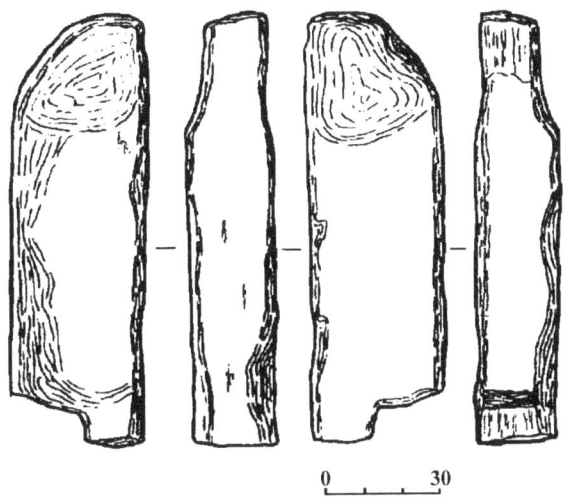

C. Dykyltas, „Heiligtum". Stele 5 (nach Samašev/Ol'chovskij 1996, Abb. 4,a).

A. Dykyltas, „Heiligtum". Stele 6 (nach Samašev/Ol'chovskij 1996, Abb. 3,b).

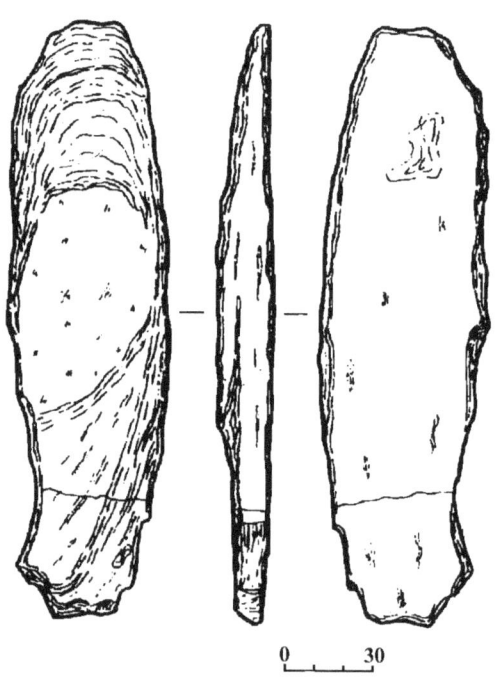

B. Dykyltas, „Heiligtum". Stele 7 (nach Samašev/Ol'chovskij 1996, Abb. 4,b).

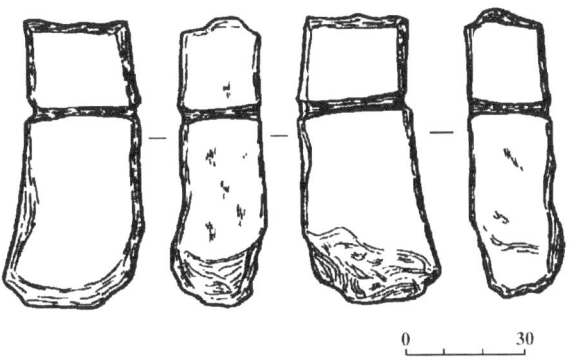

A. Dykyltas, „Heiligtum“. Stele 8 (nach Samašev/Ol'chovskij 1996, Abb. 5,a).

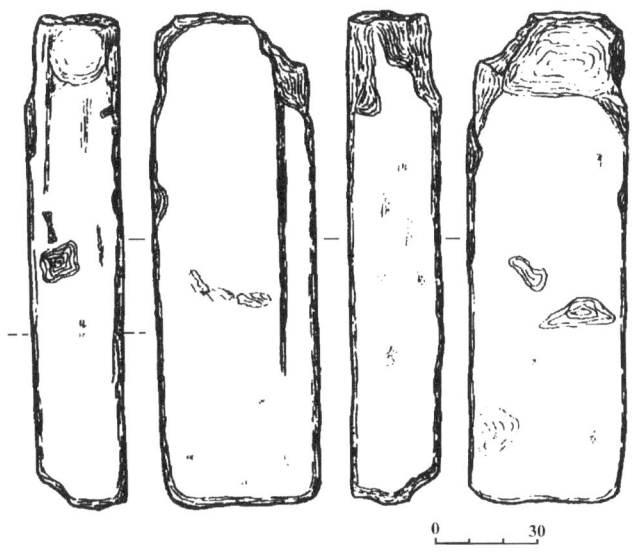

B. Dykyltas, „Heiligtum“. Stele 9 (nach Samašev/Ol'chovskij 1996, Abb. 5,b).

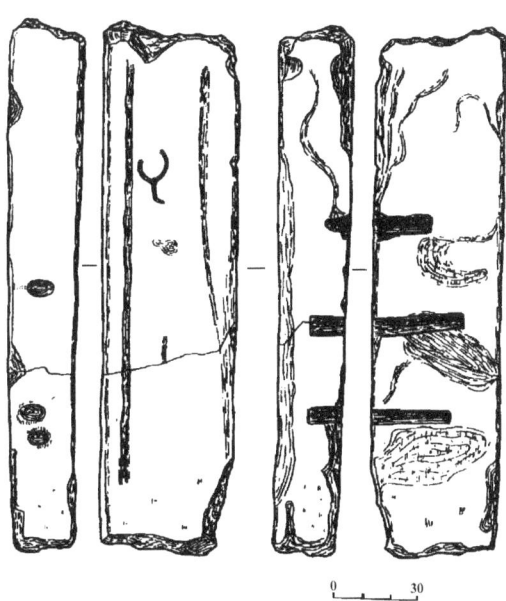

C. Dykyltas, „Heiligtum“. Stele 10 (nach Samašev/Ol'chovskij 1996, Abb. 6).

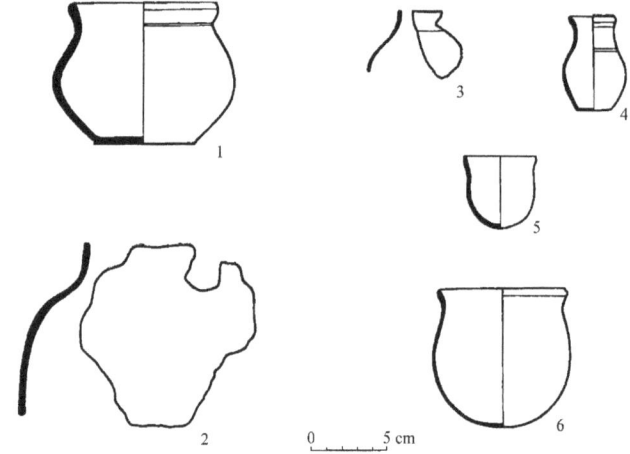

**A. Dordul', Kurgan. Keramik (nach Jusupov 1975, Abb. 22).**

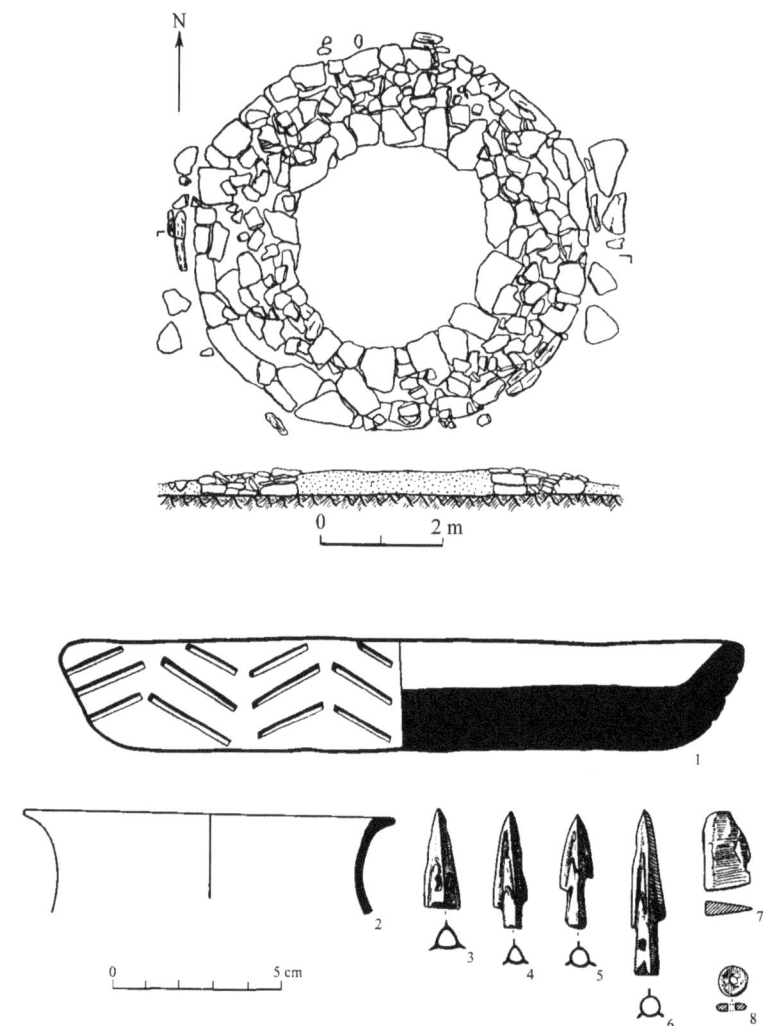

**B. Džanak II, Befund 1. Plan und Inventar (nach Mandel'štam 1976, Abb. 4; 5).**

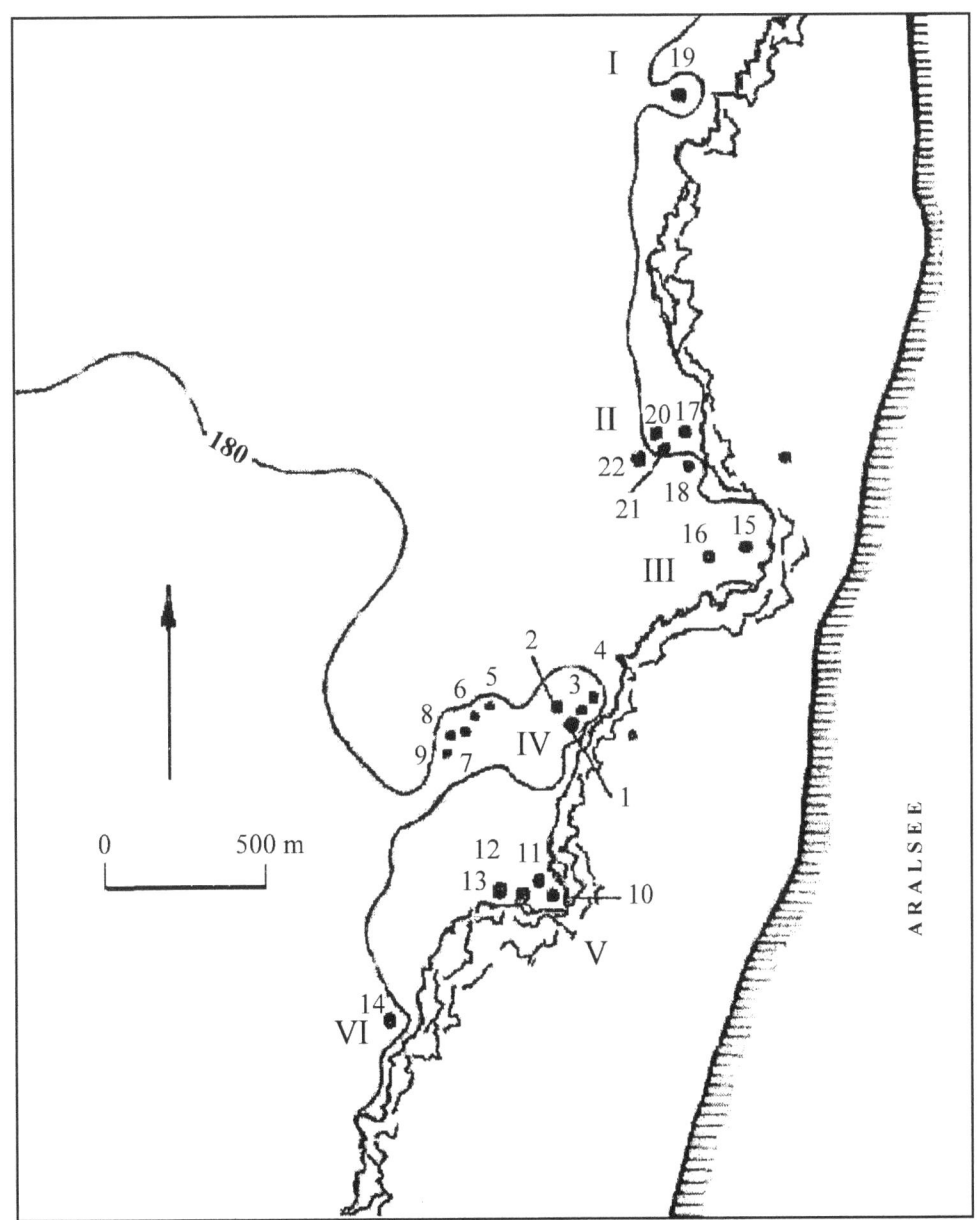

**A. Nekropole Džidelibulak 1. Übersichtsplan (nach Jagodin 1999, Abb. 2).**

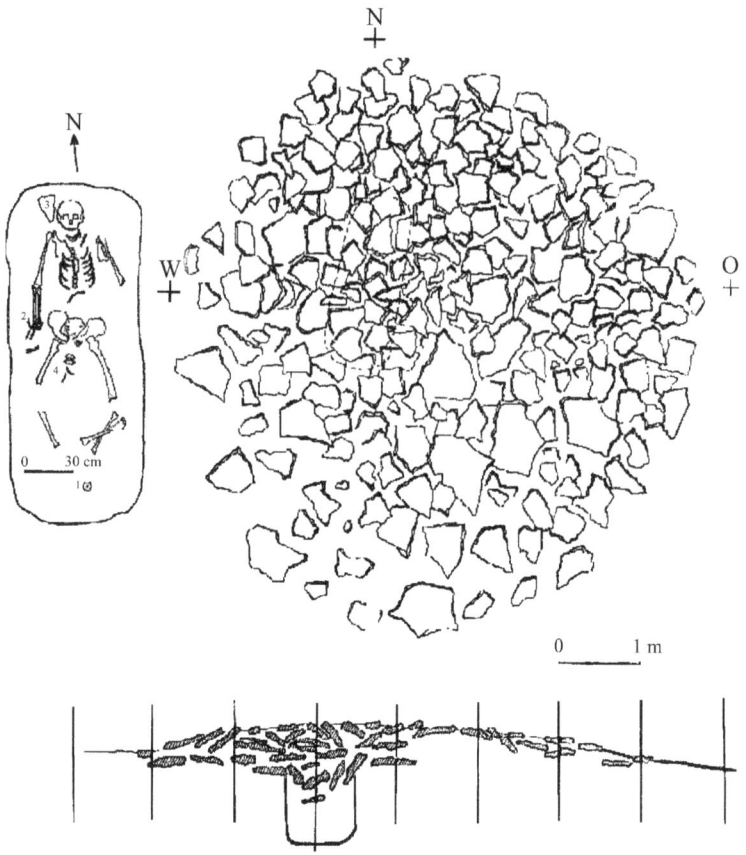

**A. Džidelibulak 1, Kurgan 2. Plan und Schnitt (nach Jagodin 1999, Abb. 6).**
1 - Steinscheibe; 2 - Bronzearmreif; 3 - Gefäßfragment; 4 - Bronzeschnalle.

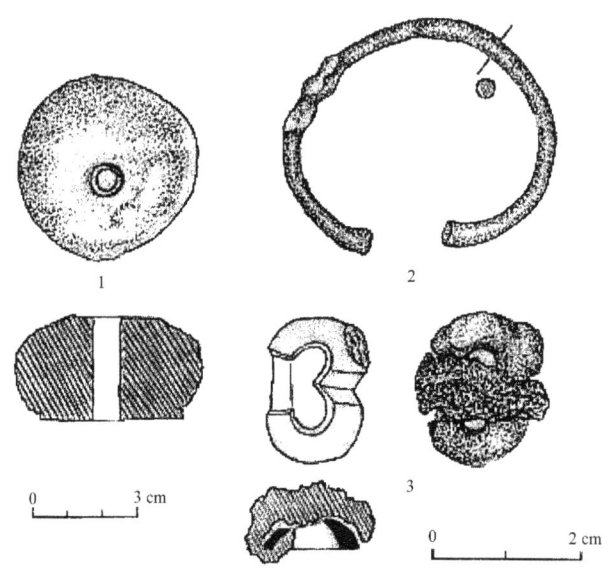

**B. Džidelibulak 1, Kurgan 2. Inventar (nach Jagodin 1999, Abb. 6,a).**
1 - Steinscheibe; 2 - Bronzearmreif; 3 - Gürtelschnalle.

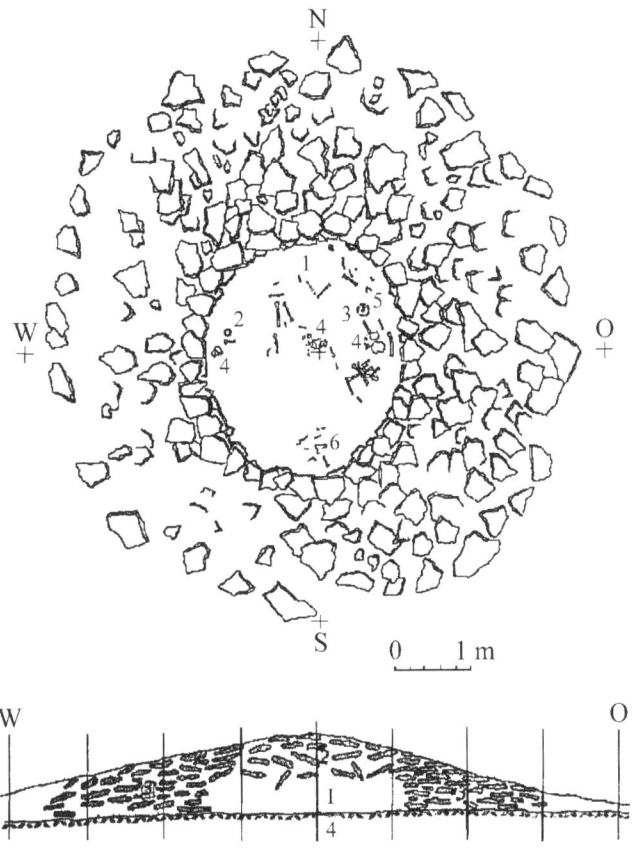

**A. Džidelibulak 1, Kurgan 19. Planum und Schnitt (nach Jagodin 1999, Abb. 3).**
1 - Schleifstein; 2 - Keramikscheibe; 3 - handgemachtes Gefäß;
4 - Schädelfragmente; 5 - Unterkiefer; 6 - Schafsknochen.

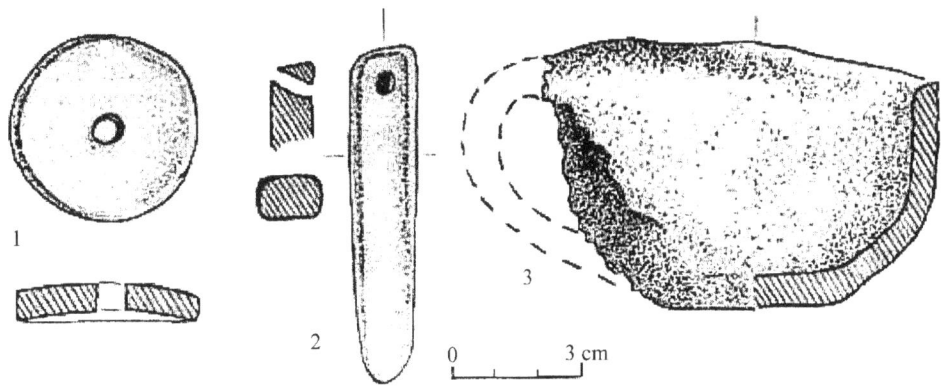

**B. Džidelibulak 1, Kurgan 19. Inventar (nach Jagodin 1999, Abb. 4).**
1 - Keramikscheibe; 2 - Schleifstein; 3 - handgemachtes Gefäß.

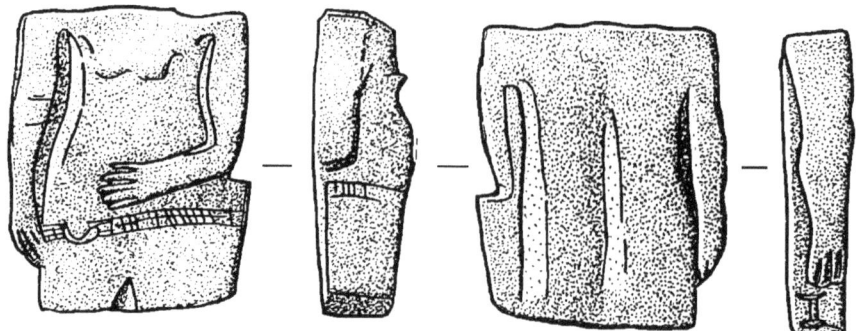

A. Ešky. Stele (nach Zuev/Ismagil' 1996, Abb. 1,2, ohne Maßstab).

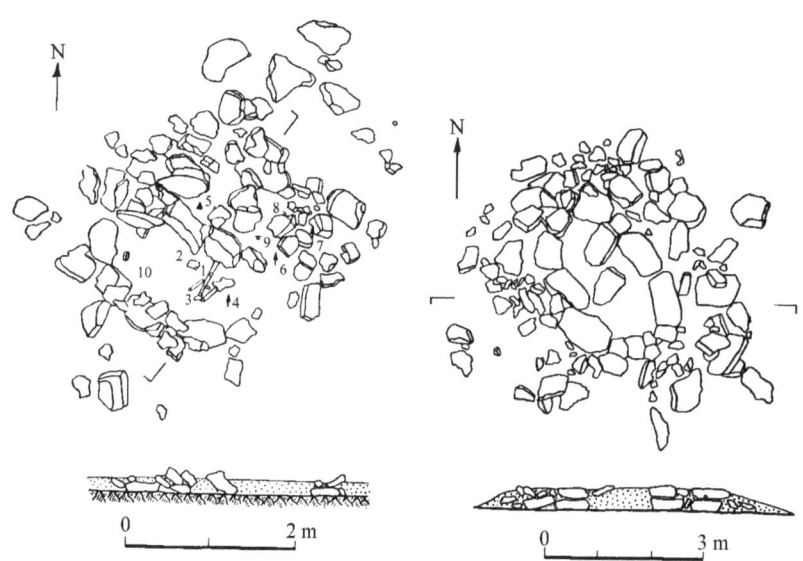

0                    2 m

0                    3 m

B. Gek-Dag II, Befund 2. Plana und Schnitte
(nach Mandel'štam 1976, Abb. 1).

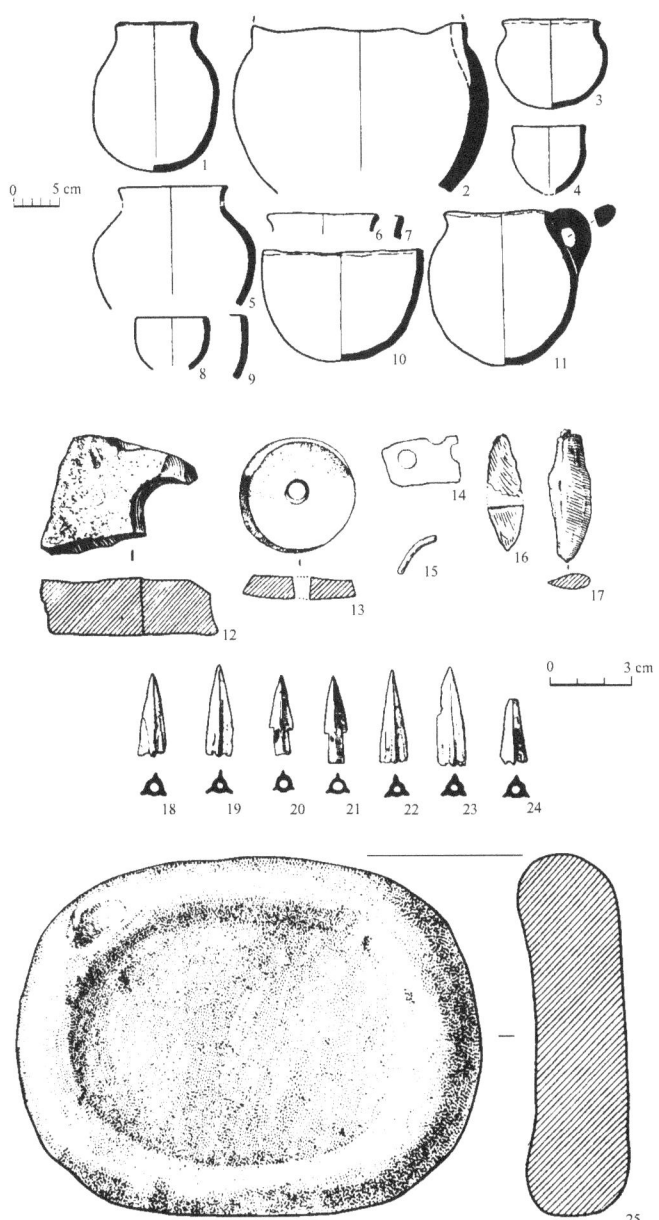

**A. Gek-Dag II, Befund 2. Inventar (nach Mandel'štam 1976, Abb. 3).**

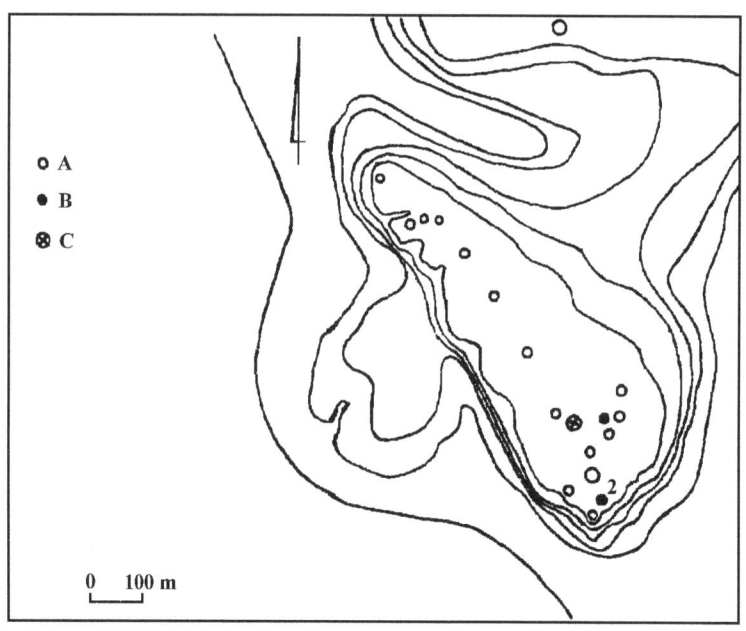

**A. Gräberfeld Karasakbas. Übersichtsplan des Gräberfeldes
(nach Tairov/Botalov 1996, Abb. 1).**
A - Kurgan; B - ausgegrabener Kurgan; C - Kurgan mit geodätischem Punkt.

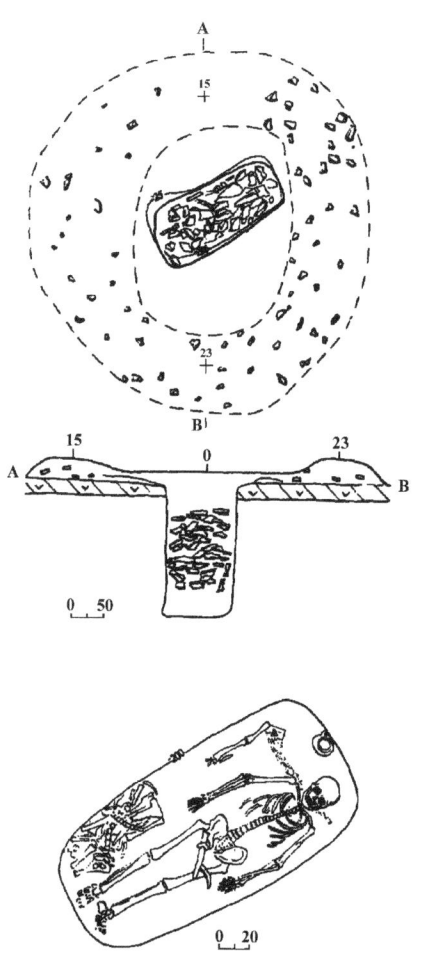

**B. Karasakbas, Kurgan 2. Planum und Profil
(nach Tairov/Botalov 1996, Abb. 2).**

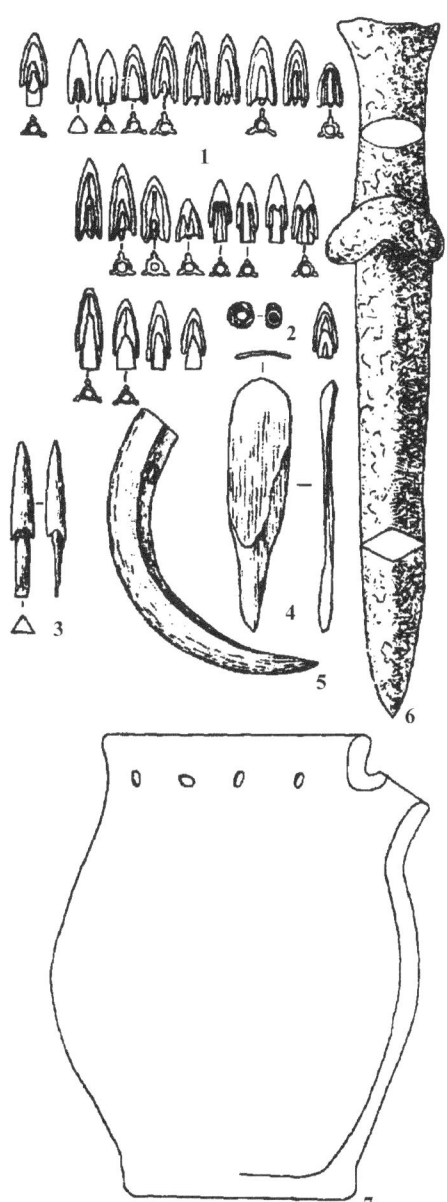

**A. Karasakbas, Kurgan 2. Inventar (nach Tairov/Botalov 1996, Abb. 2, ohne Maßstab).**

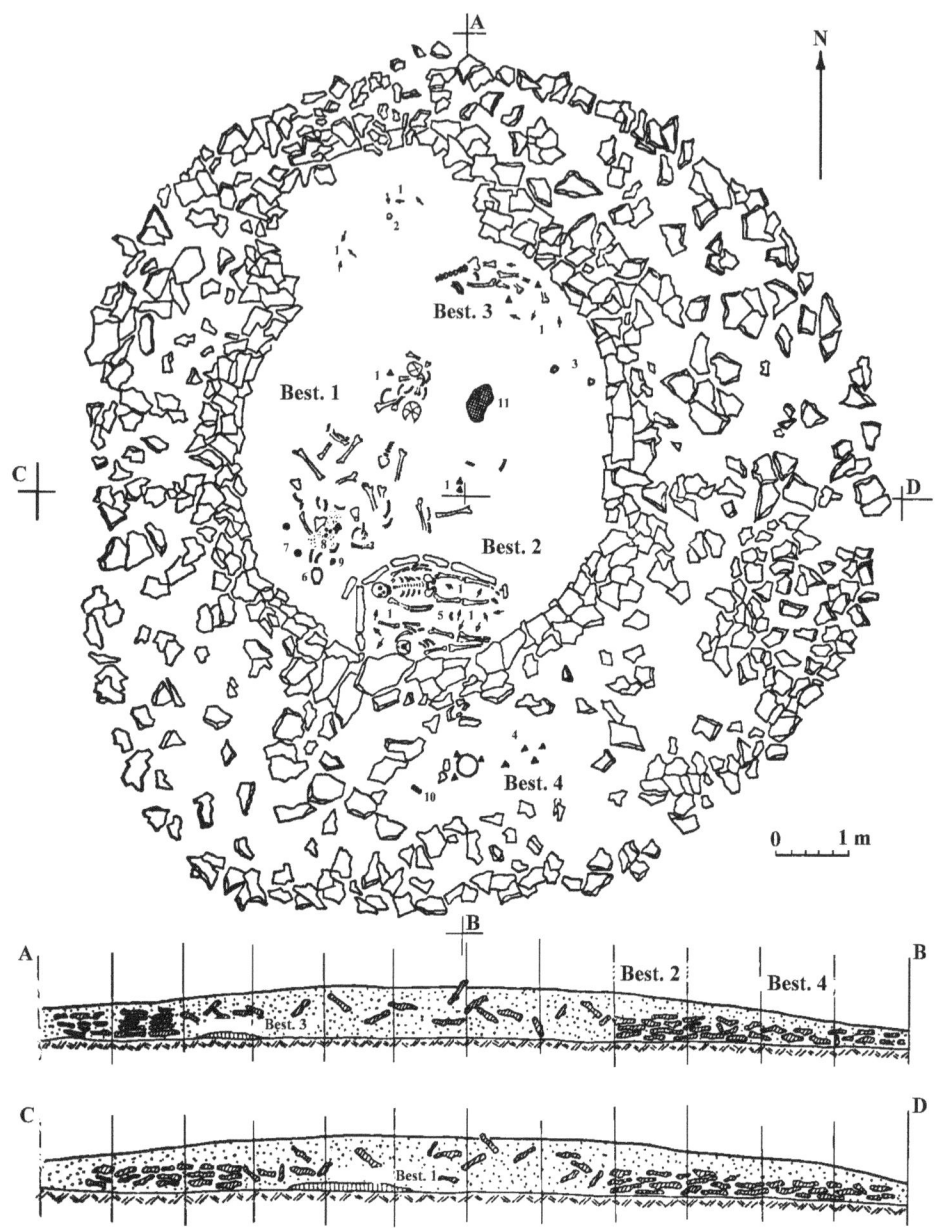

**A. Kaskažol, Kurgan 1. Planum und Schnitt (nach Jagodin 1982, Abb. 4).**
1 - Pfeilspitzen; 2 - Bronzeblech; 3 - Riemenaufsatz; 4 - Keramikfragment; 5 - Eisen-
messerfragment; 6 - Gefäß; 7 - Knochenperlen; 8 - Glasperlen; 9 - Bronzefragment;
10 - Steinaltarfragment.

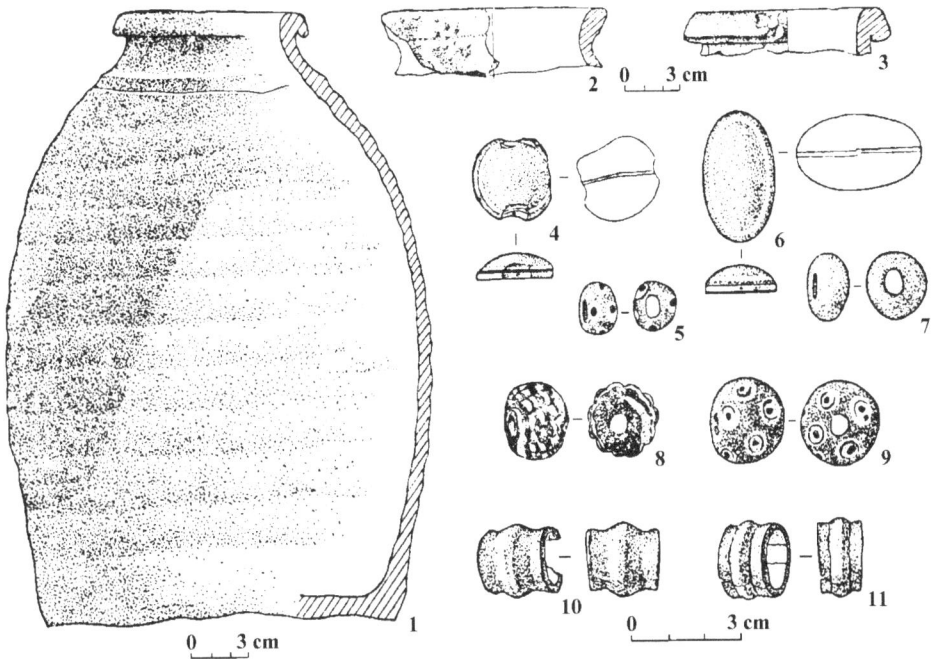

A. Kaskažol, Kurgan 1, Best. 1. Inventar (nach Jagodin 1982, Abb. 5).

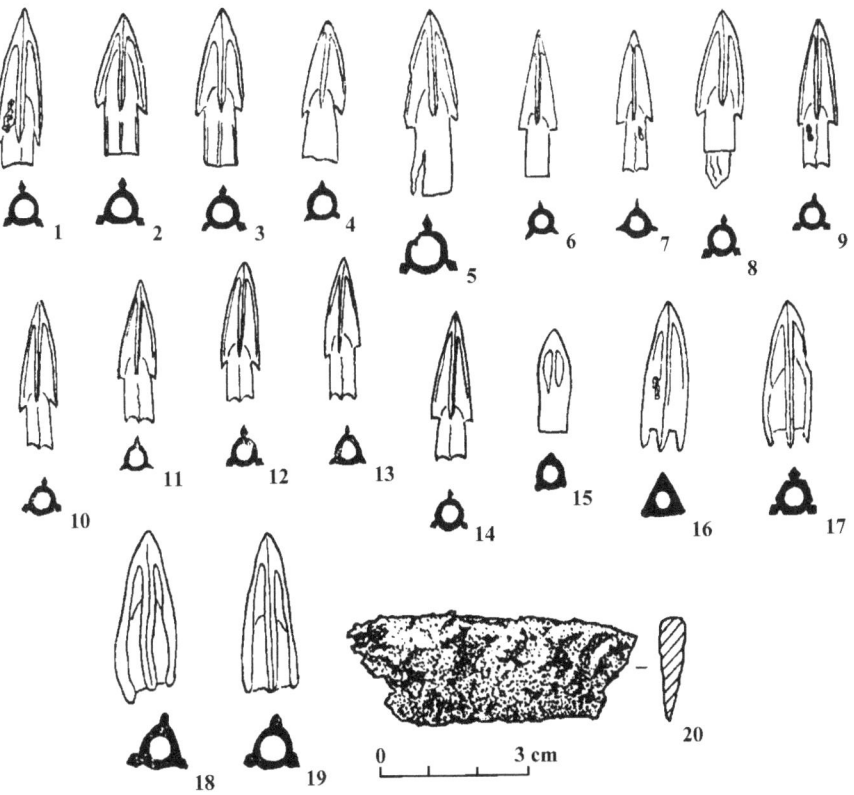

B. Kaskažol, Kurgan 1, Best. 2. Inventar (nach Jagodin 1982, Abb. 6).

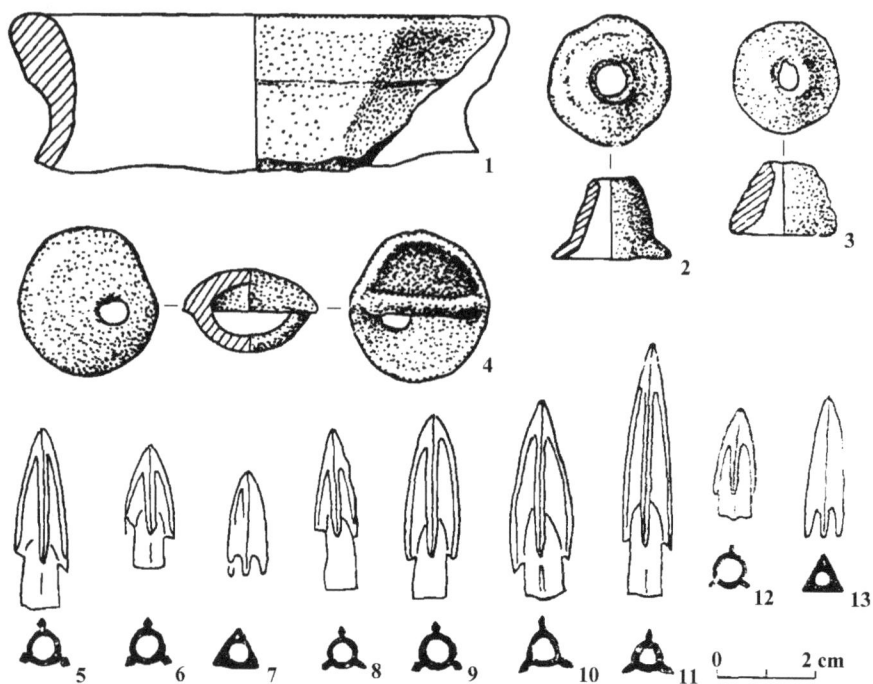

A. Kaskažol, Kurgan 1, Best. 3. Inventar (nach Jagodin 1982, Abb. 7).

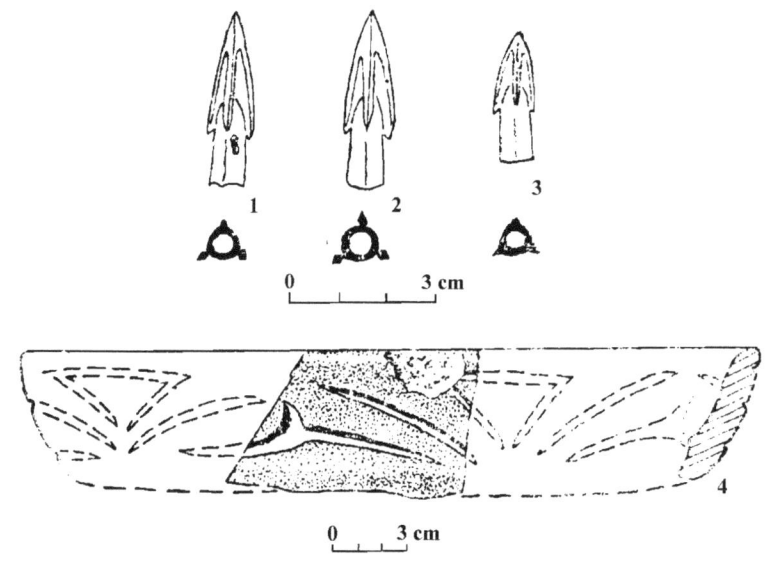

B. Kaskažol, Kurgan 1. Funde aus der Aufschüttung (nach Jagodin 1982, Abb. 8).

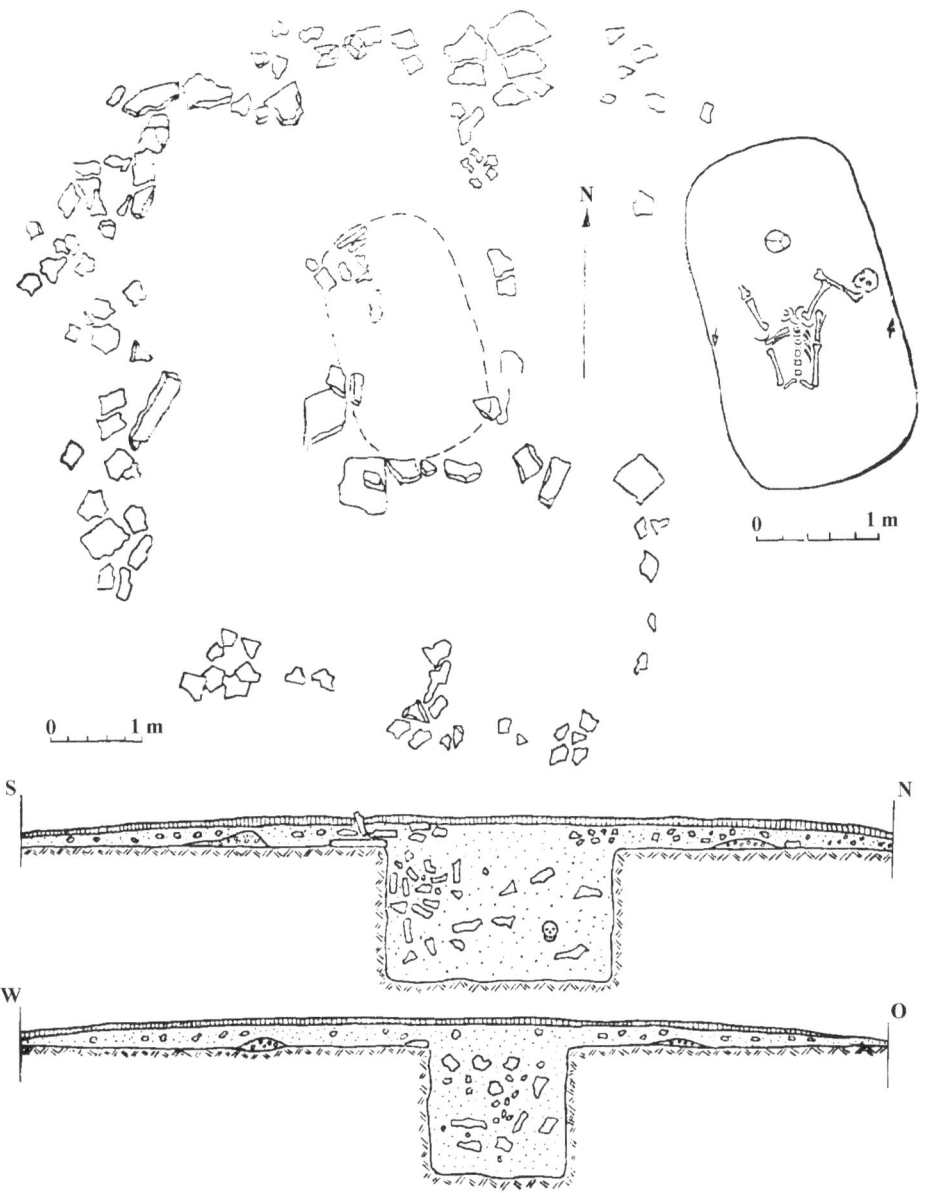

A. Kaskažol, Kurgan 3. Planum und Schnitt (nach Jagodin 1982, Abb. 9).

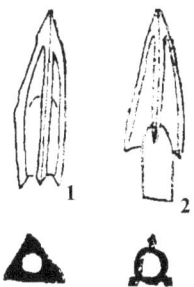

B. Kaskažol, Kurgan 3. Inventar (nach Jagodin 1982, Abb. 10, ohne Maßstab).

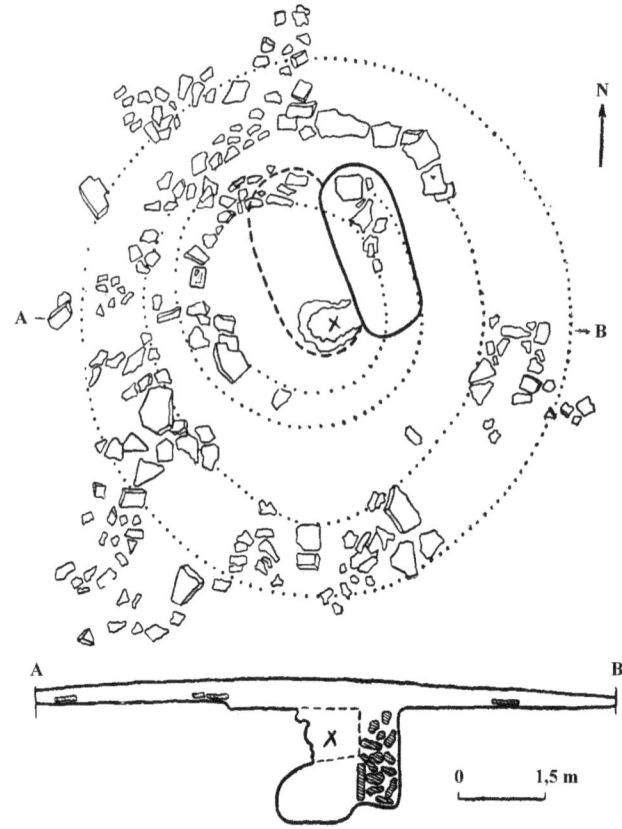

**A. Kaskažol, Kurgan 4. Planum und Schnitt (nach Jagodin 1978, Abb. 1).**

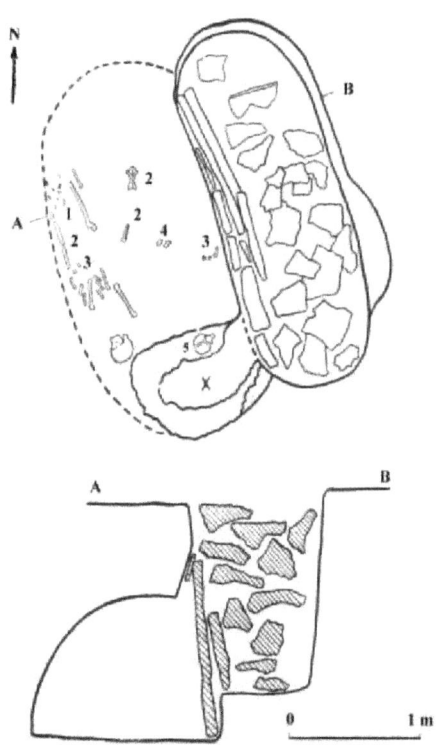

**B. Kaskažol, Kurgan 4, Grabkammer. Planum und Schnitt (nach Jagodin 1978, Abb. 1).**
1 - Pfeilspitze; 2 - Schwertfragment; 3 - Perlen; 4 - Keramik; 5 - Spiegel.

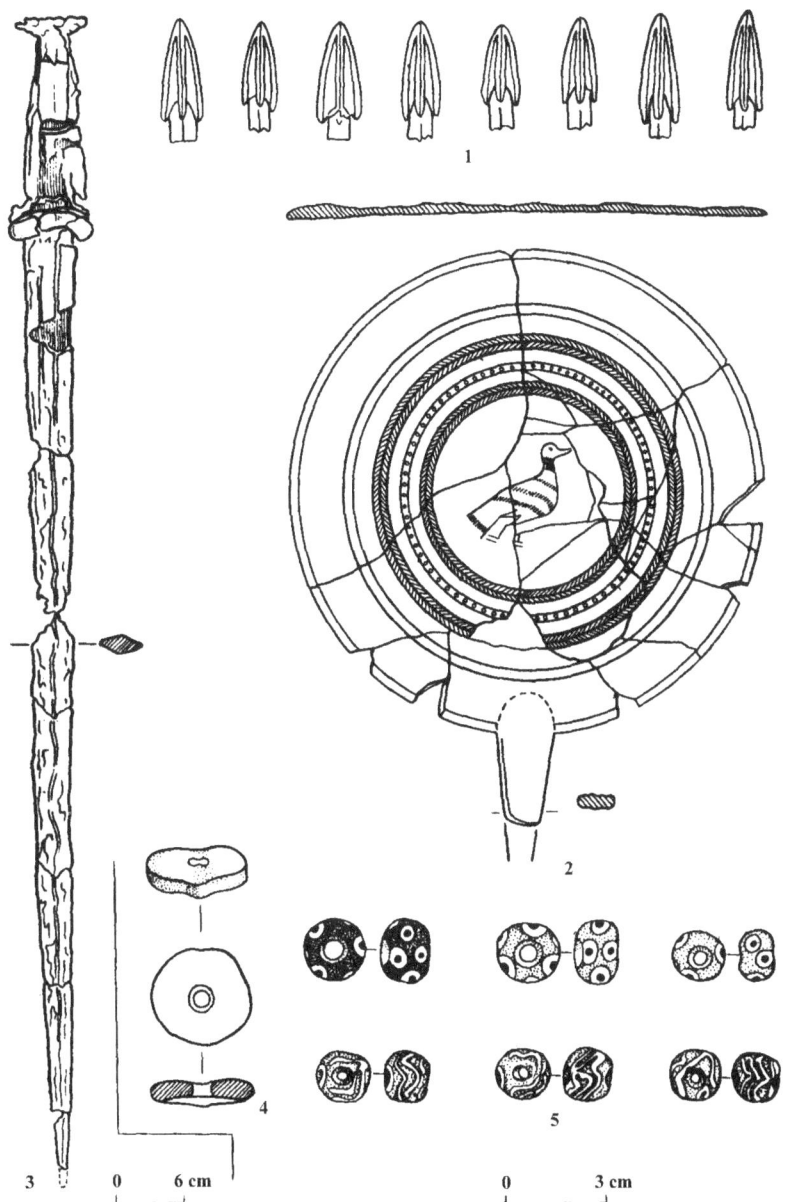

A. Kaskažol, Kurgan 4. Inventar (nach Jagodin 1978, Abb. 2).

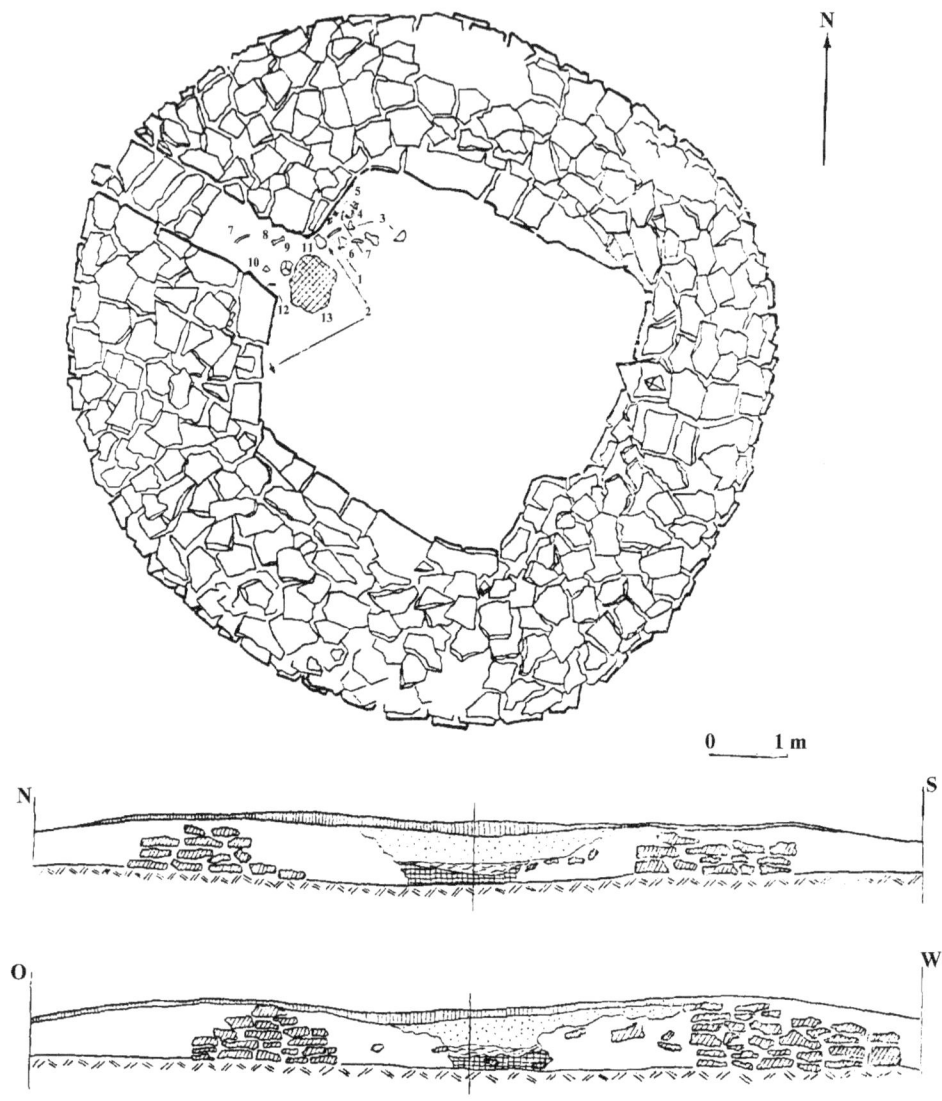

**A. Kaskažol, Kurgan 7. Planum und Schnitt (nach Jagodin 1982, Abb. 13).**
1 - Eisengerät; 2 - Pfeilspitze; 3 - Reibsteine; 4 - Unterkiefer; 5 - Wirbel;
6 - Schulterknochen; 7 - Rippen; 8 - Schafsknochen; 9 - Schädel; 10 - Randscherbe;
14 - Bronzering (11-13 nicht erläutert – Anm. d. Verf.).

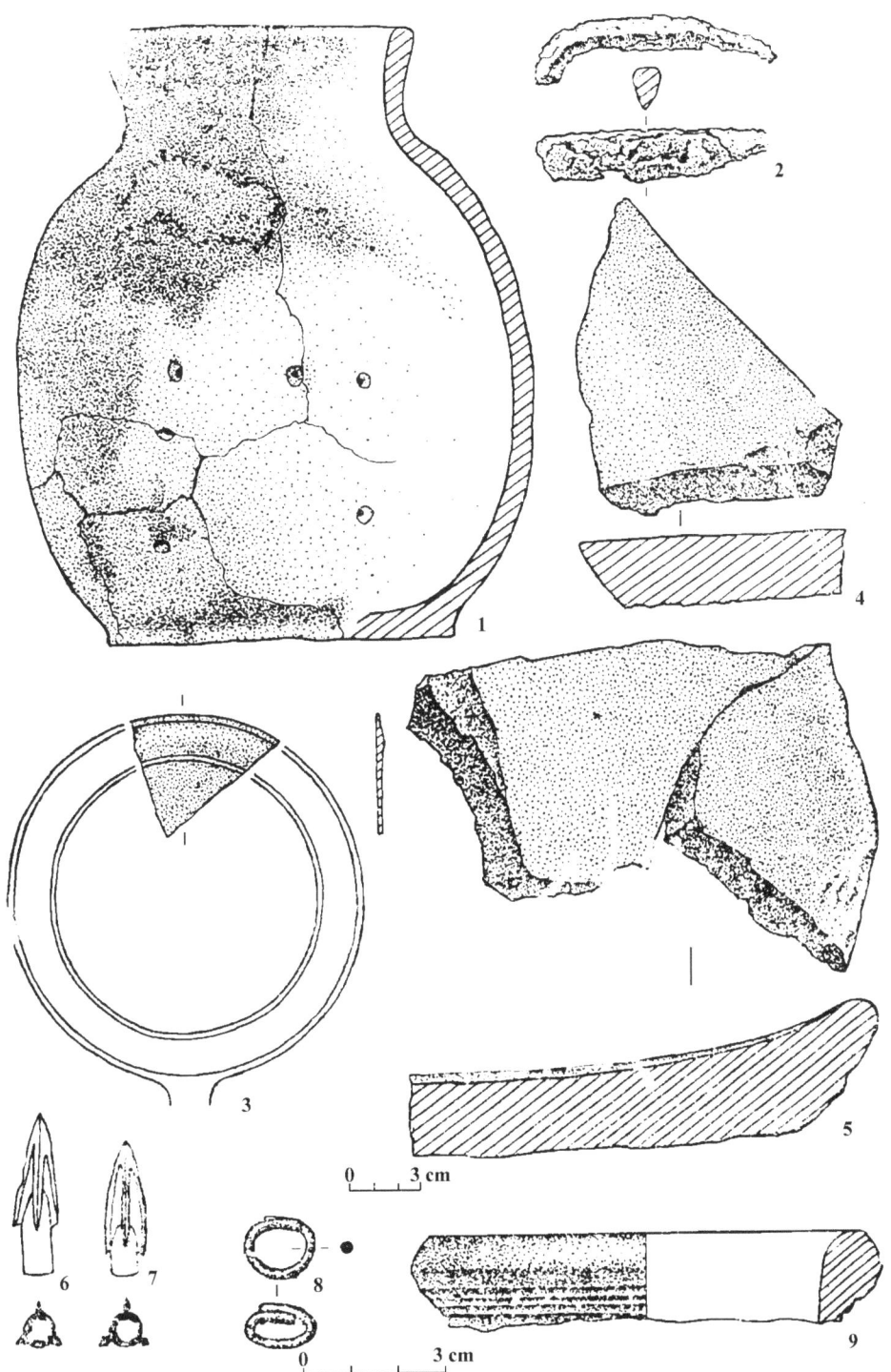

A. Kaskažol, Kurgan 7. Inventar (nach Jagodin 1982, Abb.14).

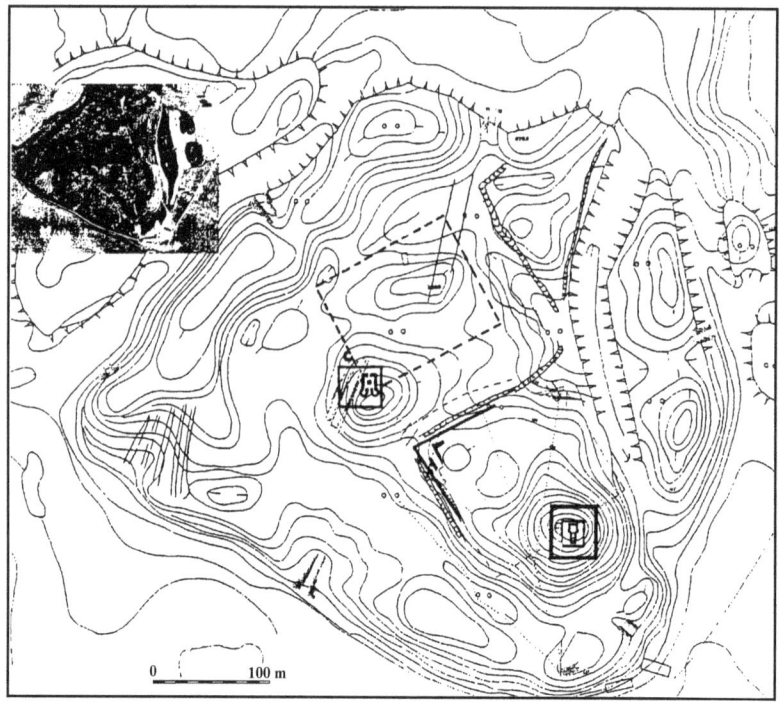

**A. Koktepe. Übersichtsplan des Fundplatzes (nach Rapin 2001, Abb.2).**

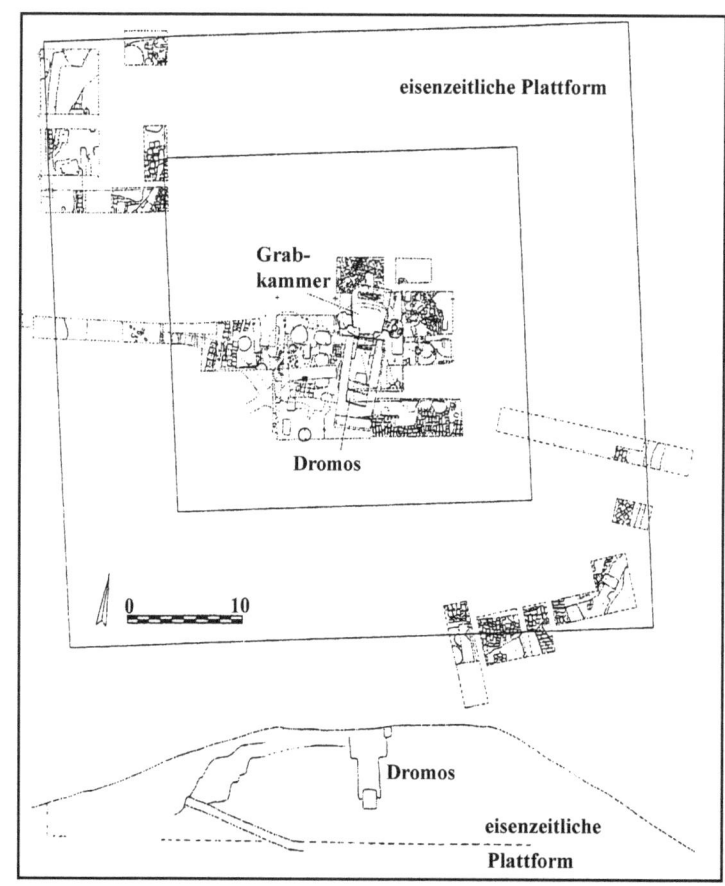

**B. Koktepe. Übersichtsplan der Grabungsfläche (nach Rapin 2001, Abb. 3).**

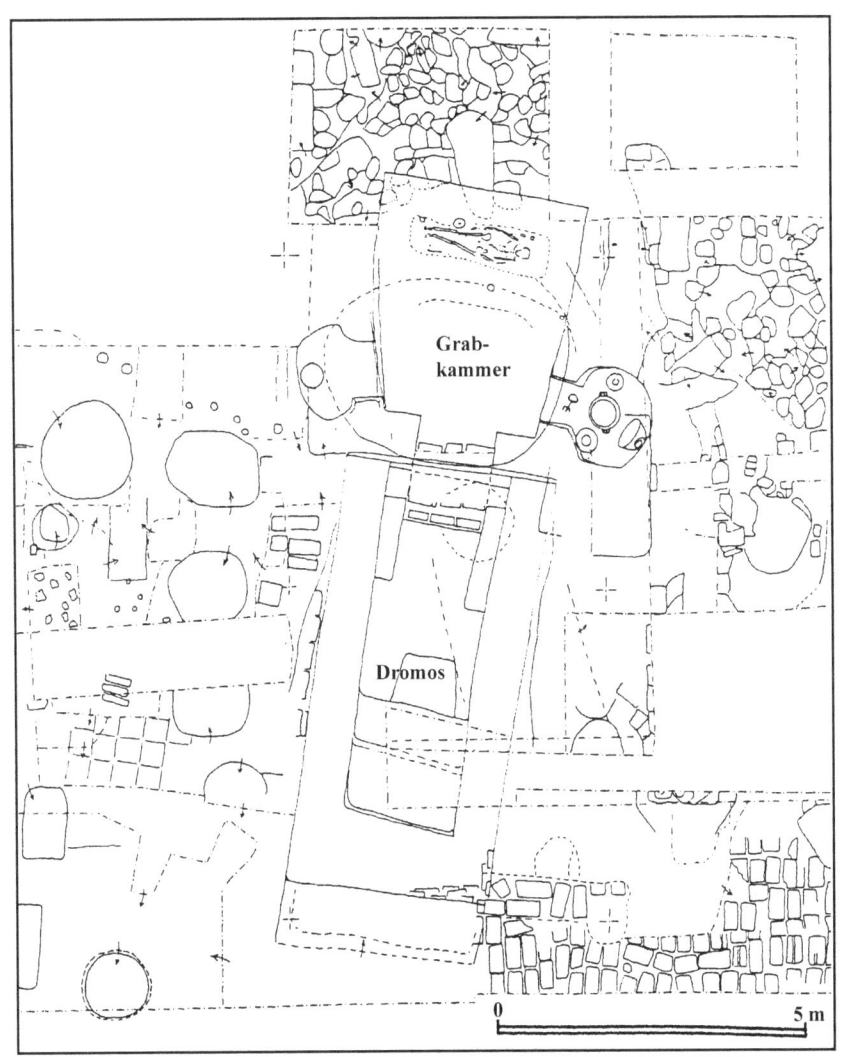

**A. Koktepe. Plan der Grabanlage in der eisenzeitlichen Plattform
(nach Rapin 2001, Abb. 5).**

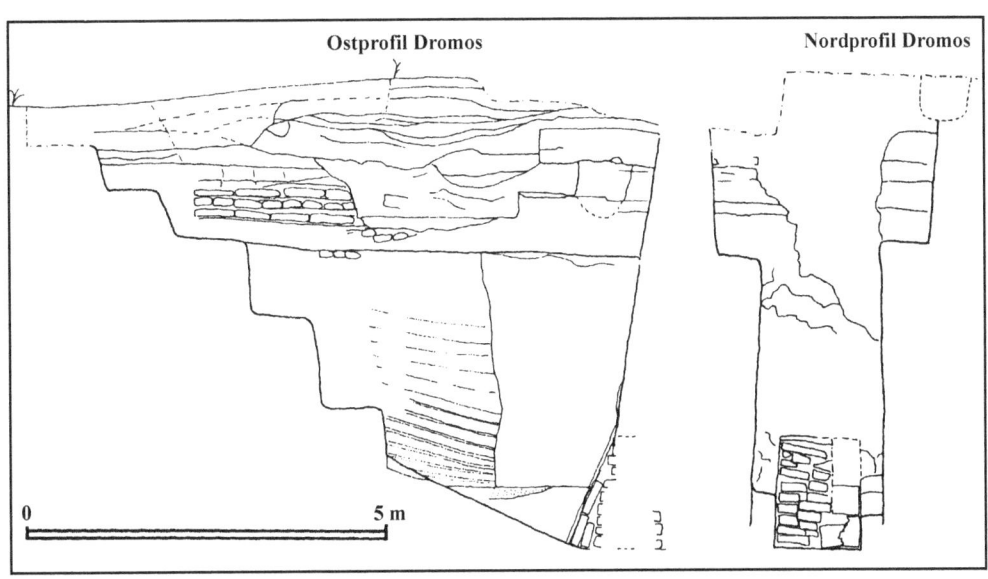

**B. Koktepe. Nord- und Ostprofil des Dromos (nach Rapin 2001, Abb. 6).**

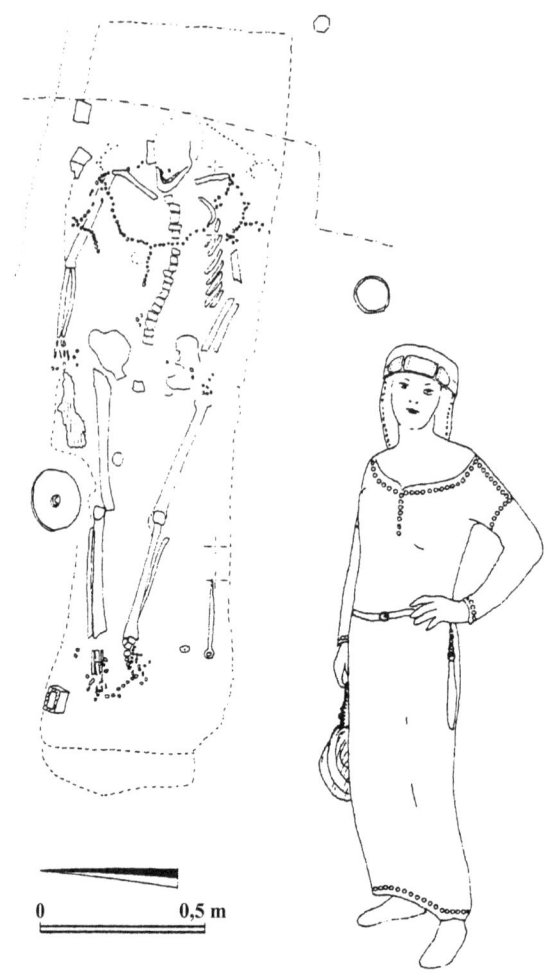

0              0,5 m

**A. Koktepe. Plan der Bestattung und Trachtrekonstruktion
(nach Rapin 2001, Abb. 7).**

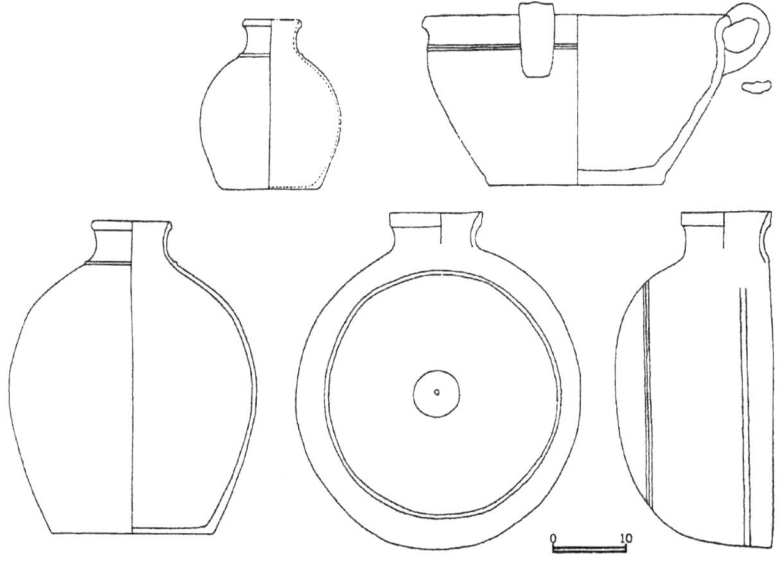

0     10

**B. Koktepe. Keramisches Inventar (nach Rapin 2001, Abb. 8).**

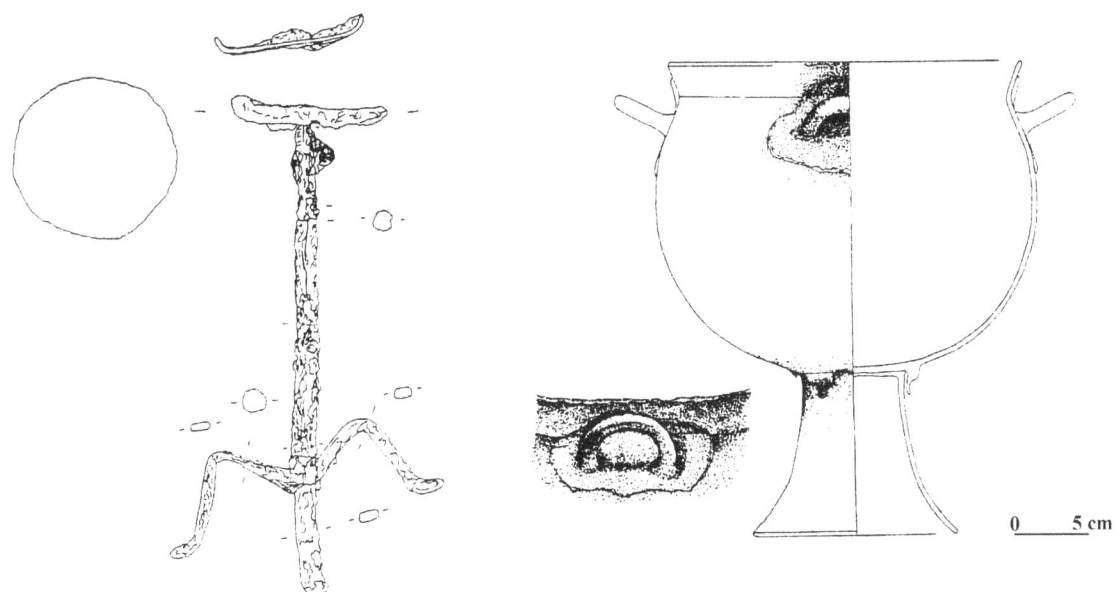

A. Koktepe. Räucherständer und Kesselfragment (nach Rapin 2001, Abb. 9).

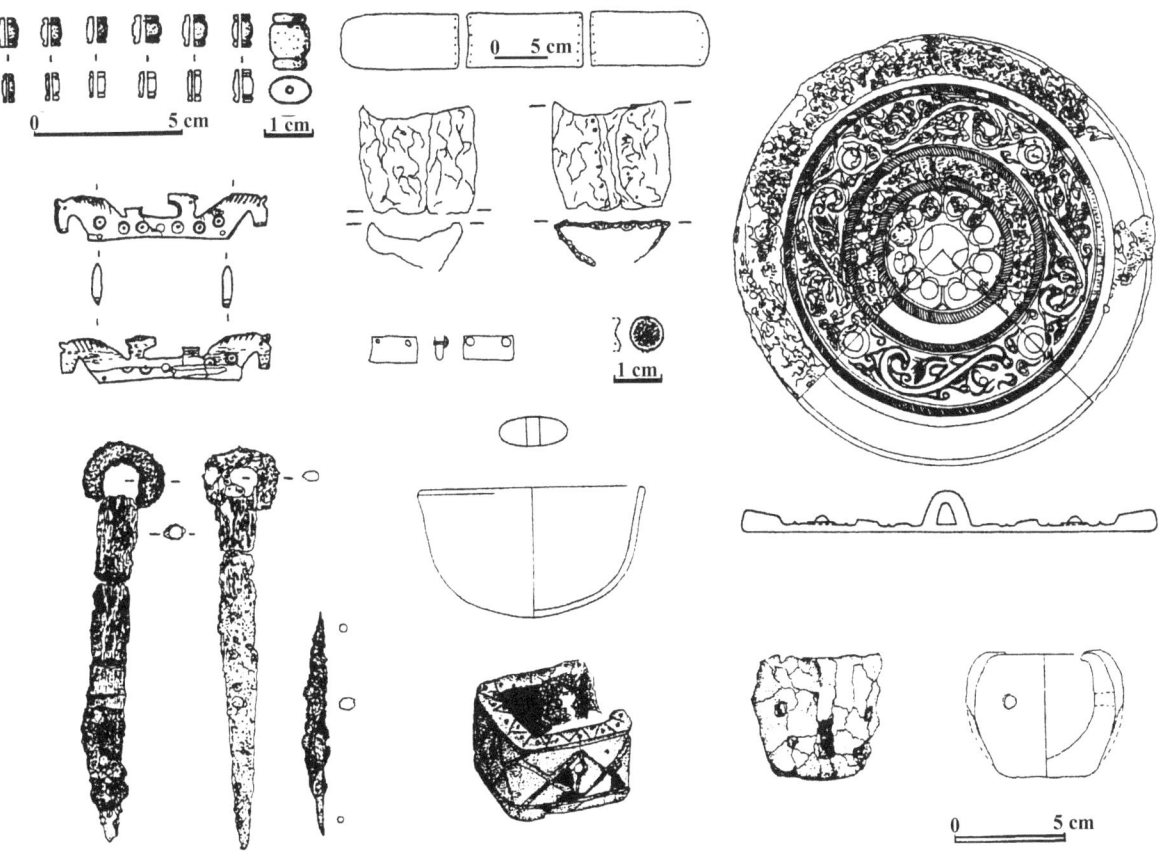

B. Koktepe. Inventar (nach Rapin 2001, Abb. 10).

A. Konaj. Stele (nach Genito et al. 2000, Abb. 3).

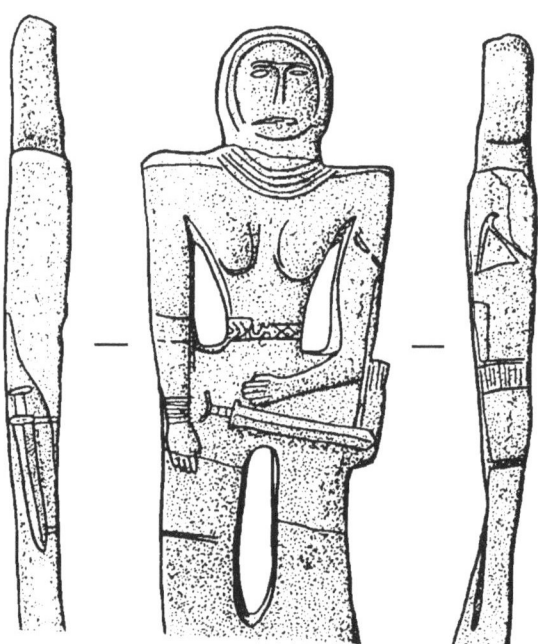

B. Kondybaj. Stele (nach Zuev/Ismagil' 1996, Abb. 1,3, ohne Maßstab).

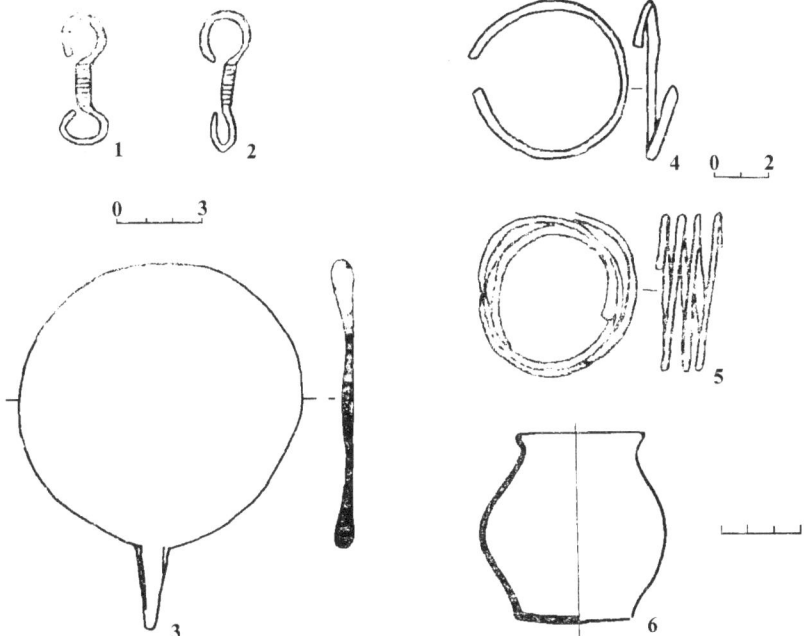

**A. Kulkuduk, Kurgan 2. Inventar (nach Manylov 1990, Abb. 1; 2).**

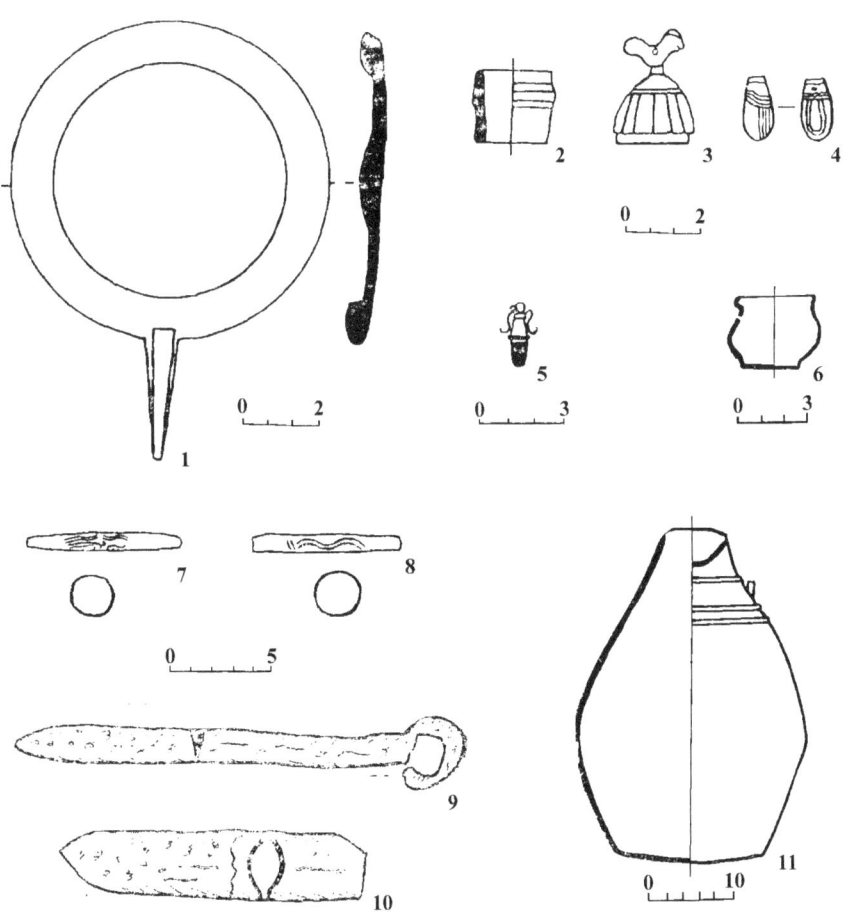

**B. Kulkuduk, Kurgan 3. Inventar (nach Manylov 1990, Abb. 1; 2).**

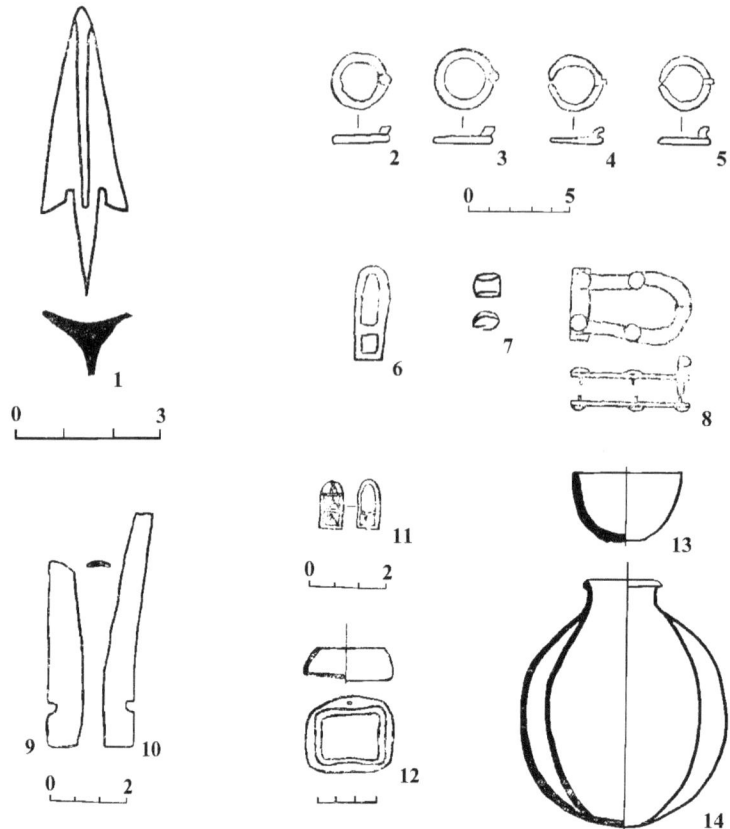

A. Kulkuduk, Kurgan 4. Inventar (nach Manylov 1990, Abb. 1; 2).

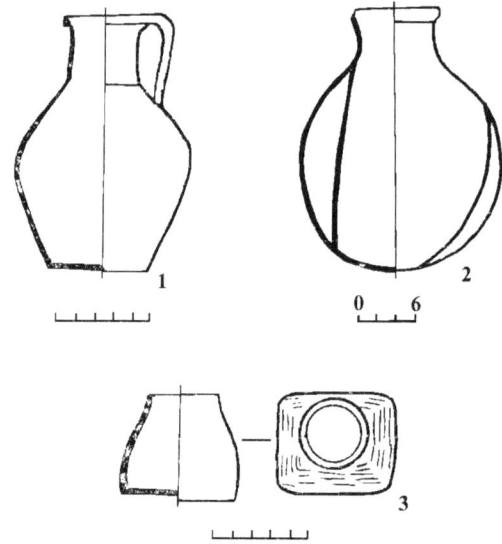

B. Kulkuduk, Kurgan 5. Inventar (nach Manylov 1990, Abb. 2).

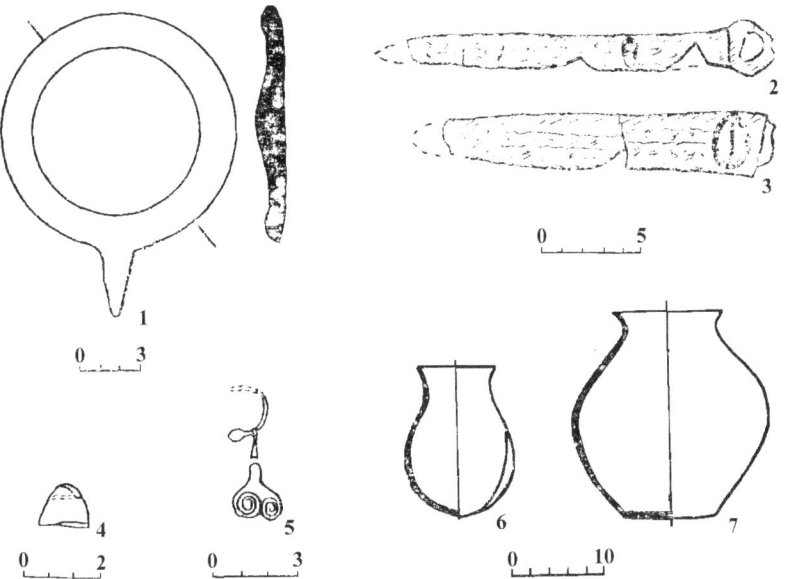

A. Kulkuduk, Kurgan 6. Inventar (nach Manylov 1990, Abb. 1; 2).

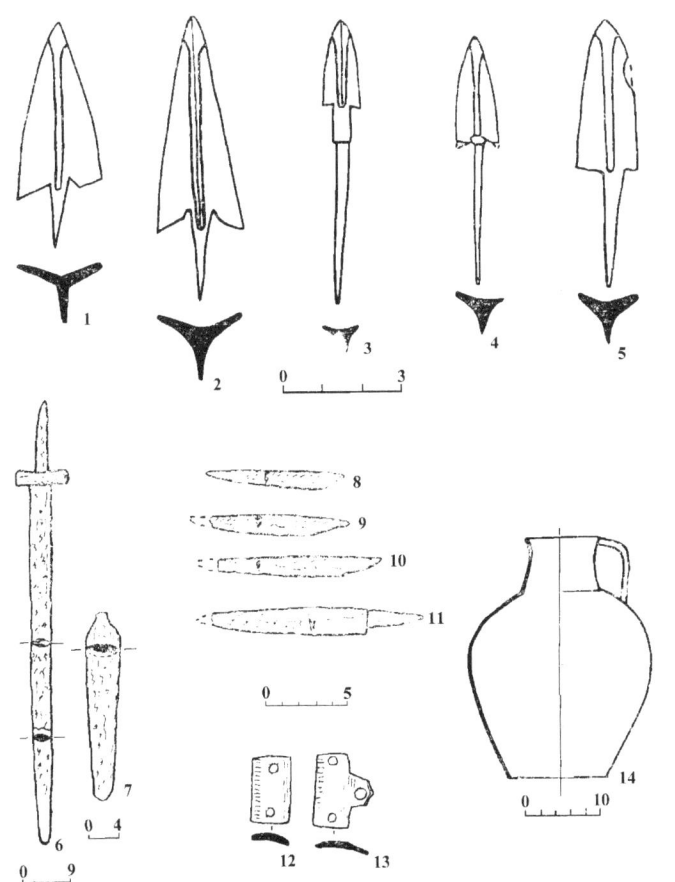

B. Kulkuduk, Kurgan 7. Inventar (nach Manylov 1990, Abb. 1; 2).

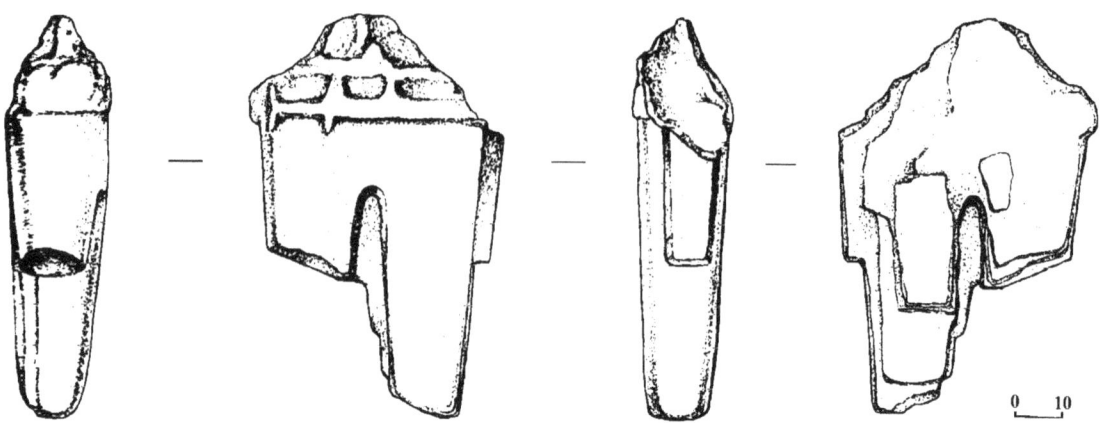

**A. Kyzyl uik. Stelenfragment (nach Genito et al. 2000, Abb. 4).**

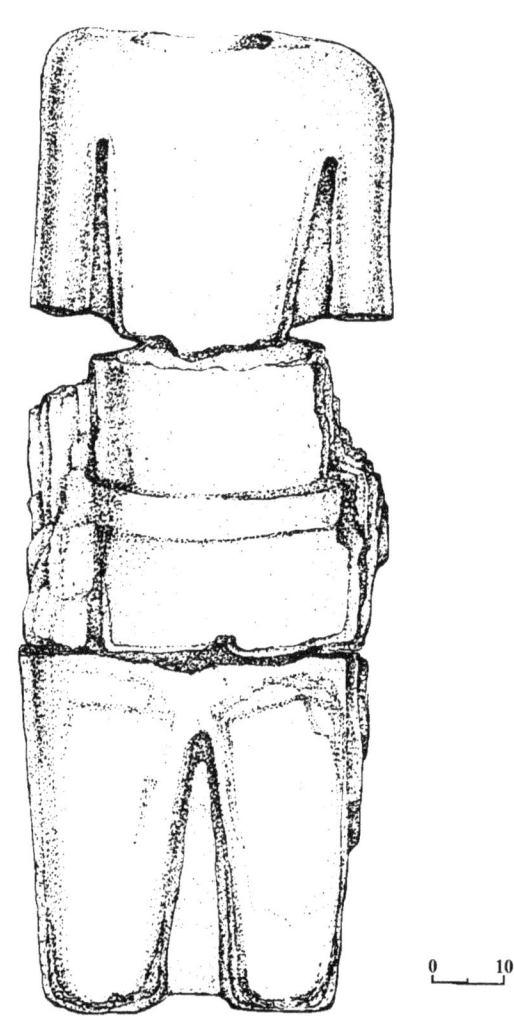

**B. Kyzyl uik. Anthropomorphe Stele (nach Genito et al. 2000, Abb. 5).**

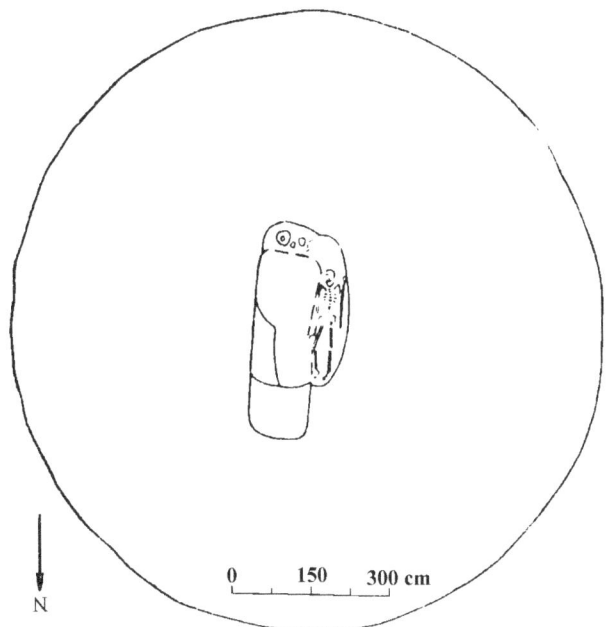

A. Ljavandak, Kurgan beim Meßpunkt. Plan (nach Obel'čenko 1961, Abb. 1).

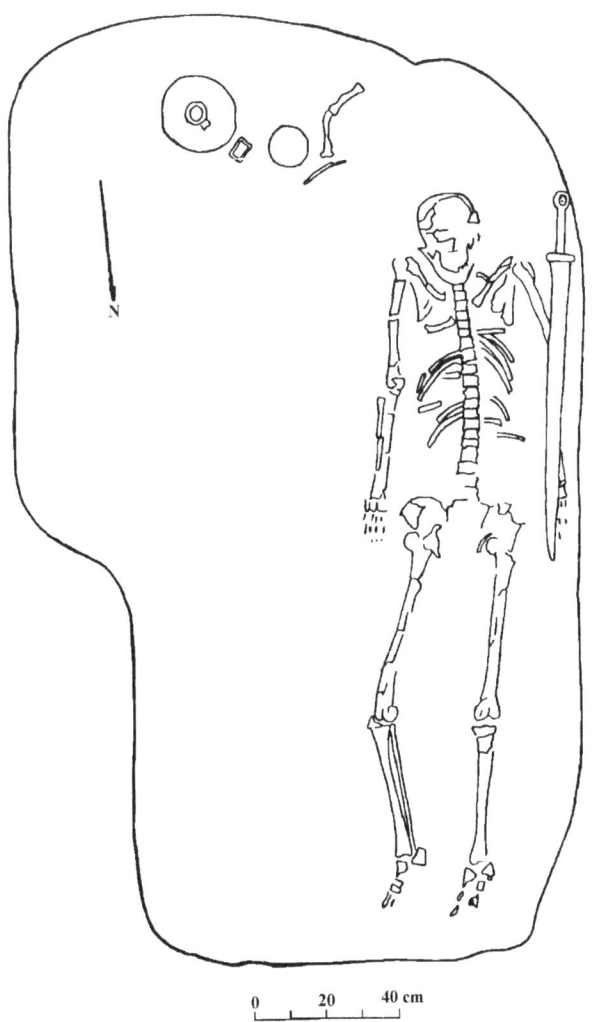

B. Ljavandak, Kurgan beim Meßpunkt. Grabplan (nach Obel'čenko 1961, Abb. 2).

A. Ljavandak, Kurgan beim Meßpunkt. Inventar (nach Obel'čenko 1961,
Abb. 10; 13; 17, ohne Maßstab).

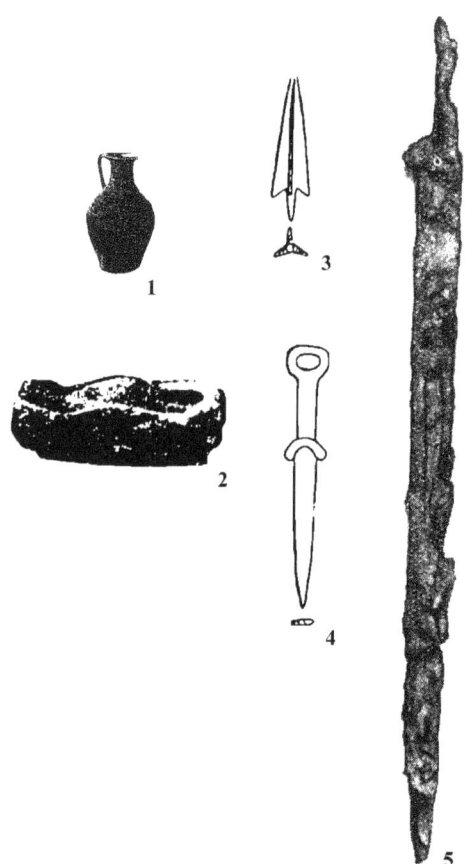

B. Ljavandak, Gruppe 1, Kurgan 1. Inventar (nach Obel'čenko 1961,
Abb. 8; 10; 13; 17, ohne Maßstab).

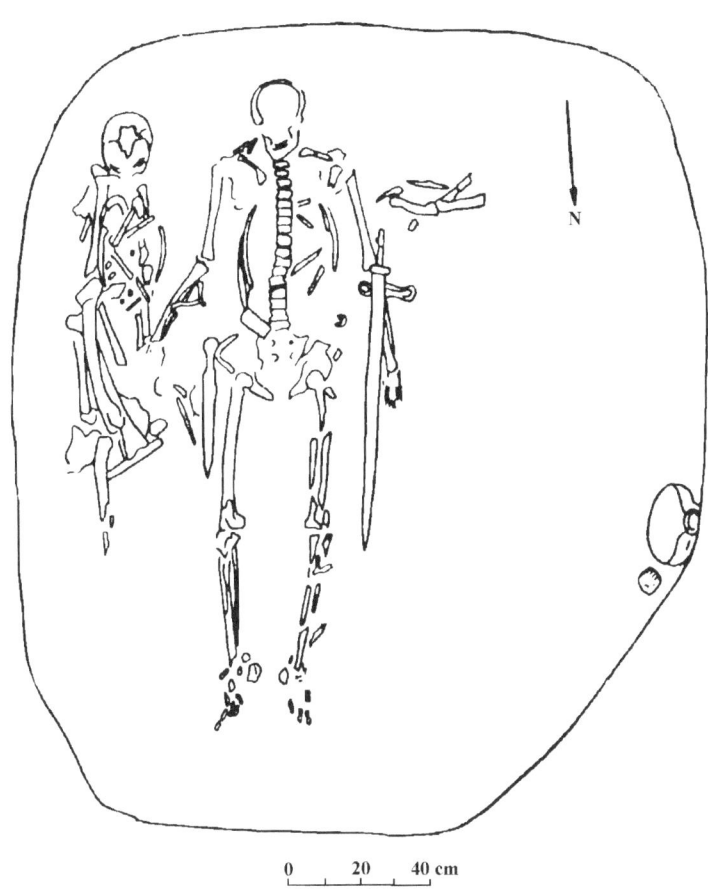

0    20    40 cm

**A. Ljavandak, Gruppe 1, Kurgan 2. Plan (nach Obel'čenko 1961, Abb. 3).**

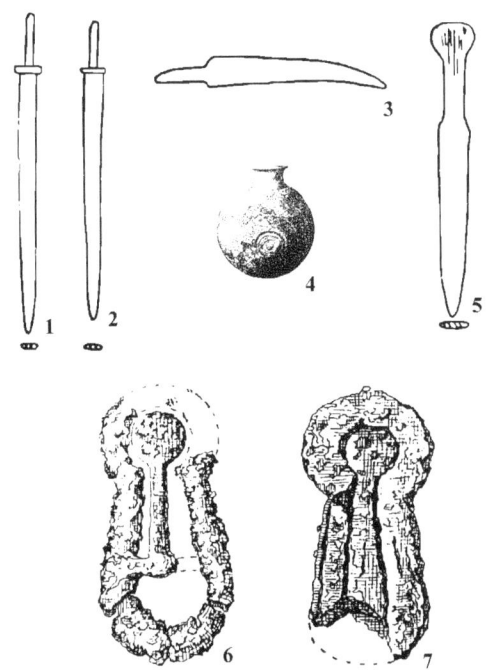

**B. Ljavandak, Gruppe 1, Kurgan 2. Inventar (nach Obel'čenko 1961,
Abb. 10; 12; 13, ohne Maßstab).**

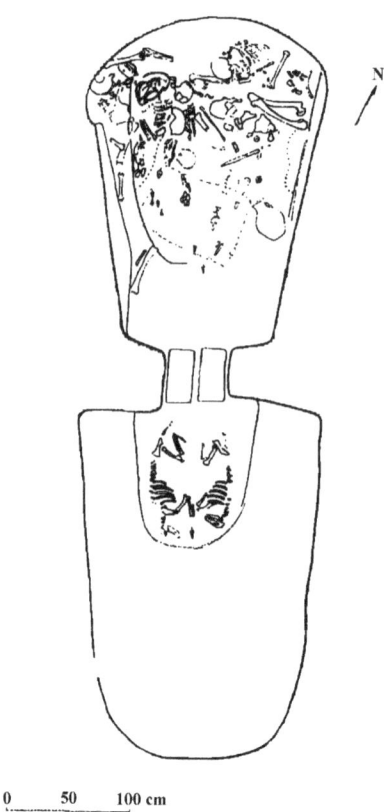

0    50    100 cm

**A. Orlat, Kurgan 2. Plan (nach Il'jasov/Ruzanov 1997/1998, Abb. 2).**

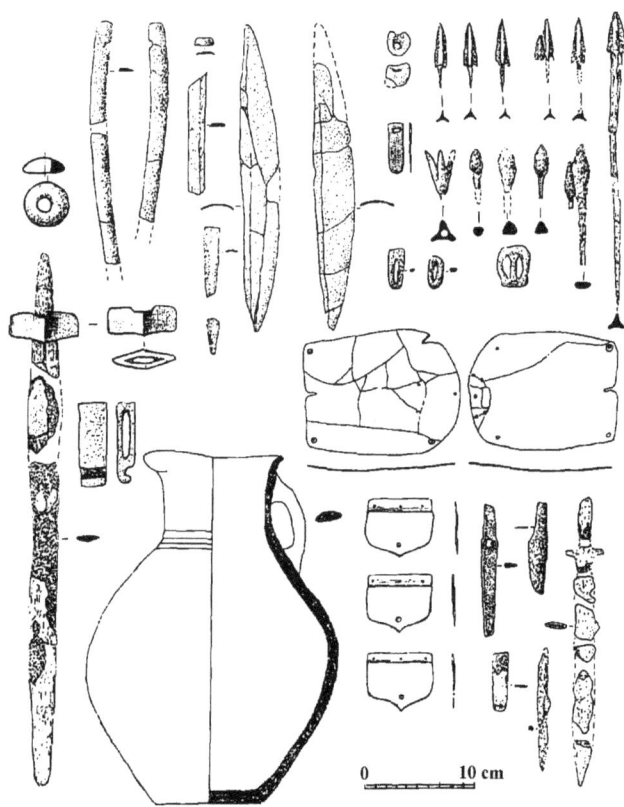

0    10 cm

**B. Orlat, Kurgan 2. Inventar (nach Il'jasov/Ruzanov 1997/1998, Abb. 3).**

**A. Orlat, Kurgan 2. Große Knochenplatten**
**(nach Il'jasov/Ruzanov 1997/1998, Abb. 4, ohne Maßstab).**

**A. Orlat, Kurgan 2. Kleine Knochenplatten
(nach Il'jasov/Ruzanov 1997/1998, Abb. 5, ohne Maßstab).**

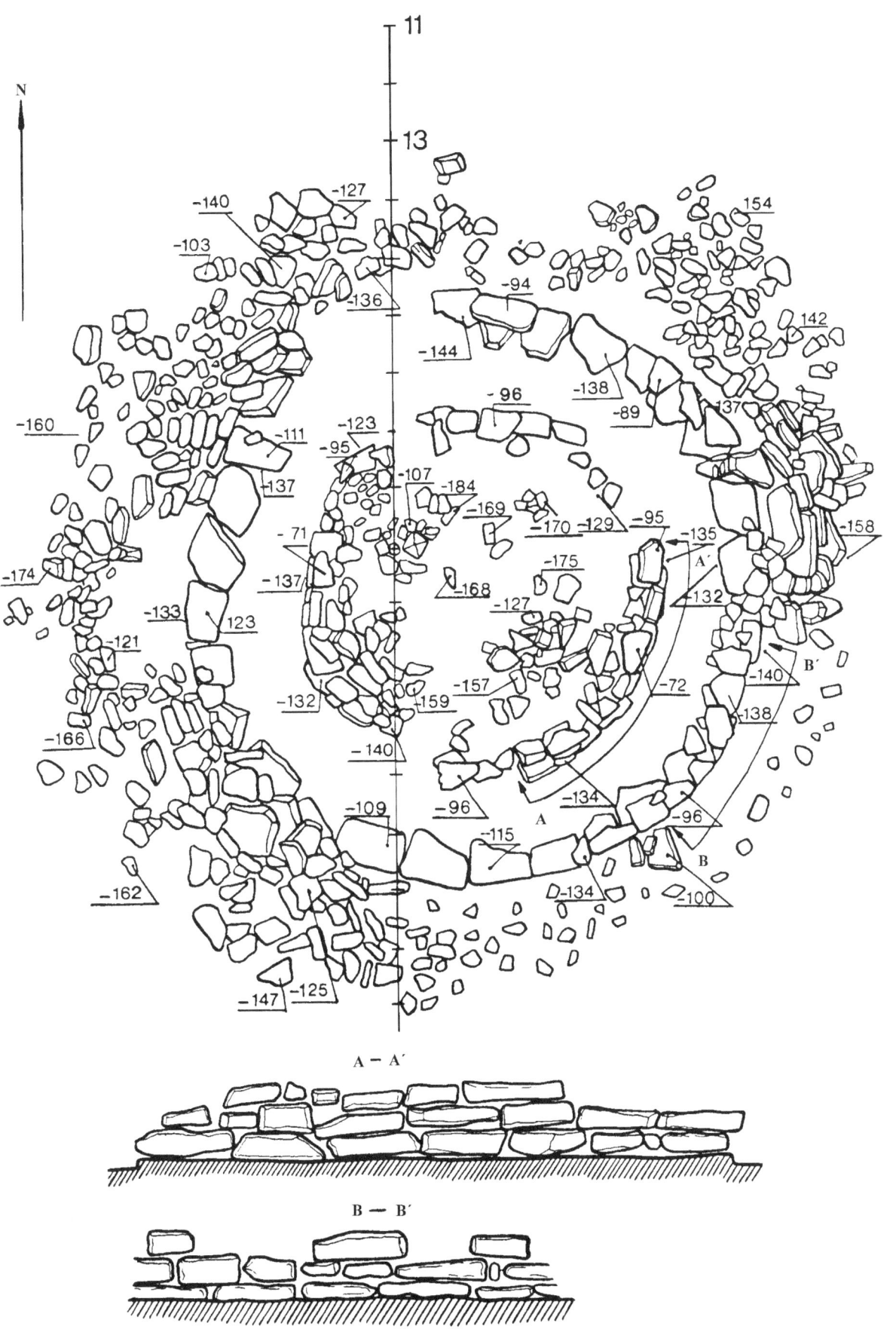

**A. Teren, Steinkonstruktion (nach Ol'chovskij 2001, Abb. 11).**
Plan - M 1:150; Profile - M 1:75.

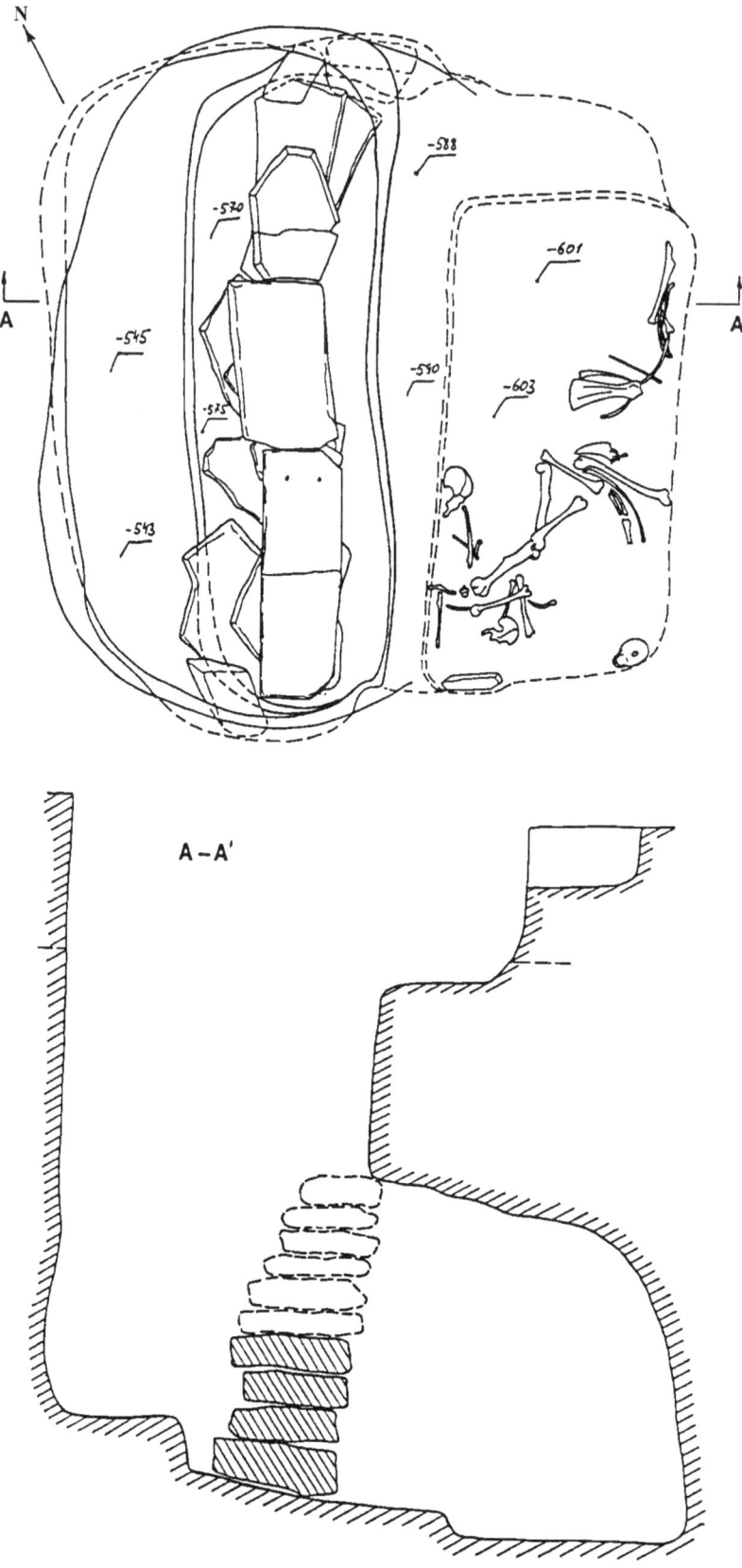

**A. Teren, Katakombengrab (nach Ol'chovskij 2001, Abb. 10).**
Planum und Profil - M 1:75.

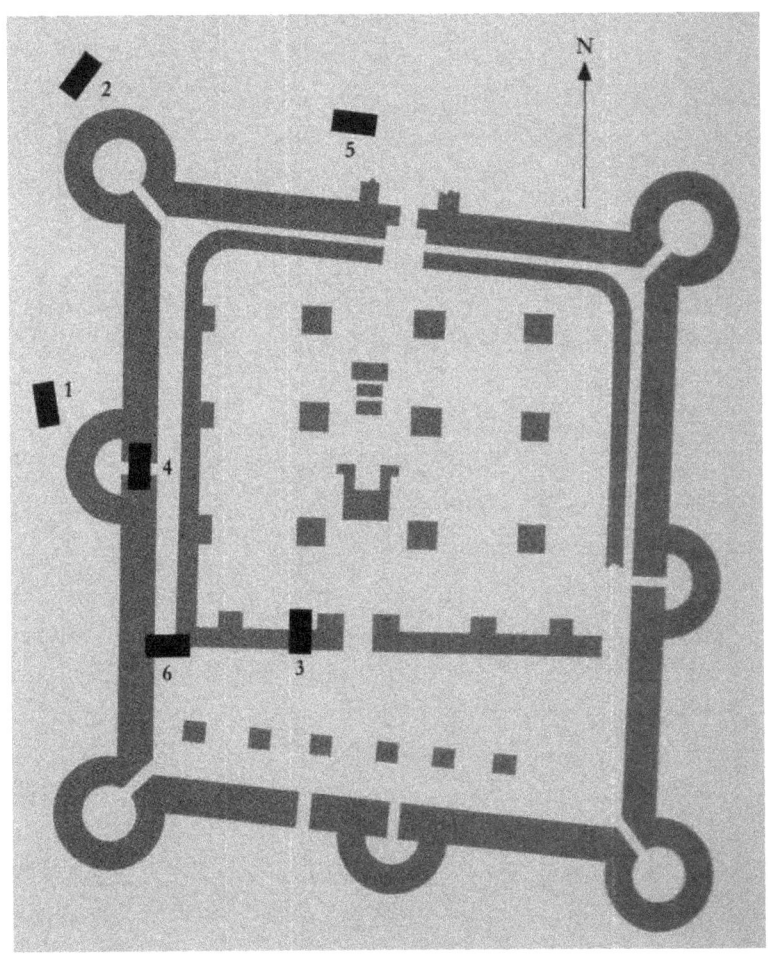

A. Tilla Tepe. Tempel mit Lage der Gräber (nach Sarianidi 1985, Abb. S. 6,
ohne Maßstab).

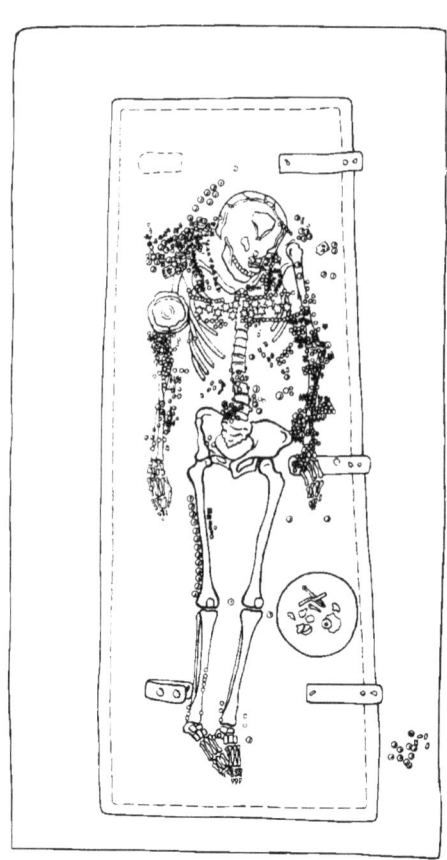

A. Tilla Tepe, Grab 1. Planum (nach Sarianidi 1989, Abb. 13, ohne Maßstab).

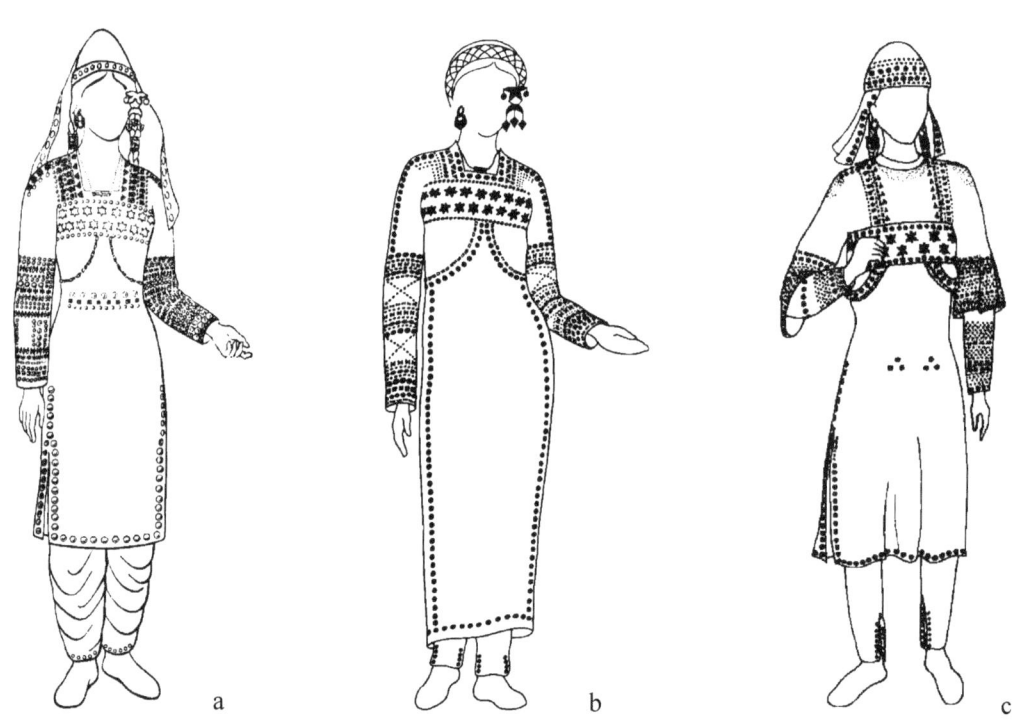

B. Tilla Tepe, Grab 1. Unterschiedliche Trachtrekonstruktionen
(a - nach Sarianidi 1985, Abb. S. 230; b - nach Jacenko 2001, Abb. 7; c - nach Sarianidi 1989, Abb. 15).

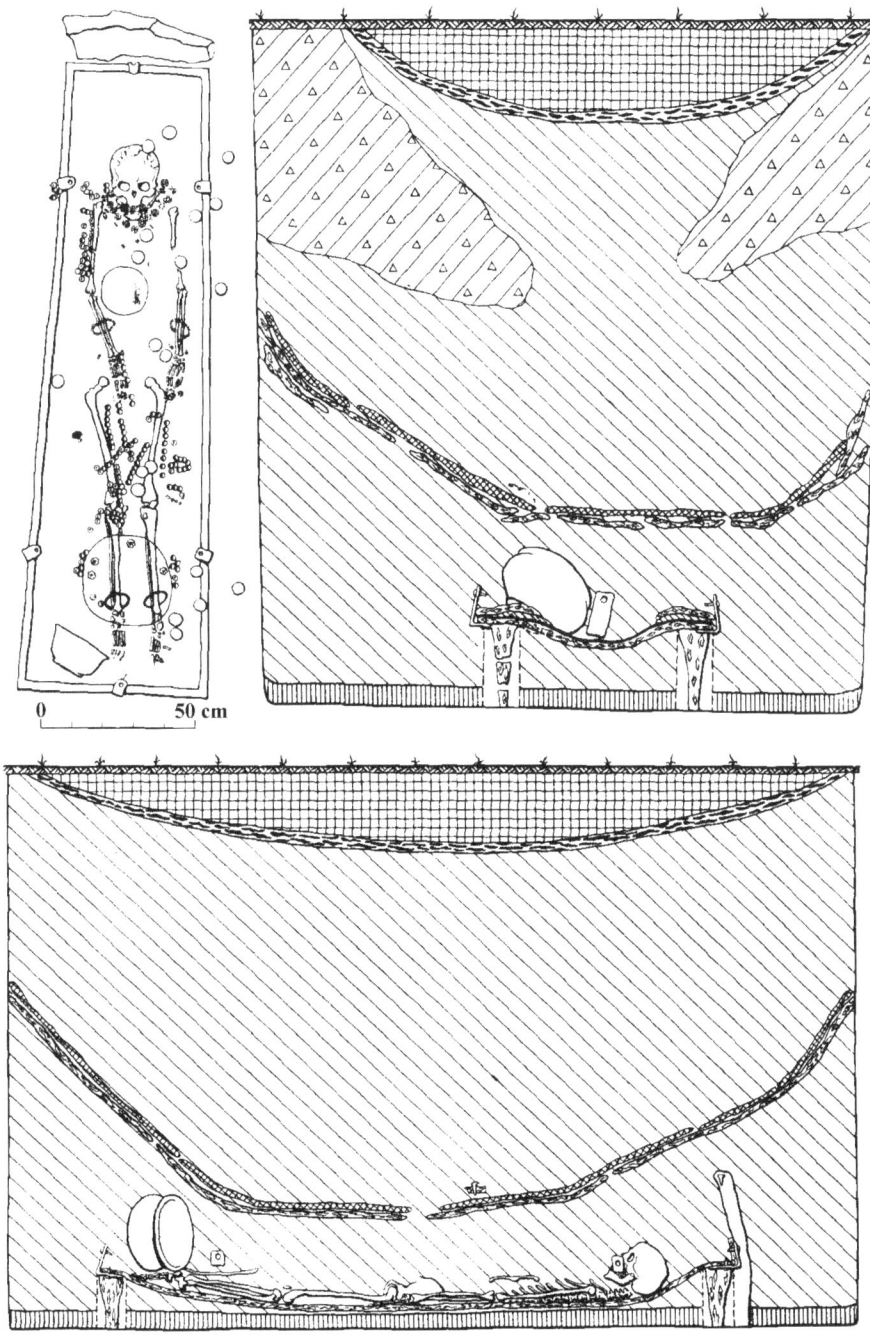

0    50 cm

A. Tilla Tepe, Grab 2. Planum und Profile (nach Sarianidi 1989, Abb. 16).

**A. Tilla Tepe, Grab 2. Unterschiedliche Trachtrekonstruktionen**
(a - nach Sarianidi 1985, Abb. S. 234; b - nach Jacenko 2001, Abb. 8; c - nach Sarianidi 1989, Abb. 17).

**A. Tilla Tepe, Grab 2. Sog. „Kuschanische Aphrodite"**
**(nach Sarianidi 1986, Abb. S. 303, ohne Maßstab).**

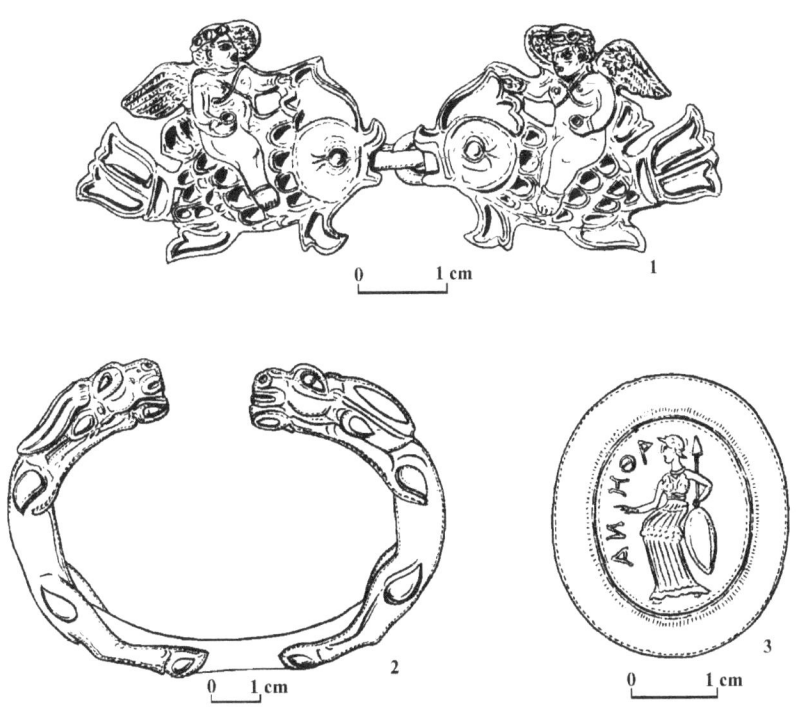

**B. Tilla Tepe, Grab 2. Inventar (nach Sarianidi 1989, Abb. 20-22).**
1 - Schnallenpaar; 2 - Armreif; 3 - Siegelring.

0  1 cm

**A. Tilla Tepe, Grab 2. Anhänger mit Motiv „Herr der Tiere"
(nach Sarianidi 1989, Abb. 18).**

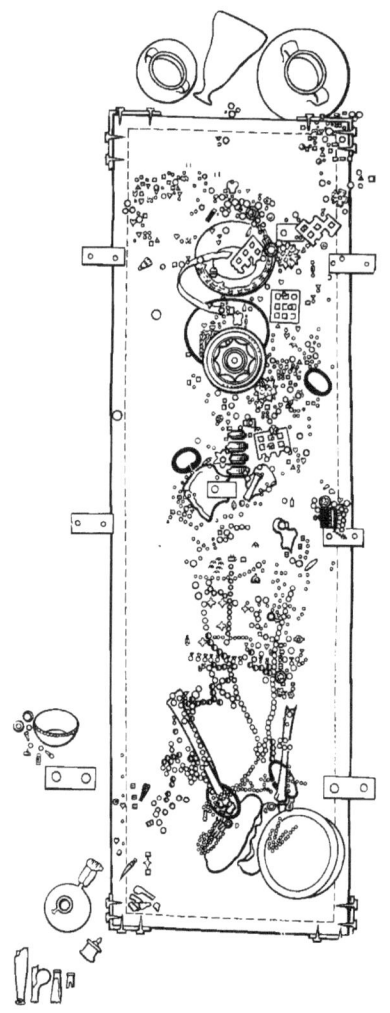

**B. Tilla Tepe, Grab 3. Planum (nach Sarianidi 1989, Abb. 24, ohne Maßstab).**

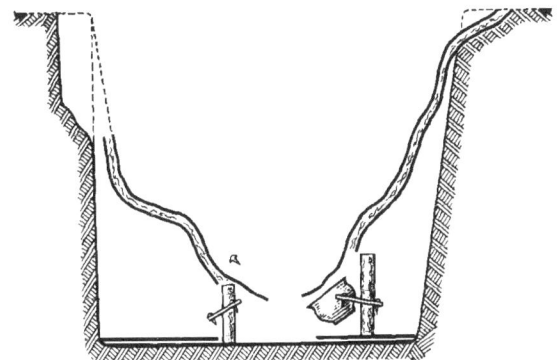

**A. Tilla Tepe, Grab 3. Profil (nach Sarianidi 1989, Abb. 24, ohne Maßstab).**

**B. Tilla Tepe, Grab 3. Unterschiedliche Trachtrekonstruktionen
(a - nach Jacenko 2001, Abb. 9; b - nach Sarianidi 1989, Abb. 25).**

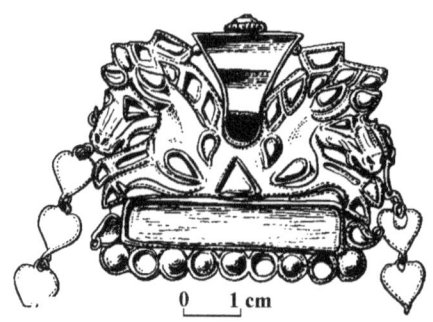

**A. Tilla Tepe, Grab 3. Anhänger mit Darstellung zweier Pferdeprotomen
(nach Sarianidi 1989, Abb. 26).**

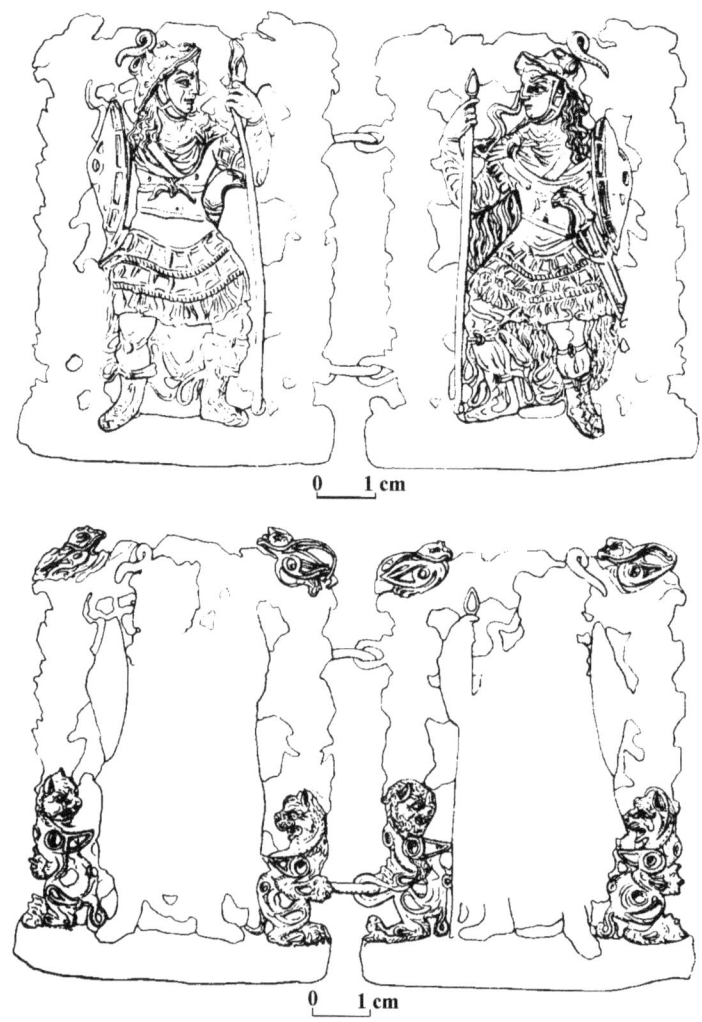

**B. Tilla Tepe, Grab 3. Verschlußpaar mit Kriegerdarstellung
(nach Sarianidi 1989, Abb. 28).**

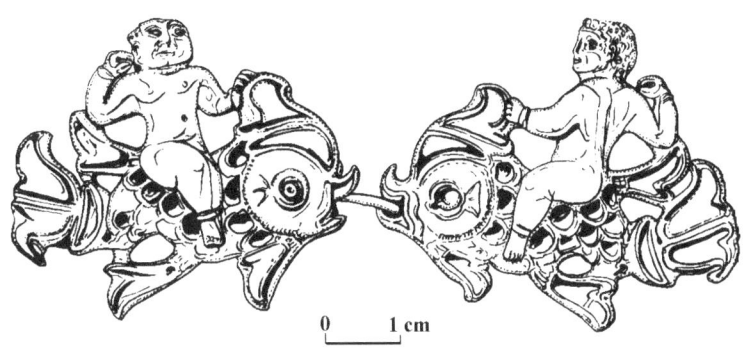

A. Tilla Tepe, Grab 3. Schnallenpaar mit Darstellung von Eroten auf Delphinen
(nach Sarianidi 1989, Abb. 27).

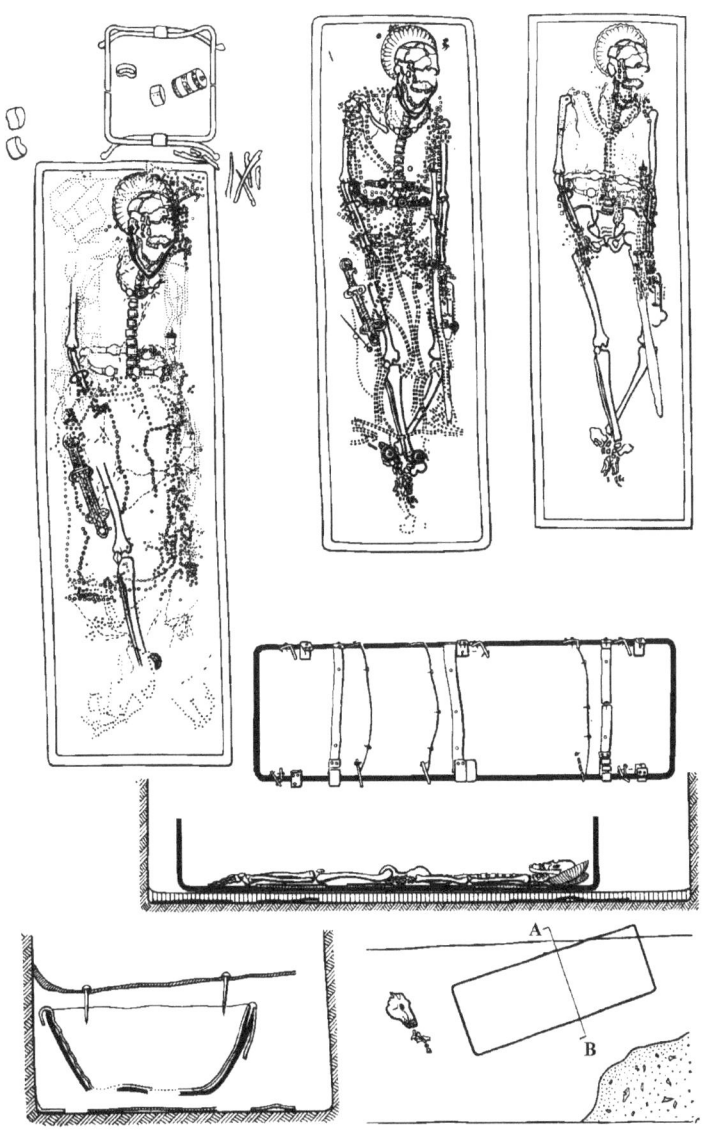

B. Tilla Tepe, Grab 4. Plana und Profile (nach Sarianidi 1989, Abb. 30,
ohne Maßstab).

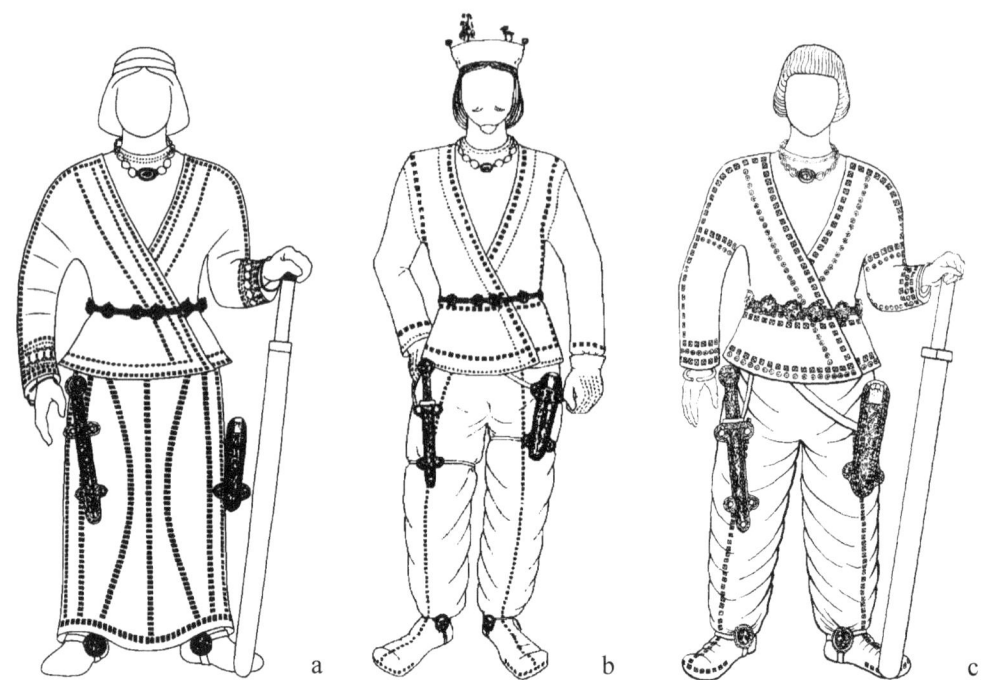

A. Tilla Tepe, Grab 4. Unterschiedliche Trachtrekonstruktionen
(a - nach Sarianidi 1985, S. 250; b - nach Jacenko 2001, Abb. 10; c - nach Sarianidi 1989, Abb. 32).

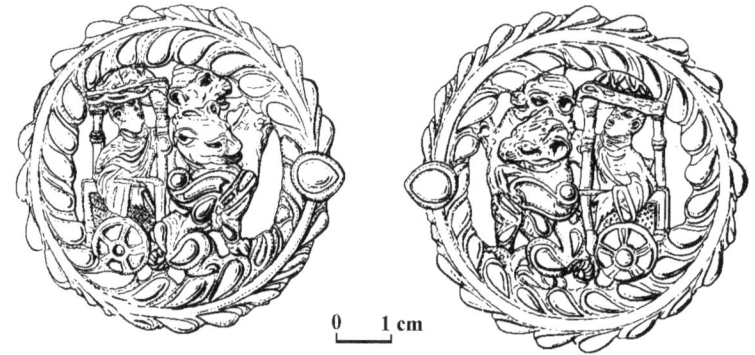

B. Tilla Tepe, Grab 4. Schuhschnallen (nach Sarianidi 1989, Abb. 36).

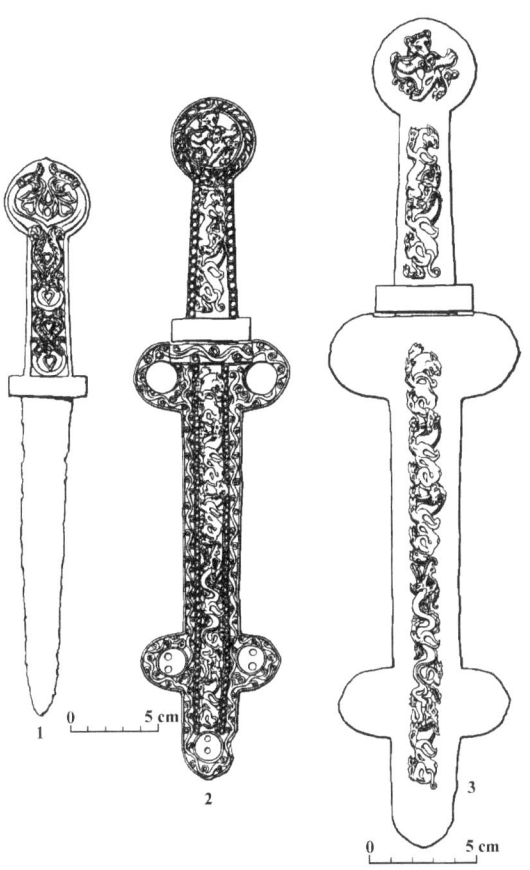

A. Tilla Tepe, Grab 4. Dolch mit Scheide (nach Sarianidi 1989, Abb. 33).

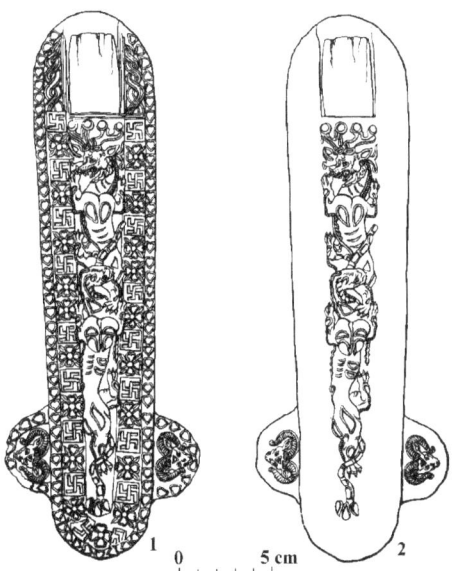

B. Tilla Tepe, Grab 4. Scheide von Dolch 2 (nach Sarianidi 1989, Abb. 34).

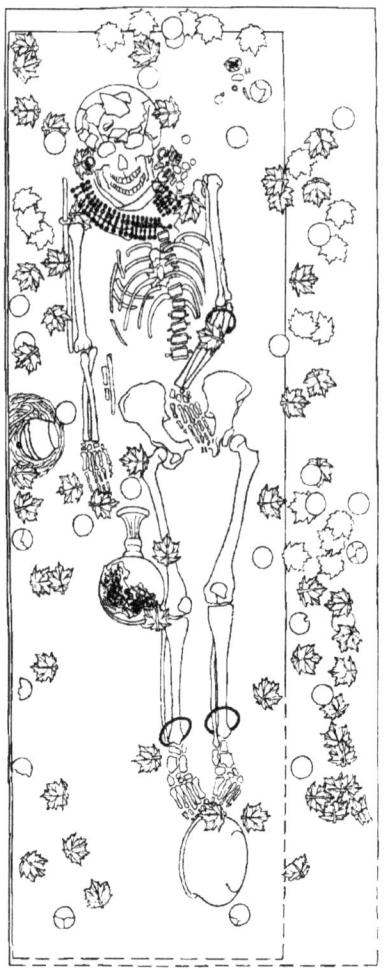

A. Tilla Tepe, Grab 5. Planum (nach Sarianidi 1989, Abb. 38, ohne Maßstab).

B. Tilla Tepe, Grab 5. Unterschiedliche Trachtrekonstruktionen
(a - nach Sarianidi 1985, S. 256; b - nach Sarianidi 1989, Abb. 39).

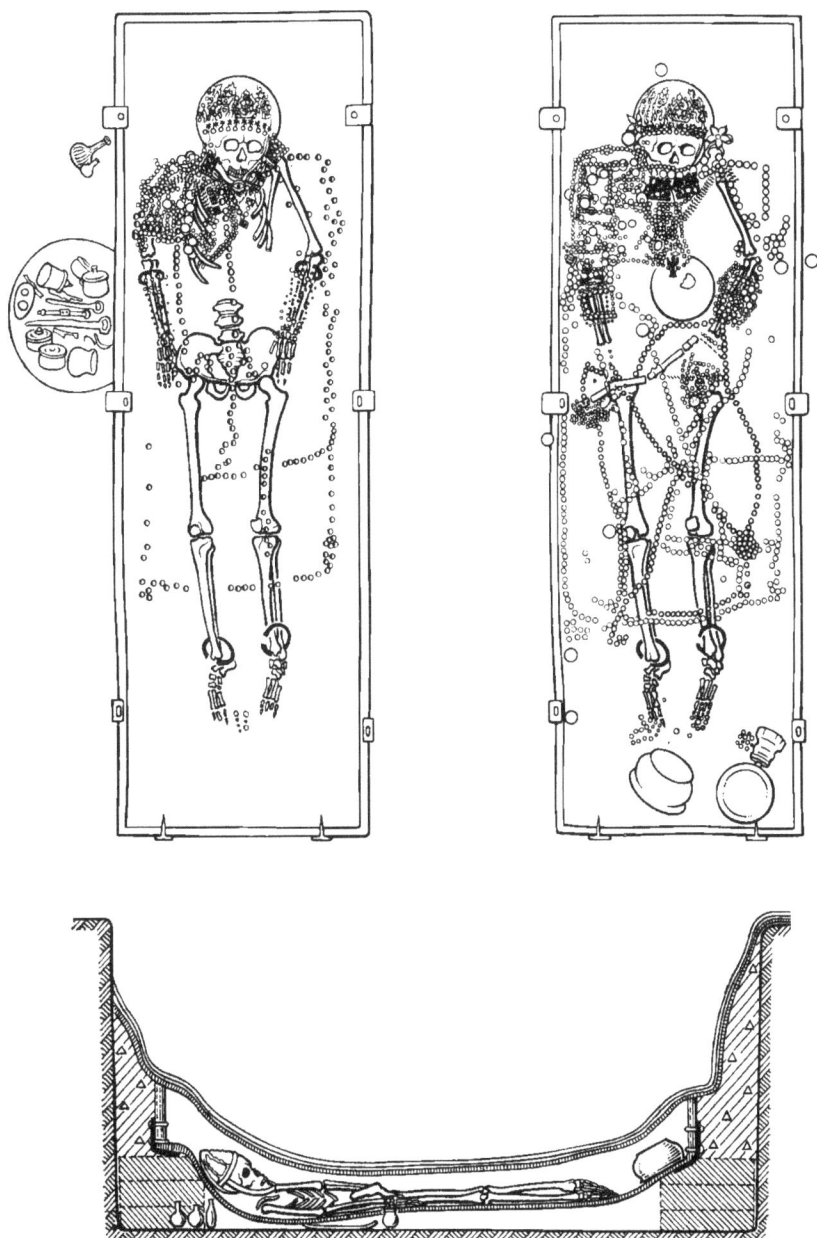

A. Tilla Tepe, Grab 6. Plana und Profil (nach Sarianidi 1989, Abb. 40, ohne Maßstab).

A. Tilla Tepe, Grab 6. Unterschiedliche Trachtrekonstruktionen
(a - nach Sarianidi 1985, S. 258; b - nach Jacenko 2001, Abb. 11; c - nach Sarianidi 1989, Abb. 41).

B. Tilla Tepe, Grab 6. Schnallen mit Liebespaar (nach Sarianidi 1989, Abb. 44).

**A. Tilla Tepe, Grab 6. Sog. „Baktrische Aphrodite"**
**(nach Sarianidi 1986, Abb. S. 303, ohne Maßstab).**

**B. Tilla Tepe, Grab 6. Gehänge mit Motiv „Herrin der Tiere"**
**(nach Sarianidi 1989, Abb. 43).**

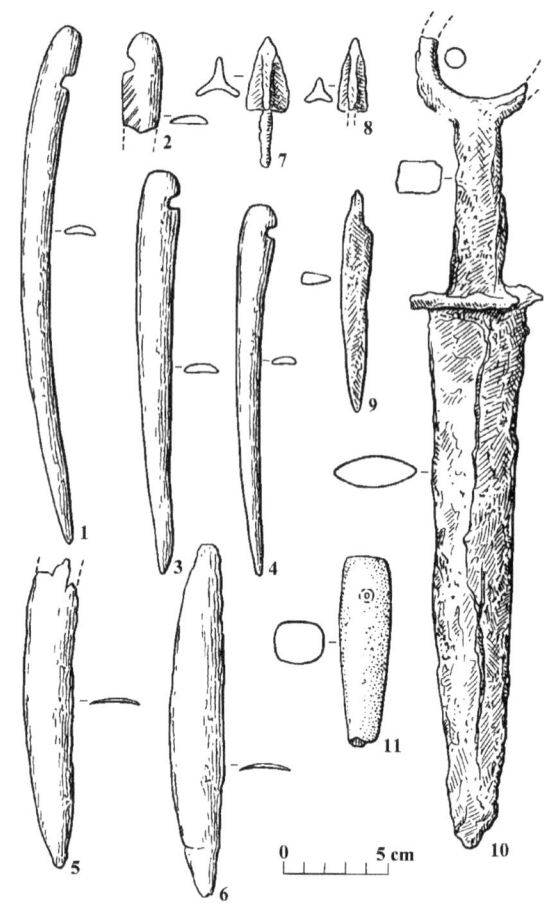

**A. Tumek-Kičidžik, Gräberfeld. Beigaben (nach Lochovic 1979, Abb. 3).**
1-6 - Bogenbesatz aus Knochen (Mittel- und Endstücke); 7-8 - eiserne Pfeilspitzen;
9 - Eisenmesser;10 - Eisendolch; 11 - Schleifstein.

1 - Inventar von Kurgan 56; 2-6 - Inventar von Kurgan 59; 7-8 - Inventar von Kurgan 39;
9-10 - Inventar von Kurgan 49; 11 - Inventar von Kurgan 42.

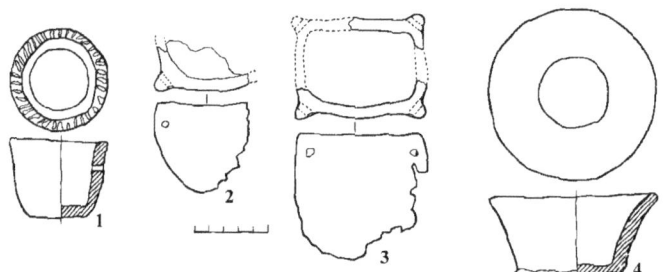

**B. Tumek-Kičidžik, Gräberfeld. Räuchergefäße (nach Lochovic 1979, Abb. 5).**
1-3 - Inventar von Kurgan 47; 4 - Inventar von Kurgan 41.

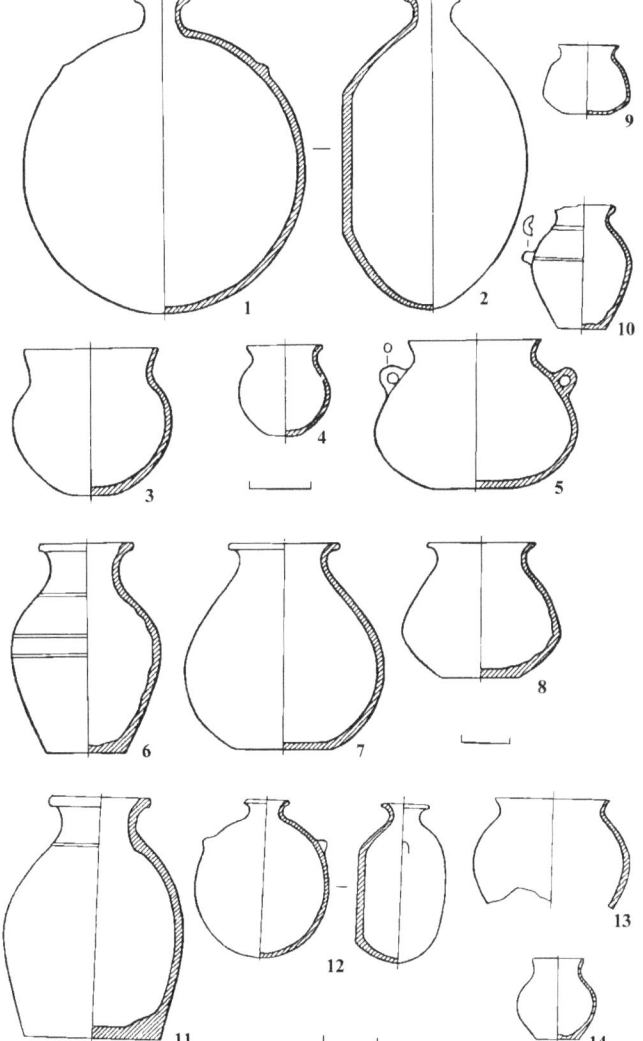

**A. Tumek-Kičidžik, Gräberfeld. Keramik (nach Lochovic 1979, Abb. 6; 7).**
1-4 - Inventar von Kurgan 39; 5 - Inventar von Kurgan 61; 6 - Inventar von Kurgan 41;
7 - Inventar von Kurgan 40; 8 - Inventar von Kurgan 60; 9-10 - Inventar von Kurgan 50;
11-12 - Inventar von Kurgan 59; 13 - Inventar von Kurgan 47; 14 - Inventar von
Kurgan 38.

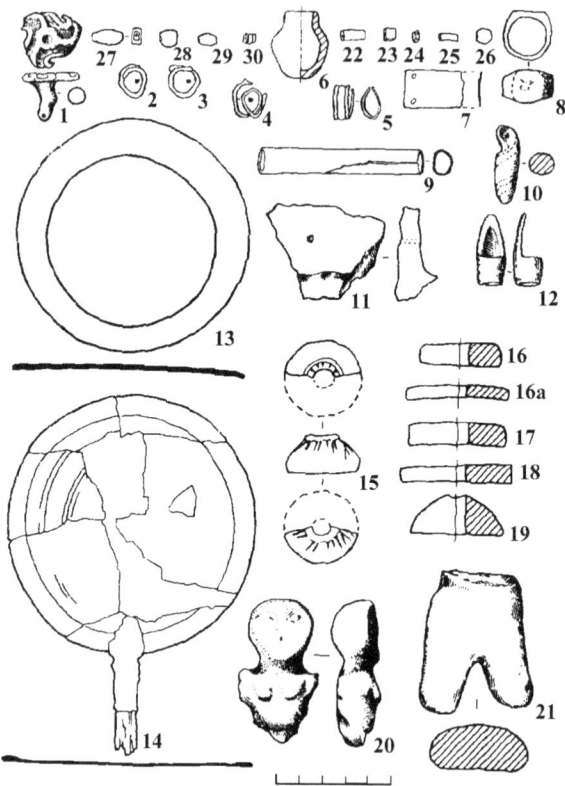

**A. Tumek-Kičidžik, Gräberfeld. Beigaben (nach Lochovic 1979, Abb. 4).**
1 - Bronzestempel; 2-5 - Schläfenringe; 6 - Miniaturgefäß; 7 - Bronzeplatte;
8 - bronzener Fingerring;9 - Knochenröhrchen; 10 - Muschelanhänger;
11 - Keramikfragment; 12 - Knochengerät; 13-14 - Bronzespiegel; 15-16.19 -
Steinscheiben; 16a-18 - Keramikscheiben; 20-21 - Statuettenfragmente; 22-30 - Perlen.

1.4 - Inventar von Kurgan 47; 2 - Inventar von Kurgan 50; 3.5-16 - Inventar von
Kurgan 59; 16a.27-30 - Inventar von Kurgan 38 und 59; 17 - Inventar von Kurgan 41;
18 - Inventar von Kurgan 31; 19-26 - Inventar von Kurgan 39.

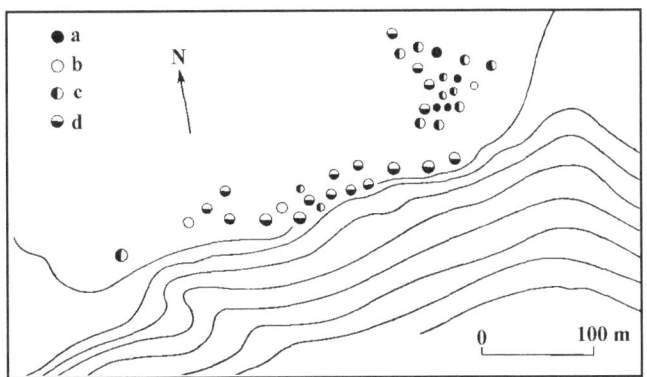

**A. Tuz-gyr, südwestliche Kurgangruppe (nach Lochovic/Chasanov 1979, Abb. 1).**
a - einfache Grabgrube; b - nicht ausgegrabener Kurgan; c - Kurgan mit Nische;
d - Kurgan mit Katakombe.

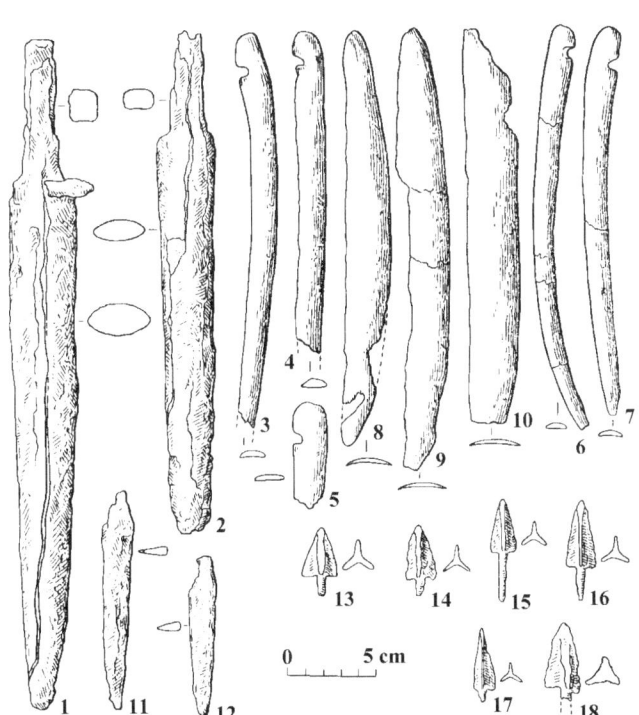

**B. Tuz-gyr, südwestliche Kurgangruppe. Beigaben**
**(nach Lochovic/Chasanov 1979, Abb. 4).**
1-2 - Eisendolche; 3-10 - Bogenbesatz aus Knochen (Mittel- und Endstücke);
11-12 - Eisenmesser; 13-18 - Pfeilspitzen aus Eisen.

1.5.8.13-15 - Inventar aus Kurgan 34 (südwestl. Gruppe); 2.12 - Inventar aus Kurgan 9
(südwestl. Gruppe); 3.7.17 - Inventar aus Kurgan 16 (südwestl. Gruppe); 4 - Inventar aus
Kurgan 28 (südwestl. Gruppe); 6 - Inventar aus Kurgan 23 (südwestl. Gruppe); 9 - Inventar
aus Kurgan 25 (südwestl. Gruppe); 10 - Inventar aus Kurgan 26 (südwestl. Gruppe);
11 - Inventar aus Kurgan 21 (südwestl. Gruppe); 16 - Inventar aus Kurgan 4 (südwestl.
Gruppe); 18 - Inventar aus Kurgan 3 (westl. Gruppe).

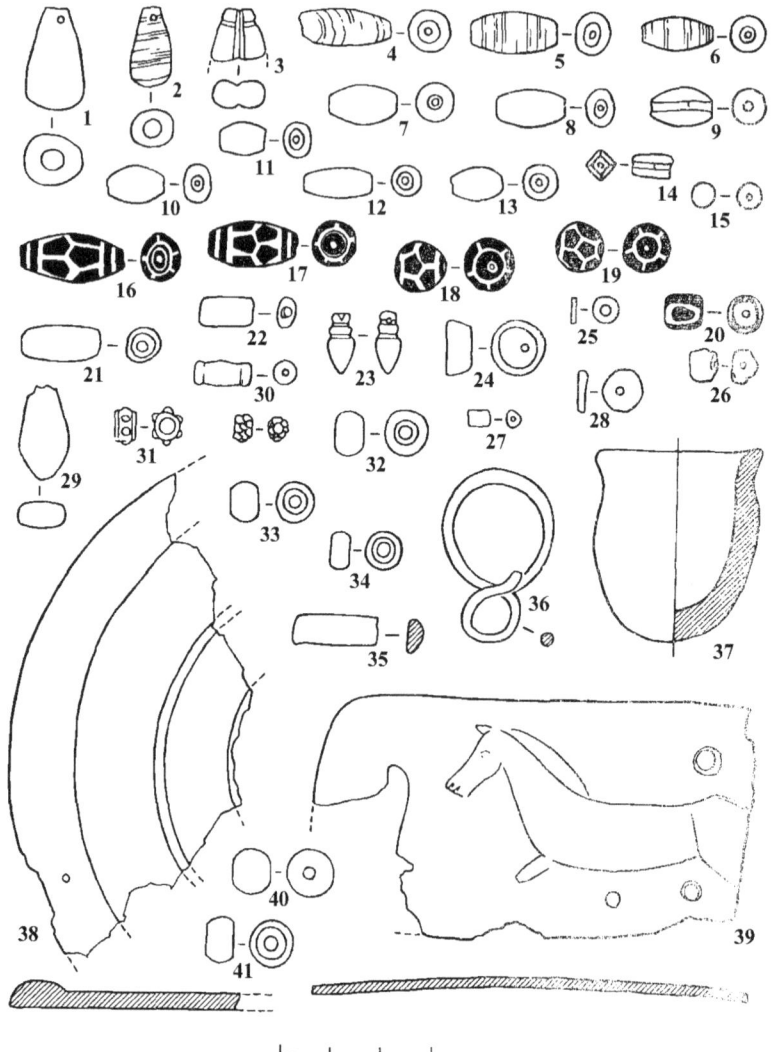

**A. Tuz-gyr, Kurgan 19. Beigaben (nach Trudnovskaja 1979, Abb. 4).**
1-3.23.29-30 - Anhänger; 4-22.24-28.31-34.40-41 - Perlen (Material: 1-15: Karneol;
16-20: Chalzedon; 21: Lasurit; 22: Türkis; 23.26-28: Calzit; 24: Serpentin; 25: Gagat;
29.30: Glaspaste; 31-34.40-41: zweischichtiges Glas, innen mit Vergoldung); 35 -
Fingerring-Fragment aus Eisen auf Bronzeunterlage; 36 - Ohrring aus Silber; 37 -
handgemachtes Miniaturgefäß; 38 - Fragment Bronzespiegel; 39 - Hornplatte.

1-36 - Inventar aus Hauptbestattung; 37-41 - Inventar aus Nachbestattung

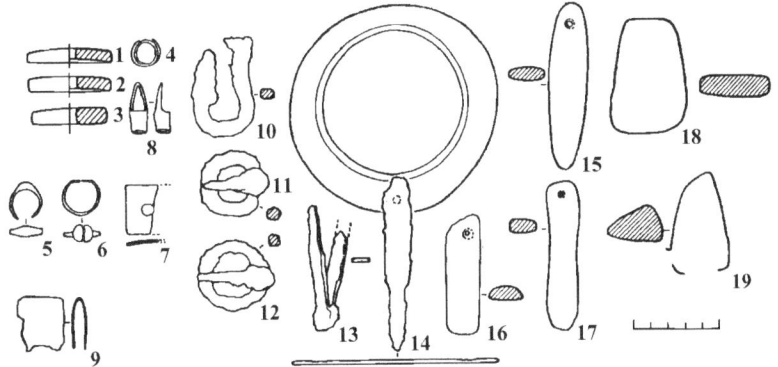

**A. Tuz-gyr, Gräberfeld. Beigaben (nach Lochovic/Chasanov 1979, Abb. 6).**

1-3 - Keramikscheiben; 4 - Bronzering; 5-6 - Bronzefingerring; 7-8 - Knochengerät;
9 - Eisenzwinge; 10-12 - Eisenschnallen; 13 - Eisenpinzette; 14 - Bronzespiegel mit Eisen-
griff; 15-17 - Schleifsteine; 18-19 - Steingeräte.

3-4 - Inventar von Kurgan 2 (westl. Gruppe); 1 - Inventar von Kurgan 22 (südwestl.
Gruppe); 2 - Inventar von Kurgan 21 (südwestl. Gruppe); 5.7 - Inventar von Kurgan 8
(südwestl. Gruppe); 6 - Inventar von Kurgan 9 (südwestl. Gruppe); 8.12.18-19 - Inventar
von Kurgan 16 (südwestl. Gruppe); 9 - Inventar von Kurgan 24 (südwestl. Gruppe); 10.17
- Inventar von Kurgan 34 (südwestl. Gruppe); 11.16 - Inventar von Kurgan 32 (südwestl.
Gruppe); 13 - Inventar von Kurgan 28 (südwestl. Gruppe); 14 - Inventar von Kurgan 23
(südwestl. Gruppe); 15 - Inventar von Kurgan 10 (südwestl. Gruppe).

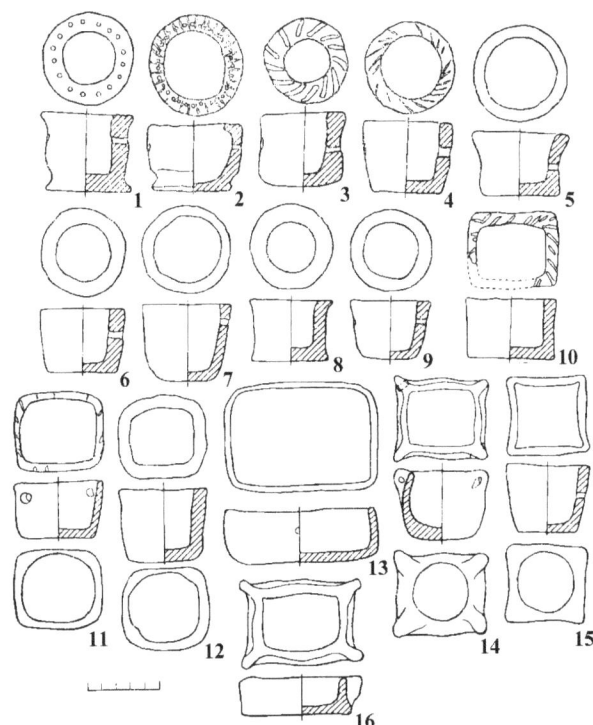

**B. Tuz-gyr, südwestl. Gruppe. Räuchergefäße (nach Lochovic/Chasanov 1979, Abb. 7)**

1 - Inventar aus Kurgan 25; 2.16 - Inventar aus Kurgan 35; 3 - Inventar aus Kurgan 30;
4 - Inventar aus Kurgan 23; 5 - Inventar aus Kurgan 33; 6-7 - Inventar aus Kurgan 22;
8 - Inventar aus Kurgan 28; 9 - Inventar aus Kurgan 29; 10 - Inventar aus Kurgan 31;
11 - Inventar aus Kurgan 20; 12 - Inventar aus Kurgan 21; 13 - Inventar aus Kurgan 6; 14 -
Inventar aus Kurgan 13; 15 - Inventar aus Kurgan 24.

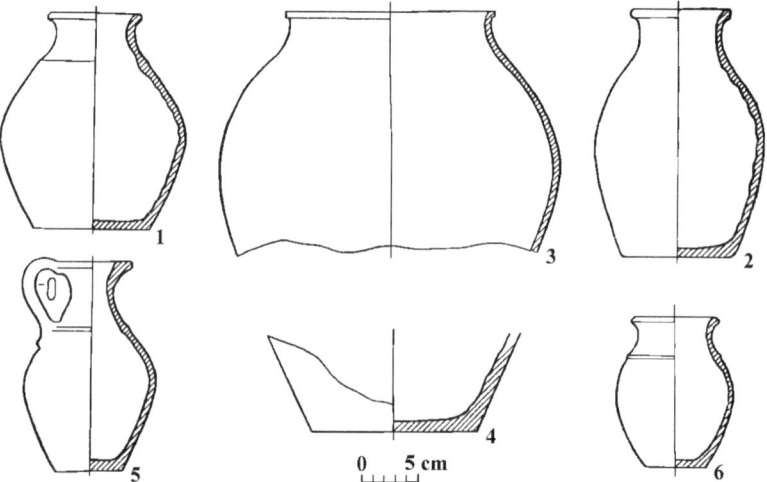

**A. Tuz-gyr, Gräberfeld. Keramik (nach Lochovic/Chasanov 1979, Abb. 8).**
1 - Inventar aus Kurgan 10 (südwestl. Gruppe); 2 - Inventar aus Kurgan 33 (südwestl.
Gruppe); 3 - Inventar aus Kurgan 22 (südwestl. Gruppe); 4 - Inventar aus Kurgan 9
(südwestl. Gruppe); 5 - Inventar aus Kurgan 4 (westl. Gruppe); 6 - Inventar aus Kurgan 5
(westl. Gruppe).

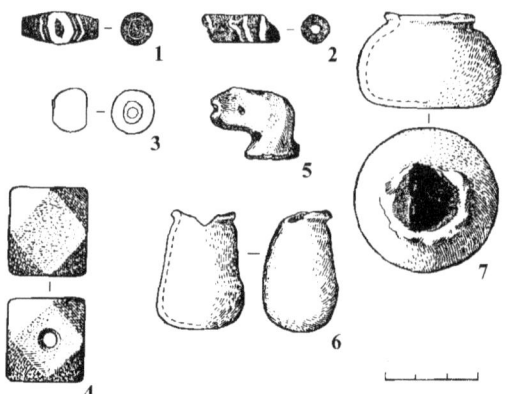

**B. Tuz-gyr, Gräberfeld. Beigaben (nach Lochovic/Chasanov 1979, Abb. 9).**
1-4 - Perlen (Material: 1: Gagat; 2: Glaspaste; 3: Glaspaste mit Vergoldung;
4: durchsichtige, grüne Glaspaste, vierzehneckig); 5 - Muschelanhänger; 6.7 - Steingefäß.

1.5.7 - Inventar aus Kurgan 23; 2 - Inventar aus Kurgan 21; 3 - Inventar aus Kurgan 22; 4 -
Inventar aus Kurgan 25; 6 - Inventar aus Kurgan 8.

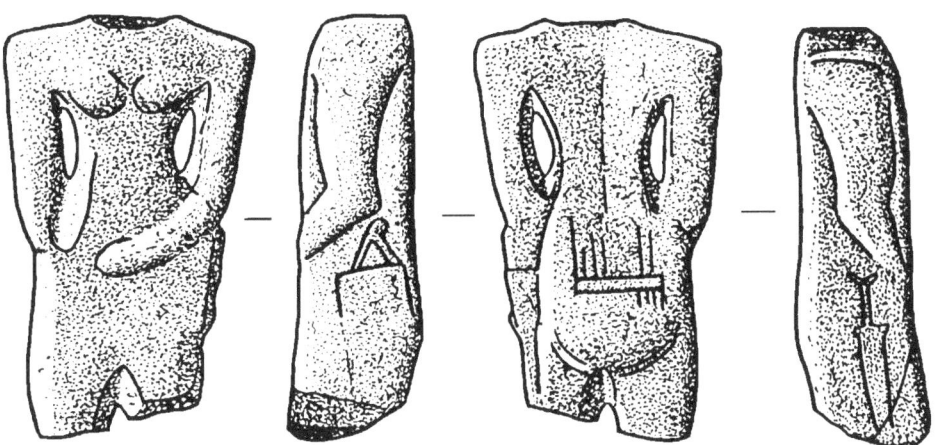

A. Ustjurt-Plateau. Stele von unbekanntem Fundort
(nach Zuev/Ismagil' 1996, Abb. 4,9, ohne Maßstab).

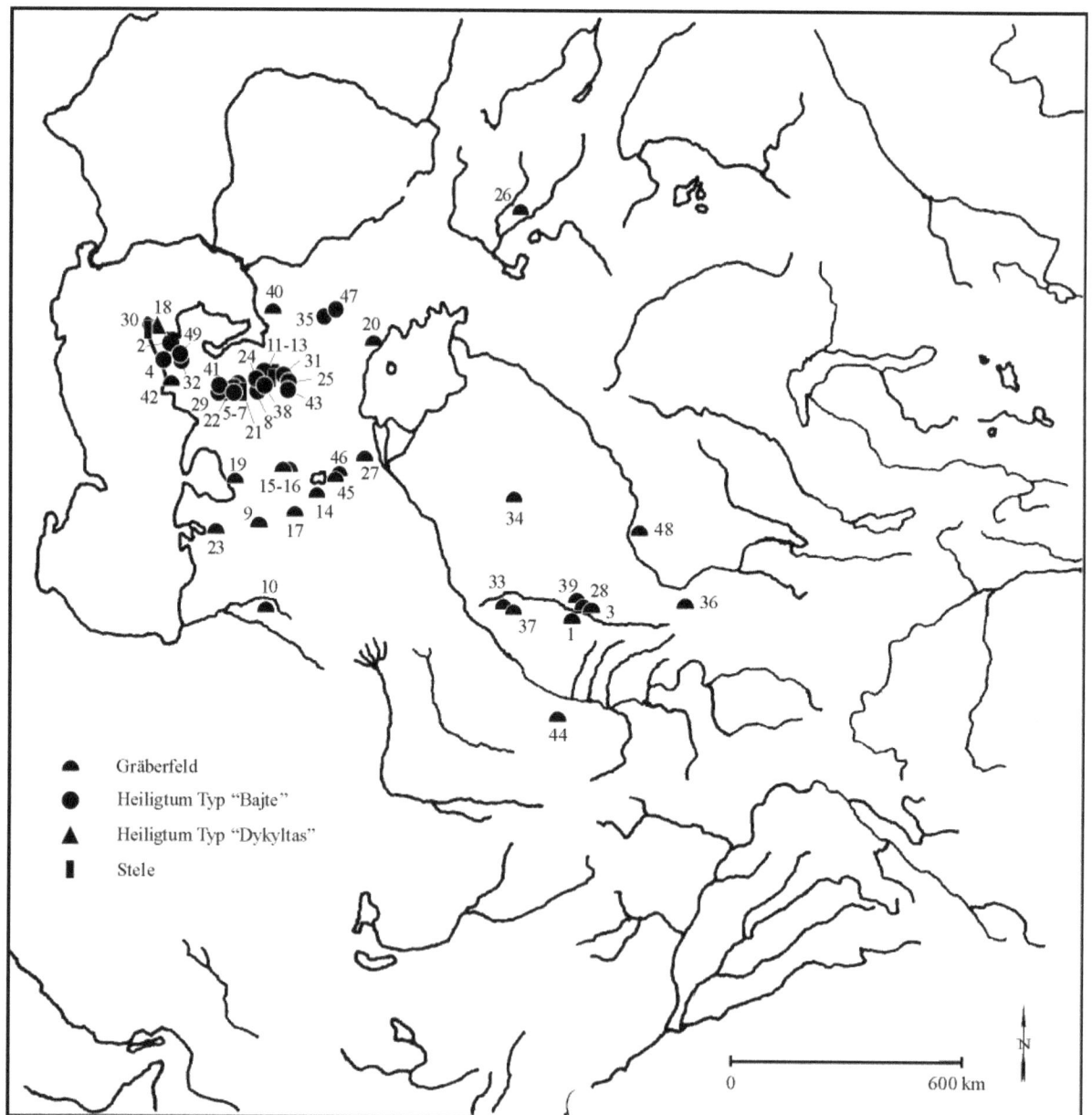

**Denkmäler mit sauromatischen und sarmatischen Funden und Befunden
nordöstlich und östlich des Kaspischen Meeres (die Numerierung entspricht
dem Fundortkatalog).**

1 Agalyk-Saj; 2 Ajuk; 3 Akdžartepe; 4 Ak-Šukur; 5 Ak-Ujuk; 6 Bajte I; 7 Bajte III;
8 Besogiz; 9 Chanaly; 10 Chas-Kjariz; 11 Četvĕrtyj Raz'ezd; 12 Četvĕrtyj Raz'ezd 1;
13 Četvĕrtyj Raz'ezd 2; 14 Čyryšly; 15 Dĕvkesken 3; 16 Dĕvkesken 4; 17 Dordul';
18 Dykyltas; 19 Džanak II; 20 Džidelibulak 1; 21 Ešky; 22 Fundplatz Kilometer 309;
23 Gek-Dag II; 24 Karamunke; 25 Karaoba 2; 26 Karasakbas; 27 Kaskažol; 28 Koktepe;
29 Konaj (Kunajoba); 30 Kondybaj; 31 Kosuak; 32 Kos-Uik; 33 Kujumazar; 34 Kulkuduk;
35 Kyzyl uik; 36 Langari Chodžiën; 37 Ljavandak; 38 Munke-Uik; 39 Orlat;
40 Sarykamyš; 41 Sed'movyj Raz'ezd; 42 Ševčenko; 43 Teren; 44 Tilla-Tepe; 45 Tumek-
Kičidžik; 46 Tuz-gyr; 47 Uik; 48 Žaman-Togaj; 49 Žyngyldy.

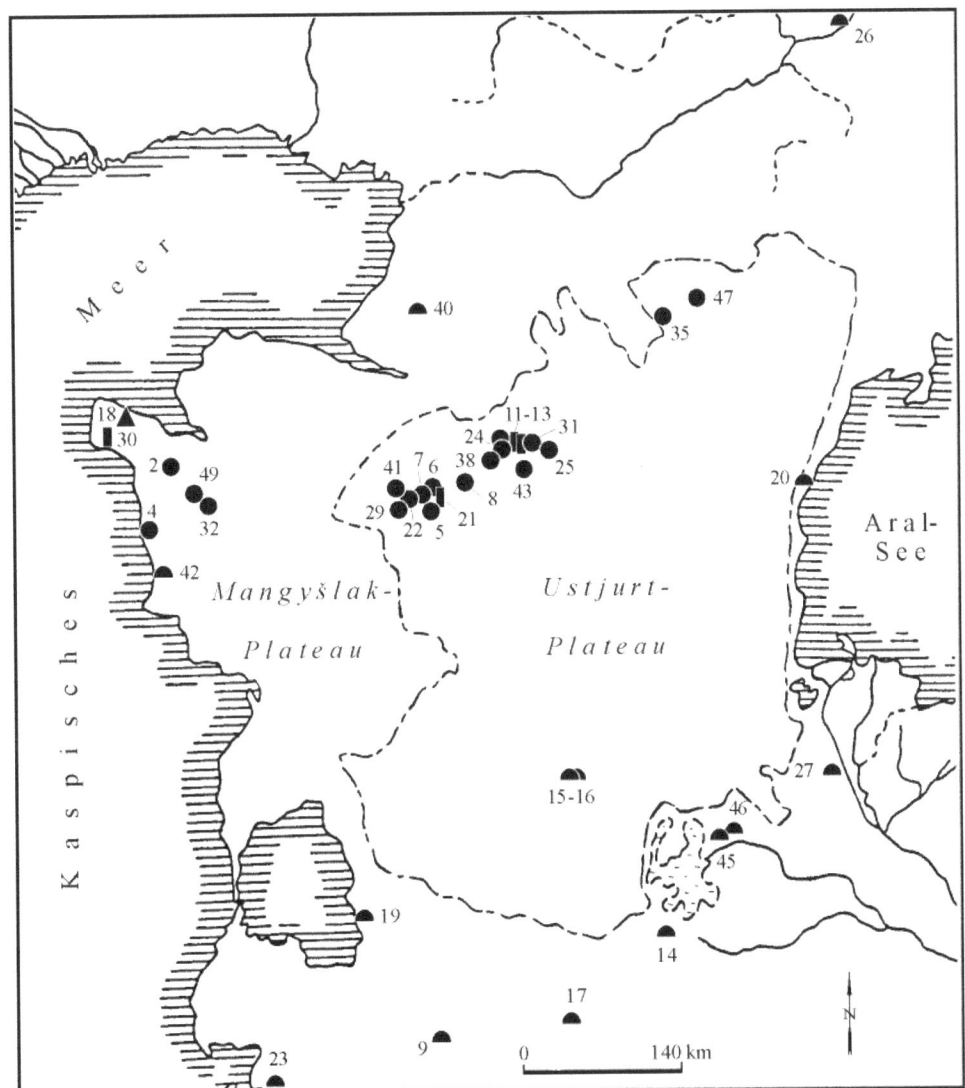

**Detailkarte der Denkmäler mit sauromatischen und sarmatischen Funden und Befunden auf dem Ustjurt- und dem Mangyšlak-Plateau sowie am Uzboj (die Numerierung entspricht dem Fundortkatalog, Legende s. Karte 1 – Kartengrundlage nach Genito et al. 2000).**

2 Ajuk; 4 Ak-Šukur; 5 Ak-Ujuk; 6 Bajte I; 7 Bajte III; 8 Besogiz; 9 Chanaly; 11 Četvërtyj Raz'ezd; 12 Četvërtyj Raz'ezd 1; 13 Četvërtyj Raz'ezd 2; 14 Čyryšly; 15 Dėvkesken 3; 16 Dėvkesken 4; 17 Dordul'; 18 Dykyltas; 19 Džanak II; 20 Džidelibulak 1; 21 Ešky; 22 Fundplatz Kilometer 309; 23 Gek-Dag II; 24 Karamunke; 25 Karaoba 2; 26 Karasakbas; 27 Kaskažol; 29 Konaj (Kunajoba); 30 Kondybaj; 31 Kosuak; 32 Kos-Uik; 35 Kyzyl uik; 38 Munke-Uik; 40 Sarykamyš; 41 Sed'movyj Raz'ezd; 42 Ševčenko; 43 Teren; 45 Tumek-Kičidžik; 46 Tuz-gyr; 47 Uik; 49 Žyngyldy.

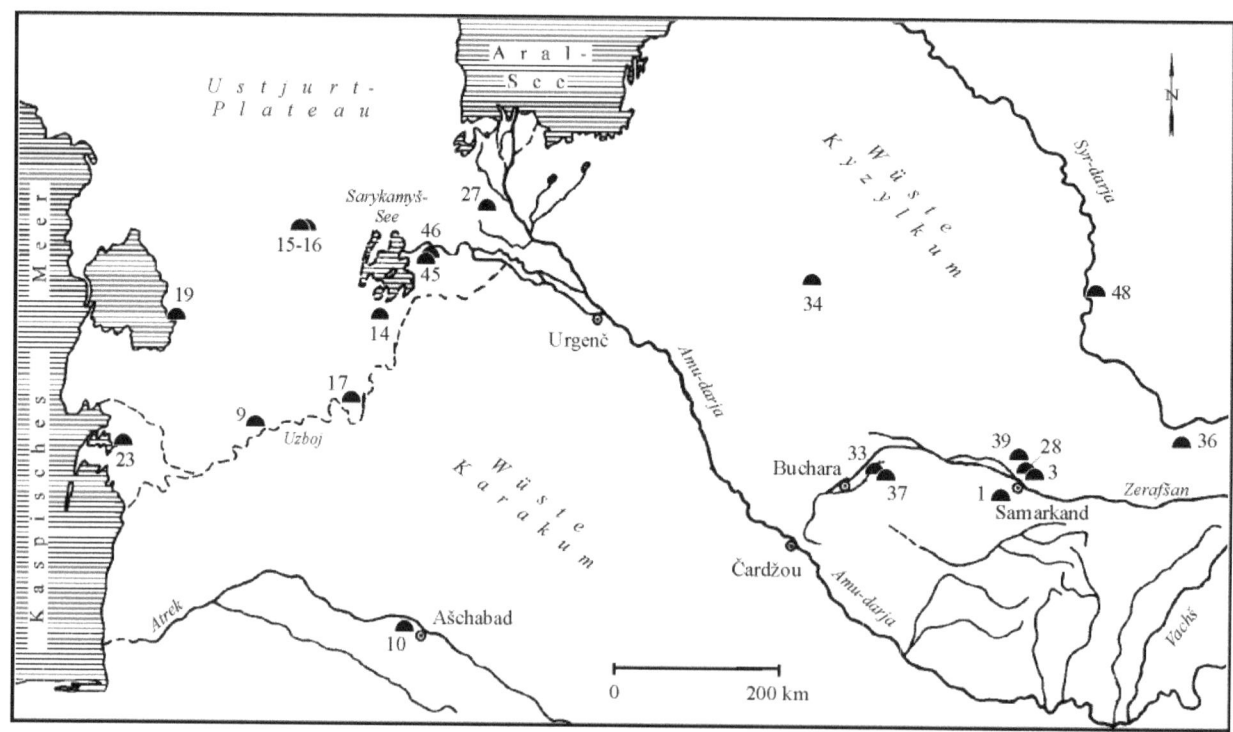

**Detailkarte der Denkmäler mit sauromatischen und sarmatischen Funden und
Befunden am Uzboj und in Sogdien (die Numerierung entspricht dem
Fundortkatalog, Legende s. Karte 1 – Kartengrundlage nach Mandel'štam 1992).**
1 Agalyk-Saj; 3 Akdžartepe; 9 Chanaly; 10 Chas-Kjariz; 14 Čyryšly; 15 Dėvkesken 3;
16 Dėvkesken 4; 17 Dordul'; 19 Džanak II; 23 Gek-Dag II; 27 Kaskažol; 28 Koktepe;
33 Kujumazar; 34 Kulkuduk; 36 Langari Chodžiën; 37 Ljavandak; 39 Orlat; 45 Tumek-
Kičidžik; 46 Tuz-gyr; 48 Žaman-Togaj.

Lightning Source UK Ltd.
Milton Keynes UK
UKHW051038250820
368786UK00004B/48